U0517150

Shimin Lilun yu Zhongguo Jingji

经／邦／济／世／

励／商／弘／文／

京师经管文库

北京师范大学

沈越文集

沈 越 / 著

市民理论与中国经济

中国财经出版传媒集团

经济科学出版社

Economic Science Press

京师经管文库
编 委 会

编委会主任： 赖德胜　李　实

编委会成员： 崔学刚　高明华　赖德胜　李宝元
　　　　　　　李　翀　李　海　李　实　曲如晓
　　　　　　　沈　越　孙志军　杨澄宇　张平淡
　　　　　　　赵春明

总　序

北京师范大学是教育部直属重点大学，其前身是1902年创立的京师大学堂师范馆，1908年改称京师优级师范学堂，独立设校，1912年改名为北京高等师范学校。1923年学校更名为北京师范大学，成为中国历史上第一所师范大学。1931年、1952年北平女子师范大学、辅仁大学先后并入北京师范大学。师大始终同中华民族争取独立、自由、民主、富强的进步事业同呼吸、共命运，经过百余年的发展，秉承"爱国进步、诚信质朴、求真创新、为人师表"的优良传统和"学为人师，行为世范"的校训精神，形成了"治学修身，兼济天下"的育人理念，现正致力于建设成为具有"中国特色、京师风范"的世界一流大学。

经济与工商管理学院是北师大这颗百年大树长出的新枝嫩叶，其前身是北京师范大学政治经济学系，始建于1979年9月，由著名经济学家陶大镛教授担任第一届系主任。1985年更名为经济系，1996年6月组建为北京师范大学经济学院，2004年3月更名为经济与工商管理学院。作为改革开放的产物，北师大经管学院一直坚守"经邦济世、励商弘文"的使命，见证了中国近四十年来所取得的伟大成就，并为之做出了自己的贡献，在这过程中，自身不断壮大，成为了中国经济学和工商管理的重要人才培养和科学研究基地。

北师大经管学院现在涵盖了理论经济学、应用经济学和工商管理三个一级学科，在世界经济、政治经济学、西方经济学、劳动经济、收入分配、教育经济、金融、国际贸易、公司治理、人力资源管理、创新创业、会计、市场营销等领域形成了稳定的研究方向，产生了一批有影响的研究成果。比如世界经济，它是国家重点培育学科，其最早的带头人陶大镛先生是我国世界经济学科的创始人之一。学院在此基础上，还衍生出了国际贸易和国际金融两大研究领域，现在都有很强的实力。还比如教育经济，它是国家重点学科，作为新兴学科和交叉学科，它也是经管学院的特色学科，其带头人王善迈教授是我国教育经济学科的创始人之一，他在 20 世纪 80 年代初参与了"六五"国家社会科学重点项目"教育经费在国民收入中的合理比重"的研究，其研究成果为国家财政性教育经费占 GDP 4% 的目标提供了依据。再比如劳动经济和收入分配，已具有广泛的学术影响和社会影响，其带头人李实教授更被国际同行誉为"收入分配先生"（Mr. Distribution），他所主持的 CHIPs 数据库，被誉为迄今中国居民收入分配与劳动力市场研究领域中最具权威性的数据库之一。近些年来，学院通过队伍建设、国际化、体制机制改革等措施，因应国家重大理论和现实问题的能力进一步提升，学术成果的影响力进一步增强。比如在"十二五"期间，学院共承担国家社科基金重大项目、教育部人文社科重大攻关项目、国家社科基金重点项目、国家自科基金重点项目 15 项；在第七届高等学校科学研究优秀成果奖（人文社会科学）评选中，学院 7 项成果榜上有名，其中一等奖 1 项，二等奖 2 项，三等奖 4 项；此外，学院还有多项成果获北京市哲学社会科学优秀成果奖一等奖、孙冶方经济科学奖、安子介国际贸易研究奖、张培刚发展经济学奖、蒋一苇企业改革与发展学术基金优秀专著奖等，并有

3 项成果入选国家哲学社会科学成果文库。

北师大经管学院一直很重视将教师的学术成果集中呈现给社会。早在 1980 年 5 月，就主办了《经济学集刊》，在中国社会科学出版社出版，其宗旨是"促进我国经济科学的繁荣和发展，积极开展经济理论的研究，提高经济科学的水平，更好地为我国社会主义革命和建设服务。"《经济学集刊》收集有胡寄窗、朱绍文、田光等著名经济学家的大作，但更多的是本院教师的作品，如陶大镛教授的《论现代资本主义的基本特征》、詹君仲教授的《劳动价值学说的由来与发展》、杨国昌教授的《〈资本论〉创作发展阶段问题的探讨》、王同勋教授的《墨子经济思想初探》、程树礼教授的《简论人口规律和生产方式的关系》等，出版后产生了很好的影响。后来又陆续出版了多本。现在我国正处于全面建成小康社会的决胜阶段，未来一个时期，仍是经管学科发展的重要战略机遇期。北京师范大学经济与工商管理学院的愿景是成为具有人文底蕴和国际影响力的一流经管学院，要为"两个一百年"中国梦的实现做出更大的贡献。今天，学院与经济科学出版社合作推出《京师经管文库》，目的是要集中展示学院教师取得的成果，发出师大经管人关于中国社会经济改革和发展的声音，并推动各位学者再接再励，再攀新高。

《京师经管文库》的汇集出版，得到了北京师范大学"985"工程建设项目和一级学科建设项目的慷慨资助，得到了北京师范大学学科建设与规划处、社会科学处、财经处等的具体指导，得到了经济科学出版社的大力支持。此外，学院学术委员会就文库编辑出版事宜多次开会讨论，许多教职员工为之付出了大量心血。在此一并表示感谢。

《京师经管文库》编委会

2016 年 2 月 14 日

C目 录 ONTENTS

自 序

2019 年是北京师范大学经济与工商管理学院建院 40 周年，为迎接十年一度的大庆，学院推出了《京师经管文库》的出版计划。借此机会我对自己的生平和主要的学术研究工作做一点总结。

一、生平简历

1. 出生

据老辈人讲，我家祖籍在浙江。清末太平天国定都南京，江苏成为清军与太平军鏖战拉锯之地，原来人口稠密、物产富庶的苏南地区因战火沦为焦土，人口锐减。同治中兴以后，先祖从人多地少的浙江迁往人少地多的江苏，定居溧阳。家父 1932 年参加革命，抗战时期归属新四军系统，负责粮草军需供应工作。解放战争时期归属华东野战军（三野）系统。1949 年华东野战军与中原野战军（二野）渡过长江解放了华东地区之后，中央决定刘邓大军挺进大西南，但二野缺乏建立新政权的地方干部。家父作为华东野战军支援刘邓大军的干部，随军进入西南地区，我家也随父举家迁往四川。最初父亲在川东行署工作（当时四川分为川东、川南、川西和川北 4 个省级行政区划，加上重庆市，与云南、贵州和西康三省同属西南大区，邓小平任大区书记，贺龙任西南军区司令员），治所在重庆北碚。1952 年四川的 4 个行政区划加上西康省的部分地区组建新四川省，省会设在成都，我家又随之迁往，成都便成为我的出生地。

不时有同行学者询问，你究竟是哪里的人？因为有时填写籍贯，我是江苏溧阳人，有时标注出生地，我又成了四川成都人。其实准确地讲，我祖籍浙江、籍贯江苏、出生地四川，现居住地北京。这与李鸿章所说的中国正处在"三千年未有之大变局"的时代大背景有关。改革开放以来，中国发生了翻天覆地的变化，但告别传统社会的变局仍在进行之中。我祖上和父辈的两度迁徙，与大变局中的战乱和革命有关，而我自己的居住地变化则与变局中的改革开放有关。

2. 接受基础教育

1959 年我上小学，就近入读成都市颇为有名的实验小学。小学六年学到了什么，在当时并未给我留下多大印象，觉得一切都顺理成章。直到后来插队、进厂当工人被别人当成知识分子，才感受到优质的小学教育给我打下的基础。当时感受最深的是三年困难时期，总是吃不饱饭，吞糠咽菜来替代短缺的粮食，至今记忆犹新。

1965 年我考入了成都市当时最有名的成都四中（现在更名为石室中学）。那时已经进入了"文化大革命"前期，虽然也有学工、学农的任务的干扰，但学业总体说来还算正常，我算是接受了一年正规的初中教育。1966 年开始，正常教学工作停摆。直到 1968 年秋，学校复课闹革命，在学校工宣队的要求下返校。说是复课，其实根本无课可上，成天安排跳忠字舞，绣毛主席画像之类的革命活动。直到年底，毛泽东发出知识青年上山下乡的号召，我于1969 年 1 月离开成都，到农村插队落户。

3. 插队落户

我们中学插队的地点被安排在四川西昌地区（后并入凉山彝族自治州）宁南县。此县地处川滇交界的金沙江畔，全校共 600 多位同学被安排在这里。当年的公路质量极差，一出成都平原，卡车就整天都在大山中转悠，每小时只能走 10 多公里，朝发夕歇，600 公里左右路程，竟足足走了五天。晚上下榻之处，是各地临时借用的政府礼堂或学校教室，接待站地上铺起草垫，知青们解开自己的行李卷铺床，次日不等天亮便打好行李卷装车出发，人就坐在或躺在行李之上。尽管卡车装了篷布，但在土石公路上行走，一路尘土飞扬，一天下来鼻孔、耳孔中全是尘土。

宁南县原本是彝族聚居区，诸葛亮当年七擒孟获大概就在这一带，至今宁南还有他破三千藤甲兵的遗迹。这里主产玉米和红薯，有山泉灌溉之处也可种植水稻，但数量很少。用现在的眼光来看，这里应算不适宜人类生存地带。百姓终年辛劳，也最多换来最基本的生存条件。

最初插队的大半年，政府每月给一个知青供应30斤大米，但需跋山涉水到几十公里粮站去担回来，这成为我们下乡后最初的锻炼。全公社都没有电，包括公社干部晚上只能点煤油灯照明。农民没有计划供应，即使有也买不起几毛钱1斤的煤油，都是点松明（松脂较多的松木块）照明。初到时知青有每月半斤煤油供应，但在几十里崎岖陡峭的山路上，很难不跌上几跤，煤油瓶能平安返家是小概率事件。几次尝试失败后，干脆与农民打成一片，也点松明照明了。一下子从已受过工业文明熏陶的城市来到仍然处于传统农耕社会的乡村，插队初期的艰辛和不适应可想而知，然而真正艰苦的生活还在后面。

秋收后政府计划供应没有了，知青要与农民一起参与集体的分配。劳动了大半年，知青每人分得70斤水稻（去除糠壳后约为50斤大米）、200余斤玉米和少量红薯、土豆之类的杂粮，这些粮食将维持一整年的生计。至于现金收入则少得可怜。我所在的生产队工分值为0.26元，即一个青壮年男性劳动1天的收入。刚插队的知青体力和技能都不行，只能算作半劳力。我们知青点4人共分得现金26元，这还包括已经离开的6位同学的劳动收入。最初我们生产队的知青点有10人，到年终分配时有6位同学因先后参军、将户籍转回老家而离开。他们不再参加粮食分配，但现金却留给了我们。我们生产队的现金收入在当地还算不错，因为其河谷地带可以种植甘蔗，可用土法制作红糖与烧制蔗皮酒，有点副业收入。那些没有条件搞副业的社队，工分值更低，甚至只有几分钱，1个精壮劳动力劳作一天的收入还换不到1斤粮食

（当时 1 斤毛粮如玉米粒、稻谷约 1 角钱）。生存在这种条件下的农民，男劳动力通常都会一些手艺，外出帮人做点木工活或打铁混口饭吃，将分得的粮食留给老人、妇女和儿童。就像这样给人打工的手艺活，在当时也被列为"资本主义尾巴"，被明令禁止。好在基层干部对这种维持基本生计的活动，通常"睁一只眼闭一只眼"，只要不大出格，便不那么认真执行政策。但是执行政策风声一紧，打工者就将面临被驱赶和没收工具的处罚。

尽管劳动繁重，生活艰苦，然而两年多的知青生活给我留下最深刻印象的不是自己生活的艰辛，而是广大农民的际遇。后来我又到农村生活工作了一年，对中国的"三农"问题有了更切身的体会。由于身份和地位的变化，我在这一年中与农民"同吃、同住、同劳动"，对中国农村的情况有了更深刻的认识，对计划体制低效率的根源也有了更深入的了解，这段难忘的经历使我后来成为改革开放的坚定支持者和参与者。

4. 返城务工

1971 年初，我从下乡知青被招工到成都市搬运公司修配厂成为学徒工。这个公司是成都第一家市属的国有企业，组建于 20 世纪 50 年代初。修配厂原来只是为搬运公司修理一些简单的人力运输和装卸机具，到我们这批知青进厂时，企业开始转产非人力的运输装卸机械，以减轻劳动强度和提高运输装卸效率。我们一进厂，便参与了"永向前"牌的三轮"蹦蹦车"的试制和生产。这种车的设计与农用手扶拖拉机类似，不过专门用作运输，其载货效率高于手扶拖拉机。经过全厂 300～400 名职工几年努力，生产出了数百台这样的运输三轮车，完全取代了公司的人力板车。当时成都满大街跑的都是这种冒着黑烟、并发出噪音的柴油车，一时间竟成了城市的一道独特风景。后来工厂还试制了能装卸 1 吨散装货物的装载机，但没有能够量产。在当时计划经济模式下，这样的落后企业也有生存空间。一方面，供给短缺催生了这样落后的生产方式，计划分配的短缺资源就连国家重点发展的项目都难以保证，市属的运输公司根本不可能抢到紧缺的运输机械，无奈只有自力更生。另一方面，缺乏竞争使这样成本高昂、效率低下、污染严重的企业也能生存下来。

企业老职工文化程度低，给我们这批入职的知青提供了一个大舞台，一进厂便受到重视，被当成技术和管理骨干来培养。我们也没有辜负企业的期望，吃住都在工厂，除了吃饭睡觉以外，没有上下班的概念，夜以继日地学习和工作。我三年学徒期尚未结束，就被任命为生产班长，不久后提升成车间主任、厂党支部书记，后来还被提拔为公司党委常委、革委会副主任。一个20多岁的年轻人就成为县团级的市管干部，这在当时的成都不是独一无二，至少也算是凤毛麟角。

5. 高考入学

"文化大革命"结束后，邓小平复出，主动要求分管教育与科技。在他主持下，1977年恢复了已经中断十余年的高考，我也因之成为这项政策的第一批受益者，也是当年一系列变化的亲历者。根据招生工作会议精神，参加高考的限制被放松，我可以自由报考。与当时一些有志上大学的考生不同，因工作很忙，我只是将原来学习过的初中一年级数学补习了一下，争取把还给老师的知识再找回来。至于语文、政治、史地其他三门考试课程，就听天由命了。好在平时爱读书，这三门考试课程的成绩都不错，但数学成绩很差，至今还记得只考了18分。平均成绩未达到60分，没有及格的成绩错过了第一批录取。在后来的扩招中，被成都电讯工程学院马克思主义师资班录取，1978年春入学。后来得知，"文化大革命"后第一次高考最初有1000多万人报名，经初选淘汰，正式考生有570余万人，最后只有27.3万人如愿以偿。在不到20∶1的录取率中被录取，我应算这一代人中的幸运儿了。

成都电讯工程学院现更名为电子科技大学，是20世纪50年代中期抽调上海交通大学、西安交通大学、华南理工大学和东南大学相关学科的师资组建起来的，是国家"211"工程、"985"工程、双一流建设学校。母校在工科领域有很强的实力，但当年在人文社会科学领域几乎是一片空白。在多年没有分配到政治理论课教师的背景下，学校下决心自己培养，于是招收了我们这个班。全班分为政治经济学、哲学和中共党史三个专业，共计60多人。低年级合班上公共课，高年级分专业，我选择了政治经济学专业。经过十年"文化大革命"，能有机会上学读书，大家都很珍惜这个来之不易的机会，将全部身心都投入到汲取知识之中，可以说是夜以继日。

政治经济学原理的资本主义部分和社会主义部分是政治经济学专业的主修课程。资本主义部分的内容是《资本论》的缩写本，较为成熟，教材也很多，给我留下最深印象的当数徐禾主编的那部教科书，其对《资本论》思想的阐释，即便到今天仍能算是最到位的。然而这部分学习占用时间精力最多的，还应数阅读《资本论》原著。进大学后我们的第一外语是德语，学以致用，我开始阅读德文版《资本论》，从中获益匪浅，并发现了中文翻译版本与原著的差异。这种差别一部分源于中德之间语言文化的不同，再好的译本永远也解决不了这个问题；另一部分则源于后马克思主义对原马克思的误解和误译，例如，将德文原著中的 Bürger 这类市民术语大量地误为资产阶级。当时没有想到的是，纠正这种误译与误解后来竟成为我终生追求的事业。反复阅读《资本论》尤其是第一卷后，我就不再满足于对原理的理解和把握，而开始关注马克思经济思想的形成史，《剩余价值理论》（《资本论》第四卷）和马克思的经济学手稿，甚至《资本论》中的注释都成了研读的重点。没想到这样的功底在我后来报考研究生时，还起了很大作用。此外鲁有章、李宗正编写的《经济思想史》对我的影响也很大。尽管这部教科书也存在不足，它是从马克思主义经济理论形成角度编写的，对与之无关或关系不大的经济思想关注不够，但仍不失为一部较优秀的教科书。

至于政治经济学社会主义部分，我们当时的学习就乏善可陈了。在改革开放之初，社会主义经济思想还局限在苏联模式的框框下，即使有一些改革开放的思想，也属于个别理论和观点，还未能形成系统思想，更谈不上进入教科书之中了。作为现在经济学专业基础课程的西方经济学，根本没有被列入教学计划中。1980 年中华外国经济学说研究会第二届年会在成都召开，陈岱孙、张培刚、陶大镛、胡代光、谭崇台等老一辈的经济学家齐聚蓉城，像厉以宁、吴易风、尹伯成、丁冰教授等只能算这个领域中的中年老师。四川大学和西南财经大学利用这个机会，邀请这些学者做关于西方经济学讲座。报告会通常安排在大礼堂或大教室中，成都几个高校的上千学子齐聚一堂，可谓盛况空前。从讲座的内容来看，虽然只能算是西方经济学常识。但这些常识性的讲座对我影响很大，激发了我学习现代经济学知识的兴趣，现在我所掌握的西方经济学知识都是此后自学而来的。

6. 初为人师

1982年春，大学毕业后我留校在管理工程系任教。系领导和大部分教师是工科背景，他们对管理学科不得不开设的一些社会科学课程，既无基础也无兴趣，于是选留了我们几位毕业生来承担这些课程，分配给我的课程是会计学。到西南财经大学快速培训了几个月，我便开出"会计原理""工业会计"等几门课程。但是工科院校把管理学当成工程来做的传统，这种学术取向实在不是有人文社科偏好的我所喜好的，于是便下决心通过报考研究生改换处境。在成都电讯工程学院工作两年多后，1984年我考取了北京师范大学（以下简称"北师大"）经济系的政治经济学专业的硕士研究生。北师大不仅是我后半生学习和工作之地，也是我30年来的情感所系。

7. 北师大求学

德语是我的第一外语，报考可选单位受到限制。当年招收经济学专业的德语考生的院校，在北京也就只有两所。一是北京大学的公共政治课专业，二是北京师范大学经济系。其实我当时对北师大并无多少了解，只是觉得经济系可能更重视学术研究，便选择了北师大经济系的《资本论》研究方向。为通过考试我下足了功夫，拿到考题后大松了一口气，没想到却犯了一个大错。在专业课试卷中有一道30分的大题，是简述《资本论》第一卷第二十四章的主要内容，这道题出得很有水平，既可以考查考生对马克思有关资本原始积累思想的理解，又可以考查考生对原著体系结构的把握。如果没有熟读原著，连考什么都不知道。我以为原始积累理论都很熟悉，考题不会这么简单，竟自以为是地回答成第二十五章现代殖民理论的内容，因为这一章人们在学《资本论》时通常都不大阅读。考场出来后才发现出了大错，心想这次考砸了，丢了30分很难及格。谁曾想到，姚森和程树礼老师手下留情让我及格了，给我了面试的机会。面试的题目是马克思关于拜物教的思想，我答得得心应手，当时从老师们的表情就看出，我将进入北师大了。

到了硕士论文选题时，我试探性地向导师提出，可否选择马克思的市民经济理论作为研究主题。在本科做毕业论文时，我就曾想选择这个题目，但指导教师认为这个题目有违传统的马克思主义经济学理论，担心答辩时出问题影响毕业。后来我选择了马克思的亚细亚理论作为研究对象，没想到答辩时仍惹出了麻烦，因为我认为马克思所谓的亚细亚生产方式并非奴隶制，这有违苏俄马克思主义关于人类社会演进的教条。没有想到的是，姚森老师非常支持我的探索，使我有机会重启在本科学习时就开始思考的课题。

我的论文顺利完成，它经压缩被收入《经济研究》编辑部主编的《经济学硕士、博士论文选》（1987），后又被《经济研究》1988年第2期采用。对此我一直心存感激，因为论文并不是自己的投稿，而是《经济研究》编辑部主动从众多硕士、博士论文中筛选出来的。为推动经济学学术研究和提携青年人，从1985年起，杂志编辑部开始向各高校征集各年的学位论文，从中筛选出论文结集出版。1987年的第三卷共收录了12位硕士毕业生的学位论文。其中一些学者至今还活跃在经济学理论界，如复旦大学的袁志刚教授、云南大学的杨先明教授。在这里我要由衷地感谢《经济研究》编辑部和我的论文责任编辑詹小洪老师。

1995年我报考了学院的在职博士研究生，师从陶大镛先生。这时我已留校工作了八年，但平时与先生接触并不多。陶大镛先生不仅是中国老一辈的著名经济学家，也是著名的社会活动家，当时任民盟中央副主席和民盟北京市主任委员。因兼职很多，社会活动占用了他不少时间。在我入校后，他每年会为全院师生作一次报告，我们通常只能在此时能见上他一面。而一次偶然的机会使我结识了陶老，1985年全国《资本论》学会在郑州召开年会，在分组会上我报告了已研究了10年的马克思的市民经济理论，被社会科学院经济所的马家驹老师推荐到大会上发言。会后杨国昌老师告诉我，陶先生要在从郑州返回北京的火车上见我，聊一聊我的大会发言。求师请教是我报考北京高校研究生的一个重要原因，但此时来京已经两年了，结果却不甚理想。在北京熟悉马克思经济学且功底深厚的专家学者不少，但他们大多不会德语；中共中央编译局的专家德语很好，但在对马克思经济理论的理解上却稍欠火候。能够有此机会当面向陶先生请教，真是求之不得的事。陶先生不仅对马克思经济理论有很深造诣，而且也懂德文。这天我与他一直聊到夜深，就马克思、恩格斯德文原著中 Bürger 这类市民术语翻译问题以及市民与资产阶级在马克思理论体系的关系进行了探讨。这不仅涉及中文译文和对中文翻译影响最大的俄文版本，而且涉及法文和英文原著中市民与资产阶级这两类术语。这次求教对我的影响甚大，不仅促使我决心师从陶先生攻读博士学位，而且他的教诲从 30 多年前一直到今天，仍指导着我在这个领域中的工作。

世界经济是陶大镛先生学术工作的主攻方向，也是我攻读博士学位的专业。我的博士论文选题《德国社会市场经济理论与实践》就是在他老人家指导下选定的。这个选题为我开辟了另一个研究领域，关于这方面情况将在后文中涉及。

8. 服务北师大

从 1987 年硕士毕业后留校工作算起，迄今我已经在北师大工作了 30 多年，与学校和学院结下深厚感情。可以说没有学校和学院的培养及其提供的平台，就没有我的今天。抱着感恩之情，做好教学、科研和社会工作。我曾用一句戏语来形容教师的这三大工作：教学是饭碗，科研是事业，社会工作则是奉献。教学是一个教师最本分的职责，也是其安身立命之本，但这只是传授已有知识和经验的工作。要真正做好教学工作，教师必须有自己的科学研究，这样才能走到新知识的前沿，才能引领学生掌握好知识，并开启学生视野和激发其探索精神。更主要的是，科研是新知识的发现与创造过程，人类文明无论是物质文明还是精神文明，都是一代代学者们通过探索和发现才一点一滴地积累起来的，旧的问题解决了新的更多的未知问题又会涌现，这是一个永无止境的过程。作为教师不能仅仅满足于饭碗，止步于已有知识的传播，应当还有新知识的贡献。人的能力有大有小，贡献自然会有很大差别，但只要能在人类求知的永无终点的行程中，不断进取，能留下一点点痕迹当然是幸事，即便一事无成，也不至于枉自一生。学校是一种社会组织，有组织就会有管理，大到一个国家，小到一个几个人的团队，都概莫能外，作为组织中的一员当然有责任承担管理性工作。但是，管理工作又是组织内的公共品，其个人投入与产出难以准确计量，这与科研具有的私人品性质形成鲜明对照。在对待这种公共品的态度上，有两种极端的趋向，一是利用管理工作赋予的权力化公为私，二是公而忘私。每一个管理者的行为都处在这两个极端中间的某个点上，如果后一取向占优势，自然把管理工作视为一种奉献。

1987 年留校工作前，我就接手王善迈老师所开的"政治经济学·社会主义部分"的本科课程，后来更名为"社会主义经济理论"。为了教学需要，我先后独立编撰了两部教材。紧接着我又开设了"当代西方经济学流派"的本科课程，按照时间序列介绍凯恩斯以后西方经济学形成与发展，是经济思想史的当代部分。2010 年以后，"马克思主义理论研究和建设工程"设置了这门课程教材编写，共有 8 所高校的 8 个团队参与竞争，最后北京大学、中国人民大学和北京师范大学组成的联合团队中标，我也有幸成为这部教材编写组的首席专家。经过多年努力，2018 年这部教材正式出版。20 世纪 90 年代我招收研究生以后，又先后开设了"社会主义经济理论研究"（硕士）、"比较经济体制研究"（博士）两门课程。2007 年学院获准招收工商管理专业学位（MBA）研究生，我针对专业学位的特点，开发出"社会主义经济理论与实践"课程，该课程虽然属于比较枯燥的政治理论课，但因我在这个领域有较丰富的实践经验和相当的理论积累，课程受到同学们的欢迎。

我的硕士专业方向是《资本论》研究，对马克思经济理论有浓厚的研究兴趣。留校工作时对马克思的市民经济社会理论的研究已有十年左右的积累，并已在《经济研究》《哲学研究》等国内最高水平的专业杂志发表过论文。我本想留校后继续这个领域的研究，时任系主任的詹君仲老师却希望我把工作重心放在社会主义经济理论方面，一方面，这是为上好政治经济学社会主义部分的相关课程；另一方面，他担心经济系在这个领域中后继无人。在我研究生入学时，经济系主要有 3 位老师从事这方面的教学科研工作，后来马德安老师调走，朱元珍老师不幸英年早逝，王善迈老师研究重心转向了教育经济学，他的担心不无道理。我服从了组织安排，暂时减少了对马克思市民经济社会理论的投入，把时间和精力放在中国经济改革与发展上。直到卸任学院管理工作后，才重出江湖，把更多时间和精力投到自己心仪的研究对象上来。

自 1987 年留校工作以来，我就一直兼职学院（系）管理工作，从分管学生工作的副书记做起，到分管教学、科研、研究生副主任（副院长），再到主持学院行政工作的常务副院长，最后在学院党委书记岗位上卸任。最初与自己老师辈的领导一起工作，然后与同辈的老师配合，最后与学生辈的领导合作，共同做好学院的管理工作。现在总结起来，能够在学院领导岗位上近 30 年，主要是自己工作较投入，较少考虑个人得失，尤其是处理自己的科研工作和公共的管理工作上能先公后私，并能与不同年龄、性格和行事风格迥异的同志合作，再加上自己有较丰富的管理经验，处理公共事务、化解矛盾能做到公平合理。如果从 1975 年我在先前工作单位被任命为企业领导算起，我在处级干部岗位上足足待了 40 年，自己戏称 40 年没有进步。其实不是领导没给机会，而是自己多次婉拒"进步"。如果到学校去做管理工作，将面临处理自己的教学科研与管理岗位之间矛盾的难题：按照自己的做人做事原则，应该全身心地做好管理工作，这就会牺牲自己的教学尤其是科研，这又是我极不情愿的。更重要的是，我太喜欢教师岗位给自己提供的自由时间和精神自由，这是当年我大学毕业时就已确立的偏好，这也叫作不忘初心吧。

二、马克思市民经济社会理论

1. 背景

我对这个话题的思考和研究，是从反思所谓的"资产阶级法权"问题起步的。这是马克思在《哥达纲领批判》中对共产主义第一阶段（后列宁改称为社会主义，并被广泛接受）带有定性化的论断。作为科学社会主义的首倡者，马克思与空想社会主义者不同，与其奢谈尚未到来的理想，不如更多地关注现实。故马克思少有对未来社会进行大段描述，这本小册子中不仅有马克思对未来理想社会的大段论述，而且还有对这个社会的性质的明确表述。因此马克思在这本小册子中的思想，不仅是后世进行社会主义理论探索的学术出发点，而且也是社会主义最初实践的样板，例如，俄国十月革命后建立起来的第一个经济模式——军事共产主义就是依此作为蓝本的。

但是，几乎所有的后马克思主义者都把这里所说的法权性质视为"资产阶级的"，殊不知这是一个天大的误会。他在这里预言的社会生产资料归全社会共同占有，劳动者之间交换劳动通行的与商品经济同一原则的等量劳动相交换，是一种平等的"市民权利"，根本不存在资本剥削劳动的"资产阶级权利"。回顾社会主义一个多世纪以来理论与实践的历史，所有"左"倾的错误都可以追溯到这一误读。在这里我们仅以中华人民共和国的历史为例。

早在 1958 年，张春桥撰写了《破除资产阶级法权思想》一文。文章最初在上海的理论刊物《解放》第 6 期上发表，毛泽东阅后要《人民日报》转载，并亲自撰写了编者按。张春桥由此受到重视，渐渐走上了其政治生涯巅峰。张春桥成名作在这时的发表和传播，绝非偶然之事，它与当时正向共产主义迈进的"三面红旗"运动（"总路线"、"大跃进"和人民公社运动）有密切关系。

在"文革"中毛泽东重提"资产阶级法权"问题，为此姚文元撰写了《论林彪反党集团的社会基础》（《红旗》1975 年第 3 期），张春桥发表了《论对资产阶级的全面专政》（《红旗》1975 年第 4 期），这些文章都以所谓的"资产阶级法权"作为理论基础。这些文章便成为"批邓、反击右倾翻案风"运动的理论基础和舆论准备，最终导致邓小平第三次离开领导岗位。

"文革"结束后，人们不得不对所谓的"资产阶级法权"问题做出理论上的解释。最具权威的是来自中共中央编译局的说法，认为这是在翻译马克思原著时留下的瑕疵，被张春桥等人利用。原中文译本将原德文"bürgerliches Recht"中的"权利"一词误为了"法权"，将其改译过来，似乎这桩公案就迎刃而解了。其实这种说法似是而非，事实上这个问题的关键并不在于是"法权"还是"权利"，而在于给这种权利定性的限制词"资产阶级的"。

2. 研究领域的发现

早在"林彪事件"后，中央号召学习马克思、恩格斯、列宁的原著，在毛泽东列出的六本推荐书目中，就有《哥达纲领批判》（其他五本是马克思和恩格斯的《共产党宣言》《法兰西内战》《反杜林论》，列宁的《唯物主义与经验批判主义》和《国家与革命》）。当时我就对所谓的"资产阶级法权"问题有所了解，并注意到列宁在《国家与革命》中对这个问题做了自己的详尽阐释。

大学学习政治经济学时，我再度阅读了《哥达纲领批判》，疑问便产生了。为什么在没有私有制的社会中会有"资产阶级法权"呢？马克思明白无误讲的是劳动者平等交换劳动的权利，并无剥削存在，怎么会是"资产阶级的"呢？我用刚刚学到的德语知识去查阅马克思的德文原著，得知这里使用的是形容词"bürgerlich"。查阅词典，发现德汉词典中这个德文词有"市民的"或"资产阶级的"两个基本的义项。为什么中译者不选择前者，而选择后者呢？仅依靠词典的释义，就能解决这个理论上的重大问题？尽管当时我已意识到，问题恐怕没有这么简单。但没有想到，这会成为自己40年来一直思考和研究的课题，迄今发表的文章，也只能算作阶段性成果。附带指出，中华人民共和国成立后出版的德汉词典中这类德文术语的市民和资产阶级这两种基本义项，也受到马克思和恩格斯著作中文译本的影响，之前出版的德汉词典中，这类德文术语只有市民一个基本义项。

不过可以十分肯定地说，将马克思和恩格斯德文原著的 Bürger 及其以此作为词根的这类术语有选择的一词两译为"市民"或"资产阶级"，单从翻译的技术角度讲，也不可取。因为这使读者无从知道，在中文译本所见到的资产阶级，在原德文中究竟是 Bürger 这类术语，还是 Bourgeois 这类术语。按照翻译界约定俗成的惯例，好的译文应能从中文再翻译回德文。现行的中译文将德文的市民术语一词两译后，就无法再从中文翻译回德文了。

秉承这个技术规则，从一开始我就以德文原著为蓝本，按照一词一义、一词一译原则，重新审视中文译本在多大程度上偏离了马克思和恩格斯的本意。通过多年比对工作，发现三个方面的问题。

第一，将市民误译为资产阶级数量巨大。不仅是 bürgerlich 这个形容词，而且名词市民（Bürger）和由这个根词衍生出来的集合名词市民等级或阶级（Bürgertum，Bürgerstand Bürgerklasse，Bürgerschaft）、形容词前市民的（vorbürgerlich）、动词市民化（verbürgerlichen，verbürgeren）、动词化的形容词市民化的（verbürgerlicht，verbürgert）等都存在误译为资产阶级情况。

第二，将市民误为资产阶级不单单是一个翻译问题，也是一个如何全面、准确理解马克思思想的重大理论问题。在将德语中这类市民术语一词两译为市民或资产者时，不可避免地存在一个词义选择问题，选择词义受到一定理论支配。从这种意义上讲，误译首先是一个误读、误解马克思本意的理论问题。在马克思和恩格斯理论体系中，市民是一个与商品经济、市场经济联系在一起的概念，而资产阶级则是与资本主义相联系的概念。市民的经济身份是商品所有者，而资产者的经济身份则是资本家。市民社会（bürgerliche Gesellschaft）是指商品经济社会，而资产阶级社会（Bourgeoisgesellschaft）则是指资本主义生产方式占主导地位的资本主义社会（kapitalistische Gesellschaft）。

第三，误译并不始于中文译本，早在马克思主义传入中国以前，这种误译就已经大量存在于俄译本中，中文译者不过是将苏联人的误读和误译照搬到了中国。中国的马克思主义来源于苏联，最初它不过是苏联马克思主义的一个分支。例如，列宁在《国家与革命》中有一句名言，列宁根据马克思在《哥达纲领批判》的思想，将社会主义国家推论为"没有资产阶级的资产阶级国家"。他的推论是："可见，在共产主义下，在一定时期内，不仅会保留资产阶级法权，甚至还会保留没有资产阶级的资产阶级国家！"（《列宁全集》第1版第25卷，第458页）中文译者似乎察觉到这个推论存在问题，新版本将这句话调整为："可见，在共产主义下，在一定的时期内，不仅会保留资产阶级权利，甚至还会保留资产阶级国家——但没有资产阶级！"（《列宁全集》

第 2 版第 31 卷，第 95 页）其实，无论是旧版本还是新版本，中译者都遵从了列宁的本意，没有错误，而是列宁将德文马克思和恩格斯原著中的市民与资产阶级混为一谈。如果按照马克思原意进行推论，列宁应该说社会主义国家是"没有资产阶级的市民国家"。后来我的研究发现，俄文中将德文原著中市民与资产阶级这两类术语混淆起来的始作俑者不是列宁。早在 19 世纪中叶，俄国革命者在把马克思的学说引入俄国时，就混淆了这两类不同的术语，列宁不过是沿袭了前人的做法。

回顾 40 年来我在马克思市民经济社会理论方面的研究工作，可以得出以下三点带有结论性的发现：

第一，大量误译扩大了资产阶级概念的外延。这既扭曲了马克思关于现代社会的阶级观，将其简单化为"非无即资"的教条，忽视了除无产阶级和资产阶级这两大阶级外，还存在一个不容忽视的中产阶级（马克思和恩格斯通常称其为市民等级）。这一错误也是构成苏联与中国等社会主义国家过去将阶级斗争扩大化的理论基础。

第二，大量误译将与市民的商品（市场）经济的性质当成资产阶级的，并与资本主义等同起来。在社会主义实践中这种错误的理论直接构成排斥甚至取消商品（市场）经济的学术性基础。

第三，大量误译使马克思的市民概念及其理论被弄得支离破碎，致使人们轻视甚至忽视了它在马克思主义理论体系中具有独特的重要价值。例如，人们在马克思和恩格斯早期的著述中较多地见到市民社会这个重要概念的中文译文，而在他们的中晚期著述中几乎全部被误为资产阶级社会。这使人们误以为市民社会是马克思早年所使用的一个不太成熟的概念，中晚年则逐步放弃。其实这是一个天大的误会，马克思和恩格斯中晚年非但没有放弃这个重要概念，反而将其打造成一个日益科学的概念，个中包含了马克思许多值得进一步发掘的重要思想。这可以成为我们今天建设有中国特色社会主义理论体系的学术出发点，这正是我今后努力的方向。

3. 已有成果

迄今为止，在这个领域笔者已在《经济研究》《哲学研究》等国内顶级专业学术期刊上发表了 4 篇文章，还有一篇论文正在《经济研究》的匿名评审之中。本文集以发表的 4 篇论文作为第一篇，其主要内容如下：

第一，《"资产阶级权利"应译为"市民权利"》（沈越，1986），在这篇文章中，笔者阐明马克思在《哥达纲领批判》中关于共产主义低级阶段所保留的"旧社会的痕迹"是与资本主义共生的市民社会的遗留物，而非资本主义的残存物。与之相应，他关于按劳分配的所通行的"同一原则"是商品经济原则，而非资本主义原则，其性质是劳动者平等交换劳动的市民权利，而非资产阶级权利。

第二，《马克思市民经济思想初探》（沈越，1988），文章以马克思《资本论》中论述西方现代经济生活为蓝本，把它理解为资本主义的和市民的双重经济关系，前者体现的是资产阶级剥削无产阶级的剥削关系，后者则是自由、平等的市民经济关系。一方面，市民经济关系体现在资本与劳动力在流通领域中的等价交换上；另一方面，它体现在与资本主义生产方式没有直接关系的其他工商业活动之中。同时笔者强调，正是马克思把现代西方经济关系理解为双重的，他才有可能在市民的价值规律基础上揭示出资本主义的剩余价值规律。正如恩格斯在总结马克思一生两大贡献时所说："马克思还发现了现代资本主义生产方式和它产生的市民社会（原中文译文为'资产阶级社会'）的特殊的运动规律。"

第三，《"市民社会"辨析》（沈越，1990）。在先前工作的基础上，笔者从思想史角度出发，较系统地考察了马克思一生中 bürgerliche Gesellschaft 的使用情况，认为只能将其一如既往地译为市民社会。将其有选择地也译为资产阶级社会，不仅会造成逻辑上的混乱，还会将译者自己的观点强加给马克思。在本文中将延续思想史的这一研究进路，将笔者近年来的思考和研究成果呈献给读者。

第四，《论古典经济学的市民性质——马克思市民理论再探讨》（沈越，

2013）。笔者根据马克思和恩格斯一生的德文原著中 Bürger 及其衍生词的使用情况，认为这类术语有广义的市民、公民与狭义的市民等级（中等阶级）之分，前者与资产者的区别是不言而喻的，后者的含义同他们德文原著中的 Bourgeois（资产者）也有严格区别。证明他们认为古典经济学（家）及其他西方学科的基本性质是"市民的"，其区别仅在于是他们究竟是"科学的"还是"庸俗的"（vulgär）。至于资产阶级（Bourgeois）意识形态是指那些没有学术价值只是为资本主义剥削辩护的言词和理论。此外，笔者还从词源学的角度，比较和考证了马克思和恩格斯德文原著同他们法文、英文原著中的市民术语与资产阶级术语之间的对应关系，认为在翻译时只能以他们的母语出发，按照一词一译原则，将 Bürger 和 Bourgeois 这两类术语分别译为市民和资产阶级，然后依此来确定法文和英文原著中的 bourgeois 一词两译为市民或资产阶级。而不应反过来，认为法文和英文中的 bourgeois 只有资产阶级一种含义，并以此认定与之对应的 Bürger 这类德文词也有资产阶级的含义。不了解马克思和恩格斯这三个语种中的市民与资产阶级的对应关系，并错误地认定 bourgeois（法、英）只有资产阶级一种含义，是将市民误为资产阶级的一个重要原因。

4. 未来工作打算

除了上述已经完成的论文外，手边还有几篇工作论文，待这些工作完成后，在此基础上将形成一部学术专著，以更丰富的原始资料来系统地阐述和研究马克思的市民经济社会理论。初步拟订的题目是：《市民论：政治经济学批判与继承》，这是模仿《资本论：政治经济学批判》标题而作，其意在于读《资本论》时还不能忽视马克思关于市民（商品或市场）经济的重要理论。德文中 Kritik 一词除了批判、批评的含义外，还有承继之义，应理解为辩证的扬弃（Aufhebung）。但在中国由于"左"倾思潮的长期影响，Kritik 含有的承继之义几近消失。故在副标题中加上"继承"一词，但愿不是多此一举。

最后还想在这里做一简要回应，曾有不少同仁善意地质疑，提出诸如：这么重大的问题以往没有人注意到吗？一个词组的翻译值得花费几十年时间？

诸如此类的问题，在此我做一简要回应：其实最早发现马克思和恩格斯著作的各语种的译本中，将原德文的市民这个词组误为资产阶级的是日本学者，并把马克思的市民社会首先理解为商品经济世界，而不像其他后马克思主义者那样，把其混同于资本主义社会。早在 20 世纪 60 ~ 70 年代在日本就形成了一个颇有影响的马克思主义市民社会学派，其理论不仅具有纠错性的学术价值，而且让人看到了与传统形象不同的另一个马克思，贡献很大。但是这个学派的工作也有不足，其中最主要的是每个学者只是分别从某个专题或某个时段的马克思著述出发来研究市民经济社会理论，研究成果缺乏有机的内在联系。例如，平田清明（1969、1971）认为按照马克思的市民社会理论，社会主义也应该属于市民社会；林直道（1973）批评了把马克思政治学研究对象等同于《资本论》研究对象，认为后者对象是"资本主义生产方式"，而前者是更为宽泛的"市民经济制度"；望月清司（1979）认为马克思更具一般性的历史理论是"三形态"模式，即"本源共同体→市民社会→共产主义"，但他涉及的文献主要是马克思 19 世纪 50 年代末政治经济学手稿，没有交代清楚这与在此之前和之后的马恩著述中市民社会思想的内在联系。这一不足使这个学派缺乏可持续发展的空间，即便在日本影响也日渐势弱。也难怪国内有学者评价他们偏离了马克思，是通过"斯密＋韦伯"而构建起来的理论体系。这种看法虽不可信，但也并非事出无因。

要系统全面梳理清楚马克思一生中这一理论的内在脉络，尤其是要不时清理后马克思主义主流对马克思的误解，颇似唐吉诃德挑战风车之举，其工作量浩瀚，再加上笔者愚钝，成文较慢，故耗费这么长的时日。

三、德国模式研究

德国社会市场经济是世界上成功的经济社会模式，早在 20 世纪 50 年代联邦德国就在这种模式下迅速从第二次世界大战后的困境中走出来，创造了所谓的"德国奇迹"。在 2008 年金融危机中，这种模式又成功地抵御了危机冲击，使德国经济成为欧盟中表现最优的大国。

1. 研究主题的由来

我对德国经济社会模式的研究始于 20 多年前博士论文选题，这是在我的导师陶大镛先生指导下确定的。先生一直对马恩身后欧洲社会主义的发展及其理论甚为关注，希望我能凭借可用德语工作的优势，到现代社会主义发祥地德国去搜集原始文献，研究欧洲民主社会主义在经济理论与政策方面的发展脉络，弄清其对德国以及欧洲大陆国家经济社会模式的影响。遵从师教，我在国家留学基金委项目的支持下，在 1996 年来到德国汉堡世界经济研究所（HWWA）进行为期 1 年的访问研究，2000 年我又再度赴德进行后续研究工作。

汉堡世界经济研究所始建于 20 世纪初，馆藏文献十分丰富，尤其是藏有在其他国家见不到的德文文献。在 20 世纪 90 年代中期，发达国家馆藏文献的信息化工作也刚刚处于起步阶段，查找文献仍是原始的方式。我每天一早来到图书馆，在卡片箱中翻找所需文献线索，然后将可能有用的线索提交给管理人员，几小时后他们将其从馆藏中翻找出来。快速浏览后发现大部分东西并不是所需的，于是退还图书馆，新的一轮查找卡片又开始了。如此枯燥地往复，历时整整一年。德国的书刊很贵，这是当时国家资助所不能承受的，况且许多历史资料有钱也买不到，筛选出来的文献都采取复印的办法。在这里我还得感谢我校现任书记程建平，他当时正在位于汉堡的德国电子同步加速器研究所（DESY）做研究。通过他我结识了多位来自清华大学、中国科学院、中国科技大学的物理学者，大家鼎力相助，将富余的复印卡给我，才复印出这 100 多公斤资料。

在充足的原始材料支持下，我顺利地完成了博士论文，提出并论证了自己的观点：德国社会市场经济是多种理论综合的产物，并非只受自由主义经济学的影响，民主社会主义的理论对其也有重要影响。左大培是国内较早使用德文原始资料研究德国模式的学者，他的说法较为客观，大意为其"弄清了德国模式的右翼理论基础"（参见左大培的博士论文：《弗莱堡学派研究》，1988），而我则搞清了它的左翼思想来源。

随后我以博士期间的工作为基础，拓宽了研究范围。这个领域的论文作为文集的第二篇，共收入 6 篇论文，大致可以分为德国社会市场经济模式概览、德国民主社会主义经济思想与政策主张的由来与发展、阿尔弗雷德·韦伯的"社会主义市场经济"思想、欧洲大陆国家经济模式研究 4 组论文。

2. 德国社会市场经济模式的概览

这一组由两篇文章构成，即《德国社会市场经济理论来源新探》和《德国社会市场经济模式概览》。其核心思想是，以往国内学术界通常认为，德国社会市场经济的理论基础仅仅来自自由主义经济学，其实民主社会主义经济理论与社会政策也是社会市场经济模式的重要来源。同时国内学术界还只关注弗莱堡学派，似乎只有这个学派的理论是德国模式的思想基础，其实，其他经济自由主义学派在德国模式的形成演变中也有不可忽视的作用。我把德国自由主义经济学概括为 3 个分支：一是以欧肯、贝姆等人为代表的弗莱堡学派，其主要贡献是在基础理论上奠定了德国模式的市场经济基础；二是以罗佩克和吕斯托为代表的社会学自由主义分支，其贡献主要是德国模式的"社会"方面；三是以米勒 - 阿尔马克和艾哈德为代表的实用主义的自由主义分支，前者是德国"社会市场经济"称谓的最早倡导者，这个术语具有很强的折中主义性质，它有助于整合战后初期西德在体制选择中出现的多种主张，且具有很强的实用性，因而赢得广泛赞同；后者则是把社会市场经济模式付诸实践的代表性人物。

3. 德国民主社会主义经济思想与政策主张的由来与发展

受篇幅限制，这组仅收入题为《从计划经济到"社会主义市场经济"》的一篇长文，分为上下两篇。文章介绍和评析德国社会主义从追求计划模式到转向社会（主义）市场经济的理论与实践。根据这个艰难转型的两个阶段。上篇："从原马克思主义到经济民主论"，介绍和评析德国社会主义在 19 世纪末 ~20 世纪初从原马克思的科学社会主义向民主社会主义的转变，但这时民主社会主义在经济上仍主张实行一种民主的计划模式。下篇："从计划向市场的转变"，介绍和评析德国民主社会主义在 20 世纪中期从追求计划模式转向市场经济。

19世纪后半期，德国抓住了西方世界第二次工业革命的机遇，迅速完成了工业革命，经济社会有很大发展。随之而来，工人阶级的生存状态比19世纪前半叶的工业革命初期有了较大改善。尤其是俾斯麦政府接受了讲坛社会主义者的建议，在德国走一条中间道路，在19世纪80年代在德国首创世界上第一个社会保障体系之后，工人群众的阶级斗争意识日渐弱化。再加上19世纪90年代德国民主化进程加速，既无财产又无文化的男性劳动群众在君主立宪的德意志帝国中取得了普选权。在这种经济和政治背景下，德国社会民主党（SPD）党内右倾势力抬头，民主主义倾向日益增强。这一趋势在恩格斯晚年的著述中就有所反映，不过其正式转型是在恩格斯逝世后。它首先由伯恩斯坦在理论上倡导，主张改良传统的社会主义传统的理论和政策主张，即所谓的修正主义。伯恩斯坦的理论可以概括为两点：一是淡化共产主义的最终目标的追求，后来导致取消最终目标，只追求社会主义；二是不再主张用革命的手段建立社会主义制度，而采用和平民主的方式，利用劳动群众在数量上的优势，在议会中通过社会主义性质的立法，并组建具有社会主义性质的政府来推进经济社会的社会主义化，逐步取代资本主义。不过伯恩斯坦的修正主义主要涉及的是政治领域，经济领域的代表人物则是著名经济学家希法亭，他主张以"经济民主"为标志的计划模式和平民主地长入社会主义。

早在1910年出版的《金融资本》一书中，希法亭已认识到资本主义进入了金融资本主导的垄断阶段。受其启发列宁提出了"帝国主义论"，并得出帝国主义是资本主义的最高阶段，是腐朽、垂死的资本主义的结论，进而提出这是无产阶级革命前夜的判断。与列宁的推论完全不同，希法亭认为垄断资本主义也是"有组织的资本主义"，无产阶级及其政党可以利用它的有组织性来实施经济计划，和平长入社会主义。第一次世界大战后，希法亭及其追随者从上述理论中发展出"经济民主论"，并在魏玛共和国时期付诸实施。在原有的市场经济基础上，这种渐进长入社会主义措施的推进，造成经济上的"双轨制"，经济秩序混乱。此外，双轨制还造成盈利归私人，亏损属政府的社会后果。当 1929 年世界经济危机爆发时，过度民主下的魏玛政府软弱无力，面对危机束手无策，这激起德国人尤其是中下层民众的不满。希特勒及其纳粹政党抓住这个机会，通过民选上台，进而将德国和世界带入灾难之中。

第二次世界大战后，德国社会主义主流仍坚持已经失败的民主计划模式，以致在战后初期德国未来经济体制选择中再度失利。后来西德在市场经济的基础上创造出了著名的"德国经济奇迹"，民主计划模式的声誉更是一落千丈。在这种压力下，德国社民党才接受了韦伯、席勒等经济学家倡导的社会（主义）市场经济，在 1959 年的特别党代会上通过了著名的《哥德斯堡纲领》，实现了从计划经济向市场经济的第二次转型。

4. 阿尔弗雷德·韦伯的"社会主义市场经济"思想

这一组是关于韦伯（1868～1958）的两篇文章。其中一篇侧重介绍其人其事，并评析他的社会主义市场经济思想。阿尔弗雷德·韦伯是德国著名学者马克斯·韦伯的弟弟，小兄长 4 岁。说起小韦伯，国内经济学界也许并不陌生，早在 20 世纪初他就以工业区划理论而一举成名，是现代空间经济学的创始人。但对他在经济体制理论方面的贡献，国内以往并不了解。我在赴德国研究时，偶然发现他在这个领域还有突出贡献，这激起了我探究其人其事的兴趣。他不是德国社会民主党党员，却是一个有强烈社会民主主义倾向的自由学者。在希特勒统治时期，因不满纳粹的文化专制，他愤然辞去大学教职，返家从事文化社会学方面的研究（与其兄马克斯·韦伯的研究领域相近）。第三帝国崩溃后他重回海德堡大学任经济学教授。这时他的学术重心有了转移，关注德国经济如何尽快从战后初期的凋敝状况中走出来，未来德国应该建立何种经济社会体制，才能在制度上保证不再重蹈覆辙，以及如何建立起自由、平等和民主的新德国等现实问题。为此他主张德国民主社会主义放弃传统的计划模式，也因之成为最早倡导市场经济体制的民主社会主义学者。在他和一批较年轻学者的理论推动下，德国社会民主党在 1959 年召开的特别党代会上，通过了著名的《哥德斯堡纲领》，纲领不再坚持传统的计划模式而接受了市场经济。这次党代会在德国社会民主党历史上有重大影响，它使社会民主党从德国社会市场模式的反对者转变为支持者和建设者，这也使该党在 20 世纪 60 年代从在野党上升为主政党。当年我在与一位对中国很有研究的德国教授交流时，他把这次特别党代会戏称为德国社会民主党的"十一届三中全会"。

为了推动民主社会主义的转型，韦伯还在 1950 年首创了"社会主义市场经济"这一概念，并对这一模式的基本框架和特点进行了设计。他痛心疾首地认为，"二战"后初期德国社会民主党的领导人和民主社会主义主流理论家思想僵化，在联邦德国新的经济社会体制选择中抱残守旧，仍坚持计划模式而错过了时机。本应由社会主义者提出的"社会市场经济"，却被自由主义经济学家米勒－阿尔马克抢了去，并由艾哈德领导的联盟党付诸实践。在这种背景下，他认为，提出社会主义市场经济概念具有亡羊补牢之效应。无独有偶，这一称谓与中国现行的经济体制的名称，可以说是不谋而合。但是这并非完全是偶然的巧合，德国和中国的社会主义者都是马克思的追随者，都曾主张用计划模式来取代资本主义的市场经济，尽管二者有民主型还是集权型的差别。当人们在实践和理论上认识到社会主义不可能建立在计划经济基础上时，同时又要保留社会主义传统，那么社会主义市场经济的称谓便成为一种最优选择。附带指出，鉴于这个称谓中的社会主义一词较难撇清与苏联模式的差别，经常被反社会主义者利用，随着德国民主社会主义逐步回归社会主流，他们也接受了社会市场经济这一德国模式更常用的名称，而较少使用社会主义市场经济这个术语。这与民主社会主义者后来更喜好自称社会民主主义一样，以示与苏联式的社会主义的不同。

另一篇文章是小韦伯的《社会主义市场经济》一文的译文。鉴于该文献在思想史和经济史方面有较高的学术价值，利用这次出版文集的机会，我把此文翻译出来一并收入，这也是本文集中唯一的一篇译文。

5. 欧洲大陆国家经济模式研究

受篇幅限制，这一组也只收入 1 篇文章《欧洲主权债务危机深层次原因探讨——基于世界三大市场经济模式比较视角》。这是作者从德国模式研究延伸到对欧洲大陆模式研究的成果。文章剖析了 2008 年全球金融危机引发的欧洲主权债务危机的原因，将其概括为公共福利制度的缺陷、僵化的劳动力市场、虚弱的多元民主政治制度、欧洲既发展又不够深入的一体化进程以及深层次的历史文化特点五个方面。文章最后在比较世界三大经济模式的基础上，提出一个由公民社会、市场和政府三角结构组成的分析框架，认为其根本性原因在于三角权力之间的失衡：在危机国家中，公民权力过大，这既抑制了市场自行消除失衡的功能，又妨碍了政府对经济社会失衡进行调节的可能，最终引发了欧债危机。

四、中国经济改革与发展

本部分是文集的第三篇，共收入论文 8 篇，可以分为中国市场化改革的理论与实践、中国经济发展和"三农"问题 3 组文章。

1. 中国市场化改革的理论与实践

关于中国市场化改革的理论与实践，文集收入 4 篇文章：《新常态下供给侧结构性改革与发展新动力》一文认为西方经济学的理论框架不能完全容纳中国改革和发展经验，至少不能科学地分析中国政府的行为。在这一判断基础上，文章提出了一个分析中国政府经济行为的理论框架：将政府干预经济的行为分为制度性（体制）和经济运行（过程）两大类政策，然后具体分析东西方政府在这两大类政策上的差别。在制度（体制）政策方面，西方政府履行消极的"守夜人"职能，其行为主要限于维护自生自发的市场秩序；而中国政府的职能首先是积极的"造市"，即通过改革创造出社会主义市场经济体制。在经济运行（过程）政策方面，传统的西方政府本无这方面职能，20世纪 30 年代大危机后才逐步形成了以凯恩斯主义为代表的需求管理职能，其任务主要是通过刺激或收缩需求来使之适应自发形成的供给能力，以消极地稳定宏观经济运行；与之不同，中国政府不仅实施需求管理政策，还有以增加生产能力为目标的积极的供给管理政策。在此基础上，文章区分了属于制度（体制）政策的供给侧结构性改革与属于经济运行（过程）政策的供给侧结构调整，并分别讨论了在新常态背景下政府各种政策行为的调整问题，提出为中国经济发展提供新动力的政策性建议。

《市场决定性作用与基本经济制度》是对十八届三中全会精神的解读。文章回顾了 1978 年以来对中国经济改革影响最大的 3 次三中全会：即十一届、十二届和十四届三中全会，并高度评价十八届三中全会提出的改革措施。十八届三中全会距今已近 5 年，文件提出的改革任务落实情况，却难尽人意。对此吴敬琏先生在 2018 年初的"中国经济 50 人论坛"年会上发问："《决定》里面讲了 336 项改革……有许多实际的事情需要去做，而不是喊口号。中央提出的口号是高屋建瓴的，但是不能落到实处就变成一纸空谈。"我与吴先生有同感，为什么会出现这种差强人意的情况？其主要原因是，人们对文件提出的"市场在资源配置中起决定性作用"这个最核心判断的理解和执行不到位。在多年前的这篇文章中，我注意到《决定》在多处提到的这个判断，并指出几处的含金量并不相同：最重要的一处是《决定》第一章中提到的决定性作用，这带有统领整个文件的性质，即中国的经济建设和改革都须遵循市场的"决定性作用"来行事。据此我当年在这篇文章中就明确提出，坚持和完善基本经济制度也必须遵循市场的决定性作用，按照市场效率原则来配置和调整所有制结构。《决定》另外两处分别是：一是如何处理政府和市场的关系，二是如何建立有序市场体系时所涉及的市场决定性作用。显然，这两处属于改革和发展的具体操作层面问题，其重要性显然无法与前一处相比。然而在近几年贯彻落实全会精神中，人们似乎只关注市场的决定性作用和更好发挥政府作用之间的关系。这就把统领改革的基本准则降低到宏观调控的具体操作水平上，在这样理解的基础上，改革自然难以取得更大进展。

《十年来经济体制改革深化的十个标志》一文写于 1988 年，30 年后回顾改革最初 10 年所取得的成绩，不禁感慨万千。虽然那时社会主义市场经济体制的改革目标尚未确立，还谈不上市场在资源配置中起基础性作用，更遑论决定性作用，但那时的改革进展速度却很快，这种改革的精神和力度在今天仍有激励作用。

《关于开放劳动力市场的思考》一文写于 1986 年，是笔者当年提交给全国《资本论》学会年会的文章。这是国内较早主张中国应建立劳动力市场的文章，提出这个命题就无法回避社会主义条件下劳动力仍然具有的商品属性。记得我在大会发言后，立刻受到一些同人的批评。这在现在看来十分平常的观点，但在当时却是一个敏感话题，尤其是在《资本论》年会上。

2. 中国经济发展

此部分收入 3 篇文章，主要讨论中国经济发展的长期问题。《强政府与中国经济增长——基于历史渊源与体制比较的分析》一文，涉及的是以千年计的超长期问题。中国经济模式的基本特点是强政府干预下的市场经济，正是在强政府 + 市场双重机制的推动下，中国经济取得长达 40 年的高速增长。这种强政府模式并非是从天上掉下来的，而是在数千年来中国历史中不断累积起来的。笔者将国家（政府）形成的原因归结为社会对公共品的需求。这是因为公共品具有使用不排他、非竞争性特性，私人和小共同体不愿也无法提供，这就产生了构建政府，通过强制征收税赋来供应公共品的需要。一个国家对公共品需求首先是由该民族生存发展的自然条件和经济社会环境决定的，如果政府能够满足这种需求，该民族就能生存发展；否则，这个民族就会因公共品供给不足而走向衰落，甚至消失在历史的长河中。同时，这种对公共品需求的客观因素也决定了政府的强弱。一方面，一个民族公共品需求越大，其政府能力就越强大；反之，需求小，政府能力则弱。另一方面，公共品供应又有强化政府职能的效应，需求越大，供给越多，政府组织动员资源能力就越强大；反之亦然。中华民族生存发展的特殊自然环境和独特经济社会条件，在客观上催生和不断强化着政府职能，以至形成了现今中国的强政府模式。文章将强政府形成的制度性因素归结为两大方面：即历史上的皇权官僚制度传统和近现代的社会主义制度。

历史上的皇权官僚制度是中国强政府形成的第一大缘由。在中国传统社会中，农耕文明提供的水利工程、抵御北方游牧（渔猎）民族袭扰和境内公共秩序三大公共品，不仅催生了中国最早的国家制度，而且是中国国家制度早熟以及秦汉 2000 多年来皇权官僚制的经济基础。水利工程是中国国家提供的第一大公共品：大禹治水对中华文明最主要的贡献不是通常认为的"三过家门而不入"以身作则的工作作风，也不是"以疏导为主"的治水技术方略，而是在治水过程中建立起来的中国最初的国家制度。所谓"夏王朝，家天下"就是禹家族这一贡献的真实写照。黑格尔、马克思和魏特夫等西方学者虽然很早就认识到水利工程在亚细亚生产方式中对东方专制主义形成的重大影响，但他们对中国远古时代的历史知之甚少，不太了解治水患在中国国家制度最初形成中的作用，他们所说的水利工程更多是后来才有"利灌溉"和"保漕运"职能。当然，这两大职能在历史上也助推中国国家能力强化。中国国家制度提供的第二大公共品是抵御北方游牧（渔猎）民族对农耕文明的袭扰。在中国历史上除了元、清两朝游牧（渔猎）文明入主中原以外，抵御北方少数民族的袭扰一直是中华民族生存发展的一件头等大事。农耕文明虽然在生产力发展水平和文明程度上都优于游牧（渔猎）文明，但后者居无定所的特性和以骑兵为主的军队，在冷兵器时代军事力量却强于农耕文明。这在客观上需要一个强大的国家，农耕民族才能调集更多资源投入到国防事业之中。即便如此，汉族文明也只能采取以防御为主的被动性战略，交替采取"筑城自卫""和亲联姻""纳贡称臣"三种策略，只有极少数例外，如汉武帝时期采取的进攻性战略，这又需要征集更大民力，进一步强化国家专制的力量。国家提供的第三大公共品是境内公共秩序。自禹家族改变了此前部落联盟式的准国家制度，建立起中国历史上第一个国家制度以来，封建制经夏、商两朝，到了西周趋于成熟。但好景不长，封建制提供的和平秩序不到300年便出现了危机，华夏进入了500多年持续的失序时期。春秋时代虽然诸侯兼并、战乱不已，但在先后出现的五霸的协助下，周王朝至少还能维持名义上的权威。进入战国时期，封建秩序彻底礼崩乐坏，这在客观上催生一种非封建的国家制度。秦奋六世之烈，横扫东方六合，建立起大一统的皇权官僚制度。此后2000多年这种制度虽然一再被摧毁，但在当时只有再度重建这种制度，才能给中国社会提供基本的和平安宁秩序。

社会主义制度的建立则是中国强政府的第二大来源。文章从政治制度、经济制度和转型方式三个方面进行了分析：列宁倡导并实践的民主集中制的共产党建党原则和一党领导制度，为强政府提供了现代政党政治基础；马克思肯定的"立法与行政合一"的巴黎公社原则，后在社会主义实践中虽演变为"立行分离"制度，但这种分离的形式强于内容，其"强行政，弱立法"的制度安排有助于强化政府的权力。中华人民共和国成立后的高度集权的计划经济体制使政府一度控制了国民经济的所有领域，在改革开放中政府的经济职能虽已有削弱，但中国改革采取的渐进式改革方略不是简单地抛弃社会主义制度，而是辩证地扬弃传统经济体制。这使社会主义政治制度完整地保存下来，在资源配置的基本方式上虽然从计划转向了市场，但计划经济时代形成的政府的许多经济职能却遗留下来。以上多方面的历史性原因最终形成了现代强政府＋市场的中国经济模式。

《新旧常态转换与政府行为调整——兼论供给侧结构性改革》一文从历史的宏观大视野角度探究了新旧常态的转换，即以 2008 年金融危机为界，把前 30 年作为世界经济旧常态，把此后视为国际经济新常态。在这一框架下，文章分析了世界经济在旧常态经济增长的动因以及中国经济改革发展取得的巨大成就，并讨论经济新旧常态转换下中国经济发展的趋势以及政府经济行为调整问题，认为供给侧结构性改革是推动中国经济发展转型的首要任务。

《中国经济长期高速增长之谜》一文讨论了在全球化背景下中国作为发展中大国的发展潜力，论证了人口大国的劳动成本优势和巨大市场潜力优势，也分析了全球化有助于汲取外来资源，以弥补中国在技术、管理、自然资源和市场制度方面的劣势，进而使中国经济有可能保持长期高速增长。

3. "三农"问题

限于篇幅，此部分只收入 1 篇文章，《"三农"问题的根本出路在于城市化——兼论我国新世纪现代化路径》。这是国内较早将"三农"问题与城市化直接联系起来，探讨中国现代化道路的文章，也是笔者转引率最高的文章之一。文章明确提出和论证了中国的现代化进程意味着将绝大部分农民转变为市民。一方面，大量农村劳动力转移到城市工商业中，他们将摆脱生产率低下和市场需求有限的农业，转向劳动生产率更高和需求可以不断扩大的工业和服务业，从而脱贫致富；与此同时，伴随大量农村居民成为市民将会形成巨大的投资需求和消费需求，推动中国经济长期高速发展。另一方面，随着大量劳动力离开农业，可以把有限的土地资源和有限农产品市场留给少数农业劳动者，这不仅可在提高农业劳动生产率的基础上增加农民收入，还可使农业成为能后盈利的产业。一旦农业能够盈利，货币和人力资本、技术等资源也将回流农村。随后，长期困扰中国的"三农"问题也将逐步缓解，并趋向于消失。现在看来，21 世纪之初的这些预言正在逐渐成为现实，尽管还需要数十年的努力才可能完全实现。

五、国有经济改革与公司治理创新

本部分是文集的第四篇，共收入论文 5 篇，可以分为国有经济改革、公司治理创新两组文章。

1. 国有经济改革

此组收入 2 篇文章。《论国有经济布局结构的调整》一文章虽发表在 21 世纪初，笔者当年提出和论证的基本观点现在看来仍没有过时。例如，国有经济的进入或退出竞争性领域应该根据效率标准，而不是其他标准；在国有经济进入或退出问题上，经济学家和政府说了都不算，而应由市场决定；应降低以致消除非国有经济进入一些领域的歧视性壁垒；战略布局的调整不是国有经济简单地退出竞争性领域，相反，国有经济还应主动进入竞争性领域，只有在与非国有经济竞争中，才有可能不断提高其整体素质。

《当前国有经济改革理论与对策的探索》一文系统地探讨了国有经济改革问题，从国有经济布局调整到国有企业规范的公司制改革，从国有资产管理体系创新到国有经济改革支持体系建设，都作了较深入的分析和讨论。

2. 公司治理创新问题

此组共收入 3 篇文章。《不对称的公司治理结构与治理机制——兼论我国公司治理的创新》一文认为，在西文中公司治理、治理结构和治理机制几个相关概念没有做严格区分，这是因为在西方公司治理中，治理结构中存在的机构就能发挥相应的功能，机构与机制的作用是一致的，没有必要做严格界定。但在中国情况则有所不同，治理结构中的一些机构却不一定能发挥相应的功能（机制），如监事会、独立董事等，出现治理结构与治理机制的"不对称"现象，因此在中文中应该严格界定治理结构与治理机制这两个概念。治理结构指法律规定的组织机构体系，治理机制则指治理中实际发挥作用的功能。此外，文章还对在中国为什么会出现治理结构与治理机制不对称现象，作了较深入分析。该文发表后产生了一定影响，许多人开始在更严格的意义上使用这几个相关概念，不再像西文中那样不做严格区分。

《美、德公司治理结构中的领导体制比较》一文较系统地比较研究了两国公司治理。在世界各国的公司治理中这两国最具典型意义，分别构成治理模式的两个极端。如在治理理念上，美国是"股东至上主义"的典型，而德国则是"利益相关者主义"的典型，尤其表现在"劳资共治"上。从一定意义上讲，其他国家的公司治理可以视为是这两种典型公司治理不同比重的组合，分析并把握二者的异同有很强的参考价值。

《美国公司治理神话的破灭——从美国公司会计丑闻看"一元制"公司治理的缺失》一文撰写于 21 世纪初美国公司财务丑闻爆发后不久。20 世纪 90 年代在新技术革命推动下，美国经济一路高歌，近 10 年内没有出现衰退，即所谓的"新经济"。随之而来，美国的公司治理也似乎成了唯一值得效仿的模式。但这种神话在世纪之交的网络泡沫、科技泡沫破灭中失落了，许多大公司通过财务作假来掩饰业绩下降，这表明美国公司治理并非没有缺陷，文章对此进行了详尽剖析。任何国家的公司治理不仅是一系列正式规则的组合，它还包括一系列非正式规则，而这些非正式规则是该国历史文化在公司治理中的沉淀，很难被其他国家模仿，因而不存在放之四海而皆准的公司治理模式。当然，这也并非说美国公司治理模式一无是处，没有值得中国学习借鉴的地方。在公司治理变革和创新中，中国应该在借鉴他国成功经验基础上逐步探索出符合国情的治理模式。

六、西方经济学与中国经济学

此部分为文集的第五篇，收录 2 篇文章，一篇评析西方经济学流派演进新动向，另一篇是关于中国改革开放以来的实践及其如何推进中国经济学建设的问题。

《自由主义与干预主义的新综合——新兴新古典综合学派评析》是国内最早介绍这个在世纪之交新形成的经济学流派的文章，也是本文集中收录的唯一一篇与人合作的论文。第二次世界大战后初期萨缪尔森把新古典经济学与凯恩斯主义结合起来，构建起现代经济学体系，其"新古典综合"的称谓使其声名鹊起。该学派模仿前辈的做法，把20世纪70~80年代形成的新古典宏观经济学与新凯恩斯主义结合起来，试图构建一个更新的现代经济学体系。它也被称为"新综合"，以别于萨缪尔森为代表的"旧综合"。这个新流派的基础理论来自新古典宏观经济学，在政策主张上却是新凯恩斯主义，认为政府对经济运行过程有节制、有规范地干预不仅可行，而且可以缩小潜在产出与实际产出之间的差距，因而是有益的。现在十多年过去了，这个学派虽没有像"旧综合"那样的影响，但作为一个独立经济学流派的地位还是得到了认可。

《中国经济学建设与中国实践》一文是在总结中国改革开放以来经济实践的基础上，对中国经济学建设提出的一些看法。在我看来，所谓的中国经济学虽不具有像马克思主义经济学和西方经济学那样的一般性质，但也不是把西方经济学简单地搬到中国来使用的应用经济学。中国经济学应该是在马克思主义经济学指导下，借鉴西方经济学的一般市场运行理论，通过对中国经济实践的理论抽象而建立起来的经济学说，它首先应该是一门理论经济学。当然，这样的中国经济学现在还远不够成熟，目前尚在建设之中。那种认为中国经济学仅仅是西方经济学在中国应用和推广的看法，是不妥当的。因为其理论无法完全解释中国经验，现行的西方经济学框架至少在政府作用问题上无法包容中国实践，在这方面西方经济学的不足主要有两点：

一是缺乏市场形成理论。西方经济学其实只是在一个成熟市场基础上的关于市场运行的理论体系。这是因为西方的市场制度是一种"自生自发秩序"（哈耶克），它的形成是一个"自然历史过程"（马克思），市场在西方学者看来就是天然产物，无须理论加以描述和解释。然而在中国，由于不存在自生自发的现代市场经济体系，要使市场在资源配置中起作用，首先得建立起现代市场经济体系。这样市场形成理论在中国就极为重要，在这种人为设计和设置的市场制度中，政府作用远比西方大得多。二是缺乏政府供给管理的系统理论。在传统西方经济学中没有政府干预经济运行过程的理论，凯恩斯革命虽弥补了这方面的不足，但涉及的主要是需求管理。对于中国这样后发展国家的赶超型经济来说，政府的供给管理曾经并在继续发挥十分重要的作用。

根据西方经济学的这两方面不足，笔者根据中国的实践建立起一个分析框架，将政府干预经济的行为全部纳入，以便分析中国政府特有的经济行为。首先将政府行为分为两类：一类是干预经济体制的制度政策；另一类是干预经济运行的过程政策。然后对这两类政策作了进一步分析：制度政策可分为消极政策和积极政策两种类型，前者如亚当·斯密界定的"守夜人"职能，政府职能主要限于维护市场中自发形成的秩序，西方政府的行为属于这种类型；后者则是有明确目标并有实施手段的政策，政府的首要职能不是维护既定秩序，而是通过改革"创制"，如中国社会主义市场经济体制在相当程度上就是这种制度政策实施的产物。经济运行（过程）政策可分为需求管理和供给管理两类：西方政府行为大都局限在短期的需求管理范围内，即通过扩张性或紧缩性政策来使需求与由企业投资、居民消费所自发形成的需求保持一致，以保证宏观经济的稳定。中国政府不仅实施需求管理政策，而且有大规模的长期供给管理政策。这种政策从经济长远发展战略、国民经济中长期计划到产业政策、区域政策，无一不是以增加生产能力为目的的供给管理政策。鉴于作者提供了一个新的分析框架，能够较好地分析中国模式中的政府的经济行为，《中国经济学建设与中国实践》一文被《新华文摘》作为封面文章全文转载。

这部文集在一定程度上反映了我的学术追求和取得的一些成绩，敬请读者批评指正。

沈　越

2018 年 4 月于北京海淀学院派

第一篇
马克思市民经济社会理论研究

- "资产阶级权利"应译为"市民权利"
- 马克思市民经济思想初探
- "市民社会"辨析
- 论古典经济学的市民性质

"资产阶级权利"应译为"市民权利"*

一、问题的提出

按劳分配中体现的等量劳动相交换的平等权利，在马克思恩格斯著作中文版中，一直被译为"资产阶级权利"。在没有资产阶级存在的共产主义社会第一阶段，为什么有资产阶级权利？迄今为止，理论界还没有一个完满的答案。

"文化大革命"期间，"四人帮"利用"资产阶级权利"一词，将社会主义的商品生产和商品交换、按劳分配等说成是资本主义因素，是社会主义社会中产生资本主义和资产阶级的经济基础和条件，进而认为社会主义同资本主义差不多，并打着"限制资产阶级权利"的旗号，对社会主义的商品经济和按劳分配进行了一场从理论到实践的大讨伐。

现在，理论界已确认，按劳分配中的等量劳动相交换的平等权利不是资本主义社会所特有的，它是商品交换的一般原则。但是，对"资产阶级权利"的解释是：第一，等量劳动相交换的原则只是到了资本主义社会，在资产阶

* 本文是作者关于马克思市民理论研究系列文章中的第 1 篇，原载于《天津社会科学》1986 年第 4 期，《新华文摘》1986 年第 12 期作为封面文章全文转载。该文与另外 2 篇论文一起，以"马克思市民经济理论研究"为题获得北京市第二届哲学社会科学优秀成果（1992）中青年优秀成果奖。

级手里，才发展到顶点，成为普遍的原则。平等权利成了资产阶级权利的标志。第二，《哥达纲领批判》中的资产阶级权利是马克思在抽象意义上使用的，它不同于反映资本主义生产关系的本来意义上的资产阶级权利。这些说法有一定道理，但还不足以服人。首先，等量劳动相交换的平等权利只是到了资产阶级手里才发展到顶点与这种权利的资产阶级性质毕竟不是一回事。其次，既然它是一个抽象的概念，体现的是商品经济一般，就应该有一个不同于特殊经济关系的抽象的术语来表示它，用资产阶级这一特殊的限定词来说明一般商品经济关系难以令人接受。

实际上，马克思在这里是使用了一个非常确切的术语即"市民权利"，来表明体现一般商品交换原则的平等权利的，但由于误译，这个术语一直未取得其在马克思主义理论中应有的地位。

现译为"资产阶级权利"的德文原文是 bürgerliches Recht。形容词 bürgerlich 来源于名词 Bürger（tum）。Bürger（tum）的中文含义是"市民（等级）"，bürgerlich 同词干的含义一致，指"市民（阶级）的"。因此，bürgerliches Recht 应该译为"市民的权利"，而不应译为"资产阶级的权利"。

在马克思恩格斯著作中文版中，Bürger（tum）、bürgerlich 都被一词两译，除了"市民（等级）""市民（阶级）的"这一正确的译法外，有时又被译为"资产者（阶级）""资产者（阶级）的"，与德文版中另一类专指"资产者（阶级）"的 Bourgeois（ie）相混淆。这样，中文的"资产者（阶级）"一词实际上来源于德文两个意义不同的词。尽管 Bürger（tum）（市民）与 Bourgeois（ie）（资产者）的词义有某种联系，前者的外延较后者大，因而在一定意义上包含了后者（在资本主义社会，资产者是市民的一个部分），马克思也曾经在狭义上（市民中的资产者）使用过它，但是将前者也译为资产者，却抹杀了这两类术语在意义上的重大区别，从而在理论上导致了严重的谬误，按劳分配中的"市民权利"被误译就是较典型的一例。

那么，"市民权利"的含义是什么？将它译为"资产阶级权利"会在理论上导致怎样的谬误？在这里，我们有必要对马克思恩格斯的市民概念以及市民的经济关系作一考察。

二、市民的经济身份是商品所有者

市民一词来源于城市（德文 Bürger 是市民，其词干 Burg 即"城"），最初是一个同乡村居民相对应的概念，指生活在城中的居民。同城市的形成和发展相应，市民的产生和发展同商品经济息息相关。任何生活在城市中的居民都离不开商品生产和商品交换。作为市民，他既不同于没有人身权利的奴隶和有极少人身权利的农奴，他是法律上享有主权的商品所有者，同时，他又不同于远离市场，不依赖或很少依赖市场为生的农民。所以，从市民的经济身份看，他就是商品所有者。

通常，人们认为马克思、恩格斯的市民概念仅仅指封建社会的市民，并且只是指资产阶级的前身。这种看法过于狭隘。其实，市民的历史同商品经济的历史是一致的，可以上溯到古代社会（顾准，1980）。而作为封建社会的市民，他不仅是资产阶级的前身，同时也是无产阶级的前身。

对于封建社会市民的商品所有者特征，马克思、恩格斯在许多场合做过论述。需要指出的是，马克思、恩格斯著作中的封建市民有狭义和广义之分：狭义的市民指作为资产者前身的富有市民，包括作坊主、工场主、大商人、银行家等经营工商业致富的有产者；广义的市民则把作为无产者前身的帮工、学徒等城市平民包括在内，即城市的第三等级。马恩之所以对市民作狭义和广义的划分，主要是为了论述近代资产阶级和无产阶级的形成历史。当时的富有市民虽然具有一些近代资产者的特征，但还不能说近代资本主义经济关系已经形成，可以把市民等级等同于资产阶级。市民还只是一个同封建关系相联系的范畴，是不同于封建贵族和农奴的小商品生产经营者。马克思、恩格斯著作中文版中，市民（等级）被误译为资产者（阶级）的一个重要原因，就在于仅仅从狭义的角度理解封建市民，并把它等同于资产者（阶级）。

资本主义商品经济的普遍化，使市民的范围扩大。一切人都依赖于市场，都是独立的商品所有者，因而都是市民。资产者拥有资本并从事商品生产和商品经营，是市民；无产者虽然不拥有生产资料，但因为是劳动力商品的所有者，靠出卖劳动力为生，也是市民。"奴隶被看做物件，不算是市民社会的成员。无产者被认为是人，是市民社会的成员。"（恩格斯，1847，第360页）所以，马克思在讲到法国大革命的后果时认为，"政治解放一方面把人变成市民社会的成员，变成利己的、独立的个人，另一方面把人变成公民，变成法人。"（马克思，1843，第443页）这里的"市民社会的成员""利己的、独立的个人"就是指市民的商品所有者身份。

由市民的经济身份派生出市民的社会身份，即"公民"。市民作为商品所有者，首先，他必须是独立的自由人，才能按自己的意志处置商品；其次，他必须把交换的对方视为同自己的权利平等的人，才能按等价的原则交换商品。正是在市民的这种经济地位的基础上，产生了以自由和平等为基本特征的市民的社会关系。马克思说过，"交换，确立了主体之间的全面平等，那么内容，即促使人们去进行交换的个人材料和物质材料，则确立了自由。可见，平等和自由不仅在以交换价值为基础的交换中受到尊重，而且交换价值的交换是一切平等和自由的生产的、现实的基础。"（马克思，1857～1858，第197页）最初，自由平等关系只是在商品交换中的习惯成俗。随着商品交换的日益频繁，公民之间财产纠纷不时发生，于是便产生了调整和协调公民行为的法律。商品经济的自由平等原则在法律上固定为公民的权利和义务。到了近代，商品经济原则逐步"成为国民的牢固成见"（马克思，1867，第75页），并且系统化为一整套政治的、法律的和哲学的理论。恩格斯指出："权利的公平和平等，是十八、十九世纪的市民（原译为'资产者'，以下类似误译的引文均改译为'市民'——引者）① 打算在封建制的不公平、不平等和特权的

① 为读者查找和核对文献方便，本文中对马克思、恩格斯文献的改译，均依据"Karl Marx Friedrich Engels Werke, Dietz Verlag Berlin"相应各卷。这个《马克思恩格斯全集》的德文版本和《马克思恩格斯全集》中文译本（第1版）对文献的收录与编排顺序都来自1955年开始出版的《马克思恩格斯全集》俄文第2版，其各卷和篇章安排大体一致。

废墟上建立他们的社会大厦的基石。劳动决定商品价值，劳动产品按照这个价值尺度在权利平等的商品所有者之间自由交换，这些……就是现代市民阶级（原译为'资产阶级'，以下类似误译的引文均改译为'市民等级'——引者）全部政治的、法律的和哲学的意识形态建立于其上的现实基础。"（恩格斯，1885，第210页）

三、资本主义社会的双重经济关系

马克思以前的思想家已经把市民归结为商品所有者，并发现了市民所遵循的一般商品经济规律。例如，李嘉图"使整个市民经济体系（原译'资产阶级经济体系'）都从属于一个基本规律"，他发现了"市民制度（原译'资产阶级制度'）的心理学……是价值决定于劳动时间这一规定"（马克思，1861～1863，第186、183页）。同时，他们也从不同角度发现了近代经济关系，揭示了资产阶级的剥削权利。在古典政治经济学的理论体系中，市民平等权利和资产阶级剥削权利之间的矛盾，表现为价值规律和利润规律的矛盾。如果说资本同劳动的交换是等价的，价值规律、市民的平等权利受到尊重，那么利润的来源却无法得到说明；如果说资本同劳动的交换是不等价的，利润的来源得到了说明，但价值规律、市民的平等权利又遭到了破坏。古典政治经济学家无法解决这一矛盾，最终导致了他们整个学说的破产。

市民权利同资产阶级权利的矛盾，是由马克思的剩余价值理论解决的。而剩余价值理论是以资本主义社会的双重经济关系为前提的。一方面是市民的一般商品经济关系的存在，因此，一切人包括资产者和无产者都是独立的商品所有者，是权利平等的市民；另一方面是特殊的资本主义经济关系的存在，因此，资产者和无产者存在着阶级利益上的对立，两大阶级之间没有平等权利可言。

在劳动力买卖时，资产者作为货币所有者和无产者作为劳动力商品所有者，双方都是自由平等的市民，都必须尊重一般商品交换原则。只是在进入生产过程时，资产者和无产者双方的身份才显露出来。整个资产阶级的利润来源都归结为劳动力商品的特殊性质，归结为劳动力的使用——劳动——所创造的大于自身价值的价值，即剩余价值。在《资本论》中，马克思还从动态的角度，阐明了资本主义社会中"商品生产的所有权规律"如何转化为"资本主义的占有规律"，从而深刻揭示了资本主义社会中双重经济关系的对立统一运动。

在《资本论》中，马克思从物的角度对简单商品和资本商品相互转换的描述也为我们展示了资本主义社会的双重经济关系。生产资料无论作为原材料、燃料、辅助材料还是作为机器设备和厂房建筑物；无论其生产者是资本家还是小生产者，它们都要作为简单商品，通过一般的商品买卖行为进入生产过程，并转化为生产资本发挥作用。生产过程结束，产品作为包含剩余价值的资本的产品出现在市场上，无论这些产品物质形式如何，购买者是谁，它只是作为一般的简单商品出售。同样，作为一般等价物的货币和作为资本的货币之间也发生着与此类似的、逆向的相互转化。在商品和货币形式的物的运动后面，实际上是资本主义社会中人与人之间的双重经济关系。

总之，资产者是作为简单商品所有者即市民购买生产资料和劳动力、出售产品、取得个人消费品和个人消费劳务；无产者也是作为简单商品所有者即市民出售劳动力商品，取得个人消费品和个人消费劳务。在流通过程中，每个人都是简单商品所有者，是市民。只有在生产过程中，资本家和雇佣工人的特殊身份才表现出来。

双重经济关系也体现在无产者和资产者两大阶级的斗争上，如像围绕工作日长短和工资高低的斗争，它们都是在简单商品经济所有权范围内进行的，不触及资本主义制度本身，因而在性质上是市民的。马克思在谈到围绕工作日长短的斗争时，曾多次把这称为"市民战争"（Bürgerkrieg，原译"内战"）（马克思，1867，第262、328、331页）。马克思在理论上将资本主义社会的双重经济关系剥离开来，这就为科学共产主义理论创造了前提。共产主义社会第一阶段所保留的"旧社会的痕迹"不可能是"资产阶级的"，否则，它就不成其为共产主义。

四、社会主义的市民经济关系

在《哥达纲领批判》中，马克思把共产主义划分为两个阶段。它的第一阶段，即后来所称的社会主义社会，存在双重经济关系：共产主义性质的经济关系和市民的经济关系。所谓共产主义经济关系主要体现在全社会共同占有生产资料上，在这方面没有任何个人权利可言。所谓市民经济关系，是指不存在商品经济，但在一定范围和一定程度上还保留着其"痕迹"，主要体现在劳动者对自己的劳动能力拥有"天然特权"，要求在个人消费品的分配上实行等量劳动相交换。马克思指出，这种"平等权利按照原则仍然是市民的权利"（马克思，1875，第21页），因为它同商品经济社会中的等量劳动相交换没有性质上的差别。

马克思认为，同以往商品经济社会不同的只是：等量劳动相交换通过社会进行，不是直接的个人交换；由于通过社会交换，不再需要借助商品和货币。但是马克思并没有因为这些不同而认为市民经济关系的性质发生了变化，相反，他认为这是它的一种"进步"，是市民平等原则在实践中更进一步的贯彻，因为"原则和实践在这里已不再互相矛盾，而在商品交换中，等价物的交换只存在于平均数中，并不是存在于每个个别场合。"（马克思，1875，第21页）显然，这种"进步"是在市民经济关系内的进步。由此可见，等量劳动相交换在社会主义社会还有着进一步的发展，而并非如一些人认为的那样，是不得已而为之。

马克思只是站在共产主义高级阶段的角度，才对分配领域中市民经济关系的历史局限性进行了批评。他认为，由于"平等的权利就在于以同一的尺度——劳动——来计量"，"因而也就默认不同等的工作能力是天然特权"（马克思，1875，第21页）。按照这个尺度分配个人消费品，劳动者在体力和智力上的自然差别就会转化为分配上的不平等。同时，这个尺度撇开了劳动者，供养人口的差别，即使工作能力相同的劳动者也可能实际得到不等的个人消费品。于是，市民的平等权利在这里遇到了自身不可逾越的界限，它只能消除由社会因素造成的不平等，不能消除由自然因素造成的不平等。正如马克思所说：这种"权利，就它的本性来讲，只在于使用同一的尺度"去计量"不同等的个人（而如果他们不是不同等的，他们就不成其为不同的个人）"（马克思，1875，第22页）。所以，当马克思用"各尽所能，按需分配"的共产主义原则来衡量之时，自然会得出这样的结论，"这个平等的权利按照原则仍然是市民的权利（原译'资产阶级的法权'，在后来的中译本中，改译为'资产阶级的权利'）"，"它象一切权利一样是一种不平等的权利"（马克思，1875，第21、22页）。

社会要避免这些弊病，就要消除劳动者在劳动力上的个人权利，使劳动者把自己的劳动力视作社会的劳动力，供社会支配。社会要达到这个目的，必须以旧式分工的消失和劳动不再是谋生的手段为前提，最终又要以社会财富的极大丰富为前提。"只有在那个时候，才能完全超出市民权利（原译'资产阶级法权'，在后来的中译本中，译为'资产阶级权利'）的狭隘眼界，社会才能在自己的旗帜上写上：各尽所能，按需分配！"（马克思，1875，第23页）

从马克思对社会主义按劳分配的完整阐述中，我们不难理解其中包含的市民经济关系。但长期以来，不少人又困惑于其中"资产阶级的"这一限定词，从而或多或少地将市民经济关系与资本主义联系起来，并自觉或不自觉地贬低了它的意义。值得一提的是，列宁和毛泽东对这一问题的理解，在不同程度上偏离了马克思的原意（石仲泉，1985），这对人们误解市民权利的含义影响较大。究其根源，还在于他们没有像马克思那样区分资本主义社会的双重经济关系，以致列宁将马克思提到的"旧社会的痕迹"归结为资本主义的传统和痕迹（列宁，1917，第242~259页），毛泽东（1975）则进一步认为按劳分配与"旧社会没有多少差别"。

五、结　语

综上所述，按劳分配中的等量劳动相交换的平等权利只能是"市民权利"，而不是"资产阶级权利"。在马克思恩格斯著作中，"市民"与"资产者"这两类术语之间存在着重大差别，区分二者，在马克思主义理论中具有十分重要的意义。将"市民（等级）"误译为"资产者（阶级）"，会导致以下错误。

首先，市民的经济身份是商品所有者，而资产者的经济身份就是资本家。资产阶级的历史比市民短，它是资本主义社会特有的阶级；此外，它的范围比市民小，只是与无产者相对应的阶级。将"市民"译为"资产者"，无疑扩大了资产阶级的范围。

其次，市民是商品经济的产物，"市民的"经济关系即一般商品经济关系，它既可以指资本主义以前的简单商品经济关系，又可以指资本主义社会中剥离掉资本关系的简单商品经济关系，还可以指社会主义社会中所保留的"旧社会的痕迹"。而资本关系，即通过雇佣劳动形式剥削剩余劳动的关系，则只是商品经济发展过程中的一个特殊形式。将"市民的"误译为"资产阶级的"，势必将一般商品经济关系混同于资本关系。

最后，马克思的市民理论是马克思主义思想宝库中一个极其重要的遗产，对于社会主义的物质文明和精神文明建设具有重要的指导意义。由于误译，使"市民"这一术语在马恩著作中黯然失色，市民经济也自然未能引起人们足够的重视，并给予系统的研究。可以说，这种状况在一定程度上成为社会主义在理论上和实践中的思想障碍。在传统的社会主义中，不是有许多与一般商品经济相联系的范畴，都被当作资本主义的东西而被拒之门外吗？

需要指出的是，这个误译不仅仅是一个翻译的问题。事实上，误译不过是误解的结果，而误解又有深刻的社会历史原因。由于现有的社会主义制度都建立在商品经济不发达的国家，在这些国家中，自然经济占很大比重，人们自觉或不自觉地对商品经济持有敌视态度。这就使人们很难注意到市民和资产者，商品经济和资本主义之间的区别。而更多的则是，在批判资本主义的同时，也将批判的锋芒指向了商品经济。因此，我们不能把社会主义实践中的失误归于马克思，相反，马克思有关商品经济的基本思路是循着历史发展的轨迹而行进的。我们应该摒弃的是，对马克思主义的误解和教条主义式地对待马克思主义的态度，而绝不是马克思主义本身。

参考文献

［1］恩格斯，1847：《共产主义原理》，《马克思恩格斯全集》第 4 卷，人民出版社 1958 年版。

［2］恩格斯，1885：《马克思和洛贝尔图斯——"哲学的贫困"德文版序言》，《马克思恩格斯全集》第 21 卷，人民出版社 1965 年版。

［3］顾准，1980：《资本的原始积累和资本主义发展》，《中国社会科学》1981 年第 5 期。

［4］列宁，1917：《国家与革命》，《列宁选集》第 3 卷，人民出版社 1960 年版。

［5］马克思，1843：《论犹太人问题》，《马克思恩格斯全集》第 1 卷，人民出版社 1956 年版。

［6］马克思，1857～1858：《经济学手稿》，《马克思恩格斯全集》第 46 卷（上），人民出版社 1979 年版。

［7］马克思，1861～1863：《剩余价值理论》，《马克思恩格斯全集》第 26 卷 Ⅱ，人民出版社 1973 年版。

［8］马克思，1867：《资本论》，《马克思恩格斯全集》第 23 卷，人民出版社 1972 年版。

［9］马克思，1875：《哥达纲领批判》，《马克思恩格斯全集》第 19 卷，人民出版社 1963 年版。

［10］毛泽东，1975：转引自张春桥：《论对资产阶级的全面专政》，《红旗》1975 年第 4 期。

［11］石仲泉，1985：《关于"资产阶级权利"》，《红旗》1985 年第 11 期。

马克思市民经济思想初探[*]

    市民经济思想是马克思关于在社会分工条件下由具有独立个人利益的劳动者相互平等交换劳动所形成的经济关系的学说。在商品经济社会中，市民经济关系表现为商品货币关系。马克思预言的共产主义第一阶段将不存在商品货币，但劳动者等量劳动交换的市民经济关系却将保留下来。因此，商品经济只是市民经济的一种历史形式，马克思的市民经济思想比他的商品经济理论更具有一般性意义。商品经济理论侧重于经济关系的物的形式，而市民经济思想则侧重于经济关系本身，并在更深的理论层次上把前者包括在内。

一、"市民"术语和市民经济关系的含义

    长期以来，市民经济思想没有在马克思主义经济理论研究中取得应有的地位。造成这种状况的一个重要原因是在马克思、恩格斯著作的中译本内的

---

    [*] 本文是作者关于马克思市民理论研究系列文章中的第 2 篇，也是作者的政治经济学硕士论文，原文 6 万余字，压缩后被《经济研究》编辑部主编的《经济学博士硕士论文选（1987）》收录，再度压缩篇幅后被《经济研究》1988 年第 2 期采用。这里收录的是发表在《经济研究》上的简写文本。该文与另外 2 篇论文一起，以"马克思市民经济理论研究"为题获得北京市第二届哲学社会科学优秀成果（1992）中青年优秀成果奖。在作者看来，马克思的市民理论是比他关于市民社会理论更为宽泛的学说体系，后者固然重要，但它不过是前者的一个组成部分。而且从理论重要性上讲，他的市民社会理论首先应该是其市民经济理论，它构成市民社会的经济基础。正如马克思（1857 – 1858[a]，第 8 页）所说，"对市民社会的解剖应该到政治经济学中去寻求。"这也是笔者经济学论文选题的依据。

一些用语被误译了。

1. "市民"术语的误译

在马克思、恩格斯著作的德文原著中，Bourgeois 和 Bürger 是两类术语，其词源和词义完全不同。Bourgeois 以及由这个词根演变而来的所有词汇都指"资产者"；而 Bürger 以及由此演变的所有词汇则指"市民"。①在马克思、恩格斯著作中译本内，Bourgeois 被正确地译为"资产者"；而对 Bürger（市民）有时正确地译为"市民"，但又常常错译为"资产者"。这种误译在俄文译本中就已出现。中文编译者受俄译本的影响，沿袭了俄文编译者的错译。可见"市民"的误译及其误解早在马克思主义开始传入中国时就被当作正确的东西来接受和传播。Bürger 的一词两译，使得马克思、恩格斯著作中译本中的"资产者"及其相关词实际上来源于德文原著中的两类不同术语，而在马克思、恩格斯著作的中译本中"市民"和"资产者"的重大差别却被抹杀了。

2. "市民"和"资产者"的区别

"市民"和"资产者"这两类术语最简单的规定是指一定的个人和社会集团，二者有明确的界限，不能混淆。作为经济关系的体现者，市民是商品所有者，是商品货币关系的人格化。恩格斯（1886，第 545 页）说："市民首先是而且仅仅是商品生产者和商人。"而"资产者"则是资本所有者，是资本的人格化。马克思、恩格斯用的"资产者"是资本家的同义语。把"市民"译为"资产者"势必将商品所有者当成资本所有者。

德文"市民"一词来源于城（Burg）。它的本义是指生活在城中的居民，是同乡村居民对应的词。在历史上，由于商品经济在城市中才得到相对独立的发展，城市居民的活动同商品货币息息相关，而乡村居民的经济活动却同市场没有关系，或者联系甚少。因此，这两个原来只有地域差别的术语包含了更深刻的经济关系的差别，即商品经济同自然经济的分野。到了近代，随着城市工商业的发展，商品货币关系深入农村，改变了乡村居民昔日的生产

---

① 本文使用的德文资料均取自 Marx und Engels：Marx Engels Werke，Dietz，Verlag，Berlin。

方式和生活方式。随之而来，乡村居民的经济身份也相应地发生变化，成为同市民没有多少差别的独立的商品所有者。与这种经济关系的变化相适应，"市民"一词冲破了原来的地域限制。马克思在早年研究法国革命史时已经清楚地看到了这种经济关系变化引起的人们经济地位的改变。他（马克思，1843，第443页）说："政治解放一方面把人变成市民社会的成员，变成利己的、独立的个人，另一方面把人变成公民，变成法人。"所谓"市民社会的成员""利己的、独立的个人"就是指"公民""法人"的商品所有者地位。因此，在马克思、恩格斯的著作中，"市民"既指西欧历史上的城市居民，又指近代西方的公民。资产者则是随资本主义发展而从市民中分化出来的一个阶级，它只是近现代西方社会公民中的一小部分人。所以，从历史的角度看，资产阶级形成的时期比市民晚；从现实的角度看，资产阶级的范围比市民小。如果将市民误译为"资产者"，势必将"资产阶级"概念扩大化。

3. 市民经济关系和资本主义经济关系的区别

在《资本论》中，马克思常常把"市民"同一些经济范畴连用，用以规定这些范畴的商品经济性质。如市民社会、市民生产方式、市民所有制等。这些"市民"用语是最抽象、最一般性的概念。正如马克思（1857～1858$_b$，第755页）所说，"劳动这个例子确切的表明……正是由于它们的抽象而适用于一切时代"。同理，"市民"这组范畴在这时在马克思的著作中，成为适用于所有商品经济时代的概念。它们除了指一般商品经济关系外，还可以指历史上舍去各种自然经济因素的简单商品经济关系，也可以指资本主义时代舍去资本关系的简单商品经济关系。但无论何种用法，这些用语都不包含半点资本关系。将这些用语误译为资产阶级社会、资产阶级生产方式等，必然导致将商品经济关系等同于资本主义经济关系。

由于资本主义经济本身就是一种特殊的商品经济，这两类用语在概念的外延上有交叉，但是它们在内涵上却有本质区别，根本不能混同。例如，市民社会首先是指最一般意义上的商品经济社会，它又指资本主义以前的商品经济社会，还指近现代商品经济社会。在后一种用法上，市民社会和资本主义社会指同一时代，但市民社会偏重于指这个时代发达的商品经济关系，而资本主义社会偏重于指这个时代的剥削关系。

马克思、恩格斯总是根据论述问题的需要有区别地使用这两类术语。例如，在《资本论》第一卷第一篇中，马克思较多地使用市民社会、市民生产方式等用语，因为这里研究的商品、货币是一般商品经济关系，不包含资本关系。而在同一著作的其他各篇中，他却更多地使用资本主义社会、资本主义生产方式等用语，因为这里是对资本主义经济关系的剖析。当马克思、恩格斯需要表明近代西方社会经济关系的全貌时，他们又常常把这两类术语结合使用，如"资本主义多少已经发展了的现代市民（原中译文为'资产阶级'——引者，以下引文中改正的译文，均系作者所为，不再注明引者）社会"（马克思，1875，第20页）等。

二、资本主义社会中市民经济关系的表现

在马克思、恩格斯看来，在近代西方社会中存在双重经济关系。一重是市民的商品经济关系，在这个领域中一切人（无论是资产者还是无产者或社会其他成员）都是独立自由的商品所有者，是权利平等的市民（公民）。一重是特殊的资本主义经济关系，在这个领域中不存在一般意义上的商品所有者之间自由、平等的经济关系，这重经济关系的实质是资产阶级剥削无产阶级的阶级关系。

1. 经济当事人的双重身份

资产者既是市民又是资本家，无产者既是市民又是雇佣工人。作为独立的商品所有者，资产者和无产者具有同等的市民身份；作为剥削者和被剥削者，他们才是资本家和雇佣工人。

从市民经济关系角度看，资产者拥有商品货币财富，是生产资料所有者，并直接从事商品生产经营活动，当然是市民。他之所以成为资本家，并不在于他拥有商品货币财富，占有生产资料，而在于他把这些财产变成资本，通

过组织商品生产经营活动占有雇佣工人的剩余劳动。在马克思看来，历史上的剥削阶级虽然拥有生产资料并剥削劳动者，却不是资本家。历史上的市民和资本主义社会中的小商品生产经营者虽然拥有生产所需的商品货币财富，并从事商品生产经营活动，但也不是资本家。正是从资产者具有商品所有者身份的意义上，马克思把他称为"商品所有者""货币所有者"和"市民"，甚至认为资产者"可能是一个模范公民（Musterbürger）"（马克思，1867，第262页）。

无产者虽然不拥有生产资料，却是自己劳动力的所有者，可以并且必须把它作为自己的商品来出售，以取得货币收入来维持生计，因而也是独立的商品所有者，是市民。受剥削的劳动者没有自己的生产资料，这是一切剥削社会共有的现象。使不同时代的劳动者区分开来的关键并不在于他们是否生产资料的主人，而在于他们是否对自己的劳动力拥有主权，以及这种主权的大小。无产者作为国家公民，其人身自由权受国家法律保护，任何人不得使用超经济暴力迫使无产者为其提供劳动，这是无产者不同于奴隶和农奴之处。所以，恩格斯（1847，第360页）在比较无产者同奴隶的区别时认为："奴隶被看做物件，不算是市民社会的成员。无产者被认为是人，是市民社会的成员。"

只有从资本主义经济关系的角度看，当生产资料所有者把自己的商品货币财富转化为资本作为剥削他人的手段时，他才成为资本家；当劳动力所有者把自己的劳动力作为商品出售给资本家，使劳动力同资本家的生产资料结合而合并为创造剩余价值的生产力时，劳动力商品所有者才成为他人的雇佣工人。

2. 经济活动的双重性质

双重性质的经济活动，一是同剥削没有直接联系的市民的商品经济活动，二是剥削性的资本主义经济活动。

在资本主义的流通领域，一切人的经济活动都属于简单商品经济性质。资产者是作为商品所有者即市民购买生产资料和劳动力，出售产品，取得个人消费品和个人消费劳务；无产者也是作为简单商品所有者即市民出售劳动力，取得个人消费品和个人消费劳务。无论买卖的商品是生产资料还是消费资料，买卖对象是谁，购买者以何种方式消费这些商品，都不会改变商品买卖行为的市民性质。正如马克思（1894，第383～384页）所说："资本从来不进入流通，……它在自己的流通过程中从不表现为资本，而只是表现为商品或货币，……资本并不是在流通过程中，而只是在生产过程中，在剥削劳动力的过程中，才作为资本存在。"

劳动力商品买卖行为也属于简单商品经济性质。剩余价值来源于资本主义生产过程，而劳动力买卖发生在流通过程。如果将劳动力商品的买卖直接等同于资本主义剥削，势必模糊剩余价值的源泉。诚然，劳动力商品的买卖同资本主义剥削有密切关系，它是构成资本主义生产方式的前提条件。但是，资本主义剥削制度的前提条件毕竟不等于资本主义剥削行为本身。马克思（1867，第199、200页）明确指出过："劳动力的买和卖是在流通领域或商品交换领域的界限以内进行的，这个领域确实是天赋人权的真正乐园。"只有在进入生产过程后，"原来的货币所有者成了资本家，劳动力所有者成了他的工人"。

在资本主义直接生产过程中，经济活动的性质也并非单纯是资本主义的。首先，从劳动过程角度来看，生产过程的性质是非资本主义的，这点已为人熟知，无须赘述。其次，从生产关系的角度来看，生产过程也具有双重性质，即市民的一般价值生产过程和资本主义的剩余价值生产过程。从价值生产过程来看，资产者是商品生产活动的组织者和经营者，无产者是这种生产活动的直接劳动者。他们的差别是发达商品生产条件下分工的结果，生产的组织和经营活动同直接生产劳动都是市民社会的必要职能，这种由分工形成的职业差别本身没有高低贵贱之分，也谈不上剥削和被剥削关系。只有从剩余价值生产过程来看，资产者才是剥削者，无产者才是被剥削者，他们的经济活动才具有资本主义性质。

在马克思那个时代，由于资本主义私有制和市民经济制度既发达又不十分发达，资本家作为企业家的社会职能和他作为生产资料所有者的私人职能往往合一，使马克思不可能把市民的价值生产过程和剩余价值生产过程完全从理论上剥离开来，但是，他在一些问题上已察觉到二者的区别。例如，他认为，由于商品经营活动的社会职能和剥削职能的合一，资产者便可以通过行使商品生产经营权而使生产过程服从于自己榨取剩余价值的私利。正是在这个意义上，他（马克思，1894，第296页）说："资本家是市民社会（原译'资产阶级社会'）的受托人，但是他们会把从这种委托中得到的全部果实装进私囊。"又如，他在研究股份制企业和工人合作企业时，已经非常清楚地看到了植根于大规模商品生产的经营权同资本所有权的分离，看到市民经济制度同资本主义私有制之间的矛盾。

3. 经济规律的双重性质

这里是指商品生产所有权规律的市民性质和资本占有规律的剥削性质。关于二者的区别及相互关系，马克思在《资本论》第一卷第二十二章中曾作过非常明确的论述。他认为流通过程中的所有经济活动都受简单商品所有权规律支配，只有在生产过程中资本占有规律才起作用。正是在这种认识基础上，他说明了资本占有规律怎样以流通中的简单商品所有权规律为前提，在生产过程中，后者怎样转变为前者，在生产过程以后，前者又怎样转变为后者，从而在经济规律的高度上科学地概括了双重经济关系之间的对立统一运动。

在一些人看来，当资本占有规律在资本主义生产过程中发挥作用时，商品生产所有权规律就不再发挥作用。这是一种误解。资本主义生产只是商品生产的一种历史形式，资本占有规律只有在遵循了一般商品生产规律的前提下才会发生作用。因此，价值由劳动创造、价值量由社会必要劳动时间决定、劳动时间的节约等一般商品生产的规律在生产过程中仍起支配作用。只有在这些原则实现的基础上，才谈得上资本占有规律。正如恩格斯（1878，第337页）所说："价值规律正是商品生产的基本规律，从而也就是……资本主义生产的基本规律。"所以，资本占有规律仅仅是在商品生产规律基础上增加了一层剥削关系而已。

4. 阶级斗争的双重性质

双重经济关系也体现在资产者和无产者两大阶级的斗争上。如像围绕工作日长短和工资高低的斗争，它们都是在简单商品所有权范围内进行的，其性质是市民的。马克思（1867，第328、331页）在谈到围绕工作日长短的斗争时，曾多次把这称为"市民战争"（Bürgerkrieg，原译"内战"）①。由于这种性质的阶级斗争只能改善无产阶级的工作条件和生活状况，却不能改变无产阶级受剥削的地位，因此，马克思、恩格斯还主张进行触及资本主义制度的阶级斗争，用社会主义制度代替资本主义制度。

5. 小商品经济的市民性质

在近现代西方社会中，还存在大量同资本主义没有内在联系的小商品经济。无论从经济当事人的身份，还是从经济活动以及支配这些活动的规律来看，小商品经济的性质是市民的。需要指出，目前在马克思、恩格斯著作中译本中的大量"小资产者（阶级）"都是由"小市民（阶级）"术语误译而来的。如前文所述，资产者是资本家的同义语，真正的小资产者应该是小资本家，他同大中资产者在阶级性质上一样。而小市民则是指小商品生产者，虽然他是有产者，但不是资本家。

三、市民经济制度同资本主义经济制度的关系

1. 市民经济关系是资本主义经济关系的基础

资本主义生产方式必须建立在发达的商品经济基础上，这一点已为人熟知。然而，商品经济较充分的发展从而市民经济制度的形成对资本主义生产方式的重要意义，不仅在于为其创造了物质条件和外部经济环境，而且在于

---

① Bürgerkrieg 这个用语源出于古罗马，本意指同一城市（国家）内公民之间的战争。它虽然也有"内战"的意思，但不同于指"内部战争"的"innre Krieg"，它强调的是权利平等的公民之间的战争。因此，这个用语在这里直接译为"市民战争"似乎更符合作者的本意。

改变了旧的经济关系，使劳动者和经营者摆脱了自然经济的种种束缚，创造出一个商品所有者的自由平等王国，解放了生产力中人的要素。

在马克思看来，市民经济关系包括商品所有者的自由和平等两个基本要素这种自由平等的经济关系首先表现在商品交换中。商品所有者必须是独立的自由人，才能拥有财产，才能把属于自己的财产作为商品来买卖。同时，商品所有者又必须是权利平等的人，这样才可能按照等价的原则相互交换劳动产品。流通中表现出来的商品所有者之间的自由平等关系不过是生产过程中商品所有权的产物。马克思把商品所有权的本质归结为人们通过劳动对自然物质的占有，把同这种所有权相适应的劳动者之间的自由平等关系归结为劳动自由和人类劳动的等同性。他（马克思，1857~1858，第465页）说："既然通过自己的劳动进行占有的规律是前提……那么在流通中自然就会出现一个建立在这一规律基础上的市民自由和平等的王国。"

当商品生产和交换发展到一定程度时，从商品所有权的劳动自由平等中产生出生产经营的自由平等。这种经营自由要求商品生产经营者享有充分的自主权利。一方面，经营者可以根据市场的需要自主地确定生产经营方向和规模的大小，不受外在强力的干预和非经济因素的限制；另一方面，经营者在企业内部享有充分的权威，以便合理地进行分工，科学地组织和协调企业内部劳动者的活动。这种生产经营的平等不承认任何形式的经济特权和垄断，意味着所有生产经营者在市场上享有同等权利和均等机会。通过竞争形成的市场价格成为衡量生产经营活动优劣的基本尺度。

由于"市民"术语被误译，市民的自由平等的经济关系常常被当成资产阶级的自由平等。按照经典作家的本意，资产阶级的自由平等是一种剥削权利，它仅限于指这个阶级内部各成员之间的一种经济关系。资产阶级的自由只能归结为资产阶级不受限制地剥削无产阶级，资产阶级的平等只能理解为这个阶级的每个成员在剥削无产阶级时享有同等权利，它充分地体现在等量资本获取等量利润的平均利润规律上。

无论从历史还是从现实的角度看，市民的自由平等的经济关系都构成资本主义经济关系的基础。

在西欧封建社会后期，市民经济关系逐渐形成为一种经济制度，在国家范围内取代了自然经济制度。市民取得了更大的经营自由和劳动自由，商品经济迅速发展起来。随之而来的市民内部的两极分化才日益明显化。当这种两极分化发展到一定程度时，资本主义生产方式从市民生产方式中成长起来。正如恩格斯所说："消灭封建制度，如果用肯定的形式来表示，就是确立市民制度（原译'资产阶级制度'）。随着贵族特权的废除，立法也市民化（原译'资产阶级化'）了。"（恩格斯，1874，第 563 页）在那里，"摧毁了封建制度，并且在它的废墟上建立了市民的社会制度（原译'资产阶级的社会制度'），建立了自由竞争、自由迁徙、商品所有者平等的王国，以及市民的（原译'资产阶级的'）一切美妙东西。资本主义生产方式现在可以自由发展了。"（恩格斯，1878，第 292~293 页）

当资本主义生产方式确立以后，它并没有使市民经济关系归于消失。相反，它的生存和发展同它的产生一样，也必须以发达的市民经济关系为前提。离开了至少是国家范围内的市民经济制度，它连一天也生存不下去。因此，生产关系的再生产不仅再生产出资本主义剥削关系，也同时再生产出市民经济关系。它不仅再生产出一无所有的劳动者和生产资料的私有者，也再生产出能把劳动力作为商品出售的自由劳动者和有生产经营自主权的企业家。

2. 资本主义生产方式创造的市民经济关系

西方资本主义经济制度绝非是市民经济制度的被动产物。资本主义生产方式在形成过程中反过来促成了西方市民经济制度的成熟和发展。

首先，资本主义生产方式对自由劳动者的需求促成了劳动者市民经济地位的确立。在同传统生产方式争夺劳动力的过程中，资本主义生产方式无疑加速了将劳动者从传统生产方式的束缚下解放出来，使他们成为能支配自身劳动力的自由人。在机器大工业时代，对女工和童工的需求也扩大了市民经济关系的范围。这时，甚至妇女和儿童也因成为雇佣工人而取得了同成年男工一样的市民地位。

其次，资本主义生产方式造成了大规模的商品生产经营机制。由于商品生产经营活动的社会职能和资本家追求剩余价值的私人职能的合一，在资产阶级追求高额利润动机的驱使下，促成了近现代西方市民经济制度生产经营机制的形成。

基于上述原因，马克思、恩格斯认为近代西方市民社会是由资本主义生产方式创造的。

3. 市民经济关系掩盖资本主义剥削实质

在资本主义的市民社会表面，一切人都表现为自由平等的商品所有者，他们之间的经济交往在形式上都按照商品等价交换原则进行，这使得人们无法直接看到资本主义剥削关系。许多资本主义制度的辩护士正是利用这种表面现象来粉饰资本主义剥削制度。而最早对市民经济制度做过系统研究的古典经济学家虽然受到迷惑，没有从市民经济关系中把资本主义经济关系剥离出来，但他们毕竟揭示了市民经济制度的内部机理，并对分配领域中表现出来的阶级关系不加掩饰地进行了描述。与他们不同，庸俗经济学家则完全被市民社会表面公民之间自由平等、等价交换等现象迷惑，否认劳动是价值的唯一源泉，认为一切生产要素都创造价值，进而根据资本和劳动在流通中等价交换的事实，否认资本主义剥削关系的存在。

四、社会主义时期的市民经济关系

在《哥达纲领批判》中，马克思认为在共产主义第一阶段存在共产主义的和市民的双重经济关系。共产主义经济关系主要体现在全社会共同占有生产资料上；市民经济关系主要体现在承认劳动者的不同工作能力是他们个人的"天然特权"，在个人消费品分配上必须实行按劳分配，这里通行的仍然是商品等价物交换的同一原则。马克思（1875，第 21~23 页）认为按劳分配中的"平等的权利按照原则仍然是市民的权利（原译'资产阶级的法权'，后来的中译本中改译为'资产阶级权利'）"，"这个平等的权利还仍然被限制在一个市民的（原译'资产阶级的'）框框里"。只有当劳动力同生产资料一样成为直接的社会生产要素时，市民经济关系才最终完成了自己的历史使命，"只有在那个时候，才能完全超出市民权利（原译'资产阶级法权'）的狭隘眼界，社会才能在自己的旗帜上写上：各尽所能，按需分配！"

尽管马克思预言的社会主义社会是一个存在市民经济关系却不存在商品货币的社会，但这并不影响等量劳动相交换的市民性质。商品货币只是市民经济关系的物的外壳，按劳分配究竟通过商品货币来实现，还是通过劳动券或簿记来实现，其经济关系的性质都是市民的。

马克思在《哥达纲领批判》中第一次将市民经济关系同生产资料公有制联系起来，这对认识社会主义经济特征有重要意义。但由于人们把市民经济关系误解为资本主义，从而就把同市民经济关系相应的商品经济视为社会主义的异己物。其结果是：（1）把商品经济直接等同于资本主义；（2）认为商品经济会导致资本主义；（3）要发展商品经济就非要发展资本主义不可。

现实中的社会主义没有按马克思的预言首先在西方发达的资本主义国家实现，而在落后国家建立起来。这些国家的落后性不仅在于生产力水平低，而且在于没有西方那样发达的市民经济制度，甚至没有西方资本主义以前城市中那样的市民经济关系。现实的社会主义远不像马克思所设想的那样，是建立在市民社会已充分发展的基础上，而是建立在自然经济占相当优势的传统社会的基础上。因此，在社会主义制度建立之初，人们就应通过发展商品经济来建立同社会主义相适应的市民经济制度。

发展商品经济的目的不仅在于发展生产力，而且在于改变人们之间的经济关系；经济体制改革的任务不仅在于改变几十年来形成的旧体制，还在于改变人类有史以来形成的自然经济制度；对外开放的意义也不仅在于吸收外来先进技术和管理经验，还在于借鉴西方发达国家的市民经济关系；要通过这些途径最终建立起同社会主义公有制相适应的市民经济制度。然而人们通常对这种更深层次的意义认识不足。显然，没有经济主体的经济身份和他们之间经济关系的根本性变革，就谈不上商品经济的深化和完整市场体系的建立，从而也不可能实现生产的社会化和现代化。

参考文献

［1］恩格斯，1847：《共产主义原理》，《马克思恩格斯全集》第4卷，人民出版社1958年版。

［2］恩格斯，1874：《〈德国农民战争〉1870年版序言的补充》，《马克思恩格斯全集》第18卷，人民出版社1964年版。

［3］恩格斯，1878：《反杜林论》，《马克思恩格斯全集》第20卷，人民出版社1971年版。

［4］恩格斯，1886：《法学家的社会主义》，《马克思恩格斯全集》第21卷，人民出版社1965年版。

［5］马克思，1843：《论犹太人问题》，《马克思恩格斯全集》第1卷，人民出版社1956年版。

［6］马克思，1857~1858$_a$：《政治经济学批判·序言》，《马克思恩格斯全集》第13卷，人民出版社1962年版。

［7］马克思，1857~1858$_b$：《政治经济学批判·导言》，《马克思恩格斯全集》第12卷，人民出版社1962年版。

［8］马克思，1857~1858$_c$：《〈政治经济学批判〉（1857－1858年手稿）》，《马克思恩格斯全集》第46卷（下），人民出版社1980年版。

［9］马克思，1867：《资本论》第1卷，《马克思恩格斯全集》第23卷，人民出版社1972年版。

［10］马克思，1875：《哥达纲领批判》，《马克思恩格斯全集》第19卷，人民出版社1963年版。

［11］马克思，1894：《资本论》第3卷，《马克思恩格斯全集》第25卷，人民出版社1972年版。

"市民社会"辨析[*]

市民社会是马克思恩格斯著作中极其重要的用语。长期以来理论界以为它只是马恩早期哲学著作中一个不成熟的用语，人们除在追溯其早期理论生涯时间或使用这个用语外，很少再使用它，似乎马恩在晚期著作放弃了这个用语。这种看法中包含着极大的误解。

造成上述误解的直接原因是：马恩德文原著中"bürgerliche Gesellschaft"这个用语，在中文译著中本应按一词一译原则全部将其译为"市民社会"，但中文译者却把这个用语大量地误译为"资产阶级社会"。这种误译尤其多见于马恩晚期著作的中文译本，除极个别的场合外，这个用语几乎都被误译。而类似误译在其早期著作的中译本中相对较少，人们还能较多地见到市民社会这个中文译名。

这个问题涉及怎样翻译马恩原著中的 bürgerlich（市民的）以及它的根词 Bürger 时（市民）这类术语。笔者拟从这里展开如下讨论。

一、马恩著作中的市民概念

研究马恩的市民社会用语应该先弄清他们使用市民概念的含义。

---

* 本文是作者关于马克思市民理论研究系列文章中的第 3 篇，发表于《哲学研究》1990 年第 1 期。此文发表后有较大影响，引起了争论，并引发了中国已经持续了近 30 年，至今仍有相当热度的关于市民社会的讨论。该文与另外 2 篇论文一起，以"马克思市民经济理论研究"为题获得北京市第二届哲学社会科学优秀成果（1992）中青年优秀成果奖。

德文中的 Bürger 来源于 Burg（城堡），本指中世纪的城堡或城镇居民，后来也指古代城邦和近现代的城市居民，泛指不同于乡村居民的人。西方的近现代文明直接起源于历史上的城市文明和市民文明。这个特点必然反映在市民术语上，使这个最初只表现居住地差异的术语具有更丰富的社会历史内容。

城市是独立商品经济的发祥地。虽然西欧历史上最初的城市并不一定都是工商业集中地，有的城市是由从事农业生产的居民为保护土地财产和人身安全而建立起来的军事设防地，有的城市则是统治者建立起来的军事堡垒。但是，这样的城堡要生存和发展，就必然会向工商业集中地演变。否则，它们就会在漫长的历史中式微。换句话说，真正意义上的城市必然是城和市的结合物，以至有市无城。生活在这样环境中的市民，其生产方式和生活方式必定同商品经济密切相关。无论市民从事何种职业，或者是不劳而获的"寄生虫"，其收入的取得和个人消费的实现都离不开市场，必须以商品货币为中介。所以，市民即便不是工商业者，至少是能独立进行交易的商品所有者。

与市民不同，乡村居民因从事自给性农业和手工业而无须进行交换。他们即使进行交易也仅仅局限于用剩余产品换取自己不能生产的少量产品。古代城邦中的奴隶虽然也生活在城市中，却因没有人身主权，不拥有自己的财产，不能成为独立的商品所有者。正像罗马法所明文规定的：奴隶是不能通过交换为自己谋利益的人。因此，市民作为不同于乡村居民的术语，包含了商品经济同自然经济的巨大区别。

德文中的 Bürger 也表示一种社会身份，即城市自由民。这种意义上的市民术语通常翻译为公民，公民包括自由和平等两大基本条件。这意味着公民享有人身主权和自由的财产权，拥有一定参与市政管理的权利，并对城市负有财政上和军事上的义务。当然在传统社会中，人的不自由和不平等构成了基本的社会关系，受其影响在市民集团内部也划分了等级，不同等级的市民所享有的权利有很大差异，只有相对于其他处于人身依附关系下的社会集团来说，才能认为市民处于自由平等关系中。同时，正因为奴隶、农奴和其他乡村居民不享有市民权利，这种自由平等的权利在当时实际上是一种特权。

市民术语还指一种政治地位，即反封建的第三等级。在西欧封建时代城乡对立、封建割据的格局下、市民在国家政治生活中没有多大权力。为维护城市主权，保护商道的畅通，各城市的市民往往联合起来同王权结盟共同反对教会和封建诸侯。市民用金钱支持王权，王权则保证城市的独立。后来市民直接向王权挑战，要求在国家政治生活中享有更多的权力。在这些斗争中市民始终是作为一个统一的等级出现在政治舞台上。直到王权被推翻或者按照市民的愿望被改造后，资本主义生产方式有了长足发展，新的阶级关系促成了"'市民'分裂为'资产者'和'无产者'"（马克思，1848，第531页）以后，这种状况才有所改变。

到了近代，原来只在城市中才有独立发展的商品经济冲破城市的地域限制，逐步把整个农村都纳入统一市场中，把原来自给性农业转变为商品性农业。随之而来，原来处于自然经济关系中的乡村居民被市民同化，成为与市民差不多的商品生产经营者。

在商品经济普遍化的同时，封建的人身从属关系开始松弛，乡村居民渐渐取得了人身主权，享有过去只有城市居民才有的社会权利，实现了"一切人，或至少是一个国家的一切公民（Bürger），或一个社会的一切成员，都应当有平等的政治地位和社会地位"（恩格斯，1878，第113页）的要求。所以，在德文和马恩原著中，Bürger 还指近现代西方社会中的公民、国民。

综上所述，马恩原著中 Bürger 这类术语具有多种含义，既指不同于乡村居民的城市居民，又指西欧历史上的城市自由民，反封建的第三等级、市民阶级，还指近现代西方社会的国民、公民。无论其具体含义怎样，它们都同商品经济（指人格化的商品经济）联系在一起。这决定了它们不可能有资产者含义。因为在马恩看来，资产阶级只是近现代社会公民中的一个特殊阶级。所以，马克思和恩格斯在他们著作中用另一类术语 Bourgeois 专指资产者，以别于 Bürger 这类术语，更进一步说，资产阶级是近现代资本关系的人格化，而市民则是商品的人格化。Bourgeois 和 Bürger 这两类术语在马恩著作中的区别，实际上反映了资本主义和商品经济的差别。

二、市民社会的三种不同含义

在德文马恩原著中，"bürgerliche Gesellschaft"这个用语有三种不同含义：一是经济基础的近义语，指一切时代的物质生活的总和；二是指不同于自然经济社会和未来社会的整个商品经济社会；三是指近现代西方发达的商品经济社会。这个用语的三种不同含义都只能理解并译为"市民社会"。但长期以来人们对这个用语没有全面和正确的认识：第三种含义的市民社会被人们误解和误译为资产阶级社会；第二种含义的市民社会要么被人等同于第三种含义，也被误解为资产阶级社会，要么被混淆于第一种含义。

在《德意志意识形态》中，马克思和恩格斯曾经对市民社会的三种含义做过详尽规定：

第一种含义的市民社会泛指"一切历史阶段上受生产力所制约、同时也制约生产力的交往形式，就是市民社会"，它"在一切时代都构成国家的基础以及任何其他的观念的上层建筑的基础"（马克思、恩格斯，1845，第40、41页）。

马恩在规定了市民社会的第一种含义后紧接着说明其第二种含义："市民社会包括各个个人在生产力发展的一定阶段上的一切物质交往。它包括该阶段上整个商业生活和工业生活"（马克思、恩格斯，1845，第41页）。他们在这里说的"在生产力发展的一定阶段上的""物质交往"显然不同于第一种含义市民社会中说的"一切历史阶段上"和"一切时代"的"交往形式"。这种含义的市民社会的外延小于前一种含义的市民社会。至于这种含义市民社会的具体内容，马恩讲得很清楚，从"各个个人"角度概括的物质交往指的是独立商品所有者之间的社会关系，因此，第二种含义的市民社会把自给自足型的自然经济排除在外。

关于第三种含义的市民社会，马恩指出："'市民社会'这一用语是在18世纪产生的，当时财产关系已经摆脱了古代的和中世纪的共同体。这样的市民社会（solche bürgerliche Gesellschaft，原中译文为'真正的资产阶级社会'），只是随同资产阶级（Bourgeoisie）发展起来的。"（马克思、恩格斯，1845，第41页）马恩著作编译者在这句话下面加了一个注："bürgerliche Gesellschat 这个术语既有'资产阶级社会'的意思，也有'市民社会'的意思。"这个注释表明了编译者翻译这个德文用语的指导思想。大体说来，这里的翻译是一个分界线，在这部著作以前的马恩著作中文译本中，这个德文用语较多地译为市民社会，在此以后的马恩著作中文译本中，这个用语就很难见到正确译文了。因此，我们有必要对这里的中译文做进一步分析。

这里的"bürgerlich"不是"Bourgeoisie"的同义词。中译者实际上没有把前者的意思译出来，因为"资产阶级社会是随同资产阶级发展起来的"这句话是无内容的同义反复。此外，这里的指示代词"solch"是"这样的"意思，它决不能做"真正的"讲。"这样的"一词既表明二者在时间上的一致，又表明这种含义的市民社会同前两种含义市民社会的区别。显然，译者为了把这个德文用语译为资产阶级社会，并为了避免这样翻译引起的语义矛盾，才把"这样的"改译为"真正的"。

进而言之，据笔者所知，在马恩的德文概念体系中，根本就没有资产阶级社会（bourgeoise Gesellschaft 或 Gesellschaft der Bourgeoisie）这样的提法。虽然马恩后来也把这个社会称为"资本主义社会"，但在19世纪40年代中期，他们在理论上没有能做到在资本主义意义上把握这个社会的本质。这时，他们不仅没有"资本主义社会"这个用语，甚至没有"资本主义"这个用语。后来随着他们理论的成熟，在他们著作中才开始出现"资本主义社会"用语，但这个用语的含义也不同于"市民社会"。关于这个问题，下文还将谈及。

由于大量的市民社会用语在马恩著作中译本中被误译，致使人们对市民社会用语的三种不同含义缺乏全面认识，通常只在第一种含义上理解这个用语。在以前的文章中，笔者把第一种含义的市民社会用语作为公认的事实，暂时存而不论，着重论述被人忽视的第二、第三种含义的市民社会用语。一位作者曾对笔者的看法提出异议。由于他不了解马恩市民社会的后两种含义，仅仅依据这个用语的第一种含义立论。尽管他对这个用语的第一种含义的理解符合马恩的本意，但因他对这个具有丰富内容的用语的看法是片面的。因此，他对笔者的批评完全没有说服力。

三、市民社会之三种含义的理论渊源及其
在马恩著作中的命运

马恩著作中三种含义的市民社会用语各自有不同的理论来源，其科学程度不等，这在一定程度上影响了马恩对它们的态度。

市民社会用语最先由英国和法国学者提出，后来渐渐为其他西欧国家的著作家接受，并成为 18～19 世纪广为采用的学术用语。如前所述，西方的近代文明起源于历史上的城市制度和市民生活。当时的英国和法国的学者正是根据这种历史事实，把这种意义上的社会称为市民社会，区别于"野蛮社会""未开化社会"。由于商品经济是历史上城市经济生活和近代国民经济的基本特点，这些英国人和法国人说的市民社会实际上是商品经济社会。这点在当时英、法经济学家的著作中表现得尤为突出。

但是，马恩最初是通过德国古典哲学家，主要是黑格尔间接地接受这一用语的。由于当时德国的商品经济发展水平远远落后于英国和法国，同商品经济成长程度密切相关的政治经济学在德国没有形成独立学科，再加上黑格尔本人的唯心主义立场使他十分蔑视市民社会，而把注意力集中在社会"大厦之顶"的国家上，这就决定了黑格尔不可能对市民社会用语的丰富经济内涵有全面认识。因此，在黑格尔的著作中，市民社会只是法哲学中一个区别于国家和法的用语，是一个泛指人类物质生活领域的混沌整体。德国人对这个用语认识的局限性也影响了马克思和恩格斯，他们在接受市民社会用语之初，虽然批判了黑格尔颠倒了国家、法和市民社会的唯心主义观点，但没有来得及对这个用语本身进行更深入研究，基本是沿用了黑格尔的这个用语，用它泛指各个时代物质生活。即本文所说的第一种含义的市民社会。

在批判黑格尔的唯心主义观点过程中，马恩认识到德国古典哲学中市民社会用语的内容十分贫乏，意识到仅仅在法哲学领域内研究市民社会还非常不够。于是，他们把视野从哲学领域转向政治经济学，追根溯源，越过德国人直接从英国人和法国人那里汲取关于市民社会思想的科学养分。当他们一跨入这个领域，马上就被英国人和法国人关于市民社会的思想吸引，采纳这些人对市民社会用语的规定，形成了指整个商品经济社会的市民社会用语。

第二种含义的市民社会用语是一个科学的抽象概念，它是对各个时代商品经济共有特征的一般性概括。因此，它既可以指西欧历史上在城市中形成的市民社会，而舍去这时占统治地位的自然经济因素；又可以指近现代发达的市民社会，而把这时残存的自然经济形式排除在外。马恩的"奴隶占有制的市民社会"（马克思，1844，第479页）、"行会市民社会"（恩格斯，1850，第404页）、"中世纪市民社会"（马克思，1861～1863，第586页）等提法就大体属于前一种情况。而与这种提法对应的"现代市民社会"（原译"现代资产阶级社会"）（马克思，1857～1858$_a$，第7页）、"十八世纪大踏步走向成熟的'市民社会'"（马克思，1857～1858$_b$，第733页）、"发达的市民社会"（原译"现代资产阶级社会"）（马克思，1867，第107页）则属于后一种情况。

与市民社会用语的第一种含义在马恩著作中的命运不同，马恩从未放弃市民社会用语的第二种含义。不仅如此，他们在研究中不断完善这种意义的市民社会用语，使之越来越精确。例如，当他们仍在经济基础近义语意义上使用市民社会用语时，在某些具体场合，第一种和第二种含义的市民社会用语之间的界定不十分准确。当他们渐渐放弃市民社会用语的第一种含义后，第二种含义的市民社会用语就在更准确的意义上指商品经济社会。同时，他们还在这种含义市民社会用语的基础上创造出一整套同商品经济关系相应的用语，如市民经济、市民制度、市民生产方式、市民生产关系、市民权利等。例如，马克思在《资本论》第一卷第一篇中研究一般抽象意义上的商品货币时，曾在数十处使用市民社会及其相关的市民用语，与他在这里研究的商品货币的性质一致，这些市民用语都指一般商品经济关系，而不包含资本主义经济关系①。十分遗憾的是，与其他马恩著作中译本中的这类用语的命运差不多，在《资本论》的各种中译本中，这些市民用语全部被误译为资产阶级用语。

第三种含义的市民社会用语是马恩在批判和扬弃前人尤其是英国人和法国人的市民社会用语基础上创立的。虽然这种含义的市民社会反映的是整个市民社会的一个阶段，它的创立却标志着马恩同前人在历史观上的重大差别。尽管当时英国人和法国人的市民社会用语有科学的一面，但由于这些人的世界观从根本上讲是非历史的，他们在研究市民社会和使用这个用语时，往往自觉或不自觉地抹去了市民社会的特定历史性质。

例如，社会生产中个人的孤立化，本来是"十六世纪以来进行准备、而在十八世纪大踏步走向成熟的'市民社会'"（马克思，$1857 \sim 1858_b$，第733页）的结果。但是，许多古典学者，包括最伟大的古典经济学家斯密和李嘉图，却把这种近现代市民社会中才存在的现象，推移到人类文化史初期，让原始的渔夫和猎人跨越时代一下子以商品所有者的身份交换鱼和猎物。因为在李嘉图看来，整个人类社会都是市民社会，以孤立的商品所有者身份按等价原则交换劳动产品是人们之间唯一的经济联系。对于李嘉图的这个错误，马克思曾不无讽刺地指出："在这里他犯了时代错误……看来，除了市民社会（原译'资产阶级社会'）形式以外，'欧文先生的平行四边形'是他所知道的唯一的社会形式。"（马克思，1867，第93页）所以，马恩在自己独创的第三种含义的市民社会概念中明确规定了这种社会的特定历史性质，把这种市民社会的形成同资产阶级的产生直接联系起来。

马恩这种市民社会用语的形成虽然较前人进了一大步，但相对后来他们

---

① 关于商品货币的性质，经济学界尚有争议：一种观点认为，它们是历史上的简单商品，另一种观点认为，它们是舍掉资本关系的近现代社会的商品；再一种观点认为，它们是一般抽象意义上的商品，无论何种现点，认为这里的商品货币不包含半点资本因素却是共同的。

对近现代西方社会的认识来说，这只能算一个阶段性成果。用资产阶级的存在来规定近现代市民社会的特点，还没有从本质上揭示这个社会的经济关系。在马恩以前许多英国人和法国人在研究市民社会时，就已经发现了这个社会存在资产阶级和无产阶级，认识到这两大阶级在利益上的对立。从用语本身来看，这反映出马恩这时在理论上的不成熟。且不论这时他们还在经济基础意义上使用这个用语，他们用同一用语既指整个商品经济社会又指资本主义的商品经济社会，这至少不能使人一目了然地区分二者。

四、近现代市民社会和资本主义社会

在后来的政治经济学研究中，马克思把资产阶级视为资本的人格化，并在理论上把资本从商品货币中剥离出来确定为一种特殊的经济关系。这就为科学地认识近现代西方社会奠定了基础。确切地说，近现代市民社会是资本占统治地位的社会，它是伴随资本主义生产方式发展起来的：西欧封建社会后期商品经济的发展造成了市民的两极分化，一部分市民破产沦为雇佣工人，少数富有市民则积累起一定数量的资本，这两方面恰恰是资本主义生产方式赖以生存和发展的条件。总之，资本主义生产方式以市民社会相当程度的发展为前提，而发达的市民社会本身又由资本主义生产方式创造出来。

马克思对近现代西方社会认识的深化，使他原来使用的市民社会用语不能包容这样丰富的思想。于是，他从资本（Kapital）、资本家（Kpitalist）这类词中发展出反映特定经济关系的术语"资本主义的"（kapitalistisch），并把它同社会、生产方式、生产关系等范畴连用，创造了一套专门反映资本主义经济关系的用语。

当这类资本主义用语形成后，它们同市民用语有了严格分工。市民用语专指商品经济关系，而资本主义用语专指资本主义经济关系。例如，市民生产方式和资本主义生产方式在指近现代生产方式时，前者指一般意义上的商品生产方式，后者指资本主义企业所特有的生产方式。"市民社会"和"资本主义社会"这两个用语因是整体性概念，情况较特殊，但二者在同指西方近现代社会时的区别仍然是明显的：前者强调的是这个社会的商品经济特征，同我们现在常用的发达商品经济社会用语的含义相近，它与历史上的市民社会相对应；后者强调这个社会的资本主义剥削制度，与历史上的封建社会和奴隶制社会对应。

至于马恩在何种场合下使用哪一类用语，这完全取决于他们论述问题的需要。例如，马克思在《资本论》第一卷第一篇中论述作为资本关系前提的商品货币时，他常用市民用语，而很少使用资本主义用语；而在这部著作三大卷的其他篇章中，由于研究的重点是资本关系，他则多用资本主义用语，较少使用市民用语。当马恩需要描述近现代西方社会经济关系全貌时，他们往往把这两类术语联结起来使用。例如，"市民社会占统治地位的资本主义关系"（马克思，1861～1863，第518页）、"市民（原译'资产阶级'）-资本主义的生产方式"（恩格斯，1886，第547页）、"资本主义多少已经发展了的现代市民社会"（原译"现代资产阶级社会"）（马克思，1875，第30～31页）、"市民的（原译'资产阶级的'）资本主义社会"（恩格斯，1873～1886，第653页）、"现代资本主义生产方式和它所产生的市民社会"（原译"资产阶级社会"）（恩格斯，1883，第375页）等。

可是，上述引文中的市民用语在马恩著作中译本中全部被误译为资产阶级用语。受这种误译的影响，我们现在使用的资本主义社会及其相应用语比马恩的同样用语宽泛，其含义大体相当马恩所使用的市民和资本主义这一连用语。例如，资本主义社会这个用语通常泛指整个西方近现代社会，资本主义生产方式这个用语往往泛指这个时代的所有生产方式。在这样宽泛的意义上使用资本主义用语，对于规定和把握这个社会的特殊资本主义性质，强调其占主导地位的经济关系，也许不无益处。但毋庸讳言，这也容易使人忽略这个社会的一般商品经济特征。

在马克思那里，近现代西方社会一方面是由自由平等的公民组成的市民社会，另一方面又是由资产者和无产者两大基本阶级构成的资本主义社会。

社会成员在这样双重经济关系中扮演了不同的角色，其行为受不同的经济规律支配。而这一思想是他科学地阐明这个社会内在规律、创立剩余价值理论的基础。

马克思以前的古典经济学家从劳动价值论出发，揭示了市民社会的基本运动规律，即商品价值规律，并且以为这个社会只有价值规律起作用。但当人们用这个规律来说明资产者利润来源时，就陷入不能自圆其说的两难境地：如果说劳资交换是等价的，价值规律得到尊重，却无法说明利润来源；如果说劳资交换是不等价的，可以说明利润来源，价值规律却遭到破坏。在斯密的理论中，他用庸俗的价值理论代替了劳动价值论，回避了这个矛盾。李嘉图虽然坚持了劳动价值论，却没有意识到其理论中蕴藏的这个矛盾，以致这个矛盾在他死后导致了整个古典经济学的破产。

18 世纪末、19 世纪初的空想社会主义者采取与前人不同的立场，以现存制度批判者身份登上历史舞台。在他们看来，"按照这些启蒙学者的原则建立起来的市民世界（原译'资产阶级世界'）也是不合乎理性的和不正义的，所以也应该像封建制度和以往的一切制度一样被抛到垃圾堆里去。"（恩格斯，1878，第 21 页）他们的批判精神在当时虽然难能可贵，但由于他们简单地把市民社会表面呈现出来的自由、平等、人权、等价交换斥为虚伪的东西，没有深入分析这些现象同当时日益尖锐化的阶级矛盾并存的根源，也不知道资本主义为何物，自然不可能科学地揭示近现代西方社会运动规律。

马恩把近现代西方社会中的经济关系视为双重的：在流通领域，一切人都是独立自由的商品所有者，是权利平等的公民（市民），这里通行的是商品价值规律，一切交换行为包括劳动力的买卖都按等价原则进行；在生产领域，公民变成了资产者和无产者，支配他们行为的是资本占有规律，经济关系的实质是阶级剥削关系，不存在原来在流通中商品所有者的自由平等关系。这一思想为他揭示资本主义剥削实质创造了前提。正是基于这种认识，马克思发现了劳动力商品的特殊性质，它在生产过程中创造的价值大于它在流通中交换的价值，其差额就是整个资产阶级的利润和其他食利者阶级收入的原始来源——剩余价值。这样，马克思就在市民社会价值规律的基础上说明了资本主义社会剩余价值规律，解决了前人没能科学说明的难题。

五、马克思市民社会思想的进一步发展

马克思把资本主义经济关系从市民经济关系中剥离出来，并用两类不同用语将其固定下来。这不仅对他科学地揭示西方近现代社会的内在规律有重大意义，也为他更科学地预言未来社会提供了理论基础。在早年，由于马恩观念中市民和资本主义经济关系是一个混沌的整体，他们在设想未来社会时，认为共产主义制度的建立同时意味着市民经济关系和资本主义经济关系一并消失。当马克思在理论上把二者分离后，马恩对未来社会的设想随之进了一大步。他们认为市民经济关系不可能同资本主义经济关系同时消失。在资本主义私有制消灭以后，市民经济关系还将以一定形式在一定范围内与生产资料全社会共同占有形式并存。

基于这种看法，马克思在《哥达纲领批判》中，把共产主义社会划分为两个阶段，其第一阶段就是生产资料全社会占有同市民经济关系并存的时期。所以，他在论述这个社会的分配制度时，认为按劳分配"通行的就是调节商品交换（就它是等价的交换而言）的同一原则"，按劳分配中的"平等的权利按照原则仍然是市民的（原译'资产阶级的'）权利"（马克思，1875，第21页）。尽管马克思认为由于生产资料全社会共同占有，生产资料和个人消费品分配将由一个统一的社会中心进行实物调拨，而无须商品货币插手其间，但按劳分配中等量劳动相交换的市民原则却不会因这种交换不再以商品货币等物的形式为中介而有所改变。因为这种经济关系本身的性质并不取决于它是否具有物的外壳，或者说它不取决于物的外壳的具体形式是商品货币还是劳动券。

然而，在马恩著作中文译本中，这里的"市民权利"被误译为"资产阶级权利"。众所周知，资产阶级权利的本质是资产阶级剥削无产阶级的权利，

而按劳分配中的权利本质上是一种劳动者的权利，二者有严格界限，不能混同。造成这种误译的原因是多方面的，将马恩的市民社会用语误译为资产阶级社会无疑是其中之一。既然人们在理论上把市民社会同资本主义社会当成一回事，当马克思认为按劳分配中的平等权利是旧社会的痕迹时，人们自然而然地联想到资本主义社会，而不是市民社会，进而把这种平等权利理解为资产阶级权利。

六、结　语

综上所述，我们可以根据马恩市民社会用语的来源和发展演变勾勒出他们市民思想的大体脉络：马恩从批判黑格尔颠倒市民社会同国家、法的历史唯心主义观点入手，开始接受前人的市民社会用语，这时他们把市民社会视为人类社会的经济基础，弄清了经济基础与上层建筑之间的辩证关系，确立了历史唯物主义的基本原则。随着他们把研究视野从历史唯物主义转向政治经济学，他们接受了英国人和法国人尤其是这两国的古典经济学家把市民社会看成商品经济社会的观点。大体与之同时，他们批判了英国人和法国人对待市民社会的非历史观点，区分了泛指整个商品经济社会的市民社会用语和专指近现代社会的市民社会用语，并把后者的产生同资产阶级的形成联系起来。在后来的政治经济学研究中，马克思在理论上把资本关系从商品经济关系中剥离出来，并用资本主义社会和市民社会两类用语将这样双重经济关系固定下来，这为完成剩余价值理论创立工作和阐明近现代西方社会的运动规律奠定了科学基础。最后，马克思把对市民社会的研究成果推广到对未来社会的探索中，将共产主义社会划分为两个阶段，把市民经济关系存在与否作为划分两个历史时期的标准，认为在共产主义第一阶段市民经济关系还将以一定形式在一定范围内同生产资料全社会共同占有形式并存。这就是笔者按照马恩德文原著，把"bürgerliche Gesellschaft"中的限制词始终理解为与"Bourgeoisie"不同的概念，而不是按照某种既定的理论模式时而把它视为

"市民"时而把它理解为"资产阶级"所得出的结论。

参考文献

［1］恩格斯，1850：《德国农民战争》，《马克思恩格斯全集》第 7 卷，人民出版社 1959 年版。

［2］恩格斯，1878：《反杜林论》，《马克思恩格斯全集》第 20 卷，人民出版社 1971 年版。

［3］恩格斯，1883：《卡尔·马克思的葬仪》，《马克思恩格斯全集》第 19 卷，人民出版社 1963 年版。

［4］恩格斯，1886：《法学家的社会主义》，《马克思恩格斯全集》第 21 卷，人民出版社 1965 年版。

［5］马克思，1873～1886：《自然辩证法》，《马克思恩格斯全集》第 20 卷，人民出版社 1971 年版。

［6］马克思，1844：《评"普鲁士人"的"普鲁士国王和社会改革"一文》，《马克思恩格斯全集》第 1 卷，人民出版社 1956 年版。

［7］马克思、恩格斯，1845：《德意志意识形态》，《马克思恩格斯全集》第 3 卷，人民出版社 1960 年版。

［8］马克思，1848：《巴黎〈改革报〉论法国状况》，《马克思恩格斯全集》第 5 卷，人民出版社 1958 年版。

［9］马克思，1857～1858$_a$：《政治经济学批判·序言》，《马克思恩格斯全集》第 13 卷，人民出版社 1962 年版。

［10］马克思，1857～1858$_b$：《政治经济学批判·导言》，《马克思恩格斯全集》第 12 卷，人民出版社 1962 年版。

［11］马克思，1861～1863：《剩余价值理论》，《马克思恩格斯全集》第 26 卷 Ⅲ，人民出版社 1974 年版。

［12］马克思，1867：《资本论》第 1 卷，《马克思恩格斯全集》第 23 卷，人民出版社 1972 年版。

［13］马克思，1875：《哥达纲领批判》，《马克思恩格斯全集》第 19 卷，人民出版社 1963 年版。

论古典经济学的市民性质 *

——马克思市民理论再探讨

一、引 言

在马克思恩格斯（以下简称马恩）德文原著中，他们用"bürgerlich"（市民的）来规定古典经济学（家）性质。在他们的术语体系中，这个用语及其同根词 Bürger、Bürgertum 等只有市民一种含义。但是马恩著作翻译者却误以为这类术语有市民或资产者两种含义，按一词两译原则来处理这类术语。在翻译他们有关古典经济学文献时，译者将 bürgerlich 这个德文词全部译为资产阶级的，这是人们把古典经济学，进而将西方经济学性质规定为资产阶级性质的由来。同理，马恩通常是在古典经济学市民性质之下，而非在资产阶级性质下讨论其是科学的还是庸俗（非科学）的。

在本文中，作者把马恩德文原著中的 bürgerlich 仅理解为市民，并将同一马恩法、英著作中与其相对应的 bourgeois 解读为市民的或中产阶级的。而不像马恩著作中译者那样，把马恩法文和英文著作中的 bourgeois 理解为只有资产者一种含义。

本文虽然是为探讨关于西方经济学的性质而作，同时也适用于马克思、

＊ 本文原载于《经济研究》2013 年第 5 期。论文获北京市第十三届哲学社会科学优秀成果奖一等奖（2014）、第七届高等学校科学研究优秀成果奖三等奖。

恩格斯关于西方主流文化意识形态的定性。笔者以马恩的经济学文献为蓝本来讨论这个问题。这不仅仅在于他们留下的经济学文献数量最多，而且因为在这个问题上经济学文献最能代表他们的思想。例如，前些年哲学界关于西方哲学性质的探讨，学者们（刘放桐，2002；陈启伟，2002）就根据马克思关于古典经济学的性质为依据，尤其是马克思（1972，中译本，第16页；德文本，S. 19 - 20）① 在《资本论》第一卷第二版跋中那段关于古典政治经济学性质的经典论述。

需要指出，这一错误并不始见于马恩著作中译本，早在马克思主义传入中国以前，俄罗斯、苏联学者就已经把马恩著作中的 Bürger 这类术语一词两译为市民或资产阶级。由于中国马克思主义是在"十月革命"后由苏联传入中国的，伴随马克思主义在中国的传播，苏俄马克思主义对原马克思主义的误解也就进入了中国马克思主义之中，马恩著作中译本中的这种误译不过沿袭了俄文本的错误。② 中华人民共和国成立后，伴随依照俄文版翻译的马恩著作大量出版，错误影响进一步扩大。如果考虑到马克思主义在中国文化意识形态中的主流地位，错误影响就更加深远。③

更进一步说，上述误译涉及范围很广，数量极大，并由来已久，以致形成一套与误译相适应的完整理论体系。这使原马克思主义的市民理论被淹没

---

① 为了方便查找和核对，本文引用的马恩文献出自《马克思恩格斯全集》中文第一版。这个中译本和德文本都来自 1955 年开始出版的俄文第二版，其各卷和篇章安排大体一致。此外，由于《马克思恩格斯全集》历史考证本（MEGA2）出版数量有限，上述德文本目前还是研究马恩思想最好的版本。

② 鉴于马恩没有留下什么俄文文献，其著作的俄译本几乎都出自后人之手，不能代表他们的思想。为了不使问题复杂化，本文只是指出中文译本错误来自俄文译本，暂不专门讨论俄文译本的错误。同理，对于其他语种的马恩著作，凡没有经过他们本人认同的，也不进入本文的研究视野。

③ 例如，在较早出版的德汉辞典中，Bürger 这类术语词条并无资产阶级的义项（黄伯樵，1950），而只有公民意义上的市民与中产阶级意义上的市民等级两大基本义项，这反映了现代德语中这类术语的本义。但是在后来出版的德汉词典中，这类术语便增加了资产阶级义项，这显然是受马恩著作中文本的影响。需要指出的是，作为工具书的编撰者通常会将有一定影响的、包括有歧义的词义均收入词典之中，因此词典中一般不应作为考证依据。这里引用词典中这类术语词条义项的变化，只是为了说明误译的影响。

在马恩关于资本主义或资产阶级的理论中，使这个重要理论在苏俄马克思主义体系中几乎消失殆尽。在本文中，笔者把马恩本人的思想称为原马克思主义，把后来的马克思主义统称为后马克思主义。苏俄马克思主义是后马克思主义中与西方马克思主义、日本马克思主义等并列的一个分支。中国马克思主义原属苏俄体系，是苏俄马克思主义的一个子系统。改革开放以来，中国马克思主义在实践上已冲破苏俄马克思主义的束缚，但在学术层面上仍没有摆脱苏俄模式的影响。对马恩市民术语的误译以及伴随误译形成的错误理论，不过是最为典型的一例。所以可以理解，在西方马克思主义中市民社会理论占有重要的地位，在日本马克思主义中则有著名的市民社会学派，而在苏俄马克思主义系统中却没有与之地位相应的理论。现在中国学术界对市民社会的探讨，其学术基础大多来自西方马克思主义或日本马克思主义，致使其被打上浓重的西方色彩或日本特色，这显然不利于在这个问题上的马克思主义中国化。在这种背景下，要正本清源，本文还会超出古典经济学和西方主流文化意识形态性质的判定，在更广泛的领域中探讨马克思的市民理论。

本文分为六部分：第二部分相关文献回顾，追溯笔者先前的相关文章以及对这些文章的批评性意见。第三部分在马克思历史观的视野下，论述西欧近现代的市民化进程及其中产阶级的形成，并探讨市民社会与资本主义生产方式之间的历史和逻辑关系。第四部分将在前面理论探讨基础上，讨论马克思对古典经济学性质的判定，是市民的还是资产阶级的？以及他对科学经济学和庸俗经济学的划分。第五部分考证马恩德文著作中的市民与资产阶级术语的用法。第六部分比较不同语种马恩著作中的市民与资产阶级术语的关系。后两部分以考据为主，可能比较枯燥，却是本文立论的重要论据，希望读者有耐心读下去。

二、相关文献回顾

在学习研究经济学的早期，笔者就发现马恩著作中译本中对市民术语的误译问题。为此笔者曾发表过 3 篇文章。在这些文章（沈越：1986，1988，

1990）中，笔者本着一词一义的原则，在解读马恩德文原著 Bürger 这类市民术语的基础上，把市民的经济本性界定为"商品所有者""商品经济的人格化"。为了明晰市民与资产者在概念上的区别，笔者还把马恩的资产阶级（Bourgeois）概念理解为"资本所有者""资本的人格化"，并指出马恩著作中资产者与资本家的联系与区别，即"资产者是资本家的社会身份，资本家则是资产者的经济身份。"

第一篇论文《"资产阶级权利"应译为"市民权利"》（沈越：1986）论证了马克思（1963，中译本，第21、23页；德文本，S. 20，S. 21）在《哥达纲领批判》中将按劳分配定性为与商品交换通行"同一原则"的"市民权利"（原译资产阶级法权）①，其实质是商品经济的平等权利，而非资本家剥削雇佣工人的"资产阶级权利"。在第二篇论文《马克思市民经济思想初探》（沈越：1988）中，笔者进一步分析了马克思在《资本论》创作中，区分了"bürgerlich"与"kapitalisitish"两类术语，分别用它们指近现代双重经济关系：前者指一般商品经济范畴，如市民生产方式、市民生产关系、市民交换关系等；后者则指抽象掉一般商品经济关系的资本主义，如资本主义生产方式、资本主义生产关系等。在第三篇论文《"市民社会"辨析》（沈越：1990）中，笔者指出，那种认为马克思晚年放弃了市民社会概念及其理论的看法，是不正确的。这是因为中译者将马克思中晚年著作中的"bürgerliche Gesellshaft"几乎全都误译为"资产阶级社会"。这一错误就把马恩泛指商品经济社会的概念混同于资本主义概念。

对于马克思主义经济学乃至整个马克思主义理论体系来说，一般商品经济是不可或缺的范畴。由于苏俄马克思主义把马恩基于商品经济的市民思想误为他们关于资产阶级的思想，这使其理论中缺乏刻画一般商品经济的概念。于是，苏俄学者便从马克思的商品生产、商品交换等具体概念中抽象出"商品经济"的一般概念。其实，这是因误译和误解而多此一举。在原马克思主

第一篇 马克思市民经济社会理论研究

论古典经济学的市民性质

---

① 圆括号内的文字系笔者所加，下同。

义理论中，市民（bürgerlich）术语就是这样的一般性概念。不过这些术语远比商品经济、市场经济等概念更具一般性，它不仅可指一般商品经济，也可以指建立在这种经济基础之上的政治、法律和意识形态的性质，如市民自由、市民平等、市民民主、市民法律（民法）、市民国家、市民革命等。马恩市民术语这种更为一般化的性质，是造成苏俄学者将其理解为资产阶级的一个重要原因。作为与西方在经济形态、政治制度与意识形态上完全对立的苏联模式，人们自然很难接受这样的范畴。于是，原著中的这些市民范畴几乎全部被当成为资产阶级的东西。

这些文章发表后，引起了相关领域学者，尤其是哲学、法学、社会学、文学等非经济学学科领域的学者的关注。引发了中国人文社会科学界长达20多年对"市民社会"或"公民社会"的探讨。王绍光（1991）和邓正来、景跃进（1992）曾追述了笔者的这些工作。

当然，这些文章也引发了一些学者的质疑，其中以奚兆永（1989，1990）先生的看法最具代表性。在笔者看来，奚文的全部观点都是建立在苏俄马克思主义基础之上的，如果我们跳出近百年来已经习以为常的苏俄马克思主义的束缚，直接阅读马恩的德文著作，并按照一词一义、一词一译的原则来理解原著，笔者的看法也许就不那么难于理解。

此外，两位来自中共中央编译局作者的文章（俞可平，1993；何增科，1994）在这里也不得不提及。尽管这两篇文章中都未提及笔者上述3篇拙作，但这显然是针对笔者的主张而作的。因为两篇文章都开宗明义地认为，德文马恩著作中的Bürger这类术语有市民或资产阶级两种中文含义。他们文章的目的也不过是想维护马恩著作中文译本在这个问题上的权威，所以，笔者对他们的观点实难苟同，尽管作者一直对编译局在翻译马恩著作上付出的辛劳怀有敬意。

由于种种原因，笔者在过去20多年中没有回应上述批评性文章。本文尤其是文章最后两部分对马恩市民和资产者用语的考据，也算顺带回复这些批评性意见。

三、市民社会、西欧市民化进程与近现代中产阶级的形成

众所周知，近现代西方经济学及其整个西方文化意识形态是伴随城市文明而发展起来的。早在古代希腊、罗马中这种文明的雏形就已经产生，所以在《资本论》中，马克思（1972，中译本，第363页）在提及亚里士多德所说希腊城邦市民的特性时，就曾指出"人天生是城市的市民"。在讨论色诺芬的经济思想时，马克思（1972，中译本，第405页）认为这个最早撰写经济专著的思想家已经具有了"市民（bürgerlich）本能"①。不过，古代希腊罗马的市民文明并没有直接成长出近现代西方的市民文明。罗马帝国解体后，社会秩序极度混乱，古代城市的物质文明与精神文明几乎毁于一旦。

公元10世纪以后，随着封建制度在西欧的确立，社会秩序逐步恢复，工商业随之发展起来。一些工商城市在罗马城市的废墟上复苏，另一些新兴的工商城市则在交通便利的地方新建。伴随城市工商业的发展，新兴的市民等级逐步形成，作为这个等级组成部分的自由知识分子阶层也随之壮大，因为工商业的发展和剩余的增加使更多的人能够专门从事人类精神活动。更为重要的是，源于工商业的城市自由空气和平等理念使这个阶层完全不同于传统社会中的知识分子。

15~16世纪之交，随着地理大发现，新商路开通，市场需求扩张，以全球性贸易为特征的第一次经济全球化浪潮形成。这拉动了西欧商品经济的快速发展，不仅带动作坊手工业向工场手工业的转变，也促进农业商业化，商品经济逐步取代自然经济，成为占主导地位的经济形式。这开启了西欧社会的"市民化"（verbürgerlichit）进程②，引致了"十六世纪以来就进行准备，

---

① 这是关于西方经济学（家）市民性质的正确翻译，类似情况在马恩著作中译本中不说仅有，也屈指可数。

② 据笔者视线所及，这个词在马恩著作中译本中都被误译为"资产阶级化"。从制度层面讲，一个国家或民族的现代化进程，可以看成一个市民化过程。所以类似的历史在后发展国家的现代化进程中一再重演，尽管它们被打上不同民族和文化的特色，正像我们今天在中国所见到的。虽然这一进程总是伴随着资本的积累和扩张，但其历史意义是"资产阶级化"所无法完全概括的。

而在十八世纪大踏步走向成熟的‘市民社会’”的形成（马克思，1962，中译本，第733页）。

在这一经济社会大变革过程中，新兴的市民等级发挥了领军性作用，一方面，他们通过市场活动创造了巨大的财富，为近现代市民社会形成奠定了物质基础。后来，正是从这部分市民等级中成长出新兴的资产阶级。另一方面，作为精神文明和社会变革的拓荒者，他们不仅推动了近现代科学技术发展，也促使了人文社会科学进步，为西方文明进入一个全新时代奠定了精神文化基础。这个等级通过领导文艺复兴、宗教改革、法制创新乃至最终摧毁封建制度的市民革命，进而改变了整个市民社会的上层建筑。随之而来，这种源于城市文明的市民文化意识形态逐步取代了与传统社会相适应的思想意识形态的地位，成为占主导地位的文化意识形态。对于这些文明的基本性质，马恩遵循前人的习惯，把其视为"市民的"，是再自然不过的了。在市民文明成长壮大进程中，古典经济学不过是一位迟到的"小兄弟"，因为作为专门研究市场经济的科学，须在商品经济已经成熟以后才有可能建立。

尽管马克思恩格斯十分重视资本关系及其人格化的资产阶级在市民化进程中的重要作用，但市民社会有比资本主义更为丰富的内容。这是资产阶级概念或资本主义概念所无法概括的，否则，他们不会一再同义反复地说现代市民社会是与资产阶级或资本主义相伴生的社会。例如，马克思（1963，中译本，第30~31页；德文本，S.28）在《哥达纲领批判》中将现代西方社会定义为："资本主义多少已经发展了的现代市民社会（原译资产阶级社会）"。他们（马克思、恩格斯，1960，中译本，第41页；德文本，S.36）早年在《德意志意识形态》中就说过："作为这样的（als solche）市民社会（指伴随着18世纪这个用语所形成的市民社会，原译真正的资产阶级社会）是伴随着资产阶级才发展起来的"。恩格斯也一再从资本主义和市民社会两个角度全面描述现代西方社会，他（恩格斯，1963，中译本，第375页；德文本 S.336）在评价马克思一生两大贡献时说：他发现了"资本主义生产方式和它所产生的市民社会（原译资产阶级社会）的特殊的运动规律"。在《自然辩证法》

中，恩格斯（1971b，中译本，第653；德文本，S.565-566）则说："市民的（原译资产阶级的）资本主义社会"。

十分明显，马恩的这些表述是在强调资产阶级或资本主义在现代市民社会形成中的重要作用。但是人们却不能因此用资产阶级社会来取代市民社会，相反，倒可以用市民社会来取代资产阶级社会。尽管这可能不利于把握现代市民社会的特点，但至少不会犯语言逻辑上的错误，因为市民社会的含义比资产阶级社会更为宽泛。换句话说，资产阶级社会不过是市民社会的现代形式。那么，市民社会与资本主义之间究竟是什么关系呢？概括说来，二者之间有三重关系：

第一，资本主义作为市民社会的一种历史形式，无论从历史上还是在逻辑上，其形成发展都必须以市民社会相当程度的发展为前提。资本主义的形成不仅需要商品经济已经有相当程度的发展，这才能为资本的活动提供合适的市场环境。更为重要的是，它还必须以市民社会的自由、平等关系的普遍化作为其制度前提。这正是马克思在《资本论》中关于劳动力成为商品，货币转化为资本的必备的条件。从这种意义上讲，资本主义只能生存和发展于市民社会之中，离开了现代市民社会，资本主义就失去了历史的和逻辑的立足点，二者无异于鱼和水的关系。

第二，资本主义的形成又推进了市民社会的发展和成熟。资本扩张的本性，引致创新不断出现，效率和竞争力的提升逐步把其他所有的经济形式卷入到市场经济之中，并使之成为资本主义生产方式的外部条件。市民社会也就随之在更广阔领域和更深程度上得以发展，进而为资本主义发展提供更适意的市场环境和制度环境。二者的这层关系是马恩最为重视的，也是他们论述最多的。正如恩格斯（中译本，1971a，第292~293页；德文本，S.249）所说："资产阶级摧毁了封建制度，并且在它的废墟上建立了市民的社会制度（原译资产阶级的社会制度），建立了自由竞争、自由迁徙、商品所有者的平等王国，以及市民的（原译资产阶级的）一切美妙东西。资本主义生产方式现在可以自由发展了。"

第三，市民社会又是制衡资本主义的重要力量。按照资本的扩张本性，它的发展会侵蚀作为自己基础的市民社会，但市民社会也反过来约束资本。例如，抑制资本肆意扩张的反垄断立法和措施的实施，缓和阶级冲突的社会福利制度的确立，平抑市场波动的宏观干预制度和微观监管制度的建立……这些制度都是市民社会制衡资本主义的制度创新，如果没有这些制度安排，资本主义也许早就像马克思预言的那样，走上了自身毁灭之路。不过，市民社会创造的这些抑制资本的功能，在马克思生前大多没有出现，因而他不可能进行研究。西方马克思主义之所以重视马克思的市民社会理论，并从中发展出现代公民社会理论，正是看到了市民社会这些抑制资本的功能。而在苏俄马克思主义理论体系中，由于市民理论的缺失，尽管无数次宣称资本主义总危机到来，却无法解释为什么资本主义仍然垂而不死，腐而不朽。这正是值得后马克思主义者深入探讨的课题，但这已经超出了本文的范围。

与资本主义生产方式确立并未导致现代市民社会消失一样，从市民等级中产生出资产阶级后，中产阶级也并未消失，无论是作为独立生产经营者的中产阶级，还是作为精神财富创造者的中产阶级。而不是像苏俄马克思主义所做的那样，把这个等级全部划归资产阶级范畴之中。

四、市民还是资产阶级？科学与庸俗

1. 古典经济学的市民性质

在原马克思主义理论体系中，并不存在苏俄马克思主义中那种具有一般意义的资产阶级经济学范畴。据笔者视野所及，马恩在用德文著述时并不把古典经济学称之为"bourgeois"的，即不使用形容词"资产阶级的"来规定其基本性质。他们只在一些特定场合使用名词"Bourgeois"来指那些露骨地为资产阶级剥削歌功颂德言词的性质。

在这里，我们分别以他们最具代表性的两部著作为例。据粗略统计，在《资本论》第一卷德文本中，马克思（1872）曾在30多处用bürgerlich指市民经济学（家）等，没有一处使用 bourgeois（资产阶级的）。但是，这几十处 bürgerlich 在中译本中，全部被处理为"资产阶级的"。

在《反杜林论》德文原著中，恩格斯曾在 10 多处用 bürgerlich 指市民经济学（家）、历史学（家）。与《资本论》中译本一样，这些术语在中译本中都被误译为资产阶级的。在整部著作中，他仅在一处使用了"资产阶级思想家"（Bourgeois-Ideologe）的表述（恩格斯，1971a，第 284 页；S. 242）。这是恩格斯在论述傅立叶的历史功绩时，不仅肯定他对启蒙学者的批评，而且进一步赞扬他驳斥了资产阶级思想家的辩护词。其原话为：

"他无情地揭露市民（原译资产阶级）世界在物质上和道德上的贫困，他不仅拿这种贫困和启蒙学者关于只为理性所统治的社会、关于能给以幸福的文明，关于人类无限完善化的能力的诱人的约言作对比，而且也拿这种贫困和当时的资产阶级思想家（Bourgeois-Ideologe）的华丽辞句作对比"。

从恩格斯递进式的表述中可以看出，启蒙学者的 bürgerlich 意识形态与后来 Bourgeois 意识形态具有不同内涵，即市民社会并非像启蒙学者所颂扬的那样美好，更不像后来资产阶级思想家所刻意美化的那样。同恩格斯一样，马克思在一些场合，也只是在批评那些赤裸裸地为资本主义剥削辩护者时，才使用资产阶级（Bourgeois）这样的表述。

这表明马恩并不认为，存在一个像苏俄马克思主义中那样宽泛的资产阶级经济学体系。作为资产阶级意识形态，它的历史不仅比市民的意识形态短得多，内容也偏狭得多，它只是伴随现代阶级分化从市民意识形态中产生出来的一小部分。人们后来所谓的资产阶级经济学，不过是从"市民经济学"或"中产阶级经济学"误译而来。在原马克思主义理论体系中，与这种市民思想体系相对应的是他们倡导的共产主义思想体系。与苏俄马克思主义简单化甚至庸俗化的阶级观不同，马克思并不把市民政治经济学称之为资产阶级的政治经济学，正像他也不把自己关于共产主义的经济理论称之为无产阶级的政治经济学一样。

2. 科学经济学与庸俗经济学

在《资本论》第一卷第二版跋中，马克思（1972，中译本，第16页；德文本，S. 19-20）把"市民政治经济学"（原译资产阶级政治经济学）划分为科学的和庸俗的两类。马克思在区分二者时持有双重标准：即历史观标准和阶级观标准。

前者是马克思从自己特定的历史观出发，认为资本主义生产方式连带市民社会都是历史上的暂时阶段。这种秩序与以往已经消失的制度一样，也会遵循产生、发展和消亡的路径。据此他认为，凡是把现存秩序视为一种符合人类理性的、永恒制度的经济学，其性质是庸俗的。反之，将现存秩序看成历史上特定阶段的经济学则是科学的。这种历史观决定了他对市民政治经济学的基本立场，所以从总体上讲，他对市民政治经济学持批评态度。但是马克思对待古典经济学的这种立场，并不是因为其性质是"资产阶级的"，而是因为这种经济学的非历史观。

不过，按照这一标准来评判古典政治经济学存在一个矛盾。因为绝大多数古典政治经济学家，都把现存秩序视为天然合理的。如果按照这一标准来评判古典政治经济学，包括斯密和李嘉图经济理论也应该是庸俗的。众所周知，马克思主义经济学来自古典政治经济学，这样的评价会有损自己经济学理论的学术基础。于是马克思提出了另一个阶级观标准，即经济学（家）是否客观公正地分析了现代阶级关系，凡能够做到这点的政治经济学，"它还能够是科学"。

需要指出，在马克思的双重标准中，其历史标准比阶级标准更重要，其阶级观服从于历史观。所以可以理解，马克思尽管认为古典经济学能够算作是科学，但并不排除他对这种经济学所持的批评立场。布坎南（1988，第265页）曾经说过，科学经济学是作为社会哲学的一种"副产品"而问世的。包括马克思主义经济学在内的古典经济学大都具有这种社会哲学的特点。从这种意义上讲，马克思对市民政治经济学的基本性质的评判是有道理的。

五、德文马恩著作中的市民与资产者术语

Bürger 源于古日耳曼语的 Burg（城堡），最初指居住在军事设防地的居民，是一个不同于乡村居民的地域性术语。后来随着工商业在城堡周围的聚集，城堡演变成城镇，并逐步发展成为工商业聚集地，Bürger 一词便因此有了更丰富的含义。正如恩格斯（1965a，中译本，第 545 页；德文本，S. 492）在研究中世纪市民时所说，"市民首先是而且仅仅是商品生产者和商人"。作为商品所有者的 Bürger，是市民不同于自然经济状况下的农村居民的基本属性。后来，随着城市工商业向乡村的扩张，市民有了更为丰富的词义。

概括说来，马恩著作中市民术语可以分为狭义与广义。狭义的 Bürger 指自古代希腊、罗马城市中就已经产生，在近现代市民社会中依然存在的中产阶级。广义的 Bürger 则与法文中的 citoyen 和英文中的 citizen 差不多，泛指城市居民、市民、国民、公民。

1. 狭义的市民

马恩不仅使用 Bürger 指有产者市民，而且经常使用其集合名词 Bürgertum、Bürgerstand、Bürgerklasse 来指市民等级或市民阶级。这种意义的市民原指封建时代的城市中产阶层，因为它既不同于处于社会上层的贵族、领主，又不同于由帮工、学徒等城市贫民组成的社会下层。后来，伴随西欧市民化进程，整个社会在经济上被市场经济同质化，这些市民术语也不再是地域性概念，而泛指整个被商品化的中产阶级，而无论其是否居住在城市之中。据笔者长期阅读马恩德文原著的体会，他们通常用这样的市民术语指两个阶层：

一是独立的工商业者，如封建时代城市中的市民等级。这个等级虽然是近现代资产阶级的前身，但在马恩看来，二者之间有巨大的历史差别，市民属于"小业主"范畴。所以可以理解，马克思（1972，第 341~343 页）在《资本论》中，花了很大篇幅来讨论小业主与资本家的区别，并从雇佣人数上

的差别来准确界定二者不同的历史内涵①。还要指出的是，在这个市民等级中产生出资产阶级之后，中产阶级并没有因此而消失，它仍然是现代市民社会中的一个重要阶层，即马恩所说的"中小市民等级"（Klein-Mittelbürgertum）。虽然在现实中，这个阶层与作为中小资产阶级（Klein-Mittelbourgeoisie）之间的界限不十分明显，但从概念上讲，二者却有不同的阶级含义，不应混同。然而，在马恩著作俄文本和中文本中，这个阶层通常被误为中小资产阶级。这种既模糊了市民与资产者之间的历史界限，又混同了二者不同的阶级内涵。

二是知识分子群体。这个阶层是社会知识和精神财富的创造者，也是引领社会进步的中坚力量。在西欧近现代市民化过程中，一方面，这个阶层推动了科学技术进步，并在市场机制及市民社会的基础上，使技术得到广泛应用，促进了社会生产力的大发展。另一方面，这个阶层在文化意识形态领域内引领了反封建的时代潮流，从文艺复兴到宗教改革，从现代民法体系建立再到在政治上取代封建统治的市民革命。在这一系列彻底改变传统社会的变革中，市民的文化意识形态体系也日臻成熟。与作为资产阶级前身的市民等级一样，这个阶层并未因资本主义的确立而消失，也没有因此成为资产阶级的组成部分。但在误读原马克思主义市民理论的苏俄马克思主义中，这个群体成为"资产阶级的"或"小资产阶级的"。在传统体制下，人们把知识分子当成资产阶级的或小资产阶级的来加以改造和利用，其理论基础正出自于此。

总之，因狭义市民术语被大量误译为资产阶级，以致中产阶级这一重要概念在苏俄马克思主义中没有什么地位。这与其简单化甚至庸俗化的阶级观相适应，却与原马克思主义相悖。

2. 广义的市民术语

在西欧市民化进程中，还有比从市民等级中成长出资产阶级更具有历史

---

① 改革开放之初，政策制定者正是根据马克思在这里确定的雇佣人数界限来划定个体经济与私营经济的政策界限。

意义的后果，即伴随城市居民的生产方式和生活方式向乡村扩展，整个社会趋于同质化。随着现代市民社会取代传统的前市民社会。原来仅指城市居民的市民概念冲破狭隘的地域限制，逐步具有了泛指国民、公民的含义。大体说来，这种意义上的市民化进程依次经历了三个阶段：首先是在经济上，农业的商业化使乡村居民成为与城市居民一样的商品生产经营者。由于商品是天生的自由平等派，居民在经济上的自由平等权利开始衍生到他们的社会身份和政治权利上。所以其次，当农村居民逐步取得与城市居民同等社会权力之时，市民也不再是一个享有特权的封建等级。在这里，西欧近现代民族国家的形成发挥了重要作用，主权国家在夺取封建诸侯、领主对属民治理权的同时，也把所有人变成统一国家治理下的臣民，而无论其是城市居民还是农村居民。近代专制君主制取代封建割据制，与所有居民成为权利平等的国民，不过是一个硬币的正反两面。最后是在政治权利上，市民革命尤其是像法国那样急风暴雨式的大革命，将公民的自由平等权利至少在法律上、理念上普及每一个国民。

这一市民化的历史进程在西欧文字的词义演进中均有反映，无论是英文的 citizen 和法文的 citoyen，还是德文中的 Bürger，最初都是指有地域规定和封建等级意义上的市民，后来又都增添了国民、公民的词义。关于 Bürger 术语的这种广泛含义，可能不会引起太大争议。然而关键问题在于，它在马恩著作中怎么还会有资产者含义？如果认为其还可以指资产者，这无异于说，马恩在术语上还没有分清市民与资产者，需要译者根据情景来帮助他们判断，以便确定在什么时候 Bürger 这个词是指市民，在什么场合下又是指资产者，这显然是站不住脚的。

从一定意义上讲，马克思一生的学术工作都围绕揭示市民社会掩盖的资本主义阶级关系进行。从市民社会角度看，资产者与无产者都是自由平等的公民。但从资本主义生产方式角度看，他们则是剥削者与被剥削者。然而，资产者和无产者都具有的公民身份却掩盖了这种阶级关系。虽然这一问题是马克思在《资本论》创作过程中才得以最终解决，但是，早在他刚接触到法国学者提出的阶级观时，就已经提出了这个论题，并认识到资产者的公民身份掩盖了其本性。

最初，由于德文中尚无表达资产阶级概念的术语，马克思（1956，中译本，第 429 页；德文本，S. 355）还是直接使用法语来表达资本家的资产者身份与它的公民身份之间的关系：他认为市民社会的矛盾"也就是 bourgeois［市民社会的一分子］和 citoyen［公民］① 之间，市民社会一分子和他的政治外貌之间的矛盾。"后来，当马恩用德语来表述这个问题时，他们明确反对赋予 Bürger 这类术语新的含义来表达资产阶级概念。

3. 马克思恩格斯曾批评在资产阶级意义上使用 Bürger 这类术语

19 世纪 40 年代中期，当法国人的资产阶级概念传入德国时，一些德国学者就曾用 Bürger 这类术语来指资产阶级，这造成语言逻辑上的混乱。马克思和恩格斯敏锐地发现这种错误，并分析了形成这一错误的原因。

在《德法年鉴》中，马恩用了很大篇幅来批评青年黑格尔分子麦克斯·施蒂纳用 Bürger 这个市民术语来指资产阶级的错误。他们（马克思、恩格斯，1960，中译本，第 216 页；德文本，S. 180）指出，"在麦克斯看来，并非 bourgeois［资产者］是 citoyen［公民］的真理，相反地，citoyen 是 bourgeois 的真理。"从这段表述来看，马恩已经注意到资产者的公民身份掩盖了其资本人格化的本性，而施蒂纳却颠倒了二者的关系，把资产者的公民外貌当成了资产者的本质。

不仅如此，马恩还进一步分析了施蒂纳犯错误原因，即他滥用了德语中 Bürger 这个术语，在其已有广义的公民和狭义的市民等级含义基础上，又赋予了这个德语词资产者的新含义。为此马克思、恩格斯（1960，中译本，第 220 页；德文本，S. 184）指出：

"如果圣麦克斯不是得到德语中 Bürger 这个词的帮助，使他能随心所欲地把它一会儿解释为 citoyen（广义市民），一会儿解释为 bourgeois（资产者），

---

① 方括号中的文字系原中译者所加，下同。

一会儿解释为德国的'善良市民'(狭义市民,指当时德国正在向资产阶级转变的市民等级),他就决不能制造出这些'折磨心灵的'和'惊心动魄的'矛盾,至少是绝对不敢把它们公开出来。"

马恩为什么说施蒂纳"得到德语中 Bürger 这个词的帮助"才制造出混乱?弄清这个问题不仅有助于理解为什么马恩不用 Bürger 这类市民术语来表达资产者概念,还有助于理解马恩著作俄译本与中译本在这个问题上的错误所在。

德语中的 Bürger 与法语中的 bourgeois 是同源词,都来源于古日耳曼语的 burg。它在德语中写作 Burg,在法文中则写为 bourg,其本意都是城堡。Bürger 和 bourgeois 最初都是指居住在城堡中的居民,其词义没有多大差别。后来,由于两国历史与语言发展的不同路径,这两个同源词的词义便有了差别。施蒂纳忽视了这种区别,在把法国人的资产者(bourgeois)概念引入德国时,简单地根据二者同源这点,便依样画瓢地赋予德文中 Bürger 这个词资产者的新含义。这看似十分自然,殊不知这却会导致语言逻辑上的错误。

由于法文中还有一个来自拉丁文的市民术语(citoyen),最初它也与 bourgeois 的词义差不多,都指市民。后来在法文的语言演进中,来自拉丁语的市民术语与来自日耳曼语的市民术语便有了分工,citoyen 指广义的市民、国民、公民,而 bourgeois 专指作为有产者的市民,即本文所说的狭义市民。当法国人在 19 世纪上半期把 bourgeois 这个词与无财产者对应起来,用以描述现代阶级关系时,这个法文词便开始有了资产阶级的新含义。

严格说来,法国人用这个词来指资产者是存在问题的,因为这不利于廓清资产者与作为其前身的市民等级之间的历史差别,也不利于区分资产者与现代中产阶级的不同阶级内涵。但是在法语中,这还不会有太大问题,即这种用法还不至于混淆现代资产者概念与公民概念。然而与法语不同,在德文中没有来自拉丁语的市民术语,在 Bürger 这个词既有广义的市民、国民、公民含义①，也有历史上的市民等级和近现代中产阶级含义的背景下，如果再赋予其资产者含义，不仅会将资产者的本性与其公民外貌混为一谈；而且会抹杀资产者的历史规定性，将资产阶级与其前身的市民等级等同起来；同时还会模糊资产者与现代中产阶级的不同阶级属性。

可见，在这时马恩已经清楚地意识到，用德语表达法国思想家的阶级观时，如果赋予 Bürger 资产者新的含义将会带来问题。所以他们在把法文的 bourgeois 一词引入德文时，剔除了这个词在原法文中的中产阶级含义，用 Bourgeois 专指资产者。与之同时，他们仍然在德语的既定含义上使用 Bürger 这类词汇，即在广义上和狭义上使用这类市民术语。这样，他们就在德文术语上将资产阶级这个有着特殊历史规定性和阶级含义的概念与市民概念严格区分开来。

总之，马克思既是最早了解法国思想家关于资产阶级概念的德国人，同时他又是最早将法国人的 bourgeois 引入德语的学者。更重要的是，他和恩格斯还是最早在德语中科学界定 Bourgeois 与 Bürger 这两类用语词义的语言大师。这使他们有可能引领后来德语中这两类术语词义发展的轨迹，并在后来被德国人普遍接受。一方面，来自法文的 Bourgeois 没有原来法文中 bourgeois 那样宽泛的含义，而仅指资产阶级，不再有指历史上的市民等级和指现代中产阶级的含义。另一方面，与法语中 bourgeois 具有相同词源的 Bürger，却没有像法文中那样的资产阶级含义。

六、不同文本马恩著作中的市民与资产者术语

对马恩著作中市民术语的误解，与译者错误地理解马恩法文和英文著作

---

① 德语中 Bürger 的市民语义早在康德、黑格尔等古典哲学家的著述中就已经有了非常确定的含义。受法国启蒙运动影响，康德（Kant，1784；1796）已从法国启蒙运动倡导的自由平等的公民概念中演绎出"世界公民"（Weltbürger）概念。19 世纪初，黑格尔（1961，第 201、203 页）在其《法哲学》中用"需求体系"来描述市民社会时，就是从商品经济角度来定义市民及其市民社会性质的。这些先哲对 Bürger 及其衍生词的使用，实际上已经界定这类德语词的现代含义。

中的 bourgeois 一词的词义有很大关系。如果把马恩德文与这两种语种的同一文献加以对照，就不难发现，法文和英文著作中的 bourgeois 分别与德文原著的 Bürger 和 Bourgeois 两类术语对应。在把德文著作翻译成法文或英文时，他们有时将 Bürger 译为 bourgeois，有时又将 Bourgeois 译为 bourgeois。站在中文语境下说，法文与英文中的 bourgeois 有市民或资产者两种含义。在把马恩著作翻译成中文时，本来应该以德文版为准，将法文、英文文献中的布尔乔亚一词两译为市民或资产者。但遗憾的是，实际情况正好相反。译者认为法文、英文原著中的 bourgeois 只有资产者一种含义，并根据上述对应关系，误以为德文原著中的 Bürger 这类术语也有资产者含义。

西方各国语言中的布尔乔亚均来自法语，但由于各国的历史条件与文化背景的差异，这一同根词在不同语种中的语义却有较大差别。了解这种差别以及马恩在使用不同语言创作时对布尔乔亚术语的不同用法，对正确理解他们的资产阶级概念和市民概念至关重要。

bourgeois 这个法文词的本义是市民，最初也指不同于乡村居民的城市居民，后来这个用语发展出不同于贵族、僧侣的"第三等级"的语义。到了 19 世纪上半期，伴随新的阶级分化出现，当最早注意到这一现象的法国空想社会主义者与历史学家，把这个词与无财产者（prolétaire）作为对应的一组词汇，用以描述当时法国社会的阶级矛盾时，bourgeois 便新增加了资产者的含义。但是，在法国思想家赋予这个词新语义时，并未剔出其原来的中产阶级含义。因此更准确地说，这个法文词并非是马克思主义意义上的资产阶级，而是描述市民社会中的"有产者"术语。它不仅可以理解为资产者，也可以理解为资产者前身的市民等级，还可以指现代市民社会中的中产阶级。所以只有现代市民社会中的大布尔乔亚才接近马恩科学的资产者概念，而历史上的布尔乔亚和现代社会中的中小布尔乔亚则属于中产阶级。在中文语境下看，bourgeois 这个法文词则具有市民或资产者两种含义。因此马克思在翻译和校订德文和法文这两种语种的文献时，有时把 bourgeois 处理为 Bourgeois，有时又把其处理为 Bürger 这类术语。

在 bourgeois 这个法文词传入英国以前，英国人习惯用"中等阶级"（middle class）指既不同于贵族，又不同于城市平民和农民的有产者阶级，其含义与法文的布尔乔亚大体一致。当 19 世纪上半期法文的 bourgeoisie 进入英文后，它就成了 middle class 的同义语。鉴于英国人的这种语言习惯，马恩在把其德文著作翻译或校译为英文时，也采取了类似法文译本的处理办法，有时将 Bürger 这类市民术语翻为 bourgeois，有时又将 Bourgeois 这类资产者术语译为 bourgeois。也就是说，英文马恩原著中的 bourgeois（middle class）也具有市民与资产者两种中文含义。

关于马恩英文著作中 bourgeoisie 有比资产阶级更宽泛的含义，恩格斯在《共产党宣言》1888 年英文版中的一个注释很能说明问题。他在第一章标题"资产者与无产者"下专门加注说明："资产阶级是指现代资本家阶级，现代资本家是占有社会生产资料、使用雇佣劳动的。"很显然，这个注释是为了准确界定《宣言》中 bourgeoisie 的含义，避免读者按照日常术语中那样宽泛的含义来理解这个词，把历史上的和现代社会的中产阶级也当成与无产阶级对立的资产阶级。如果英文原著中的 bourgeoisie 像德文原著中的 Bourgeoisie 一样，只有资产阶级一种含义，恩格斯完全没有必要在英译本中多此一举（马克思、恩格斯，1965，中译本，第 465 页）。

法文和英文中 bourgeois 用语的词义发展变化，反映了语言演进的一般规律，即随着表达对象的演进，用语便产生出新的语义。伴随着西欧封建时代的市民中成长出资产者，原来仅指历史上市民的 bourgeois 这个词，便增加了资产者这个新的义项。这对无须严格区分历史上的市民等级与现代资产阶级，无须用有无雇佣剥削来区分资产者与小业主的日常术语来说，这没有太大问题。但是，对于马恩来说，用这种有多重含义的用语来表达资产者概念并不十分科学。

这是因为在马恩看来，资产阶级是一个有特定历史规定与阶级规定的概念：一方面，资产者是现代资本关系的人格化，尽管这个阶级来自封建时代的市民等级，但两个概念之间包含着重大的历史差别。另一方面，虽然资产者与中产阶级意义上的市民都是有产者，但二者却有重要的阶级差别。资产者是剥削雇佣工人的阶级，而作为有产市民与雇佣剥削却没有直接联系，他们大多属于自食其力的社会中间阶层。正如上一章已说明的那样，当马恩把法文的 bourgeois 词引入德文时，剔除了原法文中的市民含义，从而科学地规定了 Bourgeois 的含义，用它专指资者。但是，法文与英文对马恩来说是外语，他们在使用这两种语言进行创作和翻译时，须考虑别国语言已约定成俗的规则，不得不在比资产阶级更宽泛的意义上使用 bourgeois。

在翻译马恩著作市民和资者术语时，应该以经过他们科学界定的德文本为准，将 Bürger 这类术语一词一译为市民，把 Bourgeois 这类术语一词一译为资者，并以此来确定法文和英文原著中的 bourgeois（middle class）究竟是市民还是资者。只有这样才有可能更准确地把握原马克思主义的资产阶级概念，才不会把作为资产阶级前身的市民等级当成资产阶级，也不会把现代市民社会中的中产阶级也当成资产阶级。而不应该反过来，像现在马恩著作中译者那样，仅在资者一种含义上理解 bourgeois（middle class），并根据其与德文中的 Bürger 这类术语存在的对应关系，进而误以为 Bürger 这类术语也有资产阶级含义。

作为语言大师的马克思和恩格斯，他们在何种场合下使用 Bürger 这类术语，何种情况下使用 Bourgeois 这类术语，都经过深思熟虑。据笔者长期比对他们的用语习惯发现，他们常常以市民革命为界，把革命前的资产阶级前身称为 Bürgertum、Bürgerklasse、Bürgerstand，把革命后的这个集团称为 Bourgeoisie，以表达二者的历史差别。但是这种区分在他们的英文和法文著作中却看不出来，因为他们既用 middle class 或 bourgeoisie（英文）、bourgeoisie（法文）指革命前的市民等级，又用它们指革命后的资产阶级。如果仔细对照他们同一著作的不同语种文本，不同语言中市民和资产阶级用语的对应关系，便一目了然。

在《〈社会主义从空想到科学的发展〉英文版导言》及其德文译本和法文译本中，恩格斯（1965b，中译本，第 347~350 页；德文本，S. 299 – 301）在论述封建时代的市民等级中成长出现代资产阶级时，其做法很具代表性。在其英文原版中，恩格斯按照英国人的习惯把革命前与革命后的这个集团都称为 middle class 或 bourgeoisie；同样，在其法文译本中，他按照法国人的传统，把革命前后的这个集团也都称为 bourgeoisie；然而，在《导言》的德文译本中，他则以 1688 年英国光荣革命、法国大革命（1893）和德国 1848 年革命为界，把革命前的 middle class 和 bourgeoisie 译为 Bürgertum，将革命后的 middle class 和 bourgeoisie 译为 Bourgeoisie。①

从封建时代的市民等级中成长出资产阶级，是一个渐进的历史过程。说马恩常常以市民革命为界，作为区分资产阶级与其前身市民等级的历史界限，这并非一成不变的标准。他们有时为强调市民等级的发展趋势，也把革命前的这个等级称为资产阶级；或者反过来，为表达资产阶级身上残留的封建痕迹，他们也会把革命后的资产阶级称为市民等级。至于如何理解马恩的原意，作为翻译者来说，完全不必为此费心，只需按一词一译原则，将 Bürgertum 翻译为市民等级，把 Bourgeoisie 翻译为资产阶级。翻译工作就遵循了严复先生所倡导的首要原则"信"，而把如何理解的问题交给读者。

为了明晰起见，笔者将上述分析结论列为表格，见表 1，表达不同语种马恩著作中的市民与资产者术语的对应关系，以及原中文译本中的译法与笔者的主张。

表 1　　马恩德文、法文、英文著作中市民、资产者术语翻译对照

词义	德文	法文	英文	原中译本译法	笔者主张译法
广义市民、公民	Bürger	citoyen	cititzen	市民、资产者*	市民
狭义市民（等级）	Bürger（tum）	bourgeois（ie）	bourgeois（ie）	资产者（阶级）	市民（等级）
资产者（阶级）	Bourgeois（ie）	bourgeois（ie）	bourgeois（ie）	资产者（阶级）	资产者（阶级）

　　*在中文译本，广义的 Bürger 在许多场合下能被正确地译为市民或公民，但因为中译者以为这个词有资产者含义，误译也并不罕见。

---

① 《导言》的译者似乎察觉到了英文和法文版本中 bourgeoisie 与德文版中 Bürgertum 和 Bourgeoisie 之间的对应关系，故在注释中专门做了说明，即恩格斯将英文版和法文版中的 bourgeoisie 分别处理为德文版中的 Bürgertum 或 Bourgeoisie。遗憾的是，译者在正文中仍然把英文版本中的 bourgeoisie 全部译为资产阶级，并根据英文版本与德文版本的对应关系，将 Bürgertum 也误译为资产阶级。这可能是受传统误译的影响太深，译者最终没有能正确把握马恩使用这些术语的规律。

鉴于德文是马恩的母语，而市民与资产者概念又是他们首先在德文术语上界定清楚的。相反，法文和英文对马恩来说是外语，在他们确立自己科学的资产阶级概念之前，法国人和英国人对资产阶级概念的表达方式就已经约定俗成，尽管不甚科学，马恩也不得不尊重。显然，在把马恩著作翻译成中文时，应该以德文本为依据，将 Bürger 和 Bourgeois 这两类术语分别一词一译为市民和资产者，并依据这两类德文术语与法文本、英文本中布尔乔亚的对应关系，将 bourgeois 一词两译为市民或资产者。

　　此外，笔者的主张在翻译技术上也便于处理，由于德文文献占马恩遗留下来全部文献的 2/3 左右，且重要的学术文献绝大多数都是用德文写就的，其他语种的同一文献通常是翻译之作。依据德文本中的市民与资产者术语，来校译其他语种文本中的布尔乔亚，在绝大多数情况下都能找到依据。相反，如果把法文与英文文本中的布尔乔亚理解为只有资产者一种含义，并依此来把德文中的 Bürger 一词两译为市民或者资产者。即使从翻译技术上讲，这也不可取。因为马恩许多重要著述只有德文本，而无经他们手的法文本与英文本，这不仅会给翻译者带来甄别词义的沉重负担，还会给后来者留下了一个可能曲解原作者本意的巨大空间。这正是过去在马克思主义在苏俄化和中国化过程中，其市民理论被曲解甚至丢失的一个重要原因。

参考文献

　　[1] 布坎南：《自由、市场和国家》，北京经济学院出版社 1988 年版。

　　[2] 邓正来、景跃进：《建构中国的市民社会》，《中国社会科学季刊》1992 年11 月创刊号。

　　[3] 恩格斯：《卡尔·马克思的葬仪》，《马克思恩格斯全集》第 19 卷，人民出版社 2006 年版。

　　[4] 恩格斯：《法学家的社会主义》，《马克思恩格斯全集》第 21 卷，人民出版社 2006 年版。

　　[5] 恩格斯：《〈社会主义从空想到科学的发展〉英文版导言》，《马克思恩格斯全集》第 22 卷，人民出版社 2006 年版。

　　[6] 恩格斯：《反杜林论》，《马克思恩格斯全集》第 20 卷，人民出版社 2006

年版。

［7］恩格斯：《自然辩证法》，《马克思恩格斯全集》第20卷，人民出版社2006年版。

［8］何增科：《市民社会概念的历史演变》，《中国社会科学》1994年第5期。

［9］黑格尔：《法哲学原理》，商务印书馆2010年版。

［10］黄伯樵：《德华标准大辞典》，中国科学图书仪器公司1950年版。

［11］马克思：《论犹太人问题》，《马克思恩格斯全集》第1卷，人民出版社1995年版。

［12］马克思：《〈政治经济学批判〉导言》，《马克思恩格斯全集》第12卷，人民出版社1998年版。

［13］马克思：《哥达纲领批判》，《马克思恩格斯全集》第19卷，人民出版社2006年版。

［14］马克思：《资本论》第1卷，《马克思恩格斯全集》第23卷，人民出版社2006年版。

［15］马克思、恩格斯：《德意志意识形态》，《马克思恩格斯全集》第3卷，人民出版社1995年版。

［16］马克思、恩格斯：《共产党宣言》，《马克思恩格斯全集》第4卷，人民出版社1995年版。

［17］沈越：《资产阶级权利应该译为市民权利》，《天津社会科学》1986年第4期；《新华文摘》1986年第12期。

［18］沈越：《马克思市民经济思想初探》，《经济研究》1988年第2期。

［19］沈越：《市民社会辨析》，《哲学研究》1990年第1期。

［20］王绍光：《关于"市民社会"的几点思考》，《二十一世纪》1991年第8期。

［21］吴兆永：《评〈马克思市民经济思想初探〉》，《经济研究》1989年第1期。

［22］吴兆永：《〈"市民社会"辨析〉的辨析》，《哲学研究》1990年第5期。

［23］俞可平：《马克思的市民社会理论及其历史地位》，《中国社会科学》1993年第4期。

［24］Kant, I. 1784：Idee zu einer allgemeinen Geschichte in weltbürgerlicher Absicht, *Berlinische Monatsschrift*, Nov. 1784, S. 385 – 411.

［25］Kant, I. 1796：Zum ewigen Frieden. Ein philosophischer Entwurf, Frankfurt und Leipzig.

第二篇
德国经济模式研究

德国社会市场经济理论来源新探[*]

德国社会市场经济是一种为世人公认的、成功的市场经济模式。但是，人们对这一体制模式的研究还不够广泛和深入。例如，当人们在研究社会市场经济模式的思想理论基础时，常常只提到弗莱堡学派。虽然近年来人们在研究社会市场经济的理论基础时，视野有所拓宽，除了弗莱堡学派，人们也开始注意到非弗莱堡学派的德国其他新自由主义者，但是人们还没有对非自由主义的理论思潮对社会市场经济模式形成的作用有足够的重视。这种研究的片面性给人们造成一种印象，似乎社会市场经济的理论来源只是弗莱堡学派，或最多只是德国新自由主义的经济理论。这与人们所了解的德国社会市场经济的现实体制有很大出入。正是基于这一看法，本文试图对社会市场经济的理论基础重新做一审视。

一、什么是社会市场经济

在德文文献中，社会市场经济通常有两种用法。一是指德国现实体制模式，在这种意义上，它是各种具体制度和政策的总和。二是指引导现实体制形成的"样板（leitbild）或经济政策方案（konzeption）"。关于第一种用法在理解上不会有多大问题，对于第二种用法的规定则需要做进一步

---

* 本文原载于《经济学动态》1998 年第 4 期。

第二篇 德国经济模式研究
德国社会市场经济理论来源新探

说明。

作为"样板"的社会市场经济实际上是一种操作性很强的理论模式。一方面，这种理论模式不同于那种代表经济学家个人或学术团体见解的纯粹抽象的理论模式，如欧肯提出的"理念模式"。而作为样板的理论模式却与之不同，由于要考虑到模式的可操作性，其设计必须要关注推行某一模式的外在条件和制度环境，尤其是在一个多元的民主制度中，公众是否能够接受和在多大程度上接受，便成为一种体制模式成功与否的关键所在，因而"样板"在理论上的兼容性便构成了社会市场经济模式的一个基本特点。另一方面，作为样板的社会市场经济又不同于体制或政策的具体实施方案，它不应是一种在政策上不讲原则的妥协的产物；同时，它还必须具有理论上的前瞻性，要为因情况变化而进一步发展社会市场经济模式留下足够的空间。正是在这种意义上，社会市场经济概念的创造者 A. 米勒－阿尔马克称其为"一种有望逐步演进的风格思想的安排"（Mueller-Armack，1990，S. 178－179）。

二、奥尔多自由主义对社会市场经济的理论贡献

奥尔多自由主义是德国新自由主义的别称，它因这一流派的老一辈代表人物在 1948 年创办《奥尔多：经济和社会政策年鉴》杂志而得名。如果从这一流派的基本理论观点形成来看，这一流派的产生可以追溯到 20 世纪 20 年代。这一流派的成员十分复杂，各自的理论观点也有很大差别，他们只是在共同拥护建立一种以市场经济为基础的经济社会秩序上才构成一个统一的集团。在 20 世纪 30 年代危机前后，奥尔多自由主义的主要代表人物就对自发的市场经济提出了尖锐批评，认为自由放任的市场机制会走向其反面，破坏自由竞争秩序，认为只有通过"强大的国家"才可能建立和维护竞争秩序。从这种意义上讲，奥尔多自由主义不仅仅是正宗新自由主义的"变种"，而且与主张政策干预的凯恩斯主义有异曲同工之处。

奥尔多自由主义的这种特点与德国的特殊历史背景有密切关系。第一次世界大战中德意志帝国的崩溃使"一战"后的德国陷入一种动荡和混乱中，奥尔多自由主义者认为他们所信奉的正常的市场经济秩序受到了来自两个方面的威胁：一是受到从自发的市场经济中产生出来的各种垄断势力（卡特尔、康采恩、各种利益社团、工会等）以及自发的市场机制带来的严重的社会问题的威胁；二是受到社会民主主义者所主张的民主社会主义的威胁，他们认为其反市场经济的倾向最终会导致竞争的萎缩和个人自由的丧失。所以，除弗莱堡学派的主要代表人物外，绝大多数奥尔多自由主义者都力主德国走一条既不同于传统资本主义又不同于传统社会主义的第三条道路。第二次世界大战后，东西方两大阵营在政治上、军事上和经济上对峙局面的形成，处于冷战前沿的西德公众既不愿西德成为西方营垒的牺牲品又不愿因西德的经济社会体制远离东德体制而为重新统一设置障碍的态度，更加坚定大多数奥尔多自由主义选择第三条道路的信念。

自由和秩序是奥尔多自由主义的两个核心概念。崇尚建立在市场经济上的个人自由，并强调这种"自由不会自发的产生，它必须由人为的和文化的社会秩序加以维护"（Herder-Dorneich，1974，S. 75），这是所有奥尔多自由主义的共同之处。但在通过什么样的秩序来维护个人自由上，奥尔多自由主义者存在不同的看法，并因此可以把早期的奥尔多自由主义分为两大分支。

一是由 W. 欧肯、F. 贝姆和 H. 格罗斯罗 - 多尔特于 1932 年和 1933 年在弗莱堡大学创立的弗莱堡学派。后来这一学派虽有扩大，但其成员大多只限于"弗莱堡学术圈子"。第二次世界大战以后，由于弗莱堡学派的核心人物 W. 欧肯过早去世（1950 年）和其他主要成员离开弗莱堡大学，这个学派作为一个教学研究团体在战后初期就已经不复存在。由于欧肯在纯粹经济理论上的建树，他的思想不仅为弗莱堡学派奠定了理论基础，而且也为整个奥尔多自由主义的经济社会秩序思想提供了科学的经济学依据。

早期奥尔多自由主义的另一支是 W. 罗佩克、A. 吕斯托和 A. 米勒 - 阿尔马克为代表的新自由主义流派。由于这些代表人物主张从社会和经济学统一的角度来研究经济学和经济问题，并把天主教社会教义中的某些思想吸收到经济自由主义中来，因此这一学派被称为社会学新自由主义。同时，由于他们不像欧肯那样完全摒弃德国历史学派的遗产，强调重视社会政策的德国经济学传统，这一流派因此也被称为本土新自由主义（dialektischer neoliberalismus）（Wulff, 1990）。在他们看来，经济秩序只是社会总体秩序的一个组成部分，同时他们还强调经济秩序和社会秩序的共同形成以及经济政策和社会政策的一体化。

与弗莱堡学派相比，社会学自由主义对传统资本主义和自由放任经济原则持更严厉的批评态度。他们不仅像欧肯那样注意到了从自由放任中产生出来的垄断势力对自由竞争从而对来自竞争的个人自由的扼制，而且还特别关注由自发的市场机制带来的经济周期波动对经济社会的巨大危害和传统资本主义社会中的贫富分化、社会不公正等社会弊端。因此，在欧肯看来，个人自由主要靠竞争秩序来维系，而"强大的国家"的任务主要是清除各种垄断给自由竞争设置的障碍，建立和维护正常的竞争秩序。而在社会学自由主义者心目中，国家除了有建立和保护竞争秩序的任务外，还有熨平经济周期波动和解决社会问题的义务。

显而易见，奥尔多自由主义的思想为社会市场模式奠定了理论基础。在这里，弗莱堡学派尤其是欧肯的经济思想与社会学自由主义理论对社会市场经济体制形成的作用是不同的，如果说欧肯经济理论的影响主要表现在确定社会市场经济"样板"的"正确的道路"（市场经济）上，那么，本土新自由主义所主张的在坚持市场经济基本制度的同时设置广泛的社会目标（不只是社会福利）的思想则为社会市场经济体制下解决"市场失灵"和"有缺陷发展"（fehlentwicklung）问题提供了理论依据。正是由于早期奥尔多自由主义两个分支在理论上的相互补充才奠定了社会经济模式的基本框架。这种既重视市场基础又强调社会目标的思想也是奥尔多自由主义的理论在"二战"后西德取得主流经济学地位的重要原因。

尤其值得一提的是，欧肯在最一般意义上将经济体制的构成要素高度抽象为"市场经济"和"集中管理经济"的"理念模式"的经济理论和分析方法对德国社会市场经济的贡献。这不仅仅为德国体制确立市场经济基本方向奠定了科学基础，而且也为各种相互冲突的经济社会思想整合入社会市场经济思想中提供了可能。由于欧肯的这种理论方法跳出了传统经济学按照所有制关系把经济体制模式的基本要素划分为资本主义的和社会主义的圈子，这既为社会学自由主义所积极倡导的以市场机制为基础的第三条道路提供了理论依据（尽管欧肯本人对"第三条道路"的提法持保留态度），又促成了民主社会主义者从反资本主义立场转向主张社会主义市场经济（民主社会主义者对"社会市场经济"的一种解释——引者）立场（Klink，1964），也使对资本主义和社会主义均持怀疑态度的基督教社会教义的代表人物放心地拥戴德国选择社会市场经济模式。

三、民主社会主义经济思想对社会市场经济模式的影响

在德国社会市场经济的形成发展过程中，除了奥尔多自由主义的经济社会理论外，对德国体制影响最大的应算民主（或自由）社会主义的经济理论。德国当代的民主社会主义的经济理论是从 20 世纪末和 21 世纪初德国社会民主党内所谓的正统的马克思主义经济理论逐步发展演变而来的。因此，对这个问题的研究还得从当代民主社会主义经济思想的历史渊源谈起。

1. 第二次世界大战以后民主社会主义的经济思想的发展

在社会市场经济模式下，联邦德国被战争摧毁了的经济迅速得到了恢复。随之而来的联邦德国的"经济奇迹"更使社会市场经济模式的声誉如日中天。在这种形势下，民主社会主义者不得不对在两次世界大战之间就已经形成的经济思想和政策主张进行反思，以解决民主社会主义理论中长期存在的一个内在矛盾。这个矛盾是，一方面民主社会主义者长期以来一直主张从资本主义和平地进入社会主义，这实际上默认现存的经济社会秩序有一定的历史合

理性；但另一方面民主社会主义者又站在反对资本主义的立场上对现存的经济社会秩序持严厉的批评态度，这实际上又完全否认现存经济社会秩序的合理性。正像前面已提到过的，这一内在矛盾的解决是通过民主社会主义从反资本主义立场转变到社会主义市场经济立场上完成的（Klink，1964）。这一转变的核心是当民主社会主义者在主张实施其传统的经济政策如生产资料社会化、经济计划化和共同决策时必须考虑到这些政策与市场一致的问题。在这里需要一提的是曾在 20 世纪 60 年代末、70 年代初担任过社会民主党与自由民主党联合政府经济部长的经济学家卡尔·席勒在民主社会主义完成这一转变的过程中发挥过非常积极的作用，他本人也因此被称为社会民主党的市场经济思想的"精神之父"（Dürr，1988）。

2. 社会市场经济模式的民主社会主义烙印

当联邦德国的民主社会主义完成了从反资本主义到拥护社会市场经济的转变以后（一般以 1959 年社会民主党通过的《哥德斯堡纲领》为界）不久，联邦德国经历了第二次世界大战后的第一次经济危机（1966～1967 年），社会民主党先后与基督教民主联盟和自由民主党组成联合政府上台执政。在社会民主党执政的十多年中，民主社会主义者在维护了社会市场经济体制前提下，同时给它打上了自己的烙印。这主要体现在 1967 年颁布的《经济稳定增长法》和 1976 年颁布的《企业共同决策法》这两部法律上。

《经济稳定增长法》提出对国民经济实行"总体调节"的口号，用法律形式把经济增长、充分就业、外贸平衡和货币稳定四大经济发展目标、国民经济中期计划和短期景气调节措施等一系列政府全面干预经济的内容固定下来。这实际上是借用了凯恩斯主义的需求管理的某些方法来实现了民主社会主义长期追求的国民经济计划化要求。

1976 年颁布的《企业共同决策法》则在一定范围内实现了民主社会主义者早在 20 世纪 20 年代就已经提出来的经济民主纲领。按照这部法律规定：凡职工人数超过 2000 人的各种公司制企业都必须按照雇员代表与雇主代表对等的原则分配公司监事会席位；凡职工人数为 500～1999 人的公司制企业则必须按照"1/3 对等"的原则在雇员和雇主之间来分配监事会席位（即雇员代表占 1/3，雇主代表占 2/3）。因按德国《公司法》规定，公司监事会拥有任命公司理事会（由正副经理组成的负责公司日常生产经营的集体领导班子）、审查和批准公司财务预算、决定利润分配等权力，监事会的功能相当于其他国家公司制企业的董事会（因有 1/3 或 1/2 的雇员代表参与，德国公司的监事会又不同于只代表股东利益的董事会）。1976 年《企业共同决策法》的实施使德国公司雇员享有了其他任何一个国家的公司雇员都不具有的权利，在公司的重大事务上雇员拥有了实实在在的共同决策权，而不仅仅是参与权。同时，这部法律的实施也使德国股份制公司的内部治理结构从而使德国的现代企业制度形成了与众不同的特点。

综上所述，德国的社会市场经济模式不仅仅来自新自由主义的经济理论，更不是只用弗莱堡学派的经济思想就能加以概括。正如德国著名经济学家 R. 布鲁姆所说，"德国的'经济奇迹'既不单独来自'自由市场经济'也不单独来自'经济控制'，而恰恰出自这两因素的混合，来自社会市场经济所指明的第三条道路。同时，社会市场经济需要经常按照时代的挑战来加以完善。"（Blum，1988）

参考文献

［1］Blum R., 1988: Soziale Marktwirtschaft. in: Staats Lexikon. Freiburg, 7. Aufl.

［2］Dürr E., 1988: Die Soziale Marktwirtschaft, Ausgangssituation, Programm, Realisierung. WiSt H. 6.

［3］Herder-Dorneich P., 1974: Wirtschaftsordung. Pluralistische und dynanische Ordnungspolitik（Nicht-Markt-Oekonomik 3）. Berlin.

［4］Hilferding R., 1915: Arbeitsgemeinschaft der Klassen? Der Kampf, H. 8.

［5］Klink D., 1964: Von Antikapitalismus zur sozialistischen Marktwirtschaft-Die Entwicklung der Ordnungspolitischen Konzeption der SPD von Erfurt（1891）bis Bad Godesberg（1959）. Hannover.

［6］Mueller-Armack A., 1966: Wirtschaftsordnung und Wirtschaftspolitik-Studien und Konzepte zur Sozialen Marktwirtschaft und zur europaeischen Integration. Freiburg, Aufl. 2. , 1976.

[7] Mueller-Armack A. , 1990: Aus: Gauger, J: Soziales Denken in Deutschland Zwischen Tradition und Innovation, Boon.

[8] Naphtali F. , 1928: Wirtschaftsdemokratie-Ihr Wesen, Weg und Ziel. Koeln, 4. Aufl, 1977.

[9] Wulff M. , 1990: Die geistigen Grundlagen und Quallen des Ordoliberalismus in den 30er und 40er Jahren. in: Gauger J-D, Weigelt K (Hrsg.), Soziales Denken in Deutschland Zwischen Tradition und Innovation. Bonn.

德国社会市场经济模式概览 *

一、从德国模式到欧洲模式

德国社会市场经济是一种为世人公认的、颇有影响的市场经济模式。它与以英美为代表的盎格鲁－撒克逊模式和以日本等国为代表的东亚模式并称为目前世界上最具特色的三种市场经济模式（Barry，1982）。这种模式也被称为"莱茵模式"，指最初发源于欧洲莱茵河谷，随着欧洲一体化进程，后来逐步影响中西欧乃至整个欧洲大陆的经济社会体制。由于莱茵河谷包括了讲拉丁语和日耳曼语的两类国家，这种模式也可称为"日耳曼－拉丁模式"。

对市场经济不同模式的划分，是比较经济学或比较经济制度的研究成果。在这门第二次世界大战后才形成的新兴经济学科建立之初，人们对不同的市场经济模式的划分要比现在细得多。各个学者每每从自己的观点出发，按照不同的标准来进行分类。仅就西欧而言，当时与德国社会市场经济模式齐名的至少还有以存在中长期计划为特点的"法国模式"和以实行广泛的社会福利为标志的"瑞典模式"或"北欧模式"。随着时间的推移和研究的深入，人们对欧洲大陆的经济模式的理解渐趋接近。这是因为法国和瑞典模式的影

---

* 本文是作者学术专著《德国社会市场经济评析》（沈越，2002）的导论，该书获得北京市第六届哲学社会科学优秀成果奖二等奖。

响有逐步缩小的趋势①，而德国模式的影响则日益扩大，越来越多的学者更加看重德国的经济社会体制。正像法国经济学家阿尔贝尔（1999，第2页）所说："莱茵模式的典型形式是'社会市场经济'"。

社会市场经济模式本来是德国经济学家根据德国第二次世界大战后初期的特殊经济社会条件设计出来的"秩序政策框架"，由于这种模式的中间道路特征，它在德国"二战"后初期关于未来秩序政策大讨论中具有整合各种对立观点的功能，才为艾哈德经济政府和西方占领当局所接受。当初，人们对它的评价并不太高。随着原联邦德国在这种体制下实现了"经济奇迹"，这种模式才在原联邦德国被越来越多的公众、各种利益集团和各政党广泛接受，成为联邦德国公认的经济社会秩序"样板"。随之而来，社会市场经济也因原联邦德国在"二战"后经济的迅速恢复而取得了国际声誉，许多国家把社会市场经济作为经济社会体制的"样板"，希望通过仿效这种模式促成本国经济的发展。德国社会市场经济模式开始跨出国门，它与以高质量著称的德国工业品一样，成为德国最有影响的"出口品"之一。

最初，企图借鉴德国模式的主要是一些发展中国家，它们希望依托这种模式实现经济起飞。许多人认为，这种经济社会模式所奉行的中间道路原则不仅有助于缓解国内因经济结构急剧变化造成的社会冲突，而且这一原则也与这些国家在国际政治上的不结盟政策不谋而合。后来，中东欧国家也加入学习和借鉴德国模式的行列中来。早在这些国家开始改革之初，许多经济学家就对社会市场经济抱有好感②，在设计的改革方案中采纳了德国模式的某些

---

① 法国模式影响缩小的原因有两个：一方面，市场经济中计划因素的增加是发达国家市场经济的总趋势，尽管在不同国家其增加速度和程度有很大差别；另一方面，计划在法国经济中的作用在日益缩小。在这两方面趋势的共同作用下，法国模式的特征日益模糊。瑞典模式影响缩小的原因也可以归结为两点：首先，用社会福利来判断一种经济模式，在理论上有以偏概全之嫌，因为社会福利并非是决定一种经济社会体制的决定性因素；其次，实行广泛的社会福利政策是发达市场经济国家的共有特征，尤其是在欧洲大陆，因此瑞典模式的代表性也很有限。

② 奥塔·锡克就曾把德国社会市场经济作为"资本主义市场经济体制"的一种例外而加以推崇（锡克，1987，第150~151页）。

做法。但是在当时，由于政治上的原因，中东欧国家还不可能直接把德国的社会市场经济作为借鉴样板。

自20世纪80年代后期和90年代初社会主义阵营解体以来，原来政治上的禁锢被冲破，许多苏联东欧国家直接把德国模式作为自己经济社会转型的样板。这大体有两种情况：一方面，两德统一后，社会市场经济体制原封不动地搬到了原民主德国。这直接扩大了社会市场经济体制的影响。另一方面，许多中东欧国家也把联邦德国的经济社会体制作为自己经济体制转轨的重要参考蓝本。波兰、匈牙利、捷克和斯洛伐克的政府和政治要人公开表示要以德国的社会市场经济作为本国经济社会转型的样板。波兰总理马佐维耶茨基总理曾明确表示：“我们要在波兰建立市场经济——社会市场经济。”匈牙利安托尔政府的经济纲领明确宣称其目标是社会市场经济，使效率与公正相结合，兼顾环境和子孙后代的利益。捷克和斯洛伐克也主张在市场经济基础上加强国家的保障与调节职能，兼顾经济、社会和生态三个方面的发展（姚先国等，1996，第255页）。东欧国家希望把德国模式作为经济转型样板的直接原因是：由于地理上的接近，历史上德国对这些国家就有很大影响。同时，许多原社会主义国家为最终摆脱俄罗斯的控制和影响，在政治上和军事上主要依靠北约和美国，而在经济上则更多地寻求德国的支持；德国也愿意乘此千载难逢的机会扩大自己的势力范围，它凭借自己雄厚的经济实力，以及在西方国家中最为慷慨的对外援助，大力支持这些国家的经济转型和经济振兴。这样，德国人实际上自觉或不自觉地把自己的体制因素输出到这些国家中。

德国社会市场经济模式对西欧的影响也不容低估。在历时几十年的欧洲一体化进程中，作为欧洲共同体（欧盟）经济上的“盟主”[①]的联邦德国凭借强大的经济实力不断以自己的经济社会制度来影响共同体的统一规则，许多共同制度都被打上了社会市场经济的烙印，其经常采用的手法是以“牺牲”

第二篇　德国经济模式研究

德国社会市场经济模式概览

---

① 在政治上德国与法国分享欧共体（欧盟）的“盟主”地位，但在经济上德国的影响却大于法国。

经济利益来换取其他国家在规则上的让步。进入 20 世纪 90 年代以来,欧洲一体化步伐加快,德国体制对其他欧洲国家的影响也随之加大。例如,在启动欧元的进程中,欧元被称为"扩大了的马克",欧洲中央银行被认为是模仿德国央行模式而建立起来的看法,就反映了联邦德国经济体制对欧盟的影响。在这种意义上讲,欧洲一体化进程在一定程度上也是德国人把自己的经济社会体制向整个欧洲推销的过程。

当然,社会市场经济模式对西欧国家的影响方式,与它对发展中国家和原社会主义国家的影响方式是不同的。比德国落后的国家对待社会市场经济的态度是"学习""借鉴",以至原民主德国的"移植"和"照搬",其影响方式是单向的。而社会市场经济对欧洲发达国家的影响却是双向的,是在不同的市场经济模式的相互融合过程中的影响。在德国社会市场经济对欧盟发生作用的同时,德国人也不得不在某种程度上满足其他国家的要求,修正自己的体制以适应共同体的准则。需要指出的是,尽管这种体制上的影响是"双向的"或"多向的",但可以肯定的是,在欧洲一体化进程中的这种经济体制相互磨合中,德国社会市场经济的影响无疑是最大的。在这种意义上,人们用"日耳曼 - 拉丁模式"或"莱茵模式"来代表欧洲大陆国家,甚至中东欧原社会主义国家经济模式的观点,就不无道理了。

在这种经济体制融合过程中,英国的地位十分尴尬。从经济社会体制和政治文化传统上讲,英国是盎格鲁 - 撒克逊模式的开创者,尽管其领导地位早已经被美国取代,但在许多方面,英国仍然保留了大量民族历史传统,与欧洲大陆国家的传统格格不入;从地理上讲,英国是欧洲国家,与欧洲大陆只有一道窄窄的海峡之隔,欧洲大陆历来是英国人的极其重要的市场,它与英国的国家利益息息相关。英国的这种特定的制度传统和特殊地理区位,往往使它处于一种两难选择的境地。要想分享欧洲一体化的收益,不想被排斥在欧洲相对封闭的市场之外,英国就必须接受某些日耳曼 - 拉丁模式或欧洲大陆的规则,在制度上放弃自己的许多传统,而这又是亲手创立盎格鲁 - 撒克逊模式的英国人极不情愿的事情。这正是英国在欧洲一体化进程中走走停停、与欧共体（欧盟）若即若离的根本性原因。

德国社会市场经济影响日益扩大的原因，归根结底可以概括为三点。

一是德国的强大的经济实力。德国在两德重新统一前就是世界第三经济大国，欧洲第一经济大国。德国的重新统一使联邦德国的疆域大大扩展，成为除俄罗斯外欧洲人口的第一大国。随着德国东部照搬社会市场经济实现经济转型和经济的恢复，联邦德国的经济实力在原来的基础上进一步增强，它与其他欧洲国家的差距也进一步拉大。这使德国有实力在欧洲一体化乃至经济全球化进程中扩大德国模式的影响。

二是德国经济模式的"社会"性质与整个欧洲大陆国家经济体制的社会特征具有很大的相同性。这种同一性不仅仅来自第二次世界大战后的欧洲一体化进程，而且来自欧洲历史上重视社会问题和社会政策的传统。正是由于欧洲大陆国家这种共同的传统，"二战"后的一体化进程才有可能把诸多历史、文化和经济制度存在很大差异的国度逐步整合在一个更大的经济社会整体之中，尽管目前这种一体化程度距离真正意义上的民族国家还有很大的差距，但欧盟毕竟是迄今为止在这方面走得最远的一个国家联合体。在这一过程中，经济体制的社会特质无疑是一种重要的黏合剂，至少在追求经济目标的同时强调实现一定的社会目标上，欧洲大陆国家不会有根本性的分歧。对此许多当代著名经济学家都有一致看法。（Galbraith，1998；阿尔贝尔，1999）

三是德国市场经济模式所奉行的中间路线，即"第三条道路"具有化解经济矛盾和社会冲突的特殊功能，也是人们青睐社会市场经济模式的重要原因。社会市场经济一开始就是为调和"二战"后初期西部德国在经济社会体制上的不同观点而设计出来的体制模式，它具有缓解资本主义与社会主义之间的矛盾的功能，这是人们通常所熟知"第三条道路"的内涵。其实，德国模式的中间道路的内容远不只这点。在阶级关系上，它还是调和无产阶级与资产阶级之间阶级矛盾的产物，这与历来重视社会和谐的德意志民族曾经经历过世界近现代史上最尖锐的阶级冲突有密切关系。在宗教文化上，它还是协调德国强大的天主教与福音新教之间矛盾的产物，因为德国正处在新教占优势的北欧和信奉天主教的南欧的交界之处，基督教的这两大教派在德国均有很大势力，并有长期共处的历史渊源。从"二战"后地缘政治和地缘经济角度看，它还具有调解东西方以美苏为代表的两大阵营矛盾的性质。因为当时的西部德国既不愿意成为东西方冷战的牺牲品，又不想与原东部德国在社会经济体制上形成太大差距，以免为日后德国的重新统一设置障碍，这也是当时德国人选择一条中间道路的重要原因。现在虽然东西方冷战格局已经消失，但社会主义在中东欧国家中留下的历史传统却不会在短期消除，德国模式的折中主义禀性无疑是化解现在仍然时隐时现的东西方矛盾的良方。在价值观念上，德国地处更倾向于集体主义的、以斯拉夫民族为主的东欧与更倾向于个人主义的西欧之间的欧洲中部。在长期的历史演进过程中，德国人把集体主义和个人主义要素都纳入自己的体制中，德国模式这种中性的价值取向无疑是整合东西欧观念差异的有益中介。此外，在经济调节方式上，社会市场经济则把计划与市场、社会公正与经济效率等等对立因素同时包含在自己的体制之中，这对调和国家干预主义与经济自由主义之间的冲突也提供了一个不可多得的样板。

所以，正是由于社会市场经济一开始就具有的这种德意志式的"中庸之道"特征，这就使德国模式具有很大的包容性，各种不同甚至对立的体制因素都有可能被综合在这种体制中。这也是社会市场经济不仅在德国而且在欧洲和世界范围内、不仅在战后初期而且在后来的历史发展中，一直受到人们青睐的重要原因之一。由此不难理解，为什么在德国社会市场经济体制所"创造"的经济业绩已大大逊色于"经济奇迹"阶段时，许多人仍乐此不疲地颂扬这种模式。我们也可以毫不夸张地断言，德国模式将在欧洲一体化进程和经济全球化进程中发挥越来越大的影响力。

二、社会市场经济的绩效

社会市场经济因第二次世界大战后原联邦德国的"经济奇迹"而著称于

世，但自 20 世纪 70 年代中期以来，联邦德国的经济步入了低速增长时期，迄今已持续了 20 多年。尤其是在两德重新统一后，德国的失业率长期在两位数的高水平上徘徊，这与美国在"新经济"下长达近 10 年的经济高速增长形成鲜明对照，经济增长乏力似乎已成为德国模式和欧洲社会型市场经济模式难以避免的伴生物。

在这种背景下，人们对社会市场经济模式增长功能的评价大打折扣，许多学者尤其是英美学者对这种模式的效率提出质疑。究竟应该怎样看待这个问题？我们认为，20 世纪 70～80 年代以前人们对社会市场经济促进经济增长的作用评价过高，原联邦德国的"经济奇迹"在很大程度上来自"二战"后的经济恢复和经济重建的刺激，并非完全都是由这种体制"创造"出来的。社会市场经济的制度作用主要体现在，它保证了原联邦德国经济结构中蕴藏的增长潜能的有效"释放"。过去人们把这种"释放"归结为"创造"，这是造成对社会市场经济体制的增长功能评价过高的主要原因。后来，人们又有对社会市场经济模式评价过低的倾向，如果考虑到"二战"后增长潜能早已释放完毕，尤其是两德重新统一使联邦德国背上沉重包袱等因素，这种体制的增长效率还是能为人接受的。

这个问题还涉及用何种标准来评价一种经济社会体制的问题。与英美经济学家和包括中国在内的许多发展中国家的经济学家不同，德国人和欧洲人在增长与稳定、效率与公正的天平上，似乎不那么看重前者，而更重视稳定和公正。德国著名的新古典经济学家斯塔克尔贝格在 20 世纪 30～40 年代提出评价经济体制的"最终的"和"工具性的"两个标准，他认为市场机制具有创造和维护个人自由与提高经济效率两种功能，前者是市场的最终功能，而后者只是其工具性功能。（Stackelberg, 1943）他的这一理论对后来德国经济学家影响很大，一些德国经济学家也用这两种标准来衡量社会市场经济体制。在他们看来，增长和效率只是社会市场经济的"工具性"功能，它应该"最终"服务于社会和谐、社会公正以及符合人的尊严的生活等目标。这种具有德意志特色的经济价值观，与具有功利主义特点的盎格鲁－撒克逊经济价值观迥然不同，也与长期受贫苦困扰的发展中国家的经济价值观有重大差别。因此，在德国，除非因追求这种"最终"目标已付出了过高的增长和效率代价，从而导致社会价值观念的逆转，否则就很难形成扭转经济政策走向的社会力量。

事实上，自20世纪70～80年代以来，首先由英美经济学家倡导的"经济自由化"之风也吹到了德国，以减税和削减社会福利为核心的供应学派的政策主张也在德国的经济学界和政策决策领域中引起了广泛的讨论，德国的经济学家和经济政策决策者并非不知道这种自由化政策在刺激经济增长和提高经济效率方面的积极作用，只是因为没有形成像英美那样足以实施这些经济政策的社会压力。许多已经在盎格鲁—撒克逊国家早已实施了的经济自由主义的政策措施，在德国现在仍然只是停留在议会的清谈上，有些甚至还停留在经济学家无休止的争论之中。

此外，在德国和欧洲许多国家没有形成实行广泛的经济自由化政策的社会基础，还与下述几点原因有关：一方面，从宏观经济角度看，德国从未出现过英美那样严重的"滞胀"问题，德国的经济困难最多只是"只滞不胀"问题。这又与德国社会市场经济体制下赋予中央银行实施以稳定通货为首要目标的高度独立的制度规定有密切关系，这从根本上避免了像20世纪60～70年代美国那样滥用凯恩斯主义的货币政策来达到经济增长、充分就业等目标而出现的"高通胀"的局面。而且，当时联邦德国相对很低的通胀率，在很大程度上源于"感染"，而非"患病"。这也是在后来全球性的经济自由化浪潮中货币主义在德国的影响很小，并远不及供应学派的重要原因，因为类似于货币主义的一些政策要求，在德国早已被法律化在社会市场经济体制中了。另一方面，从微观经济层次来看，德国的大公司在国内和国际上的地位也从未出现过美国企业那样的危机，即相对竞争力下降，市场份额被日本和其他新兴工业国的企业挤占的危机，其竞争力和市场占有额相对稳定。同时，欧盟相对封闭的市场，也屏蔽了德国企业的一部分竞争压力。这也是实施经济自由化政策难以形成足够社会压力的一个重要原因。

从这种意义上讲，德国经济长期低速增长，是德国人为追求自己认为的更重要的目标，如社会公正，缩小东西部发展水平的差距，实现真正的而不是形式上的民族统一等目标，而"自愿"付出的代价。需要指出的是，近年来，那种认为为追求特定的社会目标而付出的经济代价太高的呼声在德国有与日俱增的趋势，因为20世纪90年代后德国和整个欧盟在经济发展业绩上落后于美国甚至英国，已成为一个不容争辩的事实。"二战"后德国与美国之间曾一度缩小的差距又再一次被拉大的严峻事实，也许会形成足够的压力促使德国人再一次修正自己的政策目标，因为德国社会市场经济模式的可包容性和灵活性给德国人提供了经济社会制度和政策的广泛活动空间。

正是在这种背景下，对经济增长有实际刺激意义的减税方案，不是在更具有经济自由主义倾向的基民盟－基社盟政府执政时期被通过，而是由通常被认为主张更多国家干预的社会民主党政府提出并得以通过。具有讽刺意味的是，联盟党在20世纪80年代初到90年代长达16年执政时期奉行的"多一点市场，少一点政府"的经济政策主张，相形之下几乎蜕变为一种在全球经济自由化浪潮中追求时髦的政治口号。而90年代后期上台执政的红—绿政府的"新中间路线"的经济政策主张反倒成了经济自由主义的象征，尽管这一减税措施目前还看不出其拉动经济增长的效应，因为它从力度和范围上讲都实难称道，但左翼政府毕竟使讨论多年的减税措施成为现实。显然这只能归结为，现在德国人已经感到了美国"新经济"对德国经济的压力，以及盎格鲁—撒克逊模式对德国和欧洲社会型市场经济模式的压力，不得不做出回应，以迎接挑战。否则，德国和欧盟将有沦落为二流发达国家的可能。

三、社会市场经济中的"社会"

按照国内的通常理解，社会市场经济的基本特征是市场经济加社会公正，或市场经济加广泛的社会福利制度。尽管这种看法在一定程度上反映了联邦德国经济社会体制的特征，却远没有穷尽联邦德国社会市场经济的丰富内涵。

究竟应该如何理解这种市场经济的"社会"性质？当带着这个问题涉猎相关德文文献时，人们反倒被弄得一头雾水，因为进入眼帘的是对社会市场经济多种不同的理解和解释。甚至可以夸张地讲，有多少经济学家，就有多少种不同的解释，有的解释甚至完全对立。除了上述最常见的那种解释外，还有诸如"右翼的市场经济""与社会福利相联系的市场经济""与社会公正相联系的市场经济""受社会约束的市场经济""有社会义务的市场经济""左翼的市场经济""有计划的市场经济""有社会控制的（gelenkte）市场经济""有社会调节的（gesteuerte）市场经济""有社会调控的（regulierte）市场经济"，乃至"社会主义市场经济"（sozialistische Marktwirtschaft）……各种理解和解释，众说纷纭，莫衷一是（Blum，1969，S. 38；Utz，1975，S. 13）。显然，我们很难在文献中轻而易举地找到现成答案。不过，这倒为我们的思考提供了一条可以参考的路径，即这种"人为的"（欧肯语）而非"天然的"市场经济如何从理论向现实转变的轨迹。

这些学者和社会利益集团之所以对社会市场经济做出千差万别的解释，在方法上有的采取的是"我注六经"方式，或者"六经注我"方式，但有一点却是共同的。他们自觉或不自觉地希望通过界定联邦共和国市场经济的"社会"属性来表达自己的理论观点和政策主张，并想使自己所追求的理想的经济社会秩序成为社会市场经济理论的组成要素而转变为现实。所以，自1947年米勒－阿尔马克（又译缪勒－阿尔马克）提出社会市场经济理想模式以来，围绕这种模式的具体规定的争论就从未停止过。类似于"二战"后初期那场决定西部德国未来经济和社会秩序命运的秩序政策的大论战的情形，类似于各派政治势力和各种利益集团在选择西部德国未来体制的政治决策过程中的相互争斗的情况，总是一再浮现在人们眼前。从这种意义上讲，一部德意志联邦共和国的经济史，也可以说是一部围绕如何完善和发展社会市场经济模式的理论争论史和各种秩序政策在政治决策过程中的争斗史。

当然，在联邦德国也并非所有的经济学家都是通过诠释社会市场经济来表达自己的秩序政策主张。例如，经济自由主义的极端派别主张实行一种纯粹的市场经济，反对用"社会"来限定市场经济。在这些学者中，哈耶克的观点最具代表性，他多次明确反对这种模式，认为"社会市场经济不是市场经济"（Tuchtfeldt，1989），它"只有黑暗而无光明"（Hayek，1953，S.72；Becke，1964）。不过，这种明确反对社会市场经济的观点在联邦德国属于"反社会的"激进主义思潮。持这种极端立场的自由主义者不仅人数很少，其影响也极为有限，他们的观点通常只为同行学者所知，几乎不为公众知晓，因而对现实的联邦德国的经济社会秩序的影响并不大。激进左翼经济学家对社会市场经济的批评结果也差不多。

当然，社会市场经济并非是一个任人打扮的小姑娘，也不是所有围绕社会市场经济模式的理论观点和政策主张都可以成为它的组成要素。在德国，人们公认的标准是：任何企图进入社会市场经济理论框架中的学说和政策主张，只有在得到法律的认可，并转变为现实的制度规定时，它们才会被公认为社会市场经济的理论组成因素和现实的社会市场经济体制的组成部分。在这里，现实的经济和社会秩序成为检验观念上和理论上的秩序的唯一客观标准。社会市场经济也因此成为德意志联邦共和国经济和社会秩序的同义语①。

这种对社会市场经济的多种看法和不同的表述，有深刻的政治社会背景。米勒－阿尔马克提出的社会市场经济，最初只得到右翼的基督教民主联盟和基督教社会联盟的承认，只是作为联盟党追求的经济体制目标。社会民主党在20世纪60年代以前，一直坚持民主的计划经济立场，对市场经济持批评态

---

① 把联邦共和国现实的经济和社会秩序作为衡量什么是社会市场经济和社会市场经济理论的"唯一标准"，而不是从个别经济学家或从个别经济学流派的理解和解释出发来认识社会市场经济及其理论，这种一切从实际出发的研究方法是人们科学地、全面地和客观地认识这种体制和这种体制理论的唯一正确的途径。当然，这并不意味着贬低经济学家个人观点和学派观点对社会市场经济的重大意义。综观社会市场经济50多年来的历史，它的每一项制度创新最初总是来自经济学家的"新创议"或"新解释"（而且社会市场经济最早就是米勒－阿尔马克在自由主义和社会主义以及其他形形色色的理论相互对立背景下提出来的一种"新创议"），来自社会市场经济及其理论本身对这些"新东西"的包容性。但这与我们如何全面地、客观地认识社会市场经济毕竟不是一回事。

度，不赞成把社会市场经济作为联邦德国的经济社会体制模式。直到社会民主党在1959年通过《哥德斯堡纲领》，完成了由计划模式向市场经济的转变以后，对市场经济的看法才发生变化。德国工会联合会（DGB）在对待社会市场经济的态度上，与社民党差不多，只是公开承认市场经济时间要晚得多，直到20世纪90年代，它才在正式文件中有保留地肯定了社会市场经济模式的优越性。由于联邦德国的两大政治势力对社会市场经济的看法长期存在上述分歧，在1949年通过的联邦德国的《基本法》及其后来正式的法律性文件中，一直避免使用社会市场经济来规定联邦德国的经济社会秩序。当人们对立法者的这种做法提出责难时，联邦宪法法院曾在1954年和1979年两度做出解释，认为这是为了不给后人和政府太多的限制，而有意避免使用社会市场经济这种提法。这种解释实际上是把社会市场经济看成一个开放的、发展变化的经济制度体系，允许不同的经济体制在联邦德国进行实验。同时，这也充分体现了联邦德国经济社会体制的中间道路特征，力图综合不同经济社会体制的优点。

此外，重新实现德国的统一，一直是"二战"后联邦德国最高的政治和民族目标。当时原民主德国实行计划经济模式与原联邦德国实施的市场经济模式之间存在重大差异，为了不给重新统一设置障碍，特地在经济体制模式上留下足够的活动空间。所以，直到两德统一时，由于联邦德国各种政治势力在对社会市场经济的基本看法上已趋于一致，同时也为了把联邦德国的经济社会模式原封不动地搬到东部各州，人们在两德统一的法律中才第一次把联邦德国的经济社会体制明确表述为社会市场经济。不过，这只意味着德国人围绕是计划还是市场模式争论的终结，并不意味着德国人围绕这种市场经济中的"社会模式"争论的结束。

社会市场经济的上述独到之处有着深刻的历史、文化根源，仅仅从对德国体制的实体性制度的描述（目前国内有关社会市场经济的研究文献大多属于这种类型）是不能完全把握的。因此，本研究的重点将集中在对这种体制的理论、历史和深层次制度安排的研究上，以期在前人研究的基础上再进一步，加深对德国模式以及正在形成的欧洲模式的把握，并为我国完善社会主义市场经济体制提供一个可资借鉴的参考系统。

参考文献

［1］阿尔贝尔、米歇尔：《资本主义反对资本主义》，社会科学文献出版社 1999 年版。

［2］锡克、奥塔：《经济体制》，商务印书馆 1993 年版。

［3］姚先国等：《两德统一中的经济问题》，科学技术文献出版社（第二版）1996 年版。

［4］Barry N.：Capitalism After the Fall of Communism. *Politics*，No. 2.

［5］Becker H. P.：Die soziale Frage im Neoliberalismus，Analyse und Kritik. Heidelberg-Loewen.

［6］Blum R.：Soziale Marktwirtschaft：Wirtschaftspolitik zwischen Neoliberalismus und Ordoliberalismus. Tuebingen.

［7］Galbraith J. K.：Die solidarische Gsellschft：Plädoyer für eine moderne soziale Marktwirtschaft. Hoffmann und Campe.

［8］Hayek F. A.：Was ist und was heisst "sozial"？ in：Hunold Albert（Hrsg.）：Masse und Demokratie. Erlenbach-Zuerich.

［9］Tuchtfeldt E.：Die Bedeutung des Wortes "sozial". in：Soziale Marktwirtschaft，Bilanz und Perspektive. Bonn.

［10］Stackelberg H. F.：Grundlagen der theoretischen Volkswirtschaftslehre. Tuebingen u. Zuerich，Aufl. 2.，1951.

［11］Utz A.：Zwischen Neoliberalismus und Neomarxismus，Die Philosophie des Dritten Wegs. Köln.

从计划经济到"社会主义市场经济"*

上篇：从原马克思主义到经济民主论

自 19 世纪末修正主义①产生以来，经济民主一直是德国民主社会主义奉行的经济纲领或经济目标。但在如何实现经济民主的问题上，民主社会主义②的经济理论却经历了两个不同的时期：在 20 世纪 50 年代以前，民主社会主义者企图通过建立一种计划经济模式来实现经济民主，但却屡遭挫折；自 50 年代以后，他们不得不改弦更张，从计划经济转向市场经济，主张建立一种能实现经济民主的市场经济，它也被称为"社会主义市场经济"。这种经济模式对"二战"后联邦德国的经济社会体制有重大影响，所谓的"社会市场经济"实际上是经济自由主义与民主社会主义不同的市场经济模式的综合。

完整经济民主理论和政策主张体系是由希法亭等人在魏玛时期建立的，

---

* 本文是未发表过的论文，分上、下两篇。

① 在现代德文文献中，"修正主义"（Revisionismus）一词并非是一个贬义词，它也有"改良主义"的含义，它只是对伯恩斯坦以来的民主社会主义者对原马克思主义的修正和改良的一种客观描述。

② 民主社会主义经济理论有狭义和广义之分：前者是指社会民主党的经济理论，它直接构成德国社会民主党经济政策的理论基础；后者则是指从民主社会主义立场出发的经济理论，它也包括一些非党派经济学家关于民主社会主义经济理论。本文除在专门说明的地方外，不再对二者做严格区分。

其理论直接源于马克思的"劳动异化"理论和伯恩斯坦的"民主观",即通过经济决策和经济活动的民主化来消除异化现象。由于国内对马克思的异化理论已有深透的研究,在这里我们只从伯恩斯坦的民主观谈起。

一、伯恩斯坦的"民主社会主义观"

伯恩斯坦是德国社会民主主义修正主义理论家,被公认为是德国社会民主党乃至社会党国际的"教父"。与当时正统马克思主义不同,他在思想方法上反对教条式地解释马恩的理论,对马克思主义采取实用主义立场,不再把马克思主义原则作为言听计从的信条,而主张从现实出发来研究和认识资本主义;与这种思想方法相一致,他也不再把马克思主义作为唯一的指导思想,主张广泛地吸收包括马克思主义在内的人类文明的财富。

伯恩斯坦主要在两个理论上修正了原马克思主义理论:一是对实现社会主义道路的修正。他认为,19世纪许多左翼社会主义者所期待的资本主义的"大崩溃"几乎不可能出现,因而他们主张的利用资本主义经济"大危机",以革命的方式推翻资本主义制度,建立社会主义制度的道路也不可取。他主张用渐进地方式改良资本主义,即走一条"和平长入社会主义"的道路。二是对社会主义"最终目标"的修正。关于前一观点已为人熟知,这里不再赘述,只分析其后一个修正主义观点。

1. 伯恩斯坦对共产主义"最终目标"的修正

伯恩斯坦不再强调马克思和恩格斯所追求的共产主义"最终目标",而强调工人运动有可能实现的"近期目标",即民主化。这样,民主成为伯恩斯坦追求的社会主义根本目标。他不再把民主仅仅视为实现社会主义的一种手段,而把它视为社会主义目标本身。在他的理论体系中,民主取得了与社会主义同等的地位。他(1964,第191~192、210、209页)认为:"民主是手段,同时又是目的。它是争取社会主义的手段,它又是实现社会主义的形式。""民主……是社会主义的前提,就是说它不仅作为手段,而且也作为实体是这样的前提。""造成一种真正的民主……这是我们当前的最紧急和最重大的任务。"

伯恩斯坦的这一观点对后来的民主社会主义者的影响极大，民主社会主义也因此而得名。尽管后来德国社会民主主义者在如何实现经济民主的方式上发生了重大变化，但经济民主的目标却始终没有改变。例如，在标志着德国社会民主党的经济纲领从计划到市场重大转变的《哥德斯堡纲领》（SPD，1959）中，伯恩斯坦的这一观点被表述为"社会主义只有通过民主实现，民主则通过社会主义完成。"

2. 民主社会主义的内涵

伯恩斯坦把民主理解为自由平等的统一体。在自由平等中，自由居于核心地位。他对以亚当·斯密为代表的古典经济自由主义者和法国启蒙学者所倡导的自由观评价甚高，并认为法国1793年宪法已经对"自由"做了带有"方向性的表述"，认为法国大革命时期的自由观不仅与社会主义理论没有矛盾，甚至还认为："事实上不存在不属于社会主义思想因素的自由思想"（Bernstein，1899，S. 130）。[①]"作为世界历史性运动的自由主义，那么社会主义不仅就时间顺序来说，而且就精神内容来说，都是它的正统的继承者"（伯恩斯坦，1964，第197页）。

不过，他又不同意后来在资本主义社会中占主导地位的自由观，认为其歪曲了古典自由主义的思想，使自由主义思想适应了资产阶级的需要，并认为所谓的曼彻斯特自由主义不过是对古典经济自由主义原则的"削弱和片面表述"，因为它主张一种"自由放任"或"无组织"的自由主义，而这种"自由主义运动首先对资本主义的资产阶级有利"。因此，他也把社会主义定义为"有组织的自由主义"（伯恩斯坦，1964，第198、197、200

---

① 由于对原德文的不同理解，这里引用了原著出处，参见前引中译本第198页。在对法国启蒙学者与社会主义的关系上，伯恩斯坦与恩格斯的观点十分接近。恩格斯在《反杜林论》（1972，第56页）中曾经说过："现代社会主义……就其理论形式来说，它起初表现为十八世纪法国伟大启蒙学者所提出的各种原则的进一步的、似乎更彻底的发展。"

页）。正是基于伯恩斯坦的这一思想，后来民主社会主义也被称为自由社会主义。

除了"自由"外，伯恩斯坦（1964，第190页）的民主观的另一个基本要素是"平等"，因为在他看来，"民主这一概念包含着一个法权观念：社会的一切成员权利平等……这一法权概念越是被采用，越是支配一般的意识，民主就更加同一切人的尽可能最高程度的自由具有同样的意义。"

3. 社会主义社会与市民社会

伯恩斯坦（1964，第196页）不仅把民主等同于社会主义，他也把体现自由平等关系的"市民社会"（bürgerliche Gesellschaft）等同于社会主义社会。在他看来，由自由和平等两大要素构成的民主是市民社会的本质。市民社会在后来之所以成为"资本主义"（kapitalistisch）社会，是因为市民出现了两极分化，产生了"特权市民"（指资产者）、产生了"阶级统治"。因此，在他看来，社会主义的任务就是要消除资本主义社会中的不平等和特权，把资本主义社会转变成真正人人自由平等的"市民社会"，即"使工人从一个无产者的社会地位上升到一个市民的社会地位，从而使市民地位或市民生活普遍化"。"社会民主党不想用一个无产阶级社会来代替市民社会，而是想用一种社会主义社会制度来代替资本主义社会制度。"

为了准确地表达其把社会主义与市民社会等同起来的思想，伯恩斯坦（1964，第195～197页）刻意区分了Bürger（市民）同Bourgeois（资产者），bürgerliche Gesellschaft（市民社会）同kapitalistische Gesellschaft（资本主义社会）这些在当时德文日常术语中经常被人混淆使用的术语。他认为"我们大家都是Bürger"，市民或公民包括工人、小市民、资产者等所有社会成员。因此，在他的理论体系中，他只反对资产者，而不反对市民；只反对资本主义社会，不反对市民社会。对此，他还"特意说从资本主义社会向社会主义社会过渡"，而不赞成当时有些社会主义者所说的"从市民社会向社会主义社会过渡"。这因为他把社会主义视为一种非资本主义的市民社会。

伯恩斯坦对市民和市民社会的规定也表明了他不再追求共产主义"最终

目标"。因为按照马恩的看法，理想的未来社会不仅意味着消灭资本主义制度，也意味着与商品经济相联系的市民社会的消亡。尽管他们认为，在共产主义的较低级阶段还必须保留市民社会的某些"痕迹"。例如，按劳分配所通行的仍然是调节商品交换的"同一原则"，是一种"市民权利"①（马克思，1972ₐ）但在共产主义的更高级阶段，这种市民权利也会消失。所以，从这种意义上讲，伯恩斯坦的社会主义最多只是马恩"最终目标"的一个阶段性目标。①

　　需要指出的是，伯恩斯坦所讲社会主义民主主要是指政治民主。虽然在《社会主义的前提条件和社会民主党的任务》和《社会主义的理论和历史》等著作中，他经常把"工业民主""经济民主"与政治民主相提并论，并论述过二者之间的关系（1964，第184、188～189、208～209页），但把伯恩斯坦的民主观发展为一种"经济民主论"，并把它变成一种体制政策方案，却是希法亭等社会民主主义的经济学家。

---

　　①　这涉及如何理解马恩著作中市民术语的问题。在马恩著作中文译本中，中译者通常按照19世纪和20世纪初德文日常术语中经常在"市民"和"资产者"两种意义上使用Bürger这类德文词的做法，把这类德文词按译者自己的理解做一词两译处理。早在10多年前，笔者就专门对马恩著作中的这些术语进行过研究，指出马恩的Bürger这类德文词是与商品经济追求相联系的概念，它们只有市民的一种意思，并指出在马恩著作中译本中将其一词两译为资产阶级或市民的错误，因为它们与马恩著作中的反映资本主义关系的Bourgeois、Kapitalismus等术语有严格界限（沈越，1986，1988，1990）。需要指出的是，笔者当时的研究仅涉及马恩著作中的这个术语，没有涉及马恩以后的学者的文献。这次在研究本课题时，我注意到许多德国当代学者使用这个术语的习惯与我10多年前的研究结论极为接近。自马恩始，几乎所有严肃的德文著述者都注意到在多种意义上使用Bürger这类词可能产生歧义，进而用其专指市民，而用Bourgeois、Kapitalismus等词来专指资产者、资本主义。不仅伯恩斯坦在这些术语使用上与马克思和恩格斯是一致的，而且越来越多的德国学者也基本上沿用了马克思使用这个术语的习惯。他们有意识地将市民概念同资产者、资本主义概念在术语上严格区别开来。尤其是倾向于社会主义的学者更注意在术语上区分市民与资产者，因为他们赞成"市民的"东西，把"市民社会""市民经济""市民文化""市民革命""市民民主""市民自由""市民权利"等范畴与欧洲数千年来的文明联系起来；反对"资产阶级的"和"资本主义的"东西，用它们来描述西方社会工业革命以来的阴暗面。马恩与伯恩斯坦等人在使用市民术语时的区别仅仅在于：马恩通常从未来共产主义社会角度出发，不仅把与资本主义剥削联系在一起的资产阶级和资本主义社会看成一种历史暂时现象，而且把与商品经济相联系"市民"也视为一种历史范畴，进而常常在贬义上使用市民术语，但这并不等于说这些术语也有资产者含义。而伯恩斯坦等修正主义者则常常把"市民社会"与社会主义社会等同起来，进而常常在褒义上使用市民术语。

二、希法亭的"经济民主论"

希法亭是奥地利和德国社会民主党的著名经济学家和政治家。他的经济学说体系主要由"金融资本论""有组织的资本主义论""经济民主论"三大部分组成。这三者之间不仅在时间上而且在逻辑上存在一种内在联系:"金融资本论"是希法亭在第一次世界大战前创立的,在这一理论中,他对19世纪后半期以来形成的垄断资本主义进行了系统分析,这一理论构成他整个经济学说体系的理论基础。"有组织的资本主义"理论则是他在第一次世界大战期间提出来的,它主要阐明垄断资本主义的"有组织性"与自由资本主义的"无组织性"的区别,从而证明社会主义者有可能利用垄断资本主义的现成组织和平地长入社会主义。在前两个理论基础上形成的"经济民主论"是他在第一次世界大战后才提出来的,它主要包括民主社会主义追求的经济民主目标以及实现目标的制度政策(ordnungspolitik)① 主张两方面内容。

1. "金融资本"论

"金融资本论"是希法亭在1910年出版的《金融资本》一书中提出来的,《金融资本》是他最有影响的经济学著作。在这部著作中,他从马克思经济理论出发,对垄断时期的资本主义进行了开创性研究。这部著作在社会主义经济理论史上具有划时代的意义,如果说马克思的《资本论》在社会主义经济理论史上是对自由资本主义研究的经典性著作,那么,时至今日《金融资本》仍是对垄断资本主义研究的最有影响的著作。后来所有倾向于社会主义的经济学家,无论他是修正主义者,还是正统马克思主义者,其对垄断资本主义的研究都是从希法亭金融资本理论出发的。所以可以理解,无论是列宁还是考茨基或德国社会民主党右翼经济学家都对这部著作有很高评价,尽管他们

---

① 这个词也可以译为"秩序政策",它指国家干预经济体制形成的政策。德国经济学家把这种政策与经济"过程政策"(prozesspolitik 或 ablaufspolitik)或经济"运行政策"严格区分开来,这专指国家干预经济活动的政策(沈越,1999,第16~18页)。

各自从自己的立场出发对《金融资本》提出过批评。正如德国当代学者温克勒尔（Winkler，1974，S.9）在评价希法亭时指出，"自从他1910年出版《金融资本》一书以来，他被公认为是马克思主义的首席理论家。"因此，那种认为《金融资本》是"《资本论》的续篇（王辅民，1994）"的看法并非是过誉之词。希法亭的金融资本理论本身以及它对后人的垄断资本主义理论的影响，不是我们的研究主题，在这里要进一步分析的是金融资本理论对希法亭的另外两个经济理论的影响。

2. "有组织的资本主义"论

"有组织的资本主义"理论是希法亭（Hilferding，1915）在奥地利社会主义理论刊物《斗争》杂志上发表的《阶级合作?》文章中第一次提出的。这一理论主要是为了弥合当时正统马克思主义与修正主义在理论上的尖锐对立，以及当时德国社会主义运动中的左翼力量和右翼力量在实践上的分歧而产生的。它因而具有明显的折中主义特点：一方面，他认为，在金融资本的统治下资本主义变得具有组织性，这不仅降低了自由资本主义时期生产无政府状态混乱，而且为社会主义有计划的调节生产创造了条件。他的这一思想是针对正统马克思主义者主张用革命的和激进的方式来推翻资本主义制度的，认为在"有组织的资本主义"条件下社会主义者有可能用和平的和渐进的方式来变革现存社会。另一方面，他又强调，尽管资本主义具有这种有组织的发展趋势，但资本主义的生产方式可能变得更加专制和更加不民主，仍然需要用社会主义来取代资本主义。这一思想则是针对社会民主主义右翼的，批评他们对资本主义抱有不切实际的看法，企图放弃社会主义目标。

他在这篇文章中指出："金融资本——即通过少数大银行实现的垄断的、有组织的工业的统治——具有减少生产的无政府状态、并包含有从无政府状态的资本主义经济秩序向有组织的资本主义经济秩序转变的发展趋势。……金融资本及其政治所创造的国家权力的巨大扩张决定了下述的发展趋势。在社会主义没有取得胜利的条件下社会虽然表现得更有组织性了，但在非民主的经济的统治下，却可能使国家和资本主义垄断联合起来的权力处于经济的领导地位，在这种权力下劳动群众是作为生产的职员在专制的组织机构中劳动的。取而代之的社会主义将优于资本主义的社会，将比迄今与有组织的资本主义相适应的社会更好地满足各个阶级的直接物质需要。"

希法亭在其金融资本学说基础上形成的"有组织的资本主义"理论在当时和后来的民主社会主义的理论和实践都产生了很大影响，它直接构成了民主社会主义的制度政策纲领——经济民主论——的理论基础。在德国，人们常常把希法亭的"有组织的资本主义"理论与列宁的"垄断资本主义"理论及其影响相提并论，并认为这两个同源于马克思的《资本论》和希法亭本人的《金融资本》的理论，标志着现代社会主义理论和社会主义运动最终分裂为布尔什维克主义和民主社会主义两大分支。它也意味着希法亭本人开始从马克思主义立场转向修正主义。

需要指出的是，尽管希法亭的"有组织的资本主义"理论与列宁的"垄断资本主义"理论在对垄断资本主义前景的基本判断上存在重大差异，因而在通过何种方式建立社会主义经济制度问题上完全对立：希法亭接受了伯恩斯坦的观点，认为社会主义经济制度可以通过和平的方式建立，而列宁则主张用革命的方式建立社会主义经济制度。但是，他们对社会主义经济体制模式的看法却大体一致，都是从马恩对未来社会的构想出发，把它理解为一种计划模式。

3. "经济民主论"及其计划经济模式

在 20 世纪 20 年代的一些文章和报告中，希法亭进一步发展了其"金融资本"和"有组织的资本主义"理论，并在此基础上明确地提出"经济民主"目标。1924 年，在德国社会民主党新的机关刊物《社会》第一期上发表的《时代的问题》文章中，他（Hilferding，1924）指出，垄断资本主义"虽然是有组织的、但却是一种以对抗形式专制地组织起来的经济"。这种组织形式虽然具有一定的"计划性"，但是，资本主义的计划不可能消除资本和劳动之间在利益上的基本矛盾。这种矛盾只有通过把按专制方式组织起来的经济转变成按民主方式组织起来的经济才能消除。"少数人为了自己的权力目的而制定的有意识的社会经济规则将变成由大多数人确定的规则。这样，如果资本主义要实现一种重新组织起来的经济的最高阶段，资本主义就提出了经济民主问题。"

在 1925 年社会民主党海德堡党代会和 1927 年基尔党代会上的报告中，希法亭更进一步阐述如何利用计划经济来改造"有组织的资本主义"以及怎样和平地实现"经济民主"。他（Hilferding，1925，1927）指出："有组织的资本主义在现实中意味着用按计划生产的社会主义原则从根本上替代自由竞争的资本主义原则。"他还认为，经济民主的目标只有在一个长期的历史过程中才能实现，即逐步把资本主义组织置于工人的民主监督制下。并认为社会主义者和工人阶级完全可以"借助国家、借助有意识的社会规则把这种由资本家组织和领导的经济转变成一种由民主国家领导的经济"。希法亭甚至还认为，由于资本主义社会越来越多地被置于"工人阶级日益增长的影响"之下，实现经济民主的任务在 1924～1928 年间的相对稳定时期完全可以完成。

希法亭的这些思想集中体现在 1928 年出版的《经济民主论》（Naphtali，1928）一书[1]中。在这部著作中，作者认为，民主这一社会主义基本原则不仅包括通常意义上的政治民主，还包括经济民主。并认为，自市民革命打碎了封建制度以来，工人阶级和广大人民群众已经逐步或多或少地获得了政治上的民主权利，有了如像选举权这样的政治权利。但是，政治民主与经济民主之间的发展不平衡，政治民主远远多于经济民主。工人阶级并没有享有与政治权利相应的经济权利，在经济上工人仍然是不独立、不自由的，仍然受到奴役和剥削。概括说来，资本主义经济制度的非民主性主要表现在以下几个方面：从企业内部关系来看，一方面，企业主受利润规律支配，工人受到剥

---

[1] 经济民主本来是 1925 年在布勒斯劳召开的统一工会代表大会的讨论主题，后因分歧太大没有形成统一纲领。会后一些代表委托希法亭、纳夫塔里、诺尔亭等经济学家和法学家，把大会讨论材料加工成书出版。虽然这部著作的基本思想是由希法亭提出的，他本人也参与了撰写工作，但由于纳夫塔利是该书的责任编辑，从此《经济民主论》这部德国社会民主主义历史上经典性的著作便与纳夫塔利的名字联系在一起。

削；另一方面，由于资本主义企业尤其是垄断型的大企业是按专制方式组织起来的，这使工人从属于层级组织，劳动者在生产过程中丧失了在流通中的自由地位，成为企业主、企业组织的"现代奴隶"，劳动者与自己的劳动产品、与劳动和生产过程发生"异化"①。从社会经济关系角度看，"现代经济的一个重要特征是日益加剧的集中过程"，垄断型大企业手中掌握了越来越大的经济权力②，"这种发展是对所有把自由、人的尊严、公正和社会保障看作是人类社会基础的人们提出的挑战。"一方面，这种经济权力的集中在劳动力市场上形成需求垄断、在产品市场上造成供给垄断，侵犯了雇员和消费者的基本权利，并有可能使他们丧失已取得的自由和独立的社会地位。另一方面，大企业"获得了对国家和政治的影响，经济权力变成了政治权力"，如果不对这种经济权力进行限制，不仅经济民主不可能实现，而且政治民主也会蜕化专制主义。（SPD，1921，1959；Naphtali，1928；Vorstand der SPD，1989）

基于上述对政治民主与经济民主关系的看法，希法亭等人认为，社会民主党人和工人阶级应该利用已取得的政治民主权利来争取经济民主。在他们看来，在市民民主社会中，工人阶级可以通过民主选举的方式控制议会和政府，然后再利用手中掌握的政治权力来对资本主义社会进行全面的民主化改造。人们可以通过议会民主的"合法手段"来"改造国家制度"，也可以通过政治民主的方式，即通过经济立法和政府经济政策实施来推进经济制度和经济生活的民主化。简言之，"用政治民主推进经济民主"。

《经济民主论》（Naphtali，1928）一书在德国社会民主党历史上的重要影响，还在于它第一次系统地厘定了计划经济模式的基本框架，并提出了可供

---

① 在 1930 年代马克思《1844 年经济学哲学手稿》全文刊印以前，德国社会民主主义者习惯把这一现象称之为资本主义生产专制。该手稿出版后德国社会主义理论界引起很大反响。自此以后，人们习惯用"劳动异化"来描述资本主义的生产专制。异化理论也是后来民主主义所保留的为数不多的马克思的理论之一。

② 在德国经济学家的术语中，"经济权力"（macht）具有经济暴力、经济强权、超经济强制等意思。因此，无论是经济自由主义者还是社会主义者都把制约和限制经济权力作为自己制度政策主张的一项重要内容。

操作的体制政策方案。概括说来，这种计划经济模式由生产资料社会主义化（Sozialisierung）①、国民经济计划化和雇员参与经济决策三大要素组成：第一，它要求对关键产业实行国有化，发展州县各个层次上的公共企业，并通过发展工人自己的生产、信贷、消费合作社和工会企业、逐步替代生产资料私有制。第二，对国民经济运行实行广泛的经济计划，以消除市场经济的无政府状态和失业等弊端。第三，实行企业雇员共同决策制（Mitbestimmung）和工人阶级的广泛社会参与制。企业雇员共同决策制旨在消除资本主义剥削和企业内部的生产专制；工人阶级的广泛社会参与既有实现政治民主和社会民主的内容，又有其经济上的目的，即雇员代表在县、州、国家各级政权层次上、在政府各个经济管理部门中、在各个行业中和在所有企业中参与经济计划的制定，并用这些计划来调节生产和流通。被称为"第二议会"或"经济议会"的"国家经济委员会"是其最高组织形式。在这里，雇员共同决策和广泛的社会参与不仅被视为社会主义的经济目标，也被认为是实现生产资料社会主义化和经济计划的民主手段。

对《经济民主论》倡导的国有化、计划经济和工人广泛参与的三位一体的计划经济模式，当代德国经济学家做过深入细致的研究。图姆（Thum，1976，S. 35）和库达（Kuda，1975，S. 253）指出：那时"从所有独立的工人运动的洪流中产生出来的各种观点逐步汇集成一种为大多数人所接受的思想：社会主义化运动既不是由国家官僚经济机构单独控制支配权，也不是工人在各个企业中单独掌握支配权。社会化应该是一个即包括集中计划因素，又包括以企业为基础的经济民主化因素的概念。社会主义不应通过一次性的革命行动来实现，而应遵循在'成熟的'工业部门逐步实现社会主义化的方式。"

---

① 德语中的这个词还有"社会化""国有化"等意思，它比另一个"国有化"（Verstaatlichung）术语的含义更宽泛。在当时民主社会主义者看来，国有化是社会主义化的最高形式，除此之外，社会化还包括建立地方政府和社区所有的公共企业、劳动者所有的各种形式经济合作组织以及各个地区工会和部门工会所有的企业。在最宽泛的意义上，它还包括国家和其他社会组织对私有经济的限制和监督等内容。在这种（具体通过经济立法和政府经济政策实施）意义上，它的含义接近"经济民主"。

按照他们的看法，《经济民主论》所倡导的计划经济与当时正在形成的苏联式的高度集权型的计划经济模式在资源配置方式上并无实质性差别，二者的不同之处主要体现两个方面：一是计划模式通过何种方式建立：前者通过和平的、渐进的方式形成，后者用革命的、突变的方式建立；二是经济计划的形成和实施是采取民主的、分散的方式，还是采取专制的、集中的方式，即政府计划机构在制定和实施计划时是否吸收计划执行者广泛参与。

希法亭的"经济民主"论的形成标志着他对正统马克思主义的修正主义立场，它不过是伯恩斯坦的政治民主观和和平长入社会主义论在经济领域的推广。但是，希法亭及其支持者都忽视了这一理论中蕴含的一个不可克服的内在矛盾，这就注定了它在实践中必定失败的命运。

三、建立计划经济模式的最初尝试及其失败

1. 魏玛时期"经济民主"的实践

德国在第一次世界大战中的失败触发了"十一月革命"，原来的帝国中央政权解体，德国社会陷入了极度无政府状态。在革命期间，德国各地的社会民主党人和工人组织纷纷建立起苏维埃政权，许多地区的基层苏维埃组织主动与雇主和旧政权的基层官员合作，才维持了经济和社会生活的基本秩序。因此，在从第一次世界大战结束到国家社会主义上台以前的十多年间，社会主义者利用在德国1918年"十一月革命"的影响和革命中建立的苏维埃组织，在魏玛共和国中占有很大优势。从一定意义上讲，这个德国历史上第一个民主共和国是民主社会主义者首次将自己的理论付诸实践的产物。社民党也曾多次通过民主选举单独或与其他政党联合上台执政，许多社会民主党人和工人代表直接参政。例如，伯恩斯坦就在1920～1928年间一直出任魏玛共和国国会议员，希法亭在1924～1933年间一直任国会议员，并在1923年和1928～1929年两度出任政府财政部长。

社会主义者在政治上的成功，使他们有可能用政治民主来推动经济民主，

即通过带有社会主义性质的立法来逐步改造资本主义经济制度。他们利用魏玛共和国的民主制度和工人阶级的力量把自己的许多经济社会制度主张写入法律中。其中较为重要的有：1919 年通过的《魏玛共和国宪法》，它被深深地打上了民主社会主义烙印，尤其是其第 165 条，这条宪法规定被德国人公认为"社会主义条款"或"苏维埃立法"。该条款承认企业、地区、国家各层次上的工人委员会是工人阶级的利益代表，并规定在地区和国家层次上建立由工人代表、雇主代表、国家和社会公共利益代表组成的"国家经济委员会"的计划机构，该机构可以越过政府直接向议会提出经济立法草案，故也称为"经济议会"或"第二议会"。同年，魏玛议会还通过一项关于对生产资料实行社会主义化的立法，该法律规定国家有权在支付赔偿的条件下将私有企业收归国有。后来通过的关于成立"国家盐化工工业委员会"和"国家煤炭工业委员会"的立法规定：这两个委员会由雇员、雇主、政府机构和消费者几方代表组成，负责制定这两个部门的经济计划和确定化工原料和煤炭的价格。1920 年开始实施的"企业委员会法"规定，在有 5 人以上的企业建立代表雇员利益的企业委员会，负责监督企业主和维护职工权益事宜；在1922 年通过的一个修订条例中，还规定在资本公司中企业委员会可派 1～2 个成员进入公司的最高决策机构——公司监事会。

由于这些社会主义性质的法律条文与德国当时的市场经济基础相悖，一部分因缺乏实施条件和可操作性而成为一纸空文，另一部分勉强付诸实施的法律，却与市场经济发生尖锐冲突。魏玛时期德国经济上的无秩序状态，在很大程度上来自这一矛盾。不过，当时的左翼力量并未认识到这个问题。这些立法还是为 1928 年《经济民主论》的产生提供了实践基础，以至希法亭等人有可能在《经济民主论》一书中对经济民主观和计划经济模式进行全面系统的表述。所以，尽管《经济民主论》成书于 1928 年，但建立计划经济的许多措施实际上早在 1919 年魏玛共和国建立之初就已经开始实行了。

《经济民主论》这部著作出版后不久，1928 年 9 月在汉堡召开的德国统一工会联合会①代表大会上通过了以其为基础的经济民主纲领。1929 年 5 月在马格德堡召开的社会民主党党代会上也接受了这一纲领。正当德国左翼力量准备大规模地实施《经济民主论》提出的一整套经济制度方案时，历时 4 年的大危机在 1929 年秋天爆发，危机的到来中断了社会主义者按照这一方案建立计划经济模式的进程，因为大多数社会主义者和公众的注意力转移到解决大规模失业以及工人和广大人民群众日益贫困化等更加紧迫的问题上来。随后希特勒利用危机形势上台执政，纳粹政权完全禁止了社会主义活动和工人运动，社民党和工会的经济民主论纲领还没有来得及实施，便胎死腹中。

虽然《经济民主论》提出的计划经济模式在当时并未得以完全实施，但是，它在德国民主社会主义的经济理论史上却有极其重要的地位：一是它是 19 世纪末期以来修正主义经济理论及其在魏玛时期实践的总结；二是它在第二次世界大战后初期又成为民主社会主义者现成的经济纲领；三是后来德国民主社会主义者虽然放弃了《经济民主论》中主张的计划模式，但其倡导的经济民主原则仍然被视为民主社会主义所追求的经济目标。

2. 各方对《经济民主论》的批评

尽管《经济民主论》设计的计划经济体制在当时并未完全付诸实施，但它一发表仍然受到来自左右两方面的尖锐批评：经济自由主义者和企业主认为，经济民主是"肆无忌惮地从别人的口袋里掏钱"，"是由私人出资扩展国有经济和合作经济"，它的推行将造成"经济的官僚化"。他们提出，要为"捍卫私有经济而斗争"，"宁要经济贵族，不要经济民主"，要求"取消和限制实施经济民主和政治民主的监督机构"。尤其值得注意的是，从这时起在企业主中开始滋生因厌恶经济民主进而反对政治民主的情绪，一些人指出："人们赋予议会一种加害于人的机会……议会已经腐朽"。有的人还进一步指出了政治民主制度与企业层级组织之间的内在冲突，认为"在一种政治民主中不

---

① 这一工会是亲社会民主党的左翼工会，许多社会民主党人本身也是它的会员，它也是当时德国众多工会中实力最大的工会。

可能让企业专制长期生存下去"。他们从维护"企业专制"制度出发，进而主张取消政治民主，代之以政治上的专制。（Thum，1976，S. 50－52）这种观点后来直接成为支持希特勒法西斯政权的思想基础。

正统马克思主义者对《经济民主论》的批评丝毫不亚于经济自由主义者和企业主，其中最具代表性的学术观点（Thalheimer，1928，S. 125）认为：经济民主的假定前提是错误的，即"不存在国家资本主义向社会主义逐步过渡的可能性"，经济民主的倡导者没有看到"资本主义垄断……越来越直接地和在更大范围上统治着市民国家"，因而根本不可能通过民主方式渐进地实现所谓的经济民主。这种批评从逻辑上讲是有一定道理的。

3. 魏玛时期"经济民主论"的内在矛盾：计划经济目标模式与"和平长入社会主义"道路的冲突

温克勒尔（Winkler，1974，S. 14）认为《经济民主论》的主要缺陷是对市场原则的否定："经济民主纲领的主要缺陷是其表面上的完美性。非常全面地告别市场经济，并从长远观点来看，在那些相对不受限制的竞争可以通过效率来证明自身的合理性的地方，个人首创精神的扩展权利被否认。"但是，与其说德国魏玛时期的经济民主论的缺陷在于计划原则对市场原则的否定，倒不如说在于计划经济模式与实现这种模式的方式之间的内在矛盾，在于"和平长入社会主义"方式所造成的半计划半市场的混合体制，以及这种混合体制下经济运行的无秩序。虽然市场经济体制比计划经济体制有效率，但半计划半市场的混合体制与计划体制相比则效率更差，因为高度集权的计划体制至少能给经济运行提供基本的秩序，而混合体制则不可能为正常经济生活提供起码的秩序。①

---

① 社会主义国家在经济转型过程中的经验也表明，半计划半市场的双轨制体制的种种弊端。两种体制的摩擦和所造成的制度真空，实际上使经济生活处于一种无序状态。欧肯（1940，第73页。）有一句名言："历史上给定的、实证的秩序可能是坏的；但没有秩序就根本不能进行经济活动。"欧肯的这一看法并非是纯粹逻辑推理的结论，而有深刻的经验背景。在他看来，像纳粹统治时期那样的经济秩序虽然是坏秩序，但它还能保证经济正常运行，但像魏玛时期那样的混合体制却不能为经济正常运行提供起码的条件。

关于计划模式与用民主方式建立这种经济模式之间的矛盾，我们还有必要做进一步经济学分析：一方面，把原来市场经济中分散在私人手中的资源集中起来交由一个中央计划当局来统一调配，需要有强大的政治力量为背景。在这里，掌握政权是前提条件，然后凭借政权力量把私有制经济转变为公有制经济可能是集中经济资源的一种最有效率的选择。另一方面，要获得这种集中配置资源模式下的最大效率，也必须依靠强大的政治力量和严密的行政性的层级组织，因为事实上存在的个人和集团的独立的经济目标和经济利益势必会同计划经济所要求的统一目标和整体利益发生巨大的冲突，如果不用严格的政治伦理规范和严格的行政规则来约束个人和集团的个别目标和独立利益，而听任其自由民主地发展，这种体制的基础很快就会被个人和集团侵蚀一空。

然而，魏玛时期的社会主义者通过政治民主方式所获得的最多只能是一个政府，而不是政权，根本不可能形成建立计划经济模式所需要的政治结构和组织力量。依靠立法和政府经济社会政策等和平方式而建立的计划经济，只不过是"资本主义沙漠中的非资本主义的绿洲"（Thum，1976，S.41）。因此，在一个政治经济权力分散的民主社会中，由于缺乏必要的集中，即使计划经济体制能够用民主的方式建立，计划也不可能把这种体制下所具有的配置资源功能完全发挥出来，这种体制将难以为继。换句话说，在马克思的计划经济模式与他主张用革命方式建立社会主义经济秩序的手段之间存在一种逻辑上的内在联系，德国民主社会主义者修正了他们的手段，却没有修正其计划经济模式，没有使目标同实现目标的手段保持一致。这是导致魏玛时期民主社会主义经济实践失败的深层次经济原因。

因此可以理解，由于缺乏实施的计划经济基础，魏玛时期的许多计划经济性质的立法和经济政策只是停留在纸面上而被束之高阁；另一些得以实施的计划经济性质的法律和经济社会政策又与原有的市场经济发生剧烈摩擦，原来的市场秩序被打乱，新的计划秩序又未完全建立起来，经济运行处于无序状态；同时，由于用民主的方式建立计划经济的方式决定了这种经济模式只能渐进的形成，半市场半计划混合经济条件下的经济无序状态实际上被长期化；再加上魏玛共和国的过度民主制度，各个利益集团相互争斗，都想在政治体制和经济体制出现真空时，为自己争得更多的利益，议会中党团林立，政府频繁更迭，这些无疑都加重了这种混合体制的危机。①

德国当代知名经济学家和经济史学家卡尔·哈达赫（1984，第38页）很有见地地指出了这个问题的实质："在卡特尔化的市场经济体制下，魏玛的经济制度出色地将资本主义和社会主义原则结合在一起了。不过遗憾的是将两种背道而驰的原则结合在一起并非必然地发扬了二者的长处；轻而易举取得的是并不希望的成果，例如赢利的私有化和亏损的国有化。"其实，魏玛共和国时期德国经济上的矛盾远不只哈达赫提到的这个问题。农业危机、国际收支失衡、银行信用危机早已在这种混合的经济体制中生成。

所以，当世界性大危机一到来，德国马上就陷入"危机中的危机"（哈达赫，1984，第42页）之中，即德国经济自身的和世界性的双重危机之中。②而德国自身的经济危机又与魏玛时期半计划与半市场体制危机有密切关系。世界性经济危机的到来，不过是加速了这种混合体制的解体。正如哈达赫（1984，第95页）指出，"德国经济危机最为深刻的一年也是希特勒在选举中取得最大胜利的一年，这是人们经常嘲笑的一件事。"从这种意义上讲，魏玛时期的民主社会主义者企图用和平的、渐进的方式在德国建立一种民主的计划经济模式的尝试，是导致纳粹政府上台的一个重要原因。

---

① 魏玛议会中有30多个政党。被认为是"工会国家"的共和国，工人运动自身也从未形成统一力量，工人分属于亲社会民主党的自由工会、亲教会的基督教工会、保守工会和共产党工会。为对抗"十一月革命"后工会日益增大的势力，企业主组织了各种协会：德国全国工业协会下设29个部门协会，它们又由近6000个专业协会组成；德国雇主协会下属180家协会，并有约2800个分会。魏玛时期经济社会的无序状态是后来纳粹党上台执政的重要原因之一，因为公众希望结束经济无序、政党争斗和利益集团角逐的局面。

② 德国经济危机的最初、最直接的触发原因是，1928年美国有价证券市场的繁荣，使大量资金回流美国。这给依赖外债且不稳定的德国经济造成了"第一次冲击波"，脆弱的德国经济从此开始步入危机之中。美国总统胡佛曾据此认为美国的危机"受到了来自德国危机的感染"。这种把世界性大危机的责任归罪于德国的看法自然遭到德国经济学家和政治家的反对，他们认为，"一个巨人不会因为大个子侏儒跌跤而垮台"。尽管如此，在德国，谁也不否认20世纪30年代的大危机对德国来说是"危机中的危机"这一事实。

用今天的观点来看，这时德国民主社会主义者实际上已经处于一个十字路口，他们必须在计划经济模式与建立这种模式的方式之间做一选择，要么放弃"和平长入社会主义"的方式，用革命的方式建立计划经济模式，并用集权的方式来为这种体制的正常运行创造必要的条件，其结果是建立一种类似于苏联的计划经济模式；要么进一步"修正"马克思的计划经济模式，使社会主义经济秩序"与市场一致"（marktkonfrom），以便能用"合法的"方式渐进地实现"经济民主"目标。后来，德国民主社会主义者最终选择了后一条道路，不过，这已是第二次世界大战以后的事了。

四、再次建立计划经济模式尝试的失败

第二次世界大战后初期，在德国西部曾发生过一次关于未来德国经济社会体制选择的大讨论，这次争论从战争结束直到 1948 年联邦德国的货币改革，历时近 3 年。争论的一方是以奥尔多自由主义为代表的经济自由主义者，他们主张在西占区建立以市场为基础的经济社会体制；与之对垒的另一方则是以民主社会主义为代表的社会主义者，他们主张联邦德国选择以计划为基础的经济社会体制。[①] 在讨论中，民主社会主义者和工会等左翼势力又重新提出魏玛共和国时期业已成熟但尚未完全实施的"经济民主论"。在关于德国未来经济社会体制选择的大讨论的初期，这种社会主义的制度政策主张曾一度占了上风，几乎压倒了主张在德国建立以市场为基础的经济体制的自由主义观点，即史称的"社会主义时代潮流"（sozialisitische zeitstroemung）或"社会主义时代精神"（sozialisitische zeitgeist）（Blum，1969；Wulff，1976；格林，

---

① 奥尔多自由主义也可意译为秩序自由主义，通常人们把它等同于弗莱堡学派，实际上弗莱堡学派只是奥尔多自由主义的一个分支，除弗莱堡学派外，当时在德国有影响的新自由主义经济学还有以罗佩克和吕斯托为代表的社会（学）经济自由主义与以米勒 - 阿尔马克为代表的实用主义经济自由主义；同样，在社会主义经济思潮中，在"二战"后西德也存在多个派别，除占主流地位的民主社会主义外，还有新马克思主义、基督教社会主义等。（沈越，1998，1999）

1994，第 8 ~ 10 页）。

这种"社会主义时代思潮"的兴起，与当时西方占领当局当时肢解和削弱德国的政策有密切关系。这是因为民主社会主义和工会等左翼力量被视为其推行非纳粹化、非军事化、非工业化和民主化的"四化政策"的社会基础。尤其是在实施"非工业化"中，需要拆除和分解大批重工业企业，这对工人来说意味着失业和贫困化，为了换取工人阶级对"非工业化"政策的支持，占领当局不得不对工会做出政治上的让步和经济上的补偿，这在客观上促成了"社会主义时代思潮"的形成及其影响的扩大。对此欧肯（Eucken, 1951, S. 180；Blum, 1969, S. 90、S. 46）也认为，"社会主义时代思潮"兴起的最终原因，是美国人希望推行自己的经济政策的结果。在这方面，英国占领当局走得最远，当时英国执政的工党政府把德国视为其在本国推行国有化、经济计划化和雇员参与制等社会主义政策的实验场所，英国占领当局不仅在自己占区内公开支持"社会主义时代思潮"，甚至亲自出面安排社会主义性质的制度创新。例如，雇主方和雇员方按完全"对等"原则分配公司最高决策机构席位的"矿冶领域的雇员共同决策"制度就是在英国占领当局安排下出台的。[①]

后来，随着冷战格局初见端倪，西方占领当局对德政策的转变，从削弱德国的"摩根索计划"转向援助德国的"马歇尔计划"，从借重工人阶级的力量来削弱垄断资产阶级转向依靠企业主来振兴德国经济。这很快改变了占领区内经济政治力量的对比关系，使"社会主义时代思潮"在与经济自由主义的争论中转向劣势。最终促使西德人选择了"社会市场经济"模式，德国民主社会主义者企图在德国建立一种计划经济模式的设想再一次落空。

在社会市场经济体制下，西德在短短几年时间中便使迅速从战后初期极

---

① 由于德国重工业基地鲁尔工业区在英占区内，其钢铁产量占全德国的 90%，煤产量占 70%，英占区的雇员共同决策制度几乎覆盖了矿冶领域中的所有大企业，再加上煤钢行业是当时的主导产业，因此这一制度的实施对后来联邦德国共同决策制度的发展影响极大。1949 年联邦德国建立后，阿登纳－艾哈德政府曾想取消这一制度，这几乎酿成 20 世纪以来德国最大的一次工潮，迫使政府不得不承认工人的既得利益。而社会民主党和工会一直把矿冶领域的雇员共同决策制度作为样板，力图将其推广到全德的所有企业。

度的经济困境中走了出来，并创造出了举世公认的"经济奇迹"。社会市场经济不仅在西德，而且在世界范围内享有了极高的声望，德国经济自由主义的影响如日中天，阿登纳－艾哈德的政治经济联盟继 1949 年在联邦共和国第一次议会选举中获胜以后，又连续在 50 年代的联邦大选中获胜。民主社会主义在西德的影响日益下降，甚至在社会主义的传统领地鲁尔工业区许多产业工人也退出了社会民主党。这不仅是民主社会主义者在政治上的失败，而且使他们企图通过政治民主来推动"经济民主化"的愿望变得日益渺茫。造成这种局面的原因在很大程度上与其奉行的经济政策有关，因为魏玛共和国时期的计划经济模式不再对公众具有吸引力。这就为民主社会主义者在经济模式上从计划转向市场提供了社会条件。关于这一转型过程将是本文下篇的研究主题。

下篇：从计划向市场的转变

一、"社会主义市场经济"理论的产生和发展

1. 早期对以市场为基础的社会主义经济模式的探索

其实，早在国家社会主义统治时期，一些经济学家就已经对魏玛时期民主社会主义的经济理论提出了异议，主张德国走一条既不同于传统资本主义又不同于苏联式社会主义的中间道路，认为德国在未来的经济社会体制选择问题上，既要与美国式的资本主义又要与苏联式的社会主义保持距离。其有影响的代表人物主要有弗兰茨·奥本海默、爱德华·海曼、埃德加·萨林等。他们的这种"第三条道路"观点为"二战"后德国民主社会主义的"社会主义市场经济"理论奠定了基础。这些学者被认为是伯恩斯坦和希法亭等老一代修正主义者与战后社会民主主义理论新生代之间承前启后中生代学者。但是，这些学者的观点在当时和"二战"后初期并未引起人们足够的重视，其影响只局限在学术界。

在这些社会主义经济学家中，纳什（Rasch，1946，1948）是最早明确主张建立一种以市场经济为基础的社会主义经济制度。现有材料表明，纳什不仅是在德国而且在世界上也是最早主张跳出传统计划经济的框子，把社会主义经济秩序建立在市场基础上的经济学家①。按照他的理论，社会主义经济不再是在计划经济中引入某些市场因素来改善"计划失灵"问题，而是直接把社会主义经济建立在市场基础之上；同时，他并不否认计划对市场经济的积极干预作用，在他的经济模式中为计划保留了很大的活动空间，以便来解决"市场失灵"的问题。这种观点与后来人们所理解的社会主义市场经济在基本规定上已经大体一致。

值得重视的是，纳什把他的这种社会主义市场经济模式也称之为"社会市场经济"。与米勒－阿尔马克的模式相比，两种社会市场经济的理论模式已无实质性差别。因为米勒－阿尔马克也不反对对一些关键部门实行国有化，并主张政府对市场经济进行积极的干预和调节。两种社会市场经济模式的差别仅仅在于，纳什在自己的模式框架中给国有化和经济计划留下了更大的发展空间。尤其值得注意的是，他提出"社会市场经济"这一概念在时间上并不晚于米勒－阿尔马克，而且在理论的系统性和成熟程度上也不亚于米勒－阿尔马克②。但是，二者后来在公众中的影响却有天壤之别，人们在谈到社会

---

① 世界上许多经济学家，包括许多德国经济学家都认为奥斯卡·兰格是最早主张建立一种以市场为基础的社会主义经济。其实，这种看法有一定偏差。虽然兰格可以算作最早主张将市场机制引入社会主义经济中的经济学家，但从严格意义上讲，"兰格模式"是一种用市场来加以改良的"计划经济"模式，它与纳什所主张的用计划来加以改良的"市场经济"模式有着本质上的区别。

② 纳什和米勒－阿尔马克均是在1947年提出"社会市场经济"这一概念的。米勒－阿尔马克（Mueller-Armack，1947a，1947b）最早是在这年出版的《我们经济状况的诊断》和《经济控制和市场经济》两书中提到这一术语的。而纳什则是在同年出版的《经济宪法的基本问题》中专辟一章来阐述社会市场经济问题，该章的标题就是"社会市场经济的基本特征"。而且纳什还在这部著作的一个注释中强调，早在他任明登经济管理委员会副主席时，他就已经提出了该书这一章的基本思想，并分别于1947年2月13日与1947年5月22日在汉堡出版的《时代》期刊上发表的《合理的计划》和《核心问题》的文章中摘要地阐述了"社会市场经济的基本特征"。而米勒－阿尔马克在纳什这些文献中"只是"作为当时还不那么有名的"新自由主义的较新的代表人物而被顺带提到"。（Blum，1969，S. 94，S. 153，S. 170）

市场经济时，通常只知道米勒－阿尔马克，而不知道纳什。不过，在专门研究社会市场经济的德国经济学同行心目中，无论这些经济学家是倾向于自由主义还是倾向于社会主义①，纳什对德国社会市场经济体制的贡献却受到一致公认，具有与米勒－阿尔马克同等的声誉，二人经常被并称为社会市场经济"这个词创新之父"（Vater dieser Wortschoepfung）（Blum，1969，S. 94；Wulff，1976，S. 72）。

2. 阿尔弗雷德·韦伯及其"社会主义市场经济"模式

在德国，最早直接提出"社会主义市场经济"（sozialistische marktwirtschaft）概念的是德国著名的经济学家阿尔弗雷德·韦伯②（Alfred Weber，1868 ~ 1958）。他是德国著名的经济学家和社会学家马克斯·韦伯的同胞兄弟，他在德语学术界尤其是在经济学领域中的影响甚至不亚于其兄长。欧肯、罗佩克等德国著名经济学家都把他视为经济学前辈，对其尊崇有加。韦伯也是一位具有国际影响的经济学家，不过人们通常只知道他是现代西方经济学中工业区位理论的奠基者，而不知道他在经济体制理论尤其是在提出"社会主义市场经济理论"方面的贡献。在这里，我们有必要对其生平做一简要介绍。

韦伯从 1904 年起分别在布拉格大学和海德堡大学任教授。1933 年希特勒上台执政后，他因不满国家社会主义的专制统治而辞退公职，返家隐居了十多年，在此期间他仍然笔耕不辍，撰写了许多颇有学术价值的著作。1945 年

---

① 在德国经济学界，对纳什应算作自由主义者还是应算作社会主义者，人们也存在争议。自由主义者从他主张市场经济的秩序政策观点出发，以及从他对第二次世界大战后初期的社会民主党和工会领导人坚持传统的社会主义计划经济模式感到失望的立场出发，认为他已经从社会主义者转变为经济自由主义者；与之相反，社会主义者则从他坚定的反资本主义立场和坚持社会主义观念出发，认为他仍然是社会主义者。笔者认为，关于这个问题的争论，也许今后也不会有一个统一的意见。更重要的是，我们认为，当大多数德国民主社会主义者和新马克思主义者仍然坚持传统的计划经济模式时，讨论这个问题或许还有一定意义。但是，在 50 年代以后，当越来越多的社会主义者放弃传统的计划经济秩序政策观，并赞成把社会主义经济社会秩序建立在市场经济基础之上后，讨论这个问题就已经没有多大实际意义了，因为这时是否把市场经济作为经济社会秩序的基础，已经不再是经济自由主义与社会主义的分水岭了。

② 据笔者目前所知，韦伯也是世界上第一个使用"社会主义市场经济"概念的经济学家。

纳粹政权崩溃后，他在年近 80 岁高龄时又重新接受海德堡大学的教职。韦伯一生所涉及的研究领域十分广泛，包括纯粹经济理论、经济制度理论、社会政策、社会学等，其著述甚丰。概括说来，韦伯做出突出贡献的领域有三个：一是经济区位理论，这是他早期的研究领域，其"韦伯区位论"是公认的现代西方经济学的区位理论中的奠基性理论。韦伯也因此在国际经济学界获得著名经济学家的声誉，但是在德国，他在后两个研究领域所获得的声誉似乎有过之而无不及。二是社会学领域，这是他中晚年时期的主要研究领域。他把社会学与经济学、历史学、文化学、政治学研究结合起来，创造了一种多重原因的历史和社会学理论。他在社会学中所取得的成就甚至可以与他的兄长马克斯·韦伯媲美。他的第三个研究领域是经济社会体制理论，主要是关于社会主义经济体制的理论，这是他晚年开辟的新领域。其在这个领域中的论著主要有：《自由社会主义——一种行动纲领》（1946）、《官僚主义，计划经济和社会主义》（1948）、《社会主义经济秩序——讨论论文集》（1948）、《社会主义市场经济》（1950）等。

韦伯关于社会主义经济社会秩序方面的论述虽然不多，但影响却很大。他 1950 年在《工会月报》创刊号上发表的《社会主义市场经济》的论文，其篇幅虽然不长，但却被公认为是促使德国民主社会主义从原来主张计划经济转向主张社会主义市场经济的代表作。尽管韦伯本人不是社会民主党人，但他在这篇论文中提出的观点，后来被人们作为德国社会民主主义经济理论的经典论述而广泛地加以引用。

韦伯的这篇论文一发表，便在民主社会主义经济理论界产生了很大影响，它促使许多经济学家放弃了传统的计划经济模式，成为市场经济模式的支持者。他的社会主义市场经济理论不仅在社会主义经济理论界引起了一场关于经济模式的大讨论，也引起了经济自由主义者的高度重视，许多经济自由主义者也参与到对这一理论的讨论中来。例如，当时唯一在世的弗莱堡学派的创始人，弗兰茨·贝姆（Franz Böhm, 1953）发表了一篇《左翼和右翼的市场经济》的著名论文，在文中他把社会主义市场经济称之为"左翼的市场经济"，把经济自由主义者所倡导的经济模式称之为"右翼的市场经济"，并对二者的异同做了详尽的比较研究，认为它们在坚持市场经济问题上已无实质性差别。

除了纳什和韦伯外，卡尔·席勒、格哈德·魏塞尔、库尔特·内米茨、迪特尔·科林克、海因茨－迪特里希·奥尔特里普等经济学家也对民主社会主义的市场经济理论有重要影响。在这些经济学家中，卡尔·席勒的影响最大，他的理论及政策主张不仅对民主社会主义从主张计划经济转向市场经济发挥了重大作用，而且对德国社会市场经济模式的发展演变产生过重要影响。

3. 卡尔·席勒等人的市场经济模式

卡尔·席勒（Karl Schiller，1911～1994）是联邦德国著名的经济学家和政治家，也是第二次世界大战后民主社会主义最有影响的经济学家和社会民主党最著名的经济政策家。他生于布莱斯劳，1946 年和 1947 年分别在基尔大学和汉堡大学任经济学教授；1946 年加入德国社会民主党；后来任汉堡市议会议员及该市的经济和交通市政委员，60 年代曾任柏林经济市政委员，1965～1972 年任联邦议会议员；1964～1972 年出任德国社会民主党执行委员会委员，并在 1966～1972 年间任该党主席团成员，他是当时社会民主党内地位仅次于维利·勃兰特的二号人物；1966～1971 年在社会民主党主政时期任联邦经济部部长，1971～1972 年任联邦经济部部长和财政部部长，后因在经济和社会政策问题上与社会民主党领导集团发生分歧而愤然辞职，并退出社会民主党，再次转入学术研究工作和实际经济工作；1977 后曾出任沙特阿拉伯政府经济顾问。

席勒留下了大量论著，早期的主要论文收在名为《经济学家和社会——现代经济政策中的自由因素和社会因素——报告和论文》（1964）的论文集中。晚年仍然活跃在学术舞台上，直到去世前，仍对把联邦德国的经济社会体制移植到民主德国发表自己的意见，有影响论著主要有《通往丰裕社会道路上的景气政策》（1968）、《日常用语中市场经济的堕落》（1979）、《开放社会中的艰难之路：对德国统一的批判性评价》（1994）等。

席勒在民主社会主义经济社会体制理论方面的贡献主要集中在两个方面：

首先，作为"二战"后社会民主党的首席经济学家，他在促使社民党从追求魏玛时期的"计划经济"模式转向"市场经济"模式过程中发挥了关键性作用。自20世纪50年代初期起，席勒就开始批评当时在社会民主党内占主导地位的计划经济思想，主张把社会主义经济秩序建立在市场经济基础上，并对社会主义经济制度如何与市场结合做了大量研究工作，在所有制、计划调节的作用和方式、雇员共同决策以及社会政策等问题上对社会民主主义传统观点进行了大量修正，以使它们符合市场经济的要求。在他和其他持相同观点的社会民主党经济学家的努力下，以社会主义市场经济模式为标志的社会民主党的经济体制方案才逐步成熟，形成一个完整的理论和制度政策主张体系，并在党内占了上风。社会民主党才有可能于1959年在波恩附近的小城巴登－哥德斯堡召开的党代会上通过了著名的《哥德斯堡纲领》。这一纲领的通过标志着德国社会民主党在实现经济民主方式上，完成了从计划经济向市场经济的转变。① 由于这一纲领是在席勒参与和主持下起草的，它在相当程度上反映了席勒的经济体制观。因为席勒在德国社会民主党从追求计划经济转向市场经济中发挥了关键性作用，包括经济自由主义者在内的许多经济学家把他誉为德国社民党的社会主义市场经济"精神之父"（Duerr，1988；沈越，1998）。

席勒在秩序理论方面的另一个贡献是把凯恩斯主义德国化和社会主义化。关于这个问题，还得从席勒乃至所有民主社会主义者对待凯恩斯主义的态度谈起。席勒既是一个民主社会主义的经济学家，又是一个坚定的凯恩斯主义者。他对凯恩斯主义推崇备至（1964，S.15－34），这主要是因为：

---

① 在德国社会民主党100多年历史中通过的众多党纲中，最有影响的有两个：一是在马克思和恩格斯影响下于20世纪90年代形成的《爱尔福特纲领》，二是在伯恩斯坦、希法亭和卡尔·席勒等人影响下形成的《哥德斯堡纲领》。在经济模式问题上，前者追求计划模式，后者主张实行市场经济。对此，许多德国经济学家有详尽的专门研究，其中科林克和内米茨还用阿尔弗雷德·韦伯的"社会主义市场经济"提法来命名自己的专著（Klink，1964；Nemitz，1960）。

一方面，凯恩斯主义与社会民主主义在对自由市场经济的看法上基本一致。前者认为自发的市场机制必然趋向一种"非均衡"状态，只有凭借政府对经济的积极干预才有可能消除市场的"失衡"；而民主社会主义对市场经济的基本看法则可以追溯到马克思那里，他们认为自由放任的市场经济必然会导致生产的"无政府状态"，因而也强调国家对经济的积极调节。

另一方面，凯恩斯主义的理论框架和政策主张为民主社会主义对经济进行计划调节提供了一条切实可行的途径。自魏玛时期以来，计划与市场、集中与分散、政府干预与经济主体的自由、民主与专制之间的矛盾，一直是困扰民主社会主义者的重大理论和实践问题。犹如熊掌与鱼，二者很难兼得。他们始终面临着一种两难选择：要么放弃仅存不多的社会主义原则，完全与经济自由主义同流合污；要么采取苏联式的高度集权的经济模式，这又与追求的经济民主目标直接相悖。在他们看来，凯恩斯主义是使他们走出这一困境的灵丹妙药，因为凯恩斯主义使他们能够在保证"与市场一致"的前提下对经济实行"总体调节"（globalsteuerung），以至有可能用和平的、民主的方式长入社会主义。因此可以理解，包括席勒在内的所有民主社会主义经济学家都是凯恩斯主义者，他们不仅把凯恩斯主义视为解决实际经济问题的一种手段，而且把其作为实现其民主社会主义目标的一种经济理论。这与凯恩斯主义在美国的情况有很大不同。①

由于席勒把凯恩斯主义作为实现其社会主义目标的工具，所以他一生的学术工作和从政经历都是围绕着把凯恩斯主义理论引入德国，并把它加以法律化和具体化为可操作的经济政策这个中心进行的。在 20 世纪 60 年代中期以前的德国社会民主党在野时期，他的工作重心主要是研究和宣传凯恩斯主义，并把凯恩斯主义与民主社会主义经济理论结合起来。当社会民主党上台主政后，席勒作为基辛格和勃兰特两届政府的经济部部长和财政部部长，他的主

第二篇 德国经济模式研究　从计划经济到"社会主义市场经济"

---

① 在德国乃至整个欧洲，几乎所有的民主社会主义经济学家都是凯恩斯主义者，反过来，凯恩斯主义理论的传播和政策主张的实施主要是靠民主社会主义经济学家推动的。凯恩斯主义与民主社会主义的这种共生现象构成了一幅独特的德国风景线。

要工作又转到把凯恩斯主义法律化、政策化上。例如，1967 年的《促进经济稳定增长法》就是在席勒主持下制定和通过的。在德国，人们认为这部法律与 1957 年在艾哈德主持下通过的《反限制竞争法》共同奠定了社会市场经济模式的法律基础，《竞争法》规定了联邦德国经济社会体制的市场经济性质，而《稳定增长法》则厘定了这种市场经济的宏观调控框架。此外，在 20 世纪 60 年代中期到 80 年代初社会民主党长达十多年的主政时期，一系列在"总体调节"名义下出台的凯恩斯主义经济政策，许多也是在席勒的主持下制定和实施的。尽管席勒在 70 年代初辞去了政府职务并退出了社会民主党，但与他的名字联系在一起的宏观经济政策却保留下来。

因此，在德国人们不仅把卡尔·席勒视为促成社会民主党从坚持计划经济转向市场经济的民主社会主义的经济学家，而且把他看成对德国社会市场经济有重大影响的著名经济学家，经常把他与欧肯、罗佩克、艾哈德和米勒－阿尔马克等 20 世纪德国最著名的经济学家相提并论。其中，赫德－多尔莱希（Herder-Dorneich，1974，S. 75－81）和哈塞尔巴赫（Haselbach，1991，S. 235）的概括很有代表性，他们把社会市场经济形成和发展划分为 3 个阶段，分别用经济学家的名字命名：第一个阶段是社会市场经济的理论"准备时期"，即"欧肯时期"；第二个阶段是"艾哈德/米勒－阿尔马克时期"，这是他们在具体实施"方案层次上"对欧肯的市场经济模式"做了一定程度的修改"后，把其"转变成现实的时期"；第三个阶段是社会市场经济的"现代化时期"，即"席勒时期"。这一阶段实际上是席勒把凯恩斯主义加以德国化和社会主义化，并把其制度化在社会市场经济中的时期。

此外，我们在研究第二次世界大战后德国民主社会主义经济学家如何接受市场经济模式时，还不能不谈及库尔特·内米茨、迪特尔·科林克、海因茨－迪特里希·奥尔特里普等人。库尔特·内米茨和迪特尔·科林克是出色的概括者和转述者，他们分别在《社会主义市场经济——德国社会民主主义的经济政策方案》（1960）和《从反资本主义到社会主义市场经济——社会民主党从爱尔福特方案（1891）到巴登－哥德斯堡方案（1959）的秩序政策发展》（1964）这两部专著中，从理论和历史的角度系统全面地论述了德国民主社会主义从计划到市场的转变。

二、《哥德斯堡纲领》中的社会主义市场经济思想

由于这个纲领标志着德国社会民主党在实现经济民主的方式上从计划模式转向了市场模式，社会主义的制度政策主张与传统的社会主义制度政策有了很大变化。

1. 所有制观的变化

在传统的社会主义理论中，私有制被视为万恶之源，用公有制来取代私有制是建立社会主义经济制度的根本任务，公有制成为社会主义经济制度的最基本标志。《哥德斯堡纲领》（以下简称《纲领》）对传统的民主社会主义经济理论的进一步修正最突出地体现在所有制观的变化上。在所有制理论上，现代德国民主社会主义者不仅与马克思和恩格斯的观点大相径庭，而且也对伯恩斯坦和希法亭等修正主义者的观点做了进一步修正。

一方面，这种修正表现在对私有制看法的变化上。《纲领》开始有条件地承认私有制的合法性和经济上的合理性："只要生产资料私人占有制不妨碍建立一个公正的社会制度，它有权得到保护和促进。"尽管如此，民主社会主义与那种崇尚私有制的经济自由主义理论仍然有明显区别，在《纲领》（SPD，1959）中，私人企业的"追求利润的欲望"仍受到批评，并主张要对其进行限制，因为这种欲望在没有制约的情况下会危害公共利益。

民主社会主义者对私有制看法的变化与现代垄断企业的所有权与经营分离，与"经理革命"后企业的实际支配权已经从原来私人所有者转移到经营者手中有密切关系。按照民主社会主义者的看法，在现代经济尤其是在大企业中，生产资源的经营权或实际支配权（verfuegungsrecht）远比所有权（eigentumsrecht）尤其是名义上的所有权重要，"大企业的支配权现在主要掌握在经理手中，……生产资料私有制已在相当大程度上丧失了它的支配

权。"因此，传统的反对资本主义私有制的任务转变为反对私人垄断企业的实际支配权。按照他们的说法，即"今天的中心问题是经济权力问题"（SPD，1959）。

另一方面，这种修正表现在对公有制经济在社会主义经济体制中的地位和作用的变化上。生产资料国有化不再被视为社会主义的"目的"本身，而被视为实现民主社会主义特定目标的"一种手段"。同时，建立公有制经济被当成一种最终的防御性措施，《纲领》（SPD，1959）指出，"只有不能借助于其他手段保证建立一种经济权利关系的健全制度的地方，公有制才是适宜和必须的。"① 生产资料公有化要求被明显削弱，人们不再像魏玛时期的《经济民主论》中所主张的那样，要求实行较大规模的生产资料国有化，甚至不再明确要求对关键部门中的大企业的生产资料实行国有化。促成这种变化的主要原因有以下几点：

114

第一，随着资源配置的基本方式从计划转向市场，通过国家掌握生产资料来有计划的分配资源已无多大必要。

第二，这与民主社会主义在经济上的中心任务从反对私有制本身转移到反对"经济权力"上有密切关系。既然社会主义的基本任务不再是反对私有制，而是反对"经济权力"及这种权力的滥用，因而建立公有企业的目的不再是用它来替代私有企业，而仅仅被视为使"无效率的工业合理化，或是阻止私有垄断企业和卡特尔剥削公众的一种手段。"（社会党国际，1950）与经济体制的基本框架从计划转移到市场相适应，市场竞争被视为限制和制约经济权力的最主要手段，建立公有企业的主要目的是造成一种竞争局面来防止私人垄断的形成。因此《纲领》（SPD，1959）指出："公共企业参与竞争"

---

① 在联邦德国，《纲领》中的这句话引起经济学家极度重视：一些人认为，这意味着社会民主党已在原则上放弃了公有制，仅仅把它视为解决重大经济问题的最终手段，不到万不得已时，社民党将尽力避免国有化；另一些经济自由主义者则认为，这意味着社会民主党为实行大规模的国有化留下的伏笔，它完全可以在经济出现危机时据这种说法回到传统社会主义的公有化要求上去。

被视为"是防止私人企业控制市场的一个重要手段。"

第三，公有制在民主社会主义经济纲领中的地位下降，还与民主社会主义者担心经济权力过分集中有关。他们认为，经济权力的集中，无论这种权力是集中在政府、企业管理者或企业职工手中，都会造成对公众的自由和利益的侵犯。正如《纲领》（SPD，1959）所说："经济权力的任何一种集中，即使集中在国家手中，本身都孕育着危险。因此，公有制应以自治和分权为原则。公有企业的管理机构既要代表职工的利益，也要代表公共利益和消费者利益。为公共利益服务的最好方式不是官僚体制，而是所有参加者高度负责的共同负责。"

第四，这也与凯恩斯主义的影响有关。在传统社会主义经济理论中，国有经济在国民经济中的优势，无论是在数量上的绝对优势，还是通过控制国民经济关键部门来实现质量上的相对优势，被视为实现国家经济计划和经济控制的基础。由于凯恩斯主义为国家干预经济提供了间接调节经济的手段，国家无须控制经济资源的所有权，也可以对经济进行计划调控。所以，社民党认为，"社会主义计划并不以所有生产资料的公有为先决条件"（社会党国际，1950）。

需要指出的是，民主社会主义者对公有制经济看法的变化，也与他们重视经济资源的实际控制权，而不是名义上的所有权有关。如果从生产性资产占有权角度出发，把所有制问题的核心理解为生产资料的实际支配权，而不是法律上归谁所有，民主社会主义者并未放弃社会共同占有生产资料的要求。从这种意义上讲，在所有制理论上他们的变化主要有两点：一是共同占有（besitz）生产资源的重心的变化，即从重视控制名义上的所有权转向重视控制实际支配权；二是共同占有方式的变化，即从国家控制方式转向雇员与雇主共同分享支配权的方式，即在不改变生产资源原有的法律界定的前提下，通过企业内部雇员与雇主分享资产的支配权来实现共同占有，无论雇主是私人，还是国家或地方政府。例如，社会民主党主席福格尔（1989）在介绍1988 年的新纲领时，就从通过雇员共同决策使雇员分享企业实际支配权角度来解释"共同占有生产性资产"和"共同拥有财富权"。① 因此，可以理解，在"二战"后德国社会民主党三大经济制度政策中，雇员共同决策的重要性超过了公有制和经济计划，它既是经济民主的最主要目标，又被视为实现经济民主的最主要手段。

2. 计划与市场及其相互关系

虽然社会民主党主张把社会主义经济制度建立在市场经济的基础上，但它又明确地反对经济自由主义所主张的自由放任的市场经济。其社会主义市场经济实际上是一种受到法律和计划约束的自由市场经济。正如《纲领》（SPD，1959）所指出，社会民主党赞成实行有限制的自由市场经济，反对自由放任的市场经济："在真正存在着竞争的地方实行自由市场经济，在市场受到个别人或集团控制的地方则需要采取各种措施，以维护经济领域的自由。"

这些措施包括国民经济总核算、国家预算、政府的经济政策和公共企业在不完全竞争领域中参与竞争等。一言蔽之，社民党主张用计划对市场进行调节和控制。与之相应，社会民主党赋予了现代国家干预经济社会生活的广泛职能，它主要通过"在税收、财政、币值和信贷等方面做出决定，并通过关税、贸易、社会福利、价格政策和公共契约，以及农业和住宅建设等政策不断对经济发生影响"，以保证"经济有计划地适应结构的不断变革，以实现经济的平衡发展。"《纲领》（SPD，1959）强调："国家不能规避其对经济发展过程所负的责任。它应负责制定一项有预见性的经济繁荣政策，同时应该把自己的作用限制在主要通过间接的方法来对经济发生影响。"这种"与市场一致"的计划，"间接"而非"直接的"的计划手段与魏玛时期《经济民主论》所倡导的计划经济形成鲜明对照。

关于计划与市场的基本关系，《纲领》引用了卡尔·席勒（Carl Schiller，1964，S. 30，111）的一句名言："竞争尽其可能，计划按其必要！"（Wettbe-

---

① 他说："对我们的社会实行彻底的民主化，使职工有议事权（共同决策）和共同拥有财富权（共同占有生产性资产）"。在这里所指的"共同占有生产性资产"并非指国有化，而主要是指通过"共同决策"使雇员分享生产性资产的实际支配权。

werb soweit wie moeglich，Planung soweit wie noetig）这实际上是一种计划"最小化"原则。尽管社会民主党为国家和计划规定了广泛的经济职能，但是在计划调节面前市场经济的调节方式仍具有优先地位，只有在市场失灵的场合下，才考虑国家干预。

3. 雇员共同决策主张

《纲领》（SPD，1959）指出："对经济成果做出关键性贡献的工人和职员至今仍被排斥在有效地行使共同决策的大门之外。然而，民主却要求雇员能在企业和整个经济中共同决策。雇员必须从经济奴仆变成经济领域中的公民（Bürger）。"

与魏玛时期的《经济民主论》中雇员共同决策的要求比较，第二次世界大战后民主社会主义这一要求有了较大的变化，主要体现在以下三个方面：

一是在社会主义公有制、计划和雇员共同决策的三大制度政策要求中，共同决策的地位明显提高。一方面，这是因为在这时民主社会主义已经不再坚持把生产资料社会化作为首先追求的经济制度目标。另一方面，他们主张通过共同决策方式来实现"共同占有生产性资产"，而不是通过剥夺私有者来实现这一社会主义要求。因此，共同决策要求便成为民主社会主义三大经济秩序政策的核心，而原来居于首位的国有化政策则退居次要地位，雇员共同决策几乎成为经济民主的同义语。

二是从原来多层次的雇员共同决策要求转向重点要求实现企业内部各层次的雇员共同决策上。原来多层次的共同决策是指：在帝国、州、县各级成立由雇主代表和雇主协会代表、雇员代表和工会代表以及政府代表和消费者等利益集团代表组成的"第二议会"或"经济议会"，对经济社会秩序政策和重大经济社会问题实行共同决策；在各个经济部门和行业中雇员代表与雇主代表、消费者代表和政府官员共同制定和实施直接干预市场的生产计划和规定价格；在企业的公司决策层、基层工矿企业等层次上，由雇主方代表和雇员代表共同组成的决策机构，对从企业重大决策和企业经理人员任免直到个别职工的权益保护等等问题的制度规定和日常事务处理实行广泛的共同决策。

雇员共同决策范围的收缩，一方面是因为凯恩斯革命以来，对宏观经济的调控已被越来越多的经济学家和公众视为政府的职能，这迫使工会和社民党不得不缩小雇员参与范围的要求。另一方面，由于魏玛时期雇员在各级政府层次上、各个经济部门和行业中参与的任务主要是制定和实施干预市场的直接计划，随着计划形式从直接干预经济的方式转向间接方式，雇员参与制订和实施计划已无多大必要。再一方面，魏玛时期的这种计划制订方式本身表现出种种弊端，本来这种制订和实施计划的方式是德国民主社会主义者为了克服苏联式的计划形成方式的弊病而设计出来的，因为苏联式的计划被认为是"非民主的"或"官僚主义的"。但实践结果表明，这种所谓用民主方式形成的计划，还不如政府以集中方式形成的计划，因为代表雇主利益的雇主协会和代表雇员利益的工会都不是社会公共利益的代表，而是特殊利益集团，它们参与计划制订不可避免地会侵害社会公共利益。它们经常联合起来"共盟"消费者的权利，这一直受到尖锐的批评。此外，采用民主方式来制订和实施计划的无效率也是显而易见的，利益集团之间无休止的讨价还价和相互争斗，不仅耗费了大量时间和金钱，而且使许多问题久拖不决。

所以，第二次世界大战后民主社会主义者虽然并未公开放弃在国民经济各个层次上的共同决策要求，但在各级政府和经济部门层次上已提不出多少可操作的方案，共同决策的重点实际上已经转移到企业内部的各级组织上。

三是雇员共同决策的任务从主要反对资本主义剥削转到主要反对"劳动异化"或"依附关系"上。企业内部的共同决策历来具有反资本家剥削和反资本主义生产专制双重任务，"二战"前，由于雇员的贫困化问题远远超过雇员在生产过程中不独立和不自由问题，因此雇员共同决策的首要任务是反对剥削；战后，由于雇员收入的大幅度增加和公众社会福利改善，企业内部雇员共同决策的重心发生转移。尽管《纲领》仍然把使人人都过上摆脱"依附关系和没有剥削的自由生活"视为并列的两大任务，但《纲领》同时又指出，在企业中尤其是在大企业中，"工人和职员的依附关系已远远超出了经济和物质的范围"。因为《纲领》起草人认为，第二次工业革命已经为生活水平的普遍提高和消除贫苦创造了前提条件，但"劳动异化"和"依附关系"却是由企业"专制型"组织结构造成的，它不可能通过雇员收入提高和福利增加来消除，只有通过雇员与雇主分享企业的支配权和经营权，即共同决策才能缓解和消除。

关于雇员共同决策的具体政策性要求，社会民主党是想把"二战"后初期最早在英占区矿冶领域实行的、后来在整个联邦德国的矿冶领域实施的企业共同决策法推广到国民经济各个部门和其他社会部门的企事业单位。对此，《纲领》提出："矿冶工业中实行的共同决策标志着一个新的经济制度的开始。必须把共同决策进一步发展成为适用于大企业的、民主的企业基本法。"关于这个问题，我们将在后面做进一步说明。

从上述分析中可以看出，社会主义理论家提出的社会主义市场经济模式与经济自由主义者所主张的市场经济模式之间，尽管在许多问题上存在重大分歧，但在建立以市场为基础的经济体制问题上已不存在实质性的差别。《哥德斯堡纲领》的通过就为社会民主党在战后上台执政创造了条件。

三、"社会主义市场经济"理论的实践

1965～1966年联邦德国经历了第二次世界大战后第一次严重经济衰退，艾哈德政府被迫下台，取而代之的是社会民主党和基督教民主联盟的大联合政府，1969年社会民主党又与自由民主党组成联合政府，直到1982年才被科尔领导的基民盟－基社盟政府取代。在社会民主党长达十多年的主政时期，它把许多民主社会主义的秩序政策主张变成了现实，并因之成为德国社会市场经济模式的有机组成部分。这主要体现在以下两个方面：

1. 企业雇员共同决策权利的增大和覆盖范围的扩大

维利·勃兰特政府一上台就提出"敢于要求更多的民主"的口号，企图凭借执政党在政治上的优势，用"政治民主来推进经济民主"，积极筹划修订阿登纳－艾哈德执政时期制定的《企业基本法》（1952），并力图把原来只在

矿冶领域中实行的《矿冶共同决策法》（1951）推广到所有领域。经过议会内外各种政治力量的反复较量，终于在1972年通过了新的《企业基本法》，并于1976年通过了覆盖全社会企事业单位的《共同决策法》①。按照这两部法律②规定，联邦德国的雇员享有的权利超过了世界上其他任何一个国家。法律首先规定了雇员在许多问题上有知情权、建议权和共同决策权。凡雇员在5个人以上的企事业单位都必须建立由雇员民主选举产生的企业职工委员会，以代表雇员的利益与雇主或雇主代表分享决策权，并负责处理涉及雇员利益的日常事务。

尤其值得一提的是，1976年《共同决策法》规定的在大中型股份公司监事会中雇员代表的共同决策权利。按照社会民主党和统一工会原来的打算，准备把原来只在矿冶企业中实行的"完全对等的共同决策"办法直接推广到所有部门中去，并准备在资本形成问题上向共同执政的自由民主党做出让步，以换取它对共同决策立法的支持。但后来因自由民主党关于资本形成的立法的搁浅，社会民主党失去了交换的资本，没有完全达到预期的目的。虽然1976年的共同决策法在范围上覆盖了所有行业和部门，社会民主党实现了自己的目标，但在劳资双方"完全对等的"分配公司监事会席位问题上，社会民主党却没有完全如愿以偿。

例如，按照《矿冶共同决策法》规定，大型股份公司的监事会成员为奇数，除劳资双方按对等原则派出代表外，还设有一位不属于任何一方的"中间人"，他由劳资双方协商产生，或由政府在劳资双方的斡旋中产生。当劳资

---

① 共同决策最初只涉及私有企业中的劳资关系，后来扩大到各种类型的公有企业、非营利性的事业单位乃至政府部门，其涵盖面已远远超出了企业范围，但人们仍约定成俗地称之为"企业共同决策"。

② 在联邦德国的经济立法和社会政策立法中，围绕这两部法律形成一整套关于共同决策的法律体系，它们的关系是：《基本法》规定了企业内部各类人员的基本权利和义务，其核心精神是合作、共同参与和分享决策权，即共同决策；而《共同决策法》则对这些权利和义务做出具体的规定；而围绕这两部法律的其他数量众多的立法则可以视为关于共同决策的实施细则。值得注意的是，与盎格鲁－撒克逊国家不同，规定德国企业制度的根本大法不是界定企业组织架构的公司法或股份公司法，而是以界定劳资关系为主的《企业基本法》，故它也可以译为《企业宪法》（*Betiebsverfassungsgesetz*）。

双方意见对立时，公司的重大决策实际上由"中间人"关键的一票做出。而按照 1976 年《共同决策法》规定，除在钢铁和采掘业中仍实行原来的《矿冶共同决策法》外，其他凡雇员人数在 2000 人以上大型公司的监事会席位在形式上按劳资双方对等的原则设立，由于规定监事会的席位为偶数，当劳资双方势均力敌时，公司有可能无法做出决策。为了保证公司决策的有效性，法律做出了赋予监事会主席"第二票"权利的制度规定。因为按德国《公司法》规定，监事会主席由资方代表出任，这种形式上"对等的"共同决策，在实际上并非是"真正对等的"或"完全对等的"。尽管社会民主党和工会对 1976 年《共同决策法》这一最核心的规定不满意，但它毕竟实现了其为之追求了几十年的民主社会主义目标[①]，并通过立法形式把其制度政策主张加以制度化和普遍化，并因之把自己的烙印打在了德国社会市场经济模式上。

特别值得注意的是，由于在企业中推行雇员共同决策制度，这使构成德国社会市场经济体制微观基础的企业制度尤其是现代公司制企业制度与盎格鲁－撒克逊民族有很大差别。因此德国企业制度的最基本特点，并非是国内经济学界通常认为的德国公司"间接融资"方式，而是雇员共同决策制度以及由此形成的德国公司独到的产权安排和内部治理结构。例如，由于雇员享有很大的参与权，企业的重大问题必须取得雇员的同意才能实施，尤其是在实行对等共同决策的大公司中。于是，公司的重大决策（如经理人员选聘、利润分配、公司长远规划等）都是在有雇员代表参加的监事会中做出的，而不是由仅代表资本所有者利益的董事会做出。这样一来，原来的监督机构同

① 德国的雇员共同决策最初并不是社会主义者的要求，因为这种制度主张用和平的方式与雇主分享企业资产的支配权，这种"劳资合作"与当时在德国社会主义运动中占主导地位的"阶级斗争"观点格格不入。自 19 世纪末伯恩斯坦开始修正马克思主义以来，德国社会民主党和左翼工会才开始接受这一制度政策主张。在第一次世界大战中，当时的帝国政府为了换取社会民主党人和工人阶级对其战争政策的支持，曾通过了一些有利于雇员的共同决策立法，从此雇员共同决策在德国取得了合法地位。正如前面已提到的，在魏玛共和国时期雇员共同决策成为与生产资料社会化和经济计划化并列的社会主义三大经济制度政策主张之一，但其重要性排在国有化和经济计划后。在 20 世纪 50 年代民主社会主义者放弃了传统的计划经济，转而主张把社会主义经济秩序建立在市场经济基础上以后，共同决策才逐步成为民主社会主义最主要的制度政策主张。

时也成为实际的最高决策机构，而董事会在企业组织中则蜕变为一个无足轻重的机构。因此，可以理解，德国经济学家把公司监事会定义为"享有决策权的监督机构"或"享有监督权的决策机构"（沈越，1999，第103～104页）。阿尔钦（1994）在研究企业合作产权时注意到了这个问题，他认为在"工业民主"中，"更为一般的资源所有者（指资本'所有者'、'雇主'或'老板'）在企业所享有的利益比特有资源的所有者（如雇员）所享有的利益要少。"但他并未进一步研究这个问题，只是简单地把它视为一种特例。这种特殊的企业产权安排显然是一个值得进一步研究的课题，但这已超出了本文研究范围。

2. 凯恩斯主义的德国化和社会主义化

自20世纪50年代社会民主党开始接受市场经济秩序以来，社会民主党人便加紧了对凯恩斯主义的德国化和民主社会主义化进程，因为他们认为，凯恩斯主义及其对经济过程的调节手段是在保持"与市场一致"的前提下实现经济计划化的有效工具。在50年代，社会民主党的联邦议会党团就提出了《稳定联邦德国总体经济发展法》草案，但未获通过。1966年12月，社会民主党一上台主政，它便借助当时经济衰退的有利时机，于1967年通过了《促进经济稳定增长法》。这部法律涉及的内容十分广泛，其核心是：提出了通常称为"魔力四边形"的全面调控经济的4大政策目标，并在这种总体目标下制定出对经济进行"总体调节"的方案。该部法律开宗明义地指出，联邦和各州在采取其经济政策措施时应做到："在市场经济秩序框架内，这些措施要有助于在保持持续而适度的经济增长的情况下，同时促进价格稳定、高就业水平和对外经济平衡"。

这部具有德国民主社会主义特色的凯恩斯主义的立法"当时在国内外都得到了很高评价"（格林，1994，第53页）。人们以此认为，联邦德国是世界上第一个用法律形式把"总体经济调节目标"之间的均衡和"总体调节"措施固定下来的国家。哈达赫（1984，第212页）则指出："《稳定法》被称之为现代中期经济干预的伟大宪章，它使联邦政府手中掌握了一系列新的部分是非常卓有成效的工具。""当时还没有一个政府掌握类似如此全面的工具来奉行凯恩斯政策。"

因此，这部经济立法在联邦德国的经济史和经济制度史上具有里程碑性质的意义。从经济史的角度看，这部法律及其在通过后出台的一系列"反经济周期"政策阻止了被称之为"艾哈德衰退"的经济下滑趋势，并使被称为"经济奇迹"的战后联邦德国的高速增长时期又延长了近10年时间。从经济制度史的角度看，这部法律使民主社会主义的秩序政策主张以凯恩斯主义的形式制度化在社会市场经济模式中。

在联邦德国经济界和经济学界，人们通常认为，1957年的《反限制竞争法》和1967年的《促进经济稳定增长法》是联邦德国经济史上两部极其重要的经济制度立法，它们在相当程度上确定了社会市场经济体制的基本框架。前者规定了这种经济社会模式的"市场经济"性质，它是反映经济自由主义要求的立法；后者则确定了这种模式的"计划调节"特点，它是反映民主社会主义要求的立法。耐人寻味的是，当时主持制定和通过这两部法律的联邦经济部长，一位是主张经济自由主义的著名经济学家兼政治家的路德维希·艾哈德，一位则是主张社会主义的著名经济学家兼政治家的卡尔·席勒。前者被誉为"德国社会市场经济之父"，后者则被誉为德国社会主义市场经济"精神之父"（Duerr，1988；沈越，1998）。

尽管20世纪70年代中期以后，随着世界范围内的经济自由化趋势加强，这部法律也开始受到来自各方的批评。尤其是1982年科尔政府在"多一点市场，少一点国家"的经济政策口号下上台执政后，人们对这部法律的具体规定做了许多增补和修订，但法律的基本精神和主要条款却保留下来。因此，《稳定增长法》对后来的联邦德国的经济政策和经济立法产生了很大影响。对此，格林指出，1982年以后联邦德国的经济政策走向也表现出明显的自由化倾向，但是，直到今天为止，在联邦德国的经济政策中任何时候都没有像20世纪80年代的美国（"里根主义"）以及后来的英国（"撒切尔主义"）那样实施过货币主义的，往往也称为"供给主义"的"反动"（格林，1994，第62

页）。它与这部法律已经把凯恩斯主义牢固地嵌入了联邦德国的经济社会制度中有密切关系。

1998 年被称之为"红绿联盟"社会民主党与绿党联合的左翼政府重新上台执政，情况与 30 多年前社会民主党上台时有了很大变化。新政府在经济上面临着德国经济增长长期乏力，失业率居高不下，在新技术革命面前德国科技发展相对落后和企业创新动力不足，与美国经济发展差距日益拉大等一系列问题。就此代表德国社会民主党右翼势力的施罗德总理提出了改革传统民主社会主义经济政策的口号，即所谓的"新中间路线"或"新的第三条道路"。由于体制上"路径依赖"的惯性和既得利益"刚性"的作用，这条新路线与《哥德斯堡纲领》提出的经济制度政策并无多大实质性的变化，它最多只能算作在边际上对民主社会主义传统经济政策的调整。即便如此，这些所谓的改革主张在实施过程中，还存在西方民主制度下难以避免的"雷声大，雨点小"的通病。

根据上述分析，我们也许可以得出下述结论：不管是在现存条件下还是在我们目前可以预测到的未来，以计划经济为基础的经济形式都是没有生命力的，无论是苏联式的高度集权型的模式，还是德国民主社会主义者曾经企图建立的民主型的模式，或者是其他什么模式，均概莫能外。如果说集权型的计划经济体制在一些国家的特定历史条件下还有一定的合理性的话，那么，德国民主社会主义者曾追求过的那种民主的计划经济模式连建立起来都不可能，更谈不上效率问题了。所以，那种把我们实行社会主义市场经济视为一种权宜之计，并把其原因归结为中国落后的看法，是站不住脚的，因为这种观点的言外之意是，如果中国不落后，如果在发达国家搞社会主义，计划经济还是可行的。最后，笔者想用马克思（1972$_b$，第 83 页）的一句名言来结束本文："无论哪一个社会形态，在它们所能容纳的全部生产力发挥出来以前，是决不会灭亡的；而新的更高的生产关系，在它存在的物质条件在旧社会的胎胞里成熟以前，是决不会出现的。所以人类始终只提出自己能够解决的任务，因为只要仔细考察就可以发现，任务本身，只有在解决它的物质条件已经存在或者至少是在形成过程中的时候，才会产生。"在市场经济的潜能尚未完全发挥出来以前，马克思所预言的计划经济的生存条件就远未成熟。

参考文献

［1］阿尔钦：《产权：一个经典注释》，收录科斯、阿尔钦、诺斯等：《财产权利与制度变迁——产权学派与新制度学派译文集》，上海三联书店、上海人民出版社 1994 年版。

［2］伯恩斯坦：《社会主义的前提条件和社会民主党的任务》，生活·读书·新知三联书店 1965 年版。

［3］恩格斯：《反杜林论》，《马克思恩格斯选集》第 3 卷，人民出版社 1995 年版。

［4］福格尔：《明斯特党纲》，《政党与当代世界》1989 年第 2 期。

［5］格林：《联邦德国的社会市场经济》，中央编译出版社 1994 年版。

［6］马克思：《哥达纲领批判》，《马克思恩格斯选集》第 3 卷，人民出版社 1972$_a$ 年版。

［7］马克思：《政治经济学批判·序言》，《马克思恩格斯选集》第 2 卷，人民出版社 1972$_b$ 年版。

［8］欧肯：《国民经济学基础》，商务印书馆 1995 年版。

［9］社会党国际：《民主社会主义的任务与目标》，《各国社会党重要文件汇编》，世界知识出版社 1959 年版。

［10］沈越：《"资产阶级权利"应译为"市民权利"》，《天津社会科学》1986 年第 4 期。

［11］沈越：《马克思市民经济理论初探》，《经济研究》1988 年第 2 期。

［12］沈越：《"市民社会"辨析》，《哲学研究》1990 年第 1 期。

［13］沈越：《德国社会市场经济理论来源新探》，《经济学动态》1998 年第 4 期。

［14］沈越：《德国社会市场经济探源》，北京师范大学出版社 1999 年版。

［15］王辅民：《金融资本》中译本前言，见希法亭：《金融资本》，商务印书馆 1994 年版。

［16］希法亭：《金融资本》，商务印书馆 1994 年版。

［17］Bernstein, E., 1899: Die Voraussetzungen des Sozialismus und die Aufgaben der Sozialdemokratie. Stuttgart.

［18］Blum, R., 1969: Soziale Marktwirtschaft. Wirtschaftspolitik zwischen Neoliberalismus und Ordoliberalismus. Tuebingen.

第二篇 德国经济模式研究

从计划经济到「社会主义市场经济」

[19] Böhm, F. , 1953: Marktwirtschaft von links und rechts. in: Grundtexte zur Sozialen Marktwirtschaft. Stuttgart. 1981.

[20] Duerr, E. , 1988: Die Soziale Marktwirtschaft, Ausgangssituation, Programm, Realisierung. WiSt H. 6.

[21] Eucken, W. , 1951: Deutschland vor und nach der Waehrungsreform. in: Vollbeschaeftigung, Inflation und Planwirtshaft. Erlenbach-Zuerich.

[22] Haselbach, D. , 1991: Autoritaerer Liberalismus und Soziale Marktwirtschaft, Gesellschaft und Politik im Ordoliberalismus. Baden-Baden.

[23] Herder-Dorneich, P. , 1974: Wirtschaftsordung. Pluralistische und dynamische Ordnungspolitik (Nicht- Markt-Oekonomik 3) . Berlin.

[24] Hilferding, R. , 1915: Arbeitsgemeinschaft der Klassen? in: Der Kampf, H. 8.

[25] Hilferding, R. , 1924: Probleme der Zeit. in: Die Gesellschaft (DG) , H. 1.

[26] Hilferding, R. , 1925: Das Parteiprogramm. in: Sozialdemokratischer Parteitag 1925 in Heidelberg (Protokoll) . Berlin.

[27] Hilferding, R. , 1927: Die Aufgaben der Sozialdemokratie in der Republik. in: Sozialdemokratischer Parteitag 1927 in Kiel (Protokoll) . Berlin.

[28] Klink, D. , 1964: Von Antikapitalismus zur sozialistischen Marktwirtschaft—Die Entwicklung der Ordnungspolitischen Konzeption der SPD von Erfurt (1891) bis Bad Godesberg (1959) . Hannover.

[29] Kuda, R. , 1975: Das Konzept der Wirtschaftsdemokratie. in: H. O. Vetter: Vom Sozialistengesetz zur Mitbestimmung. Köln.

[30] Mueller-Armack, A. , 1947$_a$: Zur Diagnose unserer wirtschaftlichen Lage. Bielefeld.

[31] Mueller-Armack, A. , 1947$_b$: Wirtschaftslenkung und Marktwirtschaft. Hamburg.

[32] Nemitz, K. , 1960: Sozialistische Marktwirtschaft—Die wirtschaftspolitische Kozeption der deutschen Sozialdemokratie. Frankfurt a. M.

[33] Rasch, H. , 1946: Das Ende der kapitalistischen Rechtsordnung. Heidelberg.

[34] Rasch, H. , 1948: Grundfragen der Wirtschaftsverfassung. Godesberg.

[35] Schiller, K. , 1964: Der Ökonom und Die Gesellschaft, Das freiheitliche und das soziale Element in der modernen Wirtschaftspolitik. Vortraege und Aufsaetze. Stuttgart.

[36] Schiller, K. , 1968: Konjunkturpolitik auf dem Wege zu einer Affluent Society. in: Weisser G. , Jahhre der Wende.

[37] Schiller, K. , 1979: Ueber Verfall der Marktwirtschaft zum Lippenbenntnis. in: Orientienungen zur Wirtschafts-und Gesellschaftspolitik. Bonn, Jg. 63 , 1995.

［38］Schiller, K. , 1994：Der schwierige Weg in der offene Gesellschaft：Kritische Anmerkungen zur deutschen Vereinigung. Berlin.

［39］SPD, 1921：Goerlitzer Grundsatzprogramm.

［40］SPD, 1959：Godesberger Grundsatzprogramm.

［41］Thalheimer, A. , 1928：Ueber die sogenannte Wirtschaftsdemokratie. in：Die Einheit, 3. Jg. Weinzen.

［42］Thum, H. , 1976：Wirtschaftsdemokratie und Mitbestimmung, Von den Anfaengen 1916 bis zum Mitbestimmungsgesetz. Köln, 1991.

［43］Vorstand der SPD, 1989：Das neue Grundsatzprogramm der SPD. Entwurf Maerz. Bonn.

［44］Weber, A. , 1946：Freier Sozialismus, Ein Aktionsprogramm. in：Mitscherlich A, Weber A. , Freier Sozialismus. Heidelberg.

［45］Weber, A. , 1948：Buerokratie, Planwirtschaft und Sozialismus. in：A. Weber und E. Noelting：Sozialistische Wirtschaftsordnung. Hamburg.

［46］Weber, A. , Noelting, E. , 1948：Sozialistische Wirtschaftsordnung. Beitraege zur Diskussion. Hamburg.

［47］Weber, A. , 1950：Sozialistische Marktwirtschaft. in：Gewerkschaftliche Monatshefte. Köln Jg. 1.

［48］Winkler, H. A. , 1974：Einleitende Bemerkungen zu Hilferdings Theorie des Organisierten Kapitalismus. in：Organisierter Kapitalismus, Voraussetzungen und Anfänge. Göttingen.

［49］Wulff, M. , 1976：Die neoliberale Wirtschaftsordnung, Versuch einer dynamischen Analyse der Konzeption und der Realitaet. Tübingen.

127

第二篇 德国经济模式研究 从计划经济到「社会主义市场经济」

德国社会主义市场经济与社会市场经济*

——韦伯模式对联邦德国经济社会体制的影响

"社会主义市场经济"（sozialistische marktwirtscfaft）这一概念最早是由德国著名经济学家阿尔弗雷德·韦伯于 1950 年在一篇同名文章①中提出来的。韦伯的社会主义市场经济模式对德国社会市场经济（soziale marktwirtschaft）体制的发展演变产生过重大影响，但这一事实在国内却鲜为人知。尽管这篇文章已发表在半个世纪前，今天研究这一模式仍不无裨益。

一、韦伯的学术生涯及其"社会主义市场经济"模式的提出

阿尔弗雷德·韦伯（Alfred Weber，1868～1958）系德国著名思想家马克斯·韦伯（Max Weber）的亲兄弟，是德国 20 世纪最著名的经济学家之一。他因在 19 世纪、20 世纪之交创立"韦伯区位理论"而成为享有世界声誉的德语经济学家，时至今日，他的这一理论仍是现代西方区位经济学领中基本理

＊　本文原载于《北京师范大学学报》（人文社会科学版）2001 年第 4 期。

①　此文发表在第二次世界大战后联邦德国《工会月刊》的创刊号上。由于印数较少，笔者曾拜访过多个德国大学图书馆，却只查找到引用文献。因此在以前的工作中，笔者只提到韦伯及其所主张的经济模式，不可能系统地研究（沈越，1998，1999）。在这里，我要感谢德国汉斯－波克勒尔基金会（Hans-Boeckler-Stiftung）的伊娜·德勒塞尔（Ina Drescher）女士，她帮助笔者从德国工会联合会（DGB）的文献库中找到了这篇原始文献。

论之一。但是在德国，他在经济体制理论方面的影响更大，特别是他提出的社会主义市场经济模式对德国社会民主党在 20 世纪 50~60 年代在理论上完成从计划经济向市场经济转型产生过重大影响，并通过社会民主党推行新的经济体制政策而对联邦德国的经济社会体制有过重要影响。

阿尔弗雷德·韦伯一生的经历很简单，除早年曾一度在柏林大学和布拉格大学任教外，一直是德国历史最悠久的海德堡大学的教授。在国家社会主义统治时期，由于不满纳粹的精神专制，宁可放弃教授的社会地位和丰厚收入，凛然辞去公职。战争结束后，年近八旬的韦伯又再次接受海德堡大学的聘请，重新担任这所已有 600 多年历史高校的经济学教授，直至去世。在辞职后的十多年中，韦伯并未放弃自己的学术工作，除了继续研究经济学、社会学一般理论外，强烈的社会责任感促使他开始涉猎经济体制理论领域。由于他坚信法西斯政权将不会长久，未来德国要建立一种什么样的经济社会体制才能避免重蹈覆辙，便成为他晚年关注的问题。在他看来，只有社会主义能够拯救德国，而这种社会主义又必须建立在市场经济基础之上。

希特勒政权倒台后，德国学术界重新获得自由。韦伯厚积而发，连续推出了一系列论著，积极参与到当时关于未来德国经济社会体制选择的大讨论之中。他在这方面主要著述有：《告别迄今为止的历史》（1946）、《自由社会主义：一种行动纲领》（1946）、《官僚主义、计划经济和社会主义》（1948）、《社会主义经济秩序：研讨论文集》（1948，与人合著）、《社会主义市场经济》（1950）等。

在这场事关德国前途的争论中，德国经济学界形成了两大对立营垒：新自由主义主张在德国建立一种市场经济模式，而与之对立的民主社会主义则主张建立一种以民主为基础的计划经济模式。①众所周知，在这次大讨论中，

---

① 自伯恩斯坦在社会政治理论上修正马克思主义以来，德国民主社会主义的经济学家就企图建立一种民主的计划经济模式，并在魏玛共和国时期将其付诸实践。著名经济学家鲁道夫·希法亭等人（Naphtali、Hilferding，1928；沈越，1999）曾在《经济民主论——本质、道路和目标》一书中，对这种民主的计划模式做过详尽阐述。民主社会主义经济学家这时不过是重新搬出已过时的体制理论和政策主张。

经济自由主义在西方占领当局的支持下最终占了上风，西德人选择了著名的新自由主义者米勒－阿尔马克提出的社会市场经济。

在这次大讨论中，韦伯独树一帜。一方面，作为有明显社会主义倾向的经济学家，他属于民主社会主义经济学流派，不赞成自由主义的经济体制主张；另一方面，他又与当时民主社会主义主流经济学的观点截然不同，反对计划经济模式，主张将社会主义建立在市场经济基础之上①。但是，他的主张却一直没有得到民主社会主义主流经济学家和社民党领导人的重视，直到他找到了"社会主义市场经济"这个既坚持社会主义传统又反映社会主义重大变革的最佳切入点之后，他的观点才开始引起人们注意。

二、对德国社会市场经济的首次社会主义解释

在德国，社会市场经济这一术语通常有两种用法：一是指联邦德国现存的经济社会体制，凡是得到法律认可或社会公认的制度安排，都构成社会市场经济的组成要素。二是有争议的用法，各种经济学派别、政治势力和利益集团均按照自己的观点来诠注社会市场经济，并以此来影响立法和政治决策过程，达到把自己的意愿制度化在联邦德国的经济社会体制中的目的。争议集中在这一概念中的"社会的"一词，因为其广泛含义为人们做出不同解释留下了很大余地。这也是当年米勒－阿尔马克提出这一概念，艾哈德经济政府把它作为联邦德国战后经济改革目标模式的高明之处。他们通过"市场经济"一词规定了联邦德国经济体制的基本走向，又通过"社会的"一词来弥合当时人们在体制选择问题上的巨大分歧，允许人们在市场经济的基本框架下，对联邦德国未来的经济社会体制做出不同的、甚至是完全对立的解释和制度安排。

笔者曾指出，在德国人们对社会市场经济的解释多种多样，其中社会主

---

① 通常人们认为兰格是最早主张将市场引入社会主义经济体制的经济学家。其实兰格模式和后来流行的各种"市场社会主义"差不多，都只是在计划经济的总框架下引入某些市场因素，属于改良型的苏联模式，与韦伯模式有本质上的差别。

义市场经济就是一种很有代表性的说法（沈越，1998；1999）。韦伯则是首先对社会市场经济做出"社会主义"解释的经济学家。他（Weber，1950）[1] 在这篇文章中指出："因为只有社会主义才能在确实真诚基础上使这个词（指社会市场经济——引者）具有其巨大的分量，使它具有社会含义，真正的社会主义内容。"由于韦伯把社会市场经济解释为社会主义市场经济，在这篇文章中，他常常把"社会的"作为"社会主义的"作为同义语来使用。

他的这种解释一经提出，便在当时的联邦德国产生了轰动效应以及今天仍能看到的长远影响。一方面，民主社会主义经济学家接受了韦伯的经济体制思想，他们撰写了大量主张放弃计划模式而转向市场经济论文及专著。其中不乏直接以社会主义市场经济命名的文献（Nemitz，1960；Klink，1964）。时至今日，人们仍不难从有关德文文献中，见到把社会市场经济中的一词解释为"社会主义市场经济"的观点。

另一方面，韦伯的观点也引起了经济自由主义者的重视，他们从韦伯模式中看到了解决他们与民主社会主义长期以来在经济体制理论上分歧的希望。例如，当时唯一在世的弗莱堡学派的创始人弗兰茨·贝姆就在其启发下发表了《左翼和右翼的市场经济》（Böhm，1953）的著名文章。他认为，在市场还是计划这个经济体制的最基本的问题上[2]，他们与民主社会主义者之间已无根本差别。当然，这并不排除他们在其他问题上对立[3]。

---

① 以下除专门注明文献出处的地方外，引文均来自此文。

② 自欧肯（1940）提出市场与计划"两种理念模型"以来，德国经济学界普遍接受了他的观点，不再把所有制问题，即公有制还是私有制、社会主义或资本主义视为经济体制的核心，而把计划和市场这两种资源配置方式视为经济体制的根本问题。

③ 在盎格鲁－撒克逊国家，按经济学家信奉的经济学信条可以把他们大体划分为经济自由主义与凯恩斯主义两大派别。在德国及其他欧洲大陆国家，类似的分歧则表现为新自由主义同民主社会主义之间的对立。自民主社会主义经济学家放弃计划模式以来，他们大都转变为凯恩斯主义者。但是，他们与新自由主义者的对立有比英语国家两大派别的分歧更广泛的内容。这种对立不仅表现在是否主张国家在宏观经济层次上用间接手段干预经济上，而且也表现在微观经济层次上。例如，英美凯恩斯主义者大多接受新古典企业理论，承认建立在货币资本基础上的企业产权、公司治理结构的合理性。而民主社会主义经济学家则把企业产权理解为货币资本与人力资本的一种"合约"，在公司治理上主张劳动与资本分享企业支配权，即所谓的"共同决策"（Mitbestimmung）。（Gerum，1998；Streek，1998）

三、韦伯模式的基本内容

1. 反对限制经济自由的社会主义

韦伯极力划清其模式同苏联体制和民主社会主义传统的计划体制之间的界限。文章一开始他就开宗明义地指出："如果人们不想要取消所有自由直到限制消费的计划经济体制，人们就必须说，市场经济对社会主义来说，还是必不可少的。"在文章最后，他又以类似的表述作为全文结束语：现在"这个问题现在已经相当明确。那种坚持强制的社会主义，在现实中应该得到改造"。

2. 从历史和理论逻辑上将资本主义与市场经济分离开来，赞成市场经济，反对资本主义

他从历史的角度指出，"市场经济不同于资本主义经济。它对应于乡村经济和城市手工业经济，在资本主义产生以前就已经存在。"他还从经济思维上将资本主义与市场经济剥离开来，专门以"资本主义的双重外貌"为小标题论述这个问题，并指出，"如果……用社会主义企业替代市场上存在的资本主义企业，那么，剩下的只是……一种现存的市场结构。而其他……所有东西，都与过去一样。"

3. 反对资本主义的核心是反垄断

在韦伯看来，"资本主义企业"就是垄断企业，并因此认为只有坚持反对垄断才是"通往出自自由精神的社会主义生产改造之路。"其反垄断措施主要有三：（1）反垄断性的市场结构，他说，如果在"社会主义化过程中……使市场上尽可能多地充满了竞争性的社会企业。这样，德国社会主义才把其社会主义化纳入正轨，在这条道路上，生产领域中社会主义改造部分才真正地创造了一种自由的社会主义。"（2）反垄断企业内部的"已经奴隶化和官僚化的超级结构"，因为它使职工成为"有名无实的雇员"，并使"劳动的实际热情处于中等和最底层次上"。（3）反垄断利润，

他指出："人们在社会主义调节中应该始终不渝地坚持消除真正的垄断利润，或在一定程度上的消除垄断利润。"这样，才能既"降低价格"，又"提高劳动者收入"。

4. 主张社会主义对经济进行广泛调节

韦伯的经济调节思想来自社会主义传统的经济调节思想和凯恩斯主义，但又与二者有明显的区别。由于德国民主社会主义主流经济学家主张建立一种民主的"计划经济"，经济调节的目的是为了限制乃至取消市场作用，所以韦伯首先明确反对民主社会主义传统的经济调控思想。他强调指出，"在社会主义调整经济过程时……不能不小心地考虑到经济循环机制的要求。"所有调节措施都必须"与市场一致"。在这里，韦伯显然是受了凯恩斯间接调节市场思想的影响。

但是，他的调节观又与凯恩斯有很大不同，其所主张的"社会主义调节"的经济领域要比凯恩斯要宽泛得多。他不仅主张在宏观上，也主张在微观上对市场经济进行调节。他不仅主张通过过程政策对经济运行进行调节，还主张使用秩序政策经济体制本身进行调节①。在对经济循环过程调节中，他不仅赞成凯恩斯主张的总需求管理，而且主张对总供给进行调节，并主张根据实际情况把总需求与总供给管理有机地结合起来。主张对如此宽泛的领域进行调节，韦伯显然又受到传统的社会主义经济理论影响。

尤其值得一提的是，他在当时已注意到了在对经济进行宏观调节时应做到经济增长、充分就业与通货膨胀几大目标之间的协调。同时，他不仅注意到封闭条件下的经济调控，而且强调在更大范围内对欧洲经济与国际经济进行协调和调节，建议成立专司调节世界经济的"国际机构"，认为现代"所有对付危机的手段也必须是国际性的"。

① 德国经济学家通常把经济政策分为经济过程政策和经济秩序政策。前者的任务是对经济活动进行调节，凯恩斯主义的经济政策属于这种经济政策；后者的任务则是对经济体制进行调节。在德国经济学家看来，秩序政策比过程政策更重要，因为过程政策的调节范围、方式和政策工具选择要由秩序政策来规定。从这种意义上讲，秩序政策可以称之为经济政策的政策。

5. 消除贫困的社会主义市场经济目标

韦伯认为，社会主义必须以"消除贫困"为"目标"，但实现这一目标又必须以不违背市场原则为前提。为此，他提出了三项"与市场一致"的措施：其一，通过间接的社会主义经济调节实现"充分就业"，即通过扩大就业来减少贫困人口。其二，"理性的提高工资"，这种"理性"包括两条原则：一方面，它必须尊重劳动力市场规则："社会主义应该让劳动者与企业之间按照市场原则达成协议，但也应对劳动者获得符合人性的工资最低限度予以保证。在允许工资、租金和利润之间自行进行分配的前提下，对劳动予以适当的关照。"另一方面，工资的提高必须以"经济合理化与个人经济效率提高"为前提。其三，通过反垄断来反贫困。韦伯认为，降低以至取消垄断利润"一方面可以以提高劳动者收入为目标，另一方面以降低价格为目标"。这都有助于改变低收入者的经济状况。

6. 对社会福利措施持保留态度的社会主义

在这篇文章中，他只字未提通过社会福利措施来消除贫困的建议。看来他对这种消除贫困的方式持保留态度，至少不赞成过多过滥的社会福利。十分明显，他也不赞成那种把社会市场经济解释为"社会福利加市场经济"的流行说法。在当时联邦德国还未患上"福利病"时，就已经注意到社会福利措施的负面效应，这不能不说是一种充满经济学理性的真知灼见。

7. 生产领域社会主义改造观

在这篇论文中，韦伯没有直接涉及其经济模式的所有制问题，但他明确反对民主社会主义传统的国有化方式，因为在他看来，这些国有化计划只是简单地主张把大型垄断企业收归国有，而不对垄断的市场结构进行改造，也不改变企业内部"正在奴隶化和官僚化的上部结构"。这样，"来自不可消除的利润动机的旧的垄断的倾向不言自明地仍将在企业中发挥广泛影响"。由此可见，他所主张的生产领域的"社会主义化"与其反垄断的思想是一致的，其"社会主义企业"也不一定是公有企业，而是处于充分市场竞争中的、在企业内部有雇员参与"共同决策"的企业。但是，他的这一思想又与反对任何形式国有化或公有化经济自由主义有明显不同，在他看来，如果国有化措施能促使原来的垄断企业参与市场竞争，并能避免苏联式国有经济中的官僚主义或资本主义垄断企业中的经济专制，它还是可行的。

8. 反对闭关自守，主张欧洲经济与世界经济的一体化

韦伯在这篇文章中，专门以"愚蠢的自给自足"为小标题论述了这个问题，认为其社会主义市场经济模式必须对外开放，主动与欧洲经济和世界经济融为一体。他指出："所有封堵世界经济的行为、一切自给自足化的做法……不仅仅有一个把其正确地纳入世界经济之中的问题，而且它们也是防范危机的愚蠢手段。"在欧洲经济一体化进程尚未启动，经济全球化更无从谈起时，这无疑是很有远见的看法。

四、对艾哈德的"社会市场经济"的批评和建议

在韦伯看来，社会市场经济"本应属于社会主义者"。只是因为当时社民党领导人和民主社会主义的主流经济学家仍然坚持传统的计划经济模式，它才被米勒－阿尔马克和艾哈德等经济自由主义者占有了发明权。对此他说："我对德国社会主义由于缺乏灵活性而让人夺走了'社会市场经济'这个词深感遗憾。"①按照韦伯的说法，经济自由主义者只是把"'社会市场经济'思想以宣传鼓动的方式带到了世界上"，从心底里并不想实行这种体制。基于这种判断，韦伯对艾哈德经济政府实施的社会市场经济措施进行了批评。

他认为，这种社会市场经济"从短期来看，它糟透了"。因为它一方面允许大企业形成"巨大垄断利润"，另一方面使广大群众"收入实际购买力的大

---

①　主张放弃传统的计划经济模式的德国社会民主主义经济学家 H. 纳什，几乎同时与米勒－阿尔马克提出"社会市场经济"模式（Blum, 1969）。正如韦伯所说"由于缺乏灵活性"而未被社会民主主义的主流经济学家和社民党接受。与之相反，米勒－阿尔马克同名的经济模式一提出，马上被基民盟采纳并写入了党纲，并于次年由艾哈德经济政府以"货币改革"为先导而加以实施。

幅度下降"，从而"造成了一种收入结构的急剧反向变动"。因为自 19 世纪俾斯麦的帝国政府开始建立社会保障制度以来，德国历来就重视缩小收入分配差距，尤其是与战争期间和战后初期实行的生活资料配给制相比，这种差距在短短两年时间中就迅速拉大。他还指出，艾哈德经济政府"从心底里就不想以充分就业为目标"，从而造成"大量失业"。对这一系列问题，韦伯认为"德国经济发展的总体后果上第一次如此远的偏离了'社会'方向，并且在目前尚未能让人看到其经济效率。"韦伯尤其对联邦德国政府放任让大企业获取垄断利润的做法提出了非难："今天的经济自由主义，如果它宣称社会市场经济，它就应该完成这个任务（指消除垄断利润——作者）。"

与当时其他经济学家和社会各界对艾哈德经济政府的尖锐批评相比，韦伯的批评还算是温和的和公允的。作为经济学家，他当然明白艾哈德实施这些政策的用意。艾哈德经济政府是想让大企业形成更多利润来为德国经济重建积累资本，并把大量失业和收入差距扩大看成是从战时统制经济向市场经济转换而不得不付出的成本，待经济恢复后再回过头来解决这些问题。因此，韦伯对新自由主义的社会市场经济的批评很有分寸，他认为艾哈德经济措施的负面效应只是"从短期来看"，其正面效应"在目前尚未能让人看到"，并不否认它们最终可能收到预期的效果，只是认为其付出的代价太大。

所以，韦伯以积极的态度主张用"社会主义调节"来改造新自由主义的社会市场经济。他建议，"在我们今天存在巨大的资本短缺的情况下，提出不会引起通货膨胀的，有实际可行性的信贷扩张思想与建议……人们也才能为有意识地逼近充分就业状况"，以达到激活"长期以来一直处于瘫痪状态的经济循环的那一部分尚健康的机体"，加快经济重建步伐的目的。在文章结尾，他又再一次强调，目前"最为关键的任务是对经济循环和经济发展进行一种社会主义调节……把劳动力资源的存量和增量，把生产和住宅的重建等问题汇集在一起加以解决，这不仅是尽可能快地解决住房供给短缺的问题，而且也是对社会和经济贫困的调节，人们可以通过投资给经济循环注入新的血液。"

后来，艾哈德经济政府在一定程度上采纳了他的建议，通过信用扩张解决了当时联邦德国经济重建资本短缺和住房短缺问题。这不仅推动了联邦德国的经济重建，也解决了第二次世界大战后出现的大量失业问题。其急速效应甚至超出了韦伯的预期，按照他的估计，如政府采纳其建议，也大约需要20年时间才能完全解决如此众多的问题。但事实上联邦德国只用了10年左右的时间，"经济奇迹"便初见端倪。

用今天的眼光来看，这些政策建议也许算不了什么。但在半个世纪以前，这却属于世界上首次利用凯恩斯的理论来解决实际经济社会问题的成功范例。其将需求管理与供给管理结合起来，在防止通货膨胀的前提下实施扩张性经济政策的构想，尤其值得称道。在凯恩斯的故乡盎格鲁－撒克逊国家中，人们在20世纪60年代才在联邦德国和日本经济迅速发展的刺激下，开始实施扩张性的经济政策，但后凯恩斯主义的主流经济学家和政府却忽视了扩张性经济政策将将带来的通胀压力，以致造成了70年代的"滞胀"局面。在克服"滞胀"过程中，他们才真正把握了如何根据实际情况来应用凯恩斯主义经济政策。

由于韦伯的这一建议属于经济过程政策的范畴，尽管政府采纳他的政策主张，但这还未对社会市场经济体制产生实质性影响。韦伯模式对社会市场经济体制的重大影响，主要是通过后来德国社民党接受他的秩序政策主张才得以实现。

五、对社会市场经济体制的影响

韦伯的文章发表后，许多民主社会主义的经济学家与理论家便立即接受了他的建议，开始着手研究新体制模式的细节，并对市场经济模式进行了大量宣传工作，以改变党内长期占主导地位的计划经济思想，以至社会民主党于1959年通过了著名的《哥德斯堡纲领》，正式接受市场经济。如果我们把《哥德斯堡纲领》中的经济政策主张与韦伯模式加以比较，不难发现二者有惊人的相似之处（Nemitz，1960；Klink，1964）。

在德国社民党 100 多年历史中，通过了无数党纲，其中最有影响有两个：一是 19 世纪 90 年代通过的《爱尔福特纲领》。在这个纲领中，它全面接受了马恩倡导的计划经济模式。二是《哥德斯堡纲领》，它正式宣布放弃计划模式而转向市场经济。40 多年来，虽然社会民主党又通过了许多新党纲，但都未跳出《哥德斯堡纲领》厘定的基本制度框架。20 世纪 90 年代以来，社会民主党人及施罗德政府积极倡导的"新第三条道路"或"新中间路线"，尽管影响很大，但它最多只能算作是在边际上对社会民主党传统的经济过程政策的调整，并未改变《哥德斯堡纲领》规定的基本的制度政策。

20 世纪 60 年代中期，联邦德国出现了第二次世界大战后第一次经济衰退，艾哈德政府被迫下台。由于社会民主党完成了从主张计划模式到市场经济的转变，这就为它从在野党上升为执政党创造了条件。社会民主党一上台便着手改造新自由主义的社会市场经济，韦伯模式也随之开始制度化在社会市场经济中。这主要体现在以下几方面：

第一，社会民主党一上台，就不失时机地借助联邦德国经济衰退的机会，推出对经济实施"总体调节"（Schiller，1964）的方案，并于 1967 年通过了《促进经济稳定增长法》。在这部法律中，不仅规定了政府从宏观上干预经济的广泛职能，还规定了经济增长、充分就业、通货稳定和国际收支平衡四大宏观目标之间协调。它使联邦德国成为世界上第一个将"总体经济调节目标"之间协调和"总体调节措施"用法律形式固定下来的国家。（哈达赫，1979；格林，1994）

第二，维利·勃兰特一当上联邦德国的新总理，便提出"敢于要求更多民主"的倡议，大力宣传以雇员共同决策为核心的经济民主，从微观上改造德国的企业制度，并于 1972 年在议会通过了新的《企业基本法》，1976 年通过了《共同决策法》。这两部法律使联邦德国成为世界上雇员权利最大的国家。例如，按其规定，凡雇员在 5 人以上的企业都必须建立"企业职工委员会"，代表雇员参与企业管理。凡雇员在 2000 人以上的大企业的监事会中，雇员代表与雇主代表各占一半（Niedenhoff，1995）。这两部法律不仅使雇员权利扩大，还对德国企业制度，尤其是公司治理结构中的"双极领导体制"①有重要影响。目前，在施罗德政府的推动下，德国正在酝酿再一次修订1972年《企业基本法》，如获通过，德国雇员的共同决策权可能还将扩大，并会进一步影响公司治理结构。（Gerum，1998；Streek，1998）

第三，受韦伯关于生产领域"社会主义改造"思想的影响，社会民主党在《哥德斯堡纲领》中基本放弃了国有化主张，只是把它视为在其他经济调节措施都失灵的情况下的最后保证手段（SPD，1959）。尽管社会民主党在德国有很大势力，在其主政时期并未积极推行国有化经济政策。因此，与西欧其他国家相比，德国经济的国有化程度并不高，避免了德国经济在国有化与非国有化之间的来回大折腾。

此外，韦伯极为重视的反垄断问题，由于在1957年阿登纳－艾哈德政府时期已通过了《反限制竞争法》，他的设想也大体实现。尽管这部法律主要是在欧肯等新自由主义者的反垄断思想影响下形成的，但与韦伯的反垄断主张并非完全无关。

参考文献

［1］克劳斯·格林：《联邦德国的社会市场经济》，中央编译出版社1994年版。
［2］卡尔·哈达赫：《二十世纪德国经济史》，商务印书馆1984年版。
［3］瓦尔特·欧肯：《国民经济学基础》，商务印书馆1995年版。
［4］沈越：《德国社会市场经济理论来源新探》，《经济学动态》1998年第4期。

---

① 与盎格鲁－撒克逊国家实行以董事会为核心的"单极领导体制"不同，德国公司实行监事会与执委会的分权体制。英美公司董事会的职能一分为二给这两个企业高层领导组织。监事会握有任免由职业经理人员组成的执委会，以及批准执委会提出的事关公司大局的重大决策方案的权力；而执委会则握有制定公司重大决策方案，以及负责领导生产经营活动的权力。德国公司治理模式的突出特点是，在公司高层领导中真正形成了出资人、雇员和经理人员的相互制衡关系，"用手投票"的作用很大，因而"内部监督"十分有效。虽然雇员共同决策也有一些弊端，但至少在减少劳资摩擦、决策执行迅速，以及利用"内部人"（雇员）来监督"内部人"（经理人员）等方面有积极意义。

［5］ 沈越：《德国社会市场经济探源》，北京师范大学出版社 1999 年版。

［6］ Blum, R. 1969：Soziale Marktwirtschaft. Wirtschaftspolitik zwischen Neoliberal-ismus und Ordoliberalismus. Tübingen.

［7］ Böhm, F. 1953：Marktwirtschaft von links und rechts. in：Grundtexte zur Sozi-alen Marktwirtschaft. Stuttgart, 1981.

［8］ Gerum, E. 1998：Mitbestimmung und Corporate Governance. Guetersloh.

［9］ Klink, D. 1964：Von Antikapitalismus zur sozialistischen Marktwirtschaft—Die Entwicklung der Ordnungspolitischen Konzeption der SPD von Erfurt（1891）bis Bad Godesberg（1959）. Hannover.

［10］ Naphtali, F. und Hilferding, R. 1928：Wirtschaftsdemokratie—Ihr Wesen, Weg und Ziel. Köln, 4. Aufl. , 1977.

［11］ Nemitz, K. 1960：Sozialistische Marktwirtschaft—Die wirtschaftspolitische Kozeption der deutschen Sozialdemokratie. Frankfurt a. M.

［12］ Niedenhoff, H-U. 1995：Mitbestimmung in der Bundesreplik Deutschland. 10. Aufl. Köln. Deutschlander Instituts-Verlag.

［13］ Schiller, K. 1964：Der Oekonom und Die Gesellschaft, Das freiheitliche und das soziale Element in der modernen Wirtschaftspolitik. Vortraege und Aufsaetze. Stuttgart.

［14］ SPD, 1959：Godesberger Grundsatzprogramm.

［15］ Streek, W. 1998：The German Model of Codetermination and Cooperative Gov-ernance. Guetersloh.

［16］ Weber, A. 1950：Sozialistische Marktwirtschaft. in：Gewerkschaftliche Monat-shefte. Koeln Jg. 1.

社会主义市场经济*

如果人们不想要取消所有自由直到限制消费的计划经济体制，人们就必须承认，市场经济对社会主义来说，还是必不可少的。这样一来，它还像今天的各种各样的共产主义吗？

研讨也许导致一个特定的方向：明确界定一个基本的概念。市场经济不同于资本主义经济。它对应于乡村经济和城市手工业经济，在资本主义产生以前就已经存在。资本主义只是把一个特定历史条件的因素加入市场经济中，即可以在建立在有组织的资本积累基础上的营利性企业方面影响市场经济。

一、资本主义的双重面貌

从这种观念出发的市场经济所形成的经济结构，在今天却以其背离的形

---

* ［德］阿尔弗雷德·韦伯著，沈越译。本文是一篇译文，没有发表过。笔者借这次出版自编文集机会，将这篇重要文献翻译成中文，收录在文集中。这是在世界上首次使用社会主义市场经济这一概念，同时它也是首次用社会主义观点来解释德国社会市场经济体制的文章。原文发表在联邦德国《工会月刊》创刊号上（Weber, A.（1950）: Sozialistische Mark-twirtschft. in: Gewerkschaftliche Monatshefte, Köln, Jg. 1.）。笔者在 20 世纪 90 年代赴德国从事研究工作时，就从其他文献中得知这篇文献。由于这期《工会月刊》是第二次世界大战后的创刊号，印数很少，笔者在德国数个大学图书馆中都未能找到该文献，只能转引此文献。2000 年笔者再次赴德国工作时，得到德国汉斯－波克勒尔基金会（Hans-Boeckler-Stiftung）的伊娜·德勒塞尔（Ina Drescher）女士帮助，她在德国总工会（DGB）的图书馆中为笔者找到了这篇原始文献。尽管此文写于 60 多年前，但它与中国现在实行的社会主义市场经济体制可以说是不谋而合，今天读起来仍不无裨益。

式存在，它变成了不依赖于它自身的、并与之不同的经济结构。这种经济结构变得复杂化，随着这种资本主义企业及其他的巨大组织所造成的劳动与生产资料的分离，在原来简单的市场经济交换过程中实现的成果分配过程，现在采取了工资、利润以及租金和资本利息形态，这一过程具有斯芬克斯式的人面狮身外貌。

这种原来简单交换的实现，现在变成收益分配过程，并赋予了总的市场经济过程一种双重面貌。为了理解这一过程，人们不得不一再指出这种双重面貌。这是因为：一方面，它作为收益分配过程同时是存在于市场上的大企业由工资、租金和利息形式构成的成本形成过程；但是，另一方面，作为收益分配它同时确定不同阶层的消费能力，这些阶层在市场上又面对这些企业。因此，存在于市场中的大企业又通过自己形成成本和利润的过程，在一定程度上影响由此造成的购买力阶层。如果人们设想，用社会主义企业替代市场上存在的资本主义企业，那么，这只是由资本主义大企业首创的市场结构所特有的复杂本性，即一种现存的市场结构。因为在这里，只有作为收益分配因素的利润被取消，而其他在经济循环过程中与收益分配、成本构成和购买力的形成紧密联系在一起的所有东西，都与过去一样。

二、调 节

自150多年以来，理论国民经济学一直在纯粹思维上致力于明晰一种无缺陷的经济过程，即现在人们还无法避免的复杂的经济周期过程，以便获得在这种经济周期过程中的景气运动的一种所谓的"均衡"，并认为在这种均衡过程中有可能实现充分就业。尽管人们在思想上做了大量工作，但迄今为止人们还不能说，这种工作已经取得了成功，并且完全与现实一致。

目前，人们只是在下述问题上取得了相当程度的一致：人们可以描述这样一种循环过程，其形式还大致令人满意，即尽最大可能的自由竞争的形式。它是建立在存在企业、并由资本在其中进行的投资而形成的尽可能大的灵活性的市场基础上的。今天人们不再在过去那种极为广泛的形式上自我陶醉了。不过，在这里资本主义垄断的巨型结构也在很大程度上造成了投资僵化的后果。

今天大多数新自由主义者自己也承认：如果人们想要避免像 1929～1933 年那样存在大量失业的严重危机，就不允许人们停留在旧的，也就是在应用自由放任时期周期的影响下，通过投资资本价格涨落来判断景气状况，因而停留在著名的古典调整政策（Diskont-Politik）① 上。相反，如果人们也应该在实现"充分就业"的背景下，也只是接近防止自 1929 年开始的大危机，并再次避免强制性的最严重的危机的话，那么，人们就必须试图在今天的经济结构中对经济过程实施广泛的"调节"。

因此，作为有雄厚理论基础的目标和实际目标的这种调节，理所当然地在德国进入了这样一些人的眼帘，他们把本应属于社会主义者的"社会市场经济"思想以宣传鼓动的方式带到了世界上。我们不知道他们是否实际这样做了，并且有理由怀疑他们是否实际这样做了。他们的实践无论如何应该成为衡量在这里被假定为好信条②的标准。我们认为，从短期来看，它糟透了。因为这种实践在德国通过让工人和职员广大阶层的工资收入和薪金收入的实际购买力的大幅度下降，并通过允许在成本结构中和收入分配过程中获取巨大的垄断利润，造成了一种收入结构的急剧反向变动③，此外，它也不防止大量失业，这是从心里不想以充分就业为目标而造成的后果，因而在德国经济发展的总体后果上第一次如此远的偏离了"社会的"方向，并且在目前尚未能让人看到其经济效率。我对德国社会主义由于缺乏灵活性而让人夺走了"社会市场经济"这个词④深感遗憾。**因为单单是这个词也能造成或者也许能**

---

① 即贴现率政策。

② 指米勒－阿尔马克和艾哈德等人，以及他们提出和实施社会市场经济。

③ 相对纳粹统治时期与战后初期实行的生活资料配给制而言。

④ 主张放弃传统的计划经济模式的德国社会民主主义经济学家 H. 纳什，在 1947 年几乎与米勒－阿尔马克同时提出了"社会市场经济"这一概念，正如韦伯所说的"由于缺乏灵活性"，这个建议没有被社会民主主义的主流经济学家和社会民主党领导层接受。与之相反，米勒－阿尔马克的这个概念一经提出，马上被基督教民盟采纳，并写入了党纲，并于次年由艾哈德经济政府启动的以"货币改革"为先导的经济改革，而付诸实施。

造成如下状况：无论怎样我们都可以说，在确实真诚基础上的这个词让人强烈的感到它的充分感召力，它的社会含义，真正的社会主义内容。①

三、风险与机遇

按照我的题目，除了社会主义规定和形态外，还要讨论自由市场经济那部分规则和形态，自由市场经济排除了来自需要方面的关键性影响，因为需要被置于一种众人皆不可知的需求的风险与机遇之上，需求不能被明确地界定，而是自发确定的。如果需求不表现为出口，这部分需求就是为消费创造的，这种需求构成经济的绝大部分，在消费中人们完全不能直接从规则上干预它。对于社会主义市场经济来说，一旦它想要自由，而且不想要公开的或隐蔽的官僚主义，它也是这样。当然，更典型的自由属于旧自由主义或新自由主义。

从一个方面看，具有"人面狮身"面目的生产的经济循环过程具有下述特点，生产使消费与生产的成本构成同时形成，在消费要求中，生产又仿佛反过来与自身对立。因此，按照我们的观点，可以这样粗略地描述，经济循环过程分成生产的形成形式、劳动和循环的调节形式。在循环过程中，这几部分都受到调节；这种劳动不仅仅决定由生产创造的福利形成和分配，而且也决定经济主体的总体行为。

从社会主义的观点出发，我们可以说，存在由自由精神构成的生产领域的形成形式的社会主义化（sozialisierung），并且存在对自由经济循环过程的社会主义的调节，这种调节不仅以考虑提高和分配已经创造出来的福利为目标，而且应以生产为目标，这一目标要符合尽最大可能的充分

① 韦伯的这段话对民主社会主义经济学家和社民党领导人刺激极大，并被许多文献无数次引用。一些经济学家把德国战后的经济体制解释为社会主义的，另一些经济学家则干脆按照自己的观点把社会市场经济解释为"社会主义市场经济"，其来源都可以追溯到作者的这一观点。

就业要求。

四、大企业的妄自尊大

在这里我要从自由的精神出发，完全不顾及作为社会主义核心的生产领域改造问题。我一直从所有观点和文章中关注着迄今为止的德国社会主义，虽然幸运地看到了狼吞虎咽式的集中化的国有化征兆，就正在社会化的领域的性质而言，这应该被拒绝。因此，在一些建议中（柏林计划、黑森州社会主义化计划）就蕴藏着陷入官僚化的危险，这可以在集中组织社会主义市场结构中清楚地看到。但是，并非所有的结果都是这样。

如果德国社会主义完全被它应该替代的私人资本主义结构的巨型怪物的阴影影响所笼罩；如果社会主义看清楚了其"庞然大物"是私人经济积累的结果，而不是技术上、组织上的需要；如果社会主义理解了，如像鲁尔区的重工业当它们应该被社会主义改造时，所剩下的必须是纯粹的技术经验的交流中心，技术合作的研究机构，另外，它们也可以被分散在自由的、相互竞争的单个企业之中，只剩下一个必要的只实施外部监督的、简单的联合协会；如果社会主义清楚地看到，在今天，由私人经济构成权力基础的大型企业即使用乐观主义的观点看，它们也距技术的、组织的企业联合体的标准很远很远，在这些尽管被很好地加以机制化的大型组织物中，劳动的实际热情处于中等和最低层次上；如果社会主义决心，在他们的社会主义化过程中，使现在正在形成的社会企业不超出这种合理化的最低下限，并使市场上尽可能多地充满了竞争性的社会企业。这样，德国社会主义才把其社会主义化纳入正轨，在这条道路上生产领域中社会主义改造部分才真正地创造了一种自由的社会主义。因为这样才能将在市场上联系在一起的社会企业按其规模进行改造，绝大部分在今天已经奴隶化和官僚化的超级结构应该被解散，然后才能通过阻止旧的重工业管理者阶层重新上台，重新构建新的工业占有权、支配权，但这一阶层今天又完全活跃起来①。然后，将在企业职工与企业领导之间建立起一种联系，它将使职工不仅仅是雇员，还能在社会企业中发挥实际的影响，由此他们在感情上把企业视为"他们自己的"（ihrig）。

既然这种企业不是按照利润原则，而是按照能反映成本的实际收益最大化原则在市场上运行的，只是把企业置于社会督察员的监督之下，以保证其行为方式的一般原则，这样，这些企业就将成为垄断资本主义巨型企业的理想替代物，当然这种企业还需要具有许多实用性的经济的法律形式。② 在这些企业中将体现竞争的所有优势，却没有过去一再实施的取消垄断行为所产生的缺点，或者说没有通过国有化而避免了用公开的剧烈方式来"解散"垄断组织所产生的弊病，因为来自不可消除的利润动机的旧的垄断的倾向不言自明地仍将在企业中发挥广泛影响，只是现在按照禁令阻止了一种"在桌下玩牌"的方式。简而言之，这就是通往自由精神的社会主义生产改造之路。

五、经济循环的调节

这又回到第二个问题上，在社会主义调整经济过程时完全不遵循官僚主义原则。在完成这种一般性调节的任务时，不能不小心地考虑经济循环机制的要求。

最简单、最明确地说，不能不考虑生产和流通过程背景的一般作用，即成本和价格的形成。

众所周知，在这个领域中，目前的社会主义非常关注工资问题。工资是

---

① 指因与纳粹政权合作而在战后初期曾遭到清算的大工业管理阶层，后因冷战局面出现西方占领当局对联邦德国的政策发生了完全转变，从限制甚至肢解德国工业的政策转向扶持政策，旧管理者的处境也开始发生改变，1949 年新建立的联邦政府继续执行这一政策。

② 韦伯的这一设想后来通过一系列雇员共同决策的立法在相当程度上得以在德国企业中实现。

成本的重要组成部分，社会主义应该让劳动者与企业之间按照市场原则达成协议，但也应对劳动者获得符合人性的工资的最低限度予以保证。在允许工资、租金和利润之间自行进行分配的前提下，对劳动予以适当的关照。

六、理性地提高工资

在关于提高工资问题上，社会主义可能有的理性具有广泛的空间，因为建立在较低工资水平基础上的经济运行在经济上也是不健康的。至少在19世纪上半期欧洲是建立在这样一种基础上的资本主义的典型。由于严重的危机、工人阶级要求提高工资的运动和国家对工资的干预，第二种模式替代了第一种模式，它让人看到了提高工资的一种内在的市场力量，由于广大群众购买力的提高造成了一种改善了的和稳定的经济循环过程。这种循环是一种替代第一种模式的手段，自19世纪90年代以来的资本主义通过创造内在市场购买力来代替一种日益缩小的市场的外在的扩张。它是削弱19世纪与20世纪之交经济危机的原因，这种原因直到第一次世界大战改变了基本的经济循环过程才被破坏。

在今天这种经济循环类型的原则仍然是正确的。虽然在工资提高过程中，存在某些不能忽视的限制地球上具有决定性意义的经济主体的因素，但这些对经济循环具有关键意义的经济主体无论是对资本主义还是对已经建立的社会主义来说，都是同样有效的，这样的经济主体完全不同于在一般世界经济循环过程中的与集中化和强化联系在一起的经济中心。他们生存于竞争之中，并且必须遵循下述原则，工资的提高同经济合理化与个人经济效率提高这类因素联系在一起，而不是与阻止成本提高这类因素联系在一起。既然生产率提高和由此产生的通过合理化使成本下降的可能性非常之大，这些界限有很大的弹性，在这样的界限中提高工资是完全有可能的。只要人们考虑到经济合理化和生产率提高的可能性，并充分利用这些可能性，那么，人们则有可能借助工资向上运动的规则。美国就是一个最好的例证；而今天的英国则提供了另一种例子，它可能是由于人们不小心所致，因为通过 40 小时工作周制度而实现半天工作制，在今天英国的条件下，人们几乎不可能通过某种迅速提高生产率和经济合理化来实现均衡，这也许是造成今天英国总的困难的一个重要的原因。

七、反对垄断利润的斗争

对于一种想要尽最大可能重视表现为工资分配的成果分配的社会主义的调节政策来说，它还涉及在经济上可以承受的限度内让其他成本要素保持在最低界限以内的问题。在这种关系中，人们不言自明地想到下述措施，即通过市场开放和市场扩大而降低租金的分配部分，以及通过实施上面已阐述过的理由来对生产进行改造的社会化方式以达到取消垄断利润，这种借助其竞争性经济特征的社会主义化也有可能使成本下降。

垄断利润在任何情况下或者说任何形式的垄断利润都是经济过程中的有害因素，因此人们在社会主义调节中应该始终不渝地坚持消除真正的垄断利润，或在一定程度上的消除垄断利润。同时，人们应该从利益关系出发，一方面以可能提高劳动者收入为目标，另一方面以降低价格为目标，来尽最大可能寻找消灭这样的利润的道路。消除这种毫无道理的利润的重要客体无疑是中间利润，这种中间利润是在某种黑幕后面由生产过程中因而也是在分配过程中的不同阶段的中介者造成的。这种利润完全不在或绝大部分不在面向公众的最终销售中形成，因而不在商店中或其他的零售商业中形成。它基本上是秘密的批发利润，是首先在中间阶段并直到最终销售贸易中形成的利润。消除这种中间利润是所有经济学家都讨论的古老命题，人们在根本上反对这种利润，但有时却默认其的存在，它时常被视为寄生物，又被看成是分配劳动（支付总费用和承担风险）应该获得的报酬。今天的经济自由主义，如果它宣称社会市场经济，它就应该完成这个任务。

八、"经济督察员"

在这里，社会主义的市场调节应该干预。但这种调节不是通过固定最终产品价格来实现，尽管在一定范围内规定某些产品的目标价格是可以考虑的。使用固定价格将很容易把因中间利润进入成本而已经涨价的产品推向黑市，因此，宁可考虑另外的方式和非官僚主义的方式来调节市场。众所周知，对于生产的社会方面来说，存在行业和工厂监督员；通过他们整个社会的立法机构才能从一大堆法律条文中自拔，而不会产生巨大的官僚机构。为什么人们不应该创造"经济督察员"，并赋予其法律地位？在已经提到的完全有必要的领域中，他们通过发现超出必要水平和一般水平的利润来清洁经济循环过程。（当然这涉及所有的预防性措施，在这里为了简便起见，我不想涉及它）然后才能使现存的、已形同虚文的反价格暴利法获得新生。

九、调控投资

对经济循环过程的调节还必须深入到隐藏在生产结构和价格构成后面的有活力的、决定经济继续发展的主要进程中去，即经济循环的调节必须影响投资。这是经济循环的最重要的组成部分。一方面，投资是决定经济合理化的关键，进而决定工资的提高或价格的下降；另一方面，它又决定经济继续发展的总形态。干预了投资，也就影响了生产资料生产多少，进而决定了消费品生产多少，它们之中又包含了当前消费水平提高与未来供给之间的基本关系。现实背景下的消费领域中的建筑业投资，它要么包含了各种社会主义式的需求满足的机会，要么只是一般公共福利的需求满足。

理论家清楚，投资量和投资方式在景气循环中有着何种重要作用，进而对形成或阻止危机和失业具有极其重要的影响。长期以来，景气理论认为，在一种由自由力量支配下不可避免的过量投资是一再规则性的重返危机的决定性的转机，这是景气循环的组成部分。由凯恩斯首先提出的现代充分就业理论——这一理论有意识地反对由自由主义者提出的自由放任——决不把危机的原因归结为一再活跃的投资积极性。从 1929 年开始的资本主义的结构性大危机，它同时还伴随着巨大的国际性的失业，它证实了凯恩斯的理论。但这种理论的复杂结构人们还没有深入研究，后来还证实，自由主义者对这一理论只字不提。

在今天经济的信贷背景下，无论如何一般的经济调控，也就是社会主义的调节应该揭开其秘密，但这不是用计划经济来医治其未来病兆。罗陀斯，就在这里跳跃吧！（Hic Rhodus, hic salta!）

十、"投资委员会"

建立一个"投资委员会"，它首先必须是一种非官僚主义的、同时又与经常性政策保持一定距离的机构。如果这个委员会由具有社会主义倾向的人士、中央银行的代表、具有经济专门知识的国会议员组成，并由带有其他经济部门助手的经济部长任主席，那么，在这个委员会中，具有前瞻性的信贷规则和货币规则的知识，在与金融业保持一致的前提下将发挥关键作用。这个委员会不应过于庞大。人们应该寻求通过其决议来发挥影响，如果经济部或中央银行想要偏离这些决议，而它们自己的做法又具有可行性的话，那么，这些做法就应该提出来公开讨论。

应该给政党，首先是社会主义政党提出建议，它们自己应组织一个专门委员会。这些专门委员会应邀请具有独立性的专家组成，由他们长期负责进行投资可行性和必要性的研究，在认真思考和反复琢磨前期的经济循环及其演进规律后提出报告。其结果应该交由参加投资委员会的国会议员作为资料使用。

在我看来，人们可以对这种方式提出两个要求：第一，投资的紧迫性清单；第二，对投资提出可行的信贷导向建议，以及在紧急情况下，事实上限制投资，通过信贷导向方式限制信贷规模的扩张。就今天德国的情况看来，我个人认为，这件事最为重要。

在我们今天存在资本巨大缺口的情况下，提出不会引起通货膨胀的，有实际可行性的信贷扩张的思想与建议尤为重要。只有通过这种方式，人们也才能为有意识地逼近充分就业状况提供可行的基础。

十一、充分就业

自第一次世界大战以后，绝顶高明的凯恩斯的总的思想就一直着眼于，把信贷扩张作为充分就业手段。我没有深入研究他的一般理论信念，从这些信念中可以推导出他的思想，并且这种由他推测出的资本主义的高级阶段的非常普遍的发展趋势是有其根源的。但是，既然作为各种社会主义和各种社会主义经济调控都追求的巨大的并且是有望实现的目标之一的充分就业是必然的，那么，这也就指明了这个问题。在国家框架内以尽最大可能实现充分就业的信贷扩张的存在表明：在需求满足问题上，只要哪里存在只用直接投资来弥补的巨大缺口，却没有必需的投资资本，那么，这就必然同时存在未被利用的劳动资源。今天德国的住宅状况和劳动状况①就是一个典型的例证。我认为，在这里一种实际的信贷扩张完全有可能成为社会的和国民经济的重要工具，这一工具也许能够使长期以来一直处于瘫痪状态的经济循环的那一部分尚健康的机体活跃起来。

十二、愚蠢的自给自足

一般来说，我在这里以这些观点所涉及的那些东西，如繁荣、充分就业、危机、失业都是就世界经济循环而言的，正如我们今天必须一再追求的那些东西都以世界经济为前提，因而是国际性的问题。所以对付危机的手段也必

---

① 指联邦德国当时住房极度短缺与大量失业并存现象。

须是国际性的。这强调的是：所有封堵世界经济的行为、一切自给自足化的做法在这种观点下，不仅仅是把其正确地纳入世界经济之中的问题，而且它们也是防范危机的愚蠢手段。一旦人们企图自我封闭，人们也就把自己作为一个整体纳入了世界经济循环之中。重要的世界经济中心既是经济向上运动的巨大动力源泉，又蕴藏着危机坠落的危险。建立国际主管机构是必要的，至少可以提出建议，关心经济的一般上升和下降趋势，在将来分配世界投资资金，并在世界范围内实施，正像今天已经做到的那样。如果说迄今为止在分配投资方面长期以来做得不够，但马歇尔计划－机制在分配美国的信贷方面却积极致力于此。

用这种国际调节观点来看，景气和结构影响趋势融为一体。在这里建设和扩建国际机构是巨大的任务之一，并建立一项国际投资政策，它实际上表现为一项巨大世界经济调节政策和循环政策。马歇尔计划完全是临时的特定机构。这种形式在未来必须是民主监督机构；在这里，它既不像以特定方式建立的欧洲议会，又不像 UNO。

今天在完全国际化和部分国际化框架中正在形成的一般调节，并在组织上和功能上必须扩大的一般调节，这一事实并不是说，现存的国际调节同在国家民族主体中有意识的经济循环调节和经济发展调节相矛盾。相反，调节的这两个层次在目标上是相互协调和互为补充的。同时，按照自给自足的观点，是无须国家调节的。与之不同，这种调节与尽可能最大开放的国际，以及地区调节的区位结构，是相互适应的，如欧洲市场共同体。在这种框架下，作为被正确理解的经济调节，如果它根据国家现存特点的状况把可供支配的投资资金更多地用于推动生产资料生产和消费，它就完全是合理合法的和极为有利的。

十三、作为主要问题的住宅建设

在一个国家如像在今天的德国，这里存在大量未被利用的劳动资源，另外这里又存在因生活水平低下的巨大威胁。生理和精神健康的生活呼唤着克服困难，在这里，仅住宅就缺 500 多万套。同时，这里新的劳动资源还在继续增加，他们也期待社会干预和生产的扩张。在这样一个国家里，最为关键的任务是对经济循环和经济发展进行一种社会主义调节，按此人们期望，把劳动力资源的存量和增量，把生产和住宅的重建等问题汇集在一起加以解决，这不仅是尽可能快地解决住房供给短缺的问题，而且也是对社会和经济贫苦的调节，人们可以通过投资给经济循环注入新的血液。

由此而来，在考虑到理论研究现状的背景下，这样的政策应慎重地利用调节和控制这种投资的机会，鉴于德国资本和资本形成的限制，为实现这一目标，首先应该考虑有代表性的、实际的信贷扩张。作为目前到处可见的可怕情形，即住房的巨大缺口，这一任务需要 20 年时间完成，一般的重建计划很快就能完成，在这里，存在着机遇和手段。

人们由此完全可以理解，为什么社会主义者想要解释社会市场经济中的真实的社会含义，以及按照社会主义者的观点应在何种意义上理解社会市场经济中的真实的社会含义。建立在科学知识而非简单的前提假定基础之上的，对经济循环和经济发展进行与市场一致的调节，必然要求消除贫苦的目标，同时，那种咨询组织和共同决策组织也必将成为现实。我应该考虑到，从社会主义观点出发，应该怎样表达社会市场经济，这个问题现在已经相当明确。那种坚持强制的社会主义，在现实中应该得到改造。

欧洲主权债务危机深层次原因探讨[*]

——基于世界三大市场经济模式比较视角

2008 年美国金融危机以后，欧洲主权债务问题开始逐步显露出来。到了 2011 年，欧洲国家债务问题进一步发酵，危机风险从原来的欧洲五国蔓延到更多欧洲国家，并有可能扩大到整个欧洲及全球。虽然危机至今尚未爆发，但因应对措施不力，"狼来了"信息不时传来，国际经济大有再次触底的风险，惊扰着世界经济的脆弱神经。究竟什么原因引发了这场危机，人们采取什么样的对策才能渡过这道难关，值得我们深思。

一、一个分析框架：金融危机与世界三大市场经济模式

在讨论欧债危机的诱发原因时，许多人习惯将当前的欧债危机与 2008 年由美国引发、后来波及全球的金融—经济危机联系起来，以致认为欧债危机不过是 2008 年危机的继续，那种把欧债危机纳入"后危机"范畴内的看法，就是典型一例。这种看法似是而非，其实，这两次危机的性质与成因完全不同，甚至完全相反。2008 年美国的危机根源于盎格鲁－撒克逊自由市场经济模式的天然缺陷，而欧债危机则来自欧陆国家实行的社会市场经济模式的弊

---

[*] 本文原载于刘树成、张连城、张平主编：《中国经济增长和经济周期》（2012），中国经济出版社 2012 年版。

病。如果认为它们之间还存在内在联系的，那么这仅仅在于，2008年危机后发达国家经济复苏乏力，抑制了财政增收能力并加重福利制度负担，使欧洲主权债务问题暴露出来而已。

在这里，我们有必要对20世纪90年代以来三次重大危机与世界三大著名的经济模式联系起来，在比较视野下考察三次危机的性质与成因。在经济全球化背景下，三次危机都表现为金融危机，但各次危机的成因并不相同，各自有其深刻的制度背景。

1. 亚洲金融危机与中国强政府下的市场经济模式

亚洲金融危机是东亚政府主导型市场经济的产物，政府负有不可推卸的责任。东亚政府主导下的市场经济模式，是日本在明治维新中创造的。后来日本资本主义的发展导致了军国主义和法西斯主义，其原始形态在第二次世界大战后被美国改造，这种经济模式才逐步成熟。后来这种经济模式被亚洲"四小龙"以及其他东亚国家模仿和采纳，日益发展壮大，成为当今能与英美自由市场经济模式和欧洲大陆社会市场经济模式相提并论的世界三大市场经济模式之一。20世纪90年代初，中国经济改革最终确定市场经济的目标，中国也加入这种模式之中。不过，中国"青出于蓝而胜于蓝"，把这种市场经济模式的特点做到了极致，用政府主导已不足以概括中国模式的特点，中国实际上实行的是强政府下的市场经济。

20世纪90年代，伴随中国市场化改革的推进和中国经济的迅速发展，拉动了除日本以外的大部分东亚国家经济的高速增长。在这种背景下，世界各国，包括政府、经济界、舆论界几乎一致看好东亚，诸如像21世纪将是亚洲世纪之类的说法甚嚣尘上。在舆论的一片鼓噪下，东亚各国在政府支持下纷纷加快经济发展步伐，吸引了大量资本涌入东亚地区。但是，过快的经济增长导致经济结构失衡，形成房地产与股市泡沫，为国际投机资金创造了套利机会，形成了东亚地区的经济泡沫。当国际炒家2007年年中首先刺破泰国经济的泡沫，危机随之爆发，很快从泰国蔓延到整个东亚。

这次危机的起源可以追溯到中国20世纪90年代初邓小平的南方谈话。这次谈话的中心有两个：一是关于社会主义条件下的市场经济问题，这直接促使在当年年底召开的党的十四大确立了中国的经济改革最终选择了"社会主义市场经济"目标，为改革开放以来14年始终存在的争议画上了句号，其历史性意义决不能低估。二是关于经济发展的问题，他认为，胆子要更大一点，步子要更快一些。后来人们对他这方面的谈话精神似乎有些淡化，也有人把它解释为改革开放的胆子和步子。显然毋庸讳言的是，在谈话这方面精神的推动下，中国经济迎来了20世纪80年代以来的第二轮增长热潮（第一轮为20世纪80年代中期到末期），经济增速1991年为8%，1992年、1993年就上升为13.2%和13.4%；与经济增速快速提升相伴随，出现了下海热、股票热、房地产热；通货膨胀率一路攀升，从1991年的3.4%，1992~1994年分别上升为6.4%、14.7%、24.1%，达到改革开放以来的最高值；赶超型经济增长的泡沫迅速形成。在这种背景下，中央不得不在1993年年中出台了为期5年的以"软着陆"为名的紧缩性措施，直到1998年在受到亚洲金融危机明显冲击后，才改变宏观经济政策的方向。正是中国经济过热的拉动下，增长热潮逐步传递到与当时中国经济联系最紧密的东亚诸国，形成了东亚地区的经济泡沫。

在这次金融危机中，有幸中国没有放开资本项目下的人民币自由兑换。国际游资在经济过热时无法进入中国助推泡沫，泡沫是中国自身的泡沫；在泡沫破灭时，也避免了热钱抽逃引发的灾难，没有形成经济的崩溃；在应对危机时，可以关起门来治理经济。当然，这并等于说中国置身于这场危机之外，尽管中国经济也受到危机的严重影响，但却是东亚新兴工业国中，受危机冲击最小的国家。如果中国不是在封闭或半封闭条件下治理经济泡沫，从而实现了经济的"软着陆"。否则，这场危机触发点可能不是泰国，而是中国；危机也不是发生在1997年，而是在20世纪90年代中期。

2. 美国金融危机与盎格鲁－撒克逊自由市场经济模式

英国是这种经济模式的首创者，是世界上第一个"自生自发"而形成的现代市场经济秩序，因此这种经济模式具有更多自由的原生态特征。美国经济模式来自英国，由于美国没有英国历史上的封建制度，并主要由追求自由、敢于冒险的移民创造，其经济自由化程度更高。加上美国是一个大国，其经济规模和实力早在 19 世纪末就已经超过原宗主国，因而美国后来成为这种自由市场经济模式的典型代表。

盎格鲁－撒克逊式自由市场经济是 2008 年金融危机始作俑者，危机源于自发的市场力量，即华尔街的金融创新。金融衍生品泛滥催生了房地产泡沫。当泡沫引发的通胀压力增大时，美联储不得不提高利率，加重了房贷者负担，次级贷款者违约断供增加，银行出售违约抵押房造成房价下跌。在利率上升与房价下跌双重压力下，房地产泡沫破灭。在贷款抵押物变现不能弥补金融机构亏空时，次贷危机形成并最终演化为全面的金融危机，然后迅速传递到世界各国，最终酿成全球金融危机。

美国 2008 年金融危机形成的根源，可以追溯到 20 世纪 80 年代的经济自由化改革。美国是经济自由化程度最高的国家，早在 1929 年这种自由市场经济制度就引发了历史上最严重的经济危机。在治理 30 年代大危机中，美国国会和政府为了防范危机再度发生，曾制定和颁布了一系列限制市场自由的法律和政府规制。第二次世界大战后，凯恩斯主义的盛行，政府干预经济的范围与力度不断加强。由于政府对市场的过度干预，妨碍了市场的功能，以至到了 20 世纪 70 年代，美国经济出现了原生市场经济不可能发生的怪病——滞胀。面对滞胀局面，凯恩斯主义既无法解释其形成原因，也提不出治理滞胀的方案。在这种背景下，被压抑了多年的经济自由主义开始复兴，他们不仅把滞胀归罪于政府对市场的干预，而且开出了治理滞胀的一整套新自由主义的药方。1980 年共和党赢得了大选，里根总统上台以后推行这套经济自由化的改革措施。除了美联储减少货币供应量以抑制通货膨胀，政府大幅减税和削减社会福利这些经济过程政策外，更重要的是，共和党政府还推出一系列旨在减少限制性法律和政府规制，将 30 年代大危机后形成的许多限制经济自由的措施予以取消或削弱，给市场更大的自由度，其结果引发了大规模的技术创新和制度创新。美国 20 世纪 90 年代长达近 10 年的、以 IT 技术革命推动的"新经济"，与之有密切关系。但是，经济自由化是把"双刃剑"，它在创造"天使"的同时，也可能催生"魔鬼"。大量金融衍生品的出现与放松金融监管有关，而这次金融危机就是与过度衍生的金融产品有密切关系。所以，我们可以说，2008 年美国金融危机是盎格鲁－撒克逊自由市场经济模式的产物。

3. 欧债危机与欧洲大陆社会市场经济模式

欧洲大陆尤其是西欧国家在历史上有比英国更发达的商品经济，由于英国率先确立了现代市场经济制度，并在这种制度基础上最早实现了工业革命。这促使大陆国家不得不学习英国的制度，并紧接着英国在 19 世纪初开始了工业革命。但是，受欧洲大陆的历史和文化传统的影响，大陆国家并不是简单地模仿英国，尤其是在工业革命初期，出现了大量前所未有的社会问题，致使其阶级矛盾和社会矛盾显得比英国更加突出。为缓和阶级矛盾和解决这些社会问题，大陆国家反对自由市场经济的思潮和运动。①

在欧洲主权债务危机中，其推手是欧洲特有的市场经济的"社会模式"。如果说 2008 年的危机来自金融创新制造的金融泡沫，金融泡沫致使私人消费过度；而欧债危机则源于长期公共消费过度，以致形成巨额的主权债务。如果说美国的危机主要表现为流动性不足，在向市场注资与市场自发去泡沫以后，市场会逐步恢复到一种均衡状态；而欧债危机则主要表现为偿付性不足，即公共支出大于公共收入，它必须通过财政增收节支，财政收支平衡后才能化解风险。如果说 2008 年危机来自对金融创新的放纵，是自由主义的产物；而欧债危机则来自社会模式对市场原则的漠视，是干预主义和福利主义的泛

---

① "社会主义"概念就是由法国学者圣西门在批评自由市场经济时，在"社会"这个词后面加上一个集合名词的后缀而形成的，用以描述 19 世纪初期与当时主流的社会思潮——自由主义对立的社会思潮。后来，在这种思潮影响下，社会主义思潮从知识分子的书斋中走出来，深入到民间，形成了社会主义运动、社会主义革命。从严格意义上讲，英国没有像西欧那样的社会主义，只有社会主义的近亲工联主义。在比英国更加自由化的美国，就连英国那样的工联主义也没有，更谈不上群众性的社会主义思潮和运动。其社会主义从来就是少数人尤其是知识分子的个别、局部行为。对此，德国历史学派、讲坛社会主义者的代表桑巴特早在 19 世纪就进行过较深入的研究。参见桑巴特：《美国为什么没有社会主义?》。

滥，是在社会公正旗号下对公共权力的滥用。如果说美国危机表现出自发市场的天然缺陷；而欧债危机则源于欧洲特有的政治结构，是经济的政治决策失误的后果。

三次危机的诱因与当今世界三大著名的市场经济模式特点相呼应，这显然不是一种巧合，发人深省。

二、欧洲主权债务危机成因探讨

概括说来，造成欧债危机的原因有四个方面，即欧洲大陆国家市场经济的社会模式、欧洲大陆国家的多元民主政治制度、欧洲既发展又不成熟的一体化、欧债国家特殊的历史文化背景。

1. 欧洲大陆社会模式下公共福利制度的缺陷

社会市场经济是第二次世界大战以后由联邦德国首先创立的，后来伴随着欧洲一体化进程成为整个欧洲大陆国家的经济社会模式。这本来它是作为克服自由市场经济贫富悬殊，强调社会公平构建的经济模式。但是，在这种经济模式的长期发展中走向了极端，过多强调公平，忽视效率，以致公共支出与公共消费超出了财政的承受能力，积累起大量主权债务。

长期过高、过滥的福利不仅造成公共债务债台高筑，而且形成了一批长期依赖社会救助的群体，在高福利激励下一些人宁愿失业不愿寻找工作。这使欧洲国家失业长期居高不下，经济增长乏力。在公共援助与慵懒之风相互作用下，最终酿成了现今的局面。

值得注意的是，欧洲的社会模式还是一种超稳定的结构，甚至是一种僵化的体制。"二战"后初期根据经济增速较高、财政收支盈余、人口结构年轻设计的制度，在经济增速下降、财政负担增大、人口老龄化时期却很难与时俱进的调整。这与欧洲国家多元民主政治制度有密切关系。

2. 劳动力市场僵化，经济长期低迷

欧洲大陆国家社会模式的公共福利制度直接相关的是对劳工权利的过度

保护和对劳动力市场的种种限制，二者实际上是社会模式这一枚硬币的两面。劳动力市场缺乏灵活性直接导致了欧洲大陆国家经济增长长期乏力，失业居高不下。从理念上讲，欧陆国家长期以来形成的劳动权是基本人权，高于劳动力市场规则。在这种理念下，形成了保护雇员就业权利而轻视企业用工的自主权的一系列法律法规。如许多国家企业解雇员工必须得到工会批准，即便解雇也得支付昂贵的、带有惩罚性补偿费。此外，"劳资协议"制度，即由社会上的工会与雇主协会谈判工资、福利等劳动关系的社会模式；雇员进入企业高层领导机构与雇主共同决策（或参与决策）制度，都是欧陆国家所特有的。这些制度虽然提高了劳资关系中雇员的地位，有利于缩小劳资不平等地位，但对效率的损害也是显而易见的。

在欧陆模式的上述制度安排下，与其他发达经济体相比，欧洲国家员工的年工作时间最短，而各种休假最多，休假时间也最长；最低工资制度的保护，使一些人不愿学习技术、提高自身素质，经济一旦波动，很容易成为失业者；昂贵的失业保险既增加了企业和缴纳者的负担，削弱了企业竞争力并伤害了在职者的工作积极性，又使得失业者不努力寻找工作，不愿从事低收入工作；就业保护制度设计的本意是促进就业，过度的保护走向了其反面，增加了失业。因此可以理解，欧洲大陆国家的失业率为什么会高于北美和日本数个百分点，自然失业率长期维持在两位数以上的国家并不罕见。劳动力市场缺乏灵活性是造成欧陆国家经济增长长期乏力的重要原因，市场一旦出现波动，很容易陷入危机，并难以自拔。

需要指出的是，欧洲大陆国家并非铁板一块，各个国家的制度安排存在差别。概括说来，有两方面的差别却带有共性：一是公营机构雇员享有比私营机构更优厚的就业条件，饭碗更铁。虽然现在欧洲国家制造业中的国有企业占比比过去下降了很多，但在服务业中，公营机构的占比却不容低估，如公共医疗系统、公共教育系统、公共交通运输系统。公共服务机构在国民经济中的较高占比，以及其雇员更优厚的就业条件，从总体上降低了劳动力市场的灵活性。二是南欧国家劳动力市场化程度低于北欧国家，其经济增长低迷程度更甚。这与欧债危机国为什么大多集中在南欧，是有直接关系的。

3. 欧洲多元民主政治制度的弱点

任何公共债务问题都是经济的政治决策的后果。欧债危机与欧洲的多元民主政治制度有密切关系。这种制度虽然有利于保证公民权利，但政治权力分散，政府执政能力低下。公共债务便成为利益集团争斗的最后平衡器，以致越积越多，酿成危机的祸根。

首先，这种政治制度下的多党制致使政府执政能力低下。在这种制度下，因单一政党很难在选举中获得绝对多数，多党联合政府便成为政治常态。主政党须照顾参政党的利益取向，执政联盟经常因政见不合而使政府倒台，甚至会出现多年无政府状态。这种多党政治制度与英美模式中主要由两大政党分享政治权力的政治结构不同。在英美模式中，由于政治权力相对集中，执政党有足够的执政资源，反对党也能聚集足够的制衡力量。

在欧洲这种政治生态下，各个政党竞相讨好选民，不仅左翼政党主张大搞福利，右翼政党也不敢反对福利举措，甚至主张扩大福利。当财政出现入不敷出问题时，改革措施往往雷声大、雨点小，甚至只打雷、不下雨。即使改革措施能够出台，其棱角通常已被磨掉，执行起来会走走停停，最终可能一事无成。

其次，与政府执政能力低下相适应，欧洲国家的公共决策权分散在众多的社团手中，它们各自代表着不同的利益集团。盘根错节的利益集团的争斗，致使公共债务与日俱增。因此可以理解，为什么在这次危机发酵中，每当改革措施提出后，示威活动与罢工风潮就风起云涌，以图劫持议会与政府，并向社会示威，阻止不利自身利益的法案通过。有人将欧洲国家称为"社团国家"，虽然有点言过其实，但绝非空穴来风。

最后，在这种政治社会结构下，社会市场经济不仅意味着市场经济 + 社会福利，还意味着社会调节与控制的市场经济。在这里，社会是除了"看不见的手"与"看得见的手"以外的"第三只手"。在这种模式下，常常出现市场说了不算，政府说了也不算，社会将各种矛盾归集在公共债务名下，也就不足为怪了。需要指出的是，造成欧债危机的干预主义，主要是社会这只手。这与东亚政府主导市场经济中干预主义主要是政府这只手不同，二者相同之处在于，都是对市场的干预。

4. 既发展又不够成熟的欧洲一体化

第二次世界大战后欧洲一体化进程取得了很大成效，在很大程度上缓解了欧洲小国寡民、市场狭小的问题，但距欧洲真正的一体化还很遥远。这种现状既扩大了欧洲各国经济发展水平的差异，又形成经济—货币一体化与政治—社会一体化之间的不平衡，这些结构性失衡也助推了主权债务风险的形成。

首先，经济一体化造成欧盟各国经济发展水平的不平衡。统一大市场的形成使欧洲国家间的壁垒消失，这给竞争力强的北部国家占领他国市场创造了条件，也意味着竞争力低下的南部国家的市场丧失，形成强者更强、弱者更弱的经济结构失衡。但是在欧洲社会模式强调的公平原则下，发展水平较低的国家却在公共消费上向高水平国家看齐，使这些国家公共支出水平超出其经济承担能力，触发了主权债务风险，进而波及整个欧洲。

其次，货币一体化削弱了落后国家化解过度公共消费矛盾的手段。欧元区的形成使货币主权集中到欧洲中央银行手中，一方面，这使欧元区相对落后国家不再能通过通货膨胀"捷径"来化解公共债务；另一方面，这也使这些国家不再能通过本币贬值来维持出口规模，保证经济增长和财政增收。这样，过度公共支出的重责就全部压在了公共债务身上，以致越滚越大，最终发酵成危机风险。

最后，欧洲政治—社会化一体化滞后也是促成危机发酵的重要原因。尽管一体化的设计者似乎高明地预见到主权债务增大的风险，做出了各国债务总水平不能超过其GDP的60%，年度财政赤字不得超过其当年GDP的3%的规定。但欧盟仅仅是一个松散的经济—货币联盟，缺乏认真执行这个规则所必备的政治手段，导致这一上限早已被突破。

5. 欧债危机深层次的历史文化根源

欧洲南北经济发展水平差距还有着深刻的历史文化背景。这与不同种族与不同宗教传统在对待工作与休闲、节俭与奢靡、自律与放纵上存在差别有密切关系。无独有偶，我们在欧洲似乎看到了造成北美与差异的类似原因。欧洲北部日耳曼民族与新教占有优势，而南部国家则是拉丁族与天主教占优势。

例如，在新教占优势的德国不仅在经济上具有传统的优势，而且较早意识到社会模式的缺陷。早在 21 世纪初的 2002 年德国就通过了"2010 年议程"，对社会市场经济模式的弊端进行了大刀阔斧的改革，近年来改革成效逐步显现出来。这项议程的内容很多，这里仅以失业保险制度改革为例：改革将失业保险并入失业就业之中，雇员一旦失业，不再能领取以原工资比例计算的、由社会保险机构发放的失业保险金，而直接领取政府发放的、数额少得多的失业救济金。一方面，这项改革降低了企业的劳动成本，增强了竞争力，同时也减少了雇员的社会保险税负担，有激发其工作积极性的效应，因为企业与在职职工不再为失业者交纳失业保险。另一方面，这促使失业者积极地去寻找工作，不能再躺在失业保险制度上吃"大锅饭"，否则其收入将大幅减少。所以不难理解，德国是最早从 2008 年金融危机中走出来的欧洲国家，且增长较为强劲，失业率从世纪之交接近两位数下降到 20 世纪 90 年代两德统一以来的最低点。

与之不同，债务危机深重的南欧国家除希腊这个民族是东正教占优势外，其他国家几乎都是拉丁民族与天主教占优的国家。尽管不同宗教与种族的差异欧洲民族融合和经济一体化进程中日益弥合，但与经济体制能在较短的时间内实现统一不同，千百年来形成的文化差异却难以在短期内消融。在欧洲主权债务危机中，我们似乎又看到类似于罗马帝国末期公民社会的享乐、奢化。

三、展望与结论

1. 欧债危机前景展望

迄今为止，欧盟及发达国家应对危机的措施主要集中在向危机国家实施援助与向市场注资，但这些措施治标不治本。2012 年德、法两国酝酿修改《里斯本条约》，加快欧盟政治一体化进程，强化对成员国财政监督的措施，才开始触及深层次问题。但是，这可能会遭到诸如英国、爱尔兰等国的反对。因为这两个国家在经济社会体制上属于盎格鲁－撒克逊模式，在欧洲统一问题上常常与德国和法国主导的欧洲大陆国家意见相左，其融入欧洲一体化进程完全基于利益考虑，难以在文化意识形态上真正融入欧洲。虽然欧盟与欧元区可能改组，使不愿进一步融入欧洲的国家停留在现在的一体化水平上，也可能让无力推进改革的国家退出欧元区，甚至退出欧盟。但是不会像有些预言家希望的那样，欧洲一体化进程会因危机而中断，甚至欧洲联盟会因此而解体。因为对于绝大多数欧洲国家来讲，进一步一体化的收益要明显大于改革的成本。

总之，要真正化解欧债危机风险，必须改革欧洲的社会模式，杜绝寅吃卯粮的公共消费模式。但是在欧洲经济、政治、社会的超稳定结构下，这绝非易事。也许这轮危机还不够深重，不足以成为推进实质性改革，使欧洲模式浴火重生的动力，正像笔者 10 年前预言的那样（参见沈越：《德国社会市场经济评析》，中国劳动社会保障出版社 2002 年版）。

2. 结论：三次危机与三大件经济模式的关系

从一定意义上讲，现代社会由市场（资本）、政府、公民三大权力体系构成。这三大权力体系之间构成一种相互依存，又相互制衡的紧密关系。如果某项权力过大或者过小，它就会有损甚至破坏这种权力体系的内在平衡，引发危机。从这种视角看，20 世纪末期以来世界上爆发的三次金融危机，实际上是支撑现代社会的三大权力之间结构失衡所致。

东亚国家政府权力过大，尤其是在中国强政府模式下，如果政府决策者过于任性，过度发挥政府在推动经济增长中的作用，就会导致市场规则扭曲，公民权利被忽视。要消除这种由政府推动的经济过热而引发的危机，就要深化经济改革和推进政治体制改革，弱化政府在经济发展过程中的强势作用。

美国资本与市场力量过大，它在一定程度上俘虏了政府，政府成为市场和资本过度追求利润的助手和危机残局的收拾者。同时，市场和资本在现代社会的权力体系中势力过大，它也会抑制公民社会的权力，增大财产和收入分配差距。要避免2008年那样的金融危机，这种经济模式也需要进行结构改革，弱化市场和资本的权力，扩大政府和公民社会对市场和资本自发的逐利行为的制衡。

欧洲大陆国家公民权力过大，抑制市场功能与政府的权力。危机国家在治理主权债务危机时，国家和社会被由各个利益集团分割、争斗的"公民社会"撕裂，以至市场原则说了不算，政府说了也不算，以至债务危机风险不断被触发，结构的经济—社会改革措施总是难以到位。显然，这种"欧洲大陆式民粹主义"是值得深思的。

第三篇
中国经济改革与发展

- 新常态下供给侧结构性改革与发展新动力
- 市场决定性作用与基本经济制度
- 十年来经济体制改革深化的十个标志
- 关于开放劳动力市场的思考
- 强政府与中国经济增长
- 新旧常态转换与政府行为调整
- 中国经济长期高速增长之谜
- "三农"问题的根本出路在于城市化

新常态下供给侧结构性改革与发展新动力

自中国经济发展进入新常态以来，经济增速下滑引致各方关注，怎样为中国经济提供新动力，保证国民经济持续稳定发展，成为人们关心的话题。在这种背景下，自 2015 年底召开的中央经济工作会议提出的通过供给侧结构性改革，来增强经济持续增长动力，推动我国社会生产力水平实现整体跃升。应该如何理解和解释供给侧结构性改革引发了经济（学）界的热议。

一、一个分析框架：区分供给侧结构性
改革与供给侧管理

在关于供给侧结构性改革的讨论中，人们常常把供给侧结构性改革与供给侧经济结构调整混淆起来，相当一部分人把供给侧结构性改革理解和解释为供给侧经济结构调整。例如，当前各级政府实施"三去一降一补"的相当一部分措施，是政府采用各种手段促进经济结构调整，这属于经济结构调整的内容，而不是供给侧结构性改革的措施。实际上，二者是有区别的，不应混淆。如果把中国经济问题概括为改革和发展的两大主题：供给侧结构性改革属于改革主题，强调的是通过供给侧的经济体制改革。而供给侧经济结构调整则属于发展主题，尤其是在政府干预下对经济结构的调整。尽管改革与

* 本文原载于《福建论坛》2017 年第 8 期。

发展存在内在联系，体制改革最终是为发展服务的。但是，究竟是通过体制改革来完善社会主义市场经济体制，使市场在经济结构调整中真正起决定性作用来达到促进发展的目的，还是通过产业政策来直接调整经济结构，二者还是有严格界限的。

1. 来自西方经济学的话语无法准确概括中国经验

将供给侧结构性改革和供给侧经济结构调整混淆起来，中国经济学界有一定责任。尽管一些经济学者（厉以宁、吴敬琏，2017）指出将二者混同使用的不当之处，明确指出：要警惕把供给侧改革混谈为政府调结构。但许多经济学者（刘伟，2017）仍将二者不加区别地使用。进一步追根寻源，这与西方主流经济学的话语有关。目前中国经济学中的许多话语都源于西方，尤其是以英美为主导的西方经济学。在这个话语体系中，没有对结构性改革和结构调整做严格的区别，尤其是在讨论经济政策主张时。有的结构性改革讲的是制度（或体制）改革，有的则讲的则是经济结构调整，还有的是二者兼而有之的混沌话语。这与西方市场经济中政府在经济活动中作用相对较小有密切关系。关于这个问题，我们这还得从西方市场经济体制的形成和发展，以及西方主流经济学的来源与发展谈起。

众所周知，传统的西方市场经济原本是一种"自生自发的秩序"（哈耶克，1989），按照马克思（Marx，1972，第 12 页）的说法，它的形成则是一个"自然历史过程"。在亚当·斯密（Adam Smith）关于政府的经济职能理论中，政府除了维护自发形成的市场制度消极职能外，只有救助弱势群体和承担少量公共工程的任务。无论是市场制度的形成和变迁，还是包括供给结构与需求结构的经济结构的形成和演进，都是市场竞争的自然结果，无须政府插手其间。随着经济发展，资本主义经济体系内在矛盾增加，原生态的自由市场经济开始发生渐变，政府开始越来越多地干预经济，其最大变化莫过于 20 世纪 30 年代的"凯恩斯革命"。

但是在凯恩斯体系中，政府的作用仍然有限。一方面，它默认西方传统主流经济学关于政府在制度建设方面的消极功能，即政府仅仅具有维护自发形成的市场秩序的职能。另一方面，他主张政府放弃传统的不干预经济活动的做法，主张政府实施积极的货币政策和财政政策来干预经济过程，不过，其干预的领域只涉及需求，而不涉及供给或少有涉及供给。与默认自生自发的市场制度的天然合理性一样，凯恩斯体系也默认经济体系中供给能力形成的自发性，它主要仍由民间自发投资决定。政府干预经济的职能主要是，通过扩张需求或紧缩需求来使总需求与市场自发形成的总供给保持大体的均衡，以熨平或缩小经济周期波动对经济增长的负面影响。尽管在凯恩斯的政策主张中，也强调公共工程在政府应对危机冲击中的积极作用，但他却把此看成一种应对危机的权宜之计，缺乏系统的理论。

后凯恩斯主义宏观经济学在供给分析中，虽然也有一些政府行为的分析，但就其总体来说仍然是一个以需求分析和政府需求管理为主的理论体系。至于20世纪后期兴起的新古典宏观经济学更是把供给视为市场自发生成的系统，其供给分析是一个纯粹的市场过程分析，没有政府的容身之地。所以，在西方主流的宏观经济学体系中关于供给侧的经济学分析中，说几乎没有政府的身影可能有些夸张，但研究薄弱、着墨浅淡、语义含混不清却是不争的事实。其供给侧结构性改革的说法在通常情况下，大体包含着两方面含义：一方面，强调对供给的重视，暗含着对凯恩斯主义只关注需求侧的批评；另一方面，结构性改革既包括体制的调整内容，也包括直接调整经济结构的内容。西方经济理论中对政府职能在供给分析中的缺位或不到位，即使用于描述和解释政府作用较小的西方经济体系，也存在不足，将其照搬到政府作用很大的中国，更易于引起歧义。因此，采用西方经济学术语来描述中国经济的实际情况是十分不够的，尤其是对政府行为的分析。

2. 讲好中国故事需要新的经济学分析框架

与西方自身自发的市场经济不同，中国的社会主义市场经济的形成不是一个完全的自然历史过程，它带有很强的人为设计和设置秩序的特征，政府在市场制度的形成和市场运行中，发挥着比西方政府大得多的作用。仅借鉴西方经济学的术语无法准确刻画，这是造成将供给侧结构性改革与供给侧结构调整混淆起来的一个重要原因。据此分析我们（沈越，2006）曾提出一个新的分析框架，把政府干预经济的政策分为两类理念模式：经济制度（体制）政策和经济过程政策，用以分析经济中的政府行为。尽管在实践中这两类政策往往交织在一起，就像市场调节因素与计划调节因素在现实的经济体制中不存在纯粹的模式一样，这并不排斥人们在抽象意义上以纯粹的形式来考察市场经济与计划经济。

一是制度性政策（或称体制性政策），这类政策的实施并不直接作用于经济活动和经济运行过程，而是通过改变制度框架为经济运行过程提供更好的外部环境，从而改变市场主体的行为方式，激励其积极性和创造性，促进生产效率的提高。制度性政策既可能涉及供给侧，也可能涉及需求侧。

二是经济过程政策（或称经济活动政策），这类政策的应用将直接作用于经济活动本身，如财政政策和货币政策，其实施会改变市场参数，进而直接影响经济活动和经济运行过程。同样，这类政策既可能涉及需求侧又可能涉及供给侧。

此外，我们还可以根据政府干预经济的力度或强弱，把其分为积极的（active）和消极的（inactive）两类。所谓积极的政策是指政府干预经济的行为是主动的，并且有明确的干预目标和实现目标的手段，这两大要件，二者缺一不可。所谓消极的是指政府对经济的干预是被动的，没有明确的目标，或者有目标却没有实现目标的手段。

由于西方尤其是英美其市场经济是自生自发生成的，在这个原生态的现代市场经济中政府原本没有干预的职能，因此其对经济的干预往往是消极的或被动的，例如，在制度领域英美政府的职能仅限于维护自发产生的市场秩序，政府的职能正像亚当·斯密所说的"守夜人"。在斯密以后的两百多年历史中，西方政府在这方面的职能已有明显的扩大，结构性改革话语的产生就是一例。但是即便西方话语中的供给侧结构性改革包含着供给侧体制改革内容，其也不能与中国的体制改革同日而语。这是由自身自发秩序中的基本制度安排决定的，其赋予政府这方面的职能，最多只是对既定体制在边际上的修补，不可能做出重大变革。与之不同，中国的社会主义市场经济体制则带有明显的人为设计和设置的特征，它由政府通过党的十四大提出建设目标，十四届三中全会设计出具体的框架，然后在政府主导和广大民众参与下逐步建立起来的。政府的首要职能不在于维护市场体制，而是政府主导下引导民众"造市"。只有在市场经济体制已经确立之后，政府才有了维护和完善这种经济体制的任务。

在过程政策中，凯恩斯倡导的需求管理原本也是消极性的，最初只是应对大危机的"权宜之计"，并不具有常态化的性质。在后凯恩斯主义的政策主张和美联储的货币政策实践中，其积极地主动干预经济活动的行为尽管有不断增强的趋势，但仍然无法与东亚模式尤其是中国相比拟。至于过程政策中的供给管理主张则是新近才提出来的，例如，特朗普受中国基础设施建设成就的刺激，雄心勃勃地提出一个上万亿美元的基础设施建设计划。这在盎格鲁－撒克逊自由市场经济中无疑是一个空前之举，但因美国总统的经济权力有限，缺乏实现计划的机制，它很有可能成为有目标，却无实现目标手段而落空的计划。然而在中国由于有强大的政府，无论是需求管理还是供给管理都具有明显的积极主动特征。

二、把握供给侧结构性改革的主旨与供给
管理的政府行为调整

回顾过去近40年经济发展的历程，中国创造了一个落后国家迅速赶超先进国家的奇迹，这与政府对经济的积极干预密不可分。在这一发展进程中，政府既使用制度性政策又实施经济过程政策，干预既涉及供给侧也包括了需求侧。伴随中国经济进入新常态，过去促进经济超高速增长的一些政府行为的负面效应渐渐凸现，需要做出调整。抓住供给侧结构性改革这个关键，可以为未来中国经济持续稳定增长提供新动力。

1. 供给侧结构性改革的关键在于深化经济体制改革

纵观中国改革开放的历史，在制度领域的改革莫过于政府主导下的社会

市场经济体制的确立。1978 年以后逐步放开了原来计划经济控制和限制的领域，为企业和民众的制度创新提供了越来越宽松的环境，新的市场经济体制才逐步建立和完善起来。这种制度性政策既涉及供给侧也涉及需求侧。例如，农村生产责任制的确立，释放了农民生产经营积极性，迅速结束了计划模式下农产品供给不足的制度性顽症，伴随民营经济和外资的发展、国有企业改革，逐步改变了中国经济运行的微观机制，大大增强了中国经济的活力，逐步消除了传统经济体制下的供给短缺常态。与之同时，中国的对外开放，无论是 20 世纪 80 年代两头在外的开放战略，还是 21 世纪初中国加入 WTO，降低了中国产品进入世界市场的"门槛"，为发挥中国劳动力的竞争优势提供了巨大的国际市场，使改革形成的供给能力有了释放的需求空间。需求侧的改革进一步拉动中国供给能力的增强，几乎是在短短的几年时间内，中国就迅速成长为世界工厂。

近年来在制度领域供给侧结构性改革最值得称道的是农地的"三权分置"改革，一方面，它通过确权进一步明确和稳定了改革开放之初农民便获得的土地的承包权，产权的明晰使农民建立起更稳定的预期；另一方面，它明确经营权的权能和权益，为土地流转创造了制度前提，对促进农业规模经营和农业生产效率提高以及中国农业现代化有重大意义。此外，减少行政审批的措施，鼓励创新创业的许多措施也具有供给侧结构性改革的性质。

历史经验表明，制度性改革在中国过去近 40 年的经济发展过程发挥了最为关键的作用。在中国经济增长进入新常态背景下，要为中国经济提供持续稳定的动力也必须依靠进一步深化改革，这是供给侧结构性改革最核心的内容，也是落实党的十八届三中全会提出的改革任务的核心。但毋庸讳言的是，这些改革措施目前落实得还远不到位，如何通过改革，让市场在经济发展以及经济结构调整和技术进步中起决定性作用，仍然任重道远。

2. 新常态下供给侧管理的思路调整

如前所述，供给侧管理属于政府实施的过程政策范畴，它是通过政府直接参与经济活动来改变供给能力，或通过改变市场参数来间接地影响市场供给能力。如政府通过计划、通过带倾向性的产业政策和技术政策以及区域政策来提升生产能力的政策。

在过去 30 多年中国经济的高速增长中，以产业政策为核心的供给管理政策曾发挥过积极作用。尤其是亚洲金融危机和 2008 年美国金融危机以后，政府以基础设施建设为主要任务的供给管理政策，既为中国经济长期增长奠定了良好的物质技术条件，也为拉动需求弱化危机对经济增长的负面影响发挥过重要作用。这实际上是将供给管理与需求管理有机地结合起来，一方面，大规模的基础设施投资拉动了需求，缓解了危机冲击下的总需求的不足，使中国经济仍然保持了较高的增速；另一方面，随着大规模基础设施的建成，这又为以后中国经济持续增长提供了物质技术基础。可以毫不夸张地说，这在世界经济史上创造了一个奇迹。

但是，随着中国经济进入新常态，经济增速从原来的超高速增长过渡到较高速增长，伴随中国经济与发达经济体的差距缩小，基础设施日益完善，投资在经济增长中的贡献率将逐步让位于消费。政府通过经济过程政策来干预供给的作用将减小，其推动经济增长的效应也将随之下降。如果仍然按照旧常态下的思路，供给管理政策的负面效应也将越来越大。这是因为基础设施建设的投入是当期的资源，其形成的供给能力却是未来的，规模过大的投入会加大通货膨胀压力和资产泡沫的形成，2008 年危机后规模过大的刺激措施所带来的后遗症，至今尚未消除，就是一个明证。

3. 产业政策与技术政策调整

产业政策是政府供给管理中最主要的措施，它是日本在"二战"后经济恢复中首先创造出来的。其基本做法是比照先期发展国家的产业结构，在市场发挥作用的同时，通过政府制定产业发展目标并辅以刺激性的经济措施，以尽快实现对发达国家的赶超。产业政策制定与实施的前提条件是，落后国家在产业结构高度上与发达国家存在落差，落后国家可以比照发达国家的产业结构，通过政府干预更迅速地实现赶超。

在经济发展的旧常态下，中国经济是典型的赶超型经济，政府通过制定赶超性的产业政策，并辅以相应的财政政策和货币政策以及其他可动用的政策支持，来推动经济快速增长，这也是所谓的后发优势之一。进入新常态后，尽管中国经济仍具有赶超型经济的特征。但随着中国经济在结构上与发达国家的差距日益缩小，可供赶超的空间将会越来越小，政府通过产业政策来推动经济增长的作用也会随之下降，与之相应，政策的力度和方式也应随之调整。这是因为在旧常态下产业结构的可模仿度很高，政府干预经济有明确方向和目标。在新常态背景下，产业结构可模仿度下降，中国经济结构向何处去？是一个政府很难事前完全设计出来的目标。中国是选择美国式的产业结构？还是德国式的产业结构？还是二者兼而有之？政府和经济学家说了都不算，它最终得由市场选择来决定。随之而来，利用产业政策来推动经济结构不断高度化的空间也会相应缩小。

在这种背景下，产业政策的负面效应会越来越大，其主要有：

第一，由于政府观念落后于市场选择，产业政策能有效发挥作用的是传统产业，这样产业政策的后果往往是复制和扩大传统产业，这是导致传统产业产能过剩的主要原因。当前中国突出的产能过剩问题主要集中在传统产业，就是一个明显的例证。为应对2008年金融危机，政府出台的振兴十大产业的措施，涉及的都是传统产业。如果不是这些产业借机扩张，产能过剩问题也不会像现今那么突出。

第二，即使产业政策的目标和方向是正确的，但政府却难以把握政策的力度，往往会刺激过度。这是因为新兴产业的需求究竟有多大，它最终得由市场来确定，政府很难事前把握。例如中国光伏产业、风能产业的产能过剩问题，就源于政府不可能事先规划出市场所能容纳的产能。

第三，采用产业政策来淘汰过剩产能也存在很大问题，尽管政府可以制定出一些促进产业升级换代的技术性指标，以指导淘汰落后产能。但深入分析却不难发现，这不过是行政性手段的技术外衣。在这种场合下，指导性的经济技术指标往往发挥逆向调节的作用，落后企业为了避免被产业政策淘汰，通常会采取扩大投资，并通过技术改造和技术升级的对策来应对，以免因经济技术指标不达标而被淘汰。一旦使用产业政策来淘汰落后产能的做法常态化，政府主导下的经济结构调整，就很难避免落入扩张—过剩—淘汰—再度过剩—再淘汰的怪圈之中。这是中国几十年来产业结构调整中一再反复出现的循环，可谓应验了那句"上有政策，下有对策"的名言。相反，如果通过市场方式来调整产业结构，对策应对便会失去了活动空间。此外，依靠政策压缩过剩产能，政府出于公平原则来分配应该压缩的产能，甚至会让优势企业承担更多任务，使得不少低效率企业存活下来，形成所谓的僵尸企业。相反，依靠市场调整产能，其优胜劣汰机制会使落后企业被整体淘汰，能避免出现僵而不死的企业。

后发国家的另一个优势是，可以通过技术政策，通过模仿来较快掌握先发国家的成熟技术，进而推动经济更快地实现赶超。后发国家与先发国家技术差距越大，可供学习和模仿的技术就越多。只要模仿型的技术政策得当，后发国家就可以在较短时间内迅速缩小差距，甚至赶上先期发展的国家。随着后发国家与先发国家在技术水平上的差距缩小，这就要求后发国家将以学习为主的技术政策逐步转向以创新为主的技术政策。与产业发展目标选择一样，创新性技术最终要依靠市场做出抉择和判定。随之而来，通过模仿型、赶超型的技术政策推动经济增长的空间也将越来越小。因此随着中国经济进入新常态，政府过去依据产业政策目标以给资金、给廉价土地、给税收优惠等的特惠性支持，也应逐步转向营造良好的投资经营环境，给予民营经济与国有经济同等地位的普惠性政策，以激发市场的创新动力，让市场选择在技术进步中发挥决定性作用。

三、需求管理力度调整与经济脱虚向实

1. 过度的需求管理政策引领中国经济脱实向虚

旧常态下中国经济超高速增长，与政府长期实施积极的需求管理政策密不可分。长期实施以扩张为基调的需求政策在推动经济快速增长的同时，也

催生了经济脱实向虚的演进。这是因为扩张需求的主要渠道是信用扩张，通过金融加杠杆来实现。因此，在过去实体经济迅速壮大的同时，虚拟经济也随之生成。尤其是2008年金融危机以后，伴随以4万亿财政投资为导向的强刺激政策实施，再加上近年来为"保增长""稳增长"而采取的一些措施，使虚拟经济的扩张速度明显快于实体经济的增长，中国经济逐渐进入"脱实向虚"的轨道。1996年中国M2只有7.6万亿元，金融危机前的2007年为40万亿元，到2016年末已达155万亿元。货币供应量增速明显超过GDP的增速，近年来M2的增速虽然逐渐放缓，2016年仅为11.3%，如考虑经济增速也在放缓因素，其下降速度快于M2增速的下降，以致M2/GDP的比值一直呈上升趋势。20世纪90年代中期时，二者的比例约为1∶1，到了2017年3月末这个比值已近1∶2.1。伴随实体经济在20年中翻两番，货币量则在此基础上多翻了一番（见表1）。因此可以说，过去中国经济超高速增长，在相当程度上由扩张型的货币政策支撑，实体经济增长与金融信贷的加杆杠密不可分。

表1　　　　　　　　　1996～2016年中国 M2/GDP 比率变化

年份	M2 指标值（亿元）	GDP 绝对额（亿元）	M2/GDP
2016 年末	155010000.00	744127.00	2.0831
2015 年末	1392300.00	676708.00	2.0575
2014 年末	1228374.81	635910.00	1.9317
2013 年末	1106524.98	588018.76	1.8818
2012 年末	974148.80	534123.04	1.8238
2011 年末	851590.90	473104.05	1.8000
2010 年末	725851.79	401512.80	1.8078
2009 年末	610224.52	340902.81	1.7900
2008 年末	475166.60	314045.40	1.5131
2007 年末	403442.20	265810.30	1.5178
2006 年末	345603.60	216314.40	1.5977
2005 年末	298755.70	184937.40	1.6154
2004 年末	253207.70	159878.30	1.5838

年份	M2 指标值（亿元）	GDP 绝对额（亿元）	M2/GDP
2003 年末	221222.8	135822.8	1.6288
2002 年末	185007.0	120332.7	1.5375
2001 年末	158301.9	109655.2	1.4436
2000 年末	134610.3	99214.6	1.3568
1999 年末	119897.9	89677.1	1.3370
1998 年末	104498.5	84402.3	1.2381
1997 年末	90995.3	78973.0	1.1522
1996 年末	76094.9	71176.6	1.0691

资料来源：根据相关资料整理。

2. 超发的货币造成经济脱实向虚

超发的货币到哪儿去了？这是多年来经济学者热议话题，人们众说纷纭，莫衷一是，形成了多种多样的说法：经济货币化吸纳、实体经济吸收、外汇占款……这些说法都有一定道理，但有一个关键渠道似乎没有说到，没有说透，即超发的货币流入虚拟经济之中，并逐步形成了一个虚拟经济自我循环、自我增值的系统。超发货币的流通和传递机理十分复杂，但最终去处却是明了的，会通过各个渠道汇入虚拟经济之中。在人们手中尤其是在高收入人群手中，形成一大笔既无消费用途，也没有直接投资渠道的多余货币。资本的本性决定了多余货币保值增值需求，这会催生金融业畸形发展。适度的经济金融化，有助于实体经济的融资和化解风险，但过度的经济金融化，却会导致虚拟经济的野蛮生长，为所谓的金融创新提供弹药，使多余货币量逐步形成一套自我增值、循环的套利系统。中国目前金融业在 GDP 中的比重已经超过 9%，成为世界上占比最高的国家。这对于一个尚处于工业化中期的国家来说，不能不引起高度关注。

关于这个问题，美国金融危机的教训可谓深矣。20 世纪 90 年代美国出现以 IT 技术创新为先导的新经济，新经济的形成始终伴随着美联储积极的货币政策配合，在实体经济取得很大增长的同时，经济的金融化进程也在加深。

到了世纪之交，当科技泡沫、网络泡沫破灭时，为提振美国经济，美联储更大规模地向市场注资，试图延续新经济的辉煌。殊不知，超发的货币激起的是华尔街金融衍生品创新的热潮，一时间金融泡沫泛起，尤其是以房地产为背景的金融泡沫。当泡沫不再能继续自我衍生，自我膨胀之时，波及全球的金融危机最终酿成。

中国制度安排不同于美国，为刺激经济而超发的货币在流向、渠道和传递机理等方面也与美国很大区别，但多余的货币最终流向虚拟经济却是一样的。近年来的经验表明，超发的货币流到何处，何处就泡沫泛起：在影子银行自循环体系中，以理财形式出现的各式各样中国式金融衍生品已开始泛滥，激起了股市泡沫、楼市泡沫，外汇投机等。个别商品供给稍一出现暂时短缺，投机活动便泛起，类似"蒜你狠""姜你军""豆你玩儿"现象便在瞬间生成。

应对泡沫中国政府比西方国家有更多手段，但这些手段大多是行政性的限制措施。它们的使用通常是按下葫芦起来瓢，仅以最近一两年市场波动为例：2015年因融资融券政策的推出，给股市投机提供了机会，大量投机资金涌入，造成股市一时的虚假繁荣。当投机资金套利后退出，又引发了股市大跌，最后是用行政命令限制国有企业抽逃资金，才稳住了市场。随之而来的是，大量多余的货币涌入楼市，造成一线、二线城市房价飙升，各城市在密集出台行政性的限购措施后，才暂时抑制住这一波疯狂的房价。于是多余的货币又流向了外汇市场，迫使货币当局收紧人民币国际化步骤。如此等等，不一而足。总之，中国经济的金融化已推动形成了一套脱离实体经济的虚拟经济自我生成、自我循环系统，并伴生出巨大的金融泡沫。

特别值得关注的是，这套虚拟经济的自我循环系统对实体经济伤害很大，有挤出实体经济之效应：虚拟经济的高收益导致更多资金从实体经济流往虚拟经济；引发利率居高不下，融资难、融资贵也成为一种新常态；民营经济因难以从正规借贷市场融入资金，不得不通过高利贷融资；实体经济经营环境恶化，内资外资企业逃离；虚拟经济野蛮生长的负面效应还蔓延到非经济领域，金融业的畸高预期收入，诱使最优秀的学生选择与金融相关的专业，这对未来科学和技术人才的培养和储备留下长期不利影响。

中央银行面对这种局面也并非无所作为，但迄今为止所采取措施，大多是扬汤止沸的做法。由于虚拟经济自我循环系统已经形成，它需要不断吸纳新资本才能维持和生长，故去杠杆、抑泡沫的措施往往引致钱荒。这又倒逼中央银行不得不再次放松信用，以缓解了一时的钱荒，结果又进一步增加了市场中货币存量，为未来更大的泡沫生成创造了条件。如此以往，或许要引发一场危机，才能较彻底地去杠杠、去泡沫。

3. 逐步消化超发的货币引导经济脱虚向实

值得宽慰的是，近年来人们逐步意识到经济脱实向虚的风险在逐步增大，这是一个进步。但是要扭转经济脱实向虚进程，走向脱虚向实并非一件易事。弗里德曼曾有一句广为流传的名言：通货膨胀始终是一种货币现象。不过，这只适用于几十年前经济金融化程度不高、虚拟经济尚未形成气候的时代，多余的货币最终主要影响物价。当经济金融化程度不断提高，虚拟经济已形成自我循环、自我增值的系统后，超发的货币主要流入虚拟经济系统时，这句话可能就应做如下调整：即金融泡沫的生成始终是一种货币现象。因此，抑制虚拟经济的野蛮生长最有效的措施，也是宏观调控者可以掌控的办法，是管住货币。中央银行逐步调低 M2 的增速，使其逐步与 GDP 的增速相匹配，无疑是一项可取的政策选择，如能够持之以恒地坚持下去，依靠实体经济的总量扩张来逐步消化掉以往超发的货币，就可以为中国经济长期稳定增长营造一个良好的宏观环境。与发达经济体经济扩张空间有限不同，尚处于工业化、城市化中期阶段的中国经济还有很大扩张空间，可以为政府行为调整和去杠杆，引导经济脱虚向实提供更为有利的条件。

参考文献

［1］哈耶克：《个人主义与经济秩序》，北京经济学院出版社 1989 年版。

［2］厉以宁、吴敬琏等：《三去一补一降：深化供给侧结构性改革》，中信出版

社 2017 年版。

［3］刘伟、陈彦斌：《十八大以来宏观调控的六大新思路》，《人民日报》2017年 3 月 1 日。

［4］马克思：《资本论》第 1 卷第一版序言，人民出版社 1972 年版。

［5］沈越：《中国经济学建设与中国实践》，《学术月刊》2006 年第 3 期；并见《新华文摘》2006 年第 13 期。

市场决定性作用与基本经济制度[*]

——十八届三中全会精神解读

一、历届三中全会回顾

从党的十一届三中全会算起，中共中央一共召开过 8 次三中全会，每次三中全会均与经济问题有关。其中，对经济体制改革发挥过并将继续发挥重要作用的有 4 次。在前 3 次三中全会精神指引下，中国逐步探索到符合中国国情的社会主义市场经济体制。但是必须清醒地看到，这种经济体制目前尚不够成熟，亟待在改革实践中不断探索并加以完善。党的十八届三中全会顺应了这一历史使命，对未来 5～10 年的经济改革做出了规划，将在中国经济改革史中留下浓重的一笔。

1. 十一届三中全会：经济体制改革艰难起步

1978 年底，中共中央召开了十一届三中全会，拉开了中国改革开放的帷幕。这次全会果断地结束了"以阶级斗争为纲"路线，将党和国家的工作重点转移到现代化建设上来。更为重要的是，全会上否定了"两个凡是"，确定了"实践是检验真理的唯一标准"的思想路线。（中共中央，1978）这为后来解放思想，探索市场化改革提供了思想基础。在中国政府主导下的经济体制改革中，主流思想路线的转变具有至关重要作用。所以可以说，中国迄今为

---

* 本文原载于《经济理论与经济管理》2014 年第 4 期。

止的所有改革及其所取得的成绩，都是在这一正确的思想路线指引下取得的。正是在思想解放的大背景下，安徽省凤阳县小岗村的农民冲破传统思想和体制的束缚，大胆尝试了"包产到户"的农业生产责任制，从而开启了始于农村经济体制改革的中国市场化改革历史进程。

2. 十二届三中全会：从农村到城市的全面改革

1984 年底召开的党的十二届三中全会，确定了有计划的商品经济的改革目标。继十一届三中全会后，在党和政府与中国亿万农民的互动中，从 1980～1984 年 5 年中，中央连续颁布了 5 个一号文件，逐步探索出符合中国国情的农业生产责任制。农村经济体制改革的成功，一方面，为全面经济体制改革提供了物质基础和可资借鉴的经验；另一方面，这也激发了人们将农村的改革经验推广到城市的热情。在这一大背景下，中央及时召开了十二届三中全会，全会通过的《中共中央关于经济体制改革的决定》（以下简称《决定》）把原来的"计划经济为主，市场调节为辅"（胡耀邦，1982）的体制模式发展为"有计划商品经济"模式。这在党的文件中，是首次将社会主义经济中计划和市场的关系颠倒过来。此外，全会还做出全面开启价格改革的决策，并科学地预见到"价格体系的改革是整个经济体制改革成败的关键"（中共中央，1984）。

在十二届三中全会决定的指引下，全国掀起了一波全面改革的浪潮。在诸项改革措施中，最值得称道的是价格改革。经过多次改革，逐步放开了全部小商品价格，并推出了对重要商品实行价格"双轨制"的改革。在价格改革中，但凡放开了价格的商品，市场的作用很快就消除了原来的短缺现象，但重要商品价格的双轨制改革却不那么顺当。尽管价格双轨制具有一箭双雕之效应：一方面，这为没有计划供应的个体、私营和乡镇企业提供了获取生产资料的渠道，并为完全放开价格打开了通道；另一方面，这也给刚刚改革起步的国有企业提供了利益激励机制，允许它们在超额完成计划任务后，可以按照高于计划价格的市场价格销售超产的产品。但是，价格双轨制也产生了事前没有预想到的消极后果，出现了将计划轨的低价商品倒到高价的市场轨的寻租行为，以致产生了一条专营投机的灰色渠道和一批与腐败相联系的"官倒"。在这种背景下，1988 年中期，中央做出了以放开计划轨商品价格为目标，实现向市场轨并轨的价格闯关决策。更没有预料到的是，在当时经济过热的背景下，价格闯关的决策在公众中迅速形成了价格改革性的通货膨胀预期。在中国经济尚未告别短缺的情况下，公众预防通货膨胀损失的最佳手段是购买商品以保值，这迅速形成了席卷全国的抢购风。在这种背景下，政府不得不暂时收回价格闯关的成命，并开始对过热的经济实施紧缩。

在价格改革措施暂停的背景下，社会上出现了一种思潮，误以为价格关之所以没有能闯过去，是因为中国的政治体制束缚了经济体制改革，要推进经济体制改革必须首先进行政治体制改革。随着这种思潮愈演愈烈，最终酿成了 1989 年春夏之交的政治风波。

3. 十四届三中全会：厘定社会主义市场经济的基本框架

1989 年之后，中国的经济改革步入了一个沉闷时期，其时间一直延续到 1992 年。在这一时期，不少人把经济改革中难以避免的困难归结为改革开放本身，有人则把党的十二届三中全会指定的"有计划的商品经济"模式解释为"有商品的计划经济"模式。这实际上主张回到计划经济模式。鉴于 1992 年年底将要召开党的十四大，这次党代会无法回避对过去 14 年来的改革开放做出评价，这关系到未来中国经济体制改革走向的重大问题。在这种大背景下，邓小平以大无畏的反潮流精神，发表了著名的"南方谈话"，指出"不坚持社会主义，不改革开放，不发展经济，不改善人民生活，只能是死路一条。"[①] 这一举扭转了不利于继续坚持十一届三中全会以来改革开放潮流的趋势。在党的十四大上，中国把经济体制改革的目标确定为"社会主义市场经济体制"（江泽民，1992）。这一目标的确立，最终为改革开放 14 年来一直争论不休的问题画上了句号。

---

① 江泽民：加快改革开放和现代化建设步伐 夺取有中国特色社会主义事业的更大胜利（中国共产党第十四次全国代表大会上的报告）。

由于党的十四大以前，对建立社会主义市场经济体制的理论准备不足，十四大没有来得及对如何建立这种经济体制做出具体规划。于是，这一任务便历史地落在了十四届三中全会身上，使其成为改革开放以来第3次重要的三中全会。全会通过的《中共中央关于建立社会主义市场经济体制若干问题的决定》不仅设计出新经济体制的基本框架，而且规划出可操作的具体路线图。(中共中央, 1993) 在该决定精神的指引下，经过10年左右的努力，中国初步建立起了社会主义市场经济体制，这为21世纪中国经济高速增长奠定了坚实的制度基础。

综观十八届三中全会以前三次最重要的三中全会，如果说十一届三中全会开启了中国改革开放之大门并开启了农村经济体制改革。那么，十二届三中全会最重要的成果是启动了物价改革，为市场发挥配置资源的功能提供最基本的前提条件。十四届三中全会最重要的改革成果有两项：

一是在国有经济战略布局调整的大思路下，对国有企业进行了实质性改革。通过国有经济有所为、有所不为的调整，对国有企业抓大放小、兼并、重组、破产，对冗员实行减员增效、下岗分流等一系列措施，扭转了改革开放以来国有企业亏损面越来越大、亏损额越来越多的局面。尽管这一轮改革没有解决国有经济的所有问题，国有企业的主要问题从原来总体亏损转变成利润过于丰厚。这些利润在相当程度上是在给予了国有企业过多的行政性保护下形成的，需要进行降低保护"门槛"，给民营企业和外资企业提供更加公平的市场地位的改革。但是，这是改革给我们提出的新的任务。如果历史地看待这个问题，国有经济的盈利总比亏损好，至少这使国有经济不再成为中国经济健康发展的障碍。

二是经过多年谈判，中国2001年正式加入WTO，主动融入经济全球化进程。这使中国具有竞争优势的劳动力资源能够在全球范围内与其他国家具有优势的自然资源、资金、技术、管理、市场进行交换。中国加入WTO的直接后果是，其他国家不能再采用非WTO的贸易保护措施来任意封堵中国产品，这使中国先前20多年改革积累起来的竞争力一下子释放出来。此后多年，中国的对外贸易每年以20%～30%速度增长，中国几乎是在一夜间成为"世界工厂"，并在短短的时间内成为世界上最富有的外汇储备国。

尽管十八届三中全会以前的 3 次三中全会推动了中国经济体制从计划转向市场，但是我们应该清楚地看到，我国社会主义市场经济体制并不完善。阻碍中国经济发展的体制、机制因素仍广泛存在，一些是原来的改革不到位造成，另一些则是新产生的，还有大量的制度红利有待通过深化经济体制改革加以释放。正是在这一大背景下，党的十八届三中全会及时地做出回答，十八届三中全会通过的《中共中央关于全面深化改革若干重大问题的决定》（以下简称《决定》）提出了重点为经济体制改革的全面改革方案。所以我们认为，此次全会是继十一届三中全会之后，最重要的第 4 次三中全会。这为今后 5 ~ 10 年甚至更长时期的经济体制改革厘定了路线图，如果方案能够得以实施，它将为实现中国梦奠定坚实的制度基础。

二、经济改革是《决定》的重中之重

1. 经济改革内容占了《决定》内容近一半

十八届三中全会通过的《中共中央关于全面深化改革若干重大问题的决定》勾勒出全面深化改革的蓝图，分为三大板块，除第一板块总论和第三板块组织领导外，讲改革任务的第二板块涉及经济、政治、文化、社会、生态、党建 6 个方面。在这六个方面中，经济体制改革是重点。在第二板块的 14 个部分中，专门讲经济改革的有 6 个部分。如再加上总论中和生态文明部分中涉及的经济体制问题，经济体制改革的内容占了近一半。如果按照《决定》提出的 60 项具体任务计算，专门讲经济体制改革共有 22 项，加上其他部分中涉及经济改革问题的条款，它也占了具体任务的近 50%。可见，经济体制改革是全面改革的重中之重。

2. 久违了的经济体制改革文件

近年来，党和政府关于经济改革文件越来越少见。尤其值得注意的是另外几种倾向。

第一种倾向是，一些名曰改革文件，却没有改革的内容。更有甚者，名义上打着改革的旗号，讲的却是向传统计划体制的复归。这与21世纪改革刚刚起步时的情况相比有了变化，因为那时改革的目标尚未确定下来，不赞成改革或不赞成彻底改革的人，可以直抒己见。由于经济体制改革取得的巨大成就，尤其是党中央将改革的目标确定为社会主义市场经济体制之后，改革成了时代的主旋律。那些不赞成深化市场化改革的主张，自然表现为这种"穿新鞋，走老路""新瓶装旧酒"的情况。

第二种倾向是，一些名曰改革的文件，实际上却重点讲发展。似乎党和政府主要任务是发展问题。这有回到传统体制之嫌，似乎党和政府的主要工作就是直接抓发展。更有甚者，让人难免不产生党和政府可以包揽一切发展问题的错觉。《决定》一改近十多年来的这个倾向。针对这种倾向，正如习近平在关于《决定》的说明中所说，"纯发展性举措不写"。

第三种倾向是，一些很好的党和政府的文件，由于主观上和客观上的原因，没有得以很好的贯彻落实。党的十六届三中全会通过的《中共中央关于完善社会主义市场经济体制若干问题的决定》对十四届三中全会后的经济改革成果的判断是准确的，对如何进一步完善这种经济体制的设想也是好的。但是，十六届三中全会《决定》提出的改革措施却没有完全落实，以致近10年来在经济改革和发展中出现了两种不良现象：一是"重发展，轻改革"；二是"重政策调整，制度创新"。尽管这一判断并无意否定最近10年中国经济和社会发展方面的巨大进步，但不能依此无视我们在经济体制改革方面存在的差距。

第四种倾向是，当经济生活中遇到问题时，一些政府机构习惯通过政策来干预和调整。其实，任何政策的作用都是有限的。中国现阶段经济生活中的许多问题是因为改革不到位，市场经济体制不健全造成的，这些问题是不可能通过政策调整解决的。同时，政策调整还有一个不容忽视的问题，即通常所说的"上有政策、下有对策"。在政府的政策与公众的对策在博弈过程中，政策往往是失败者。通常所见的情况是，公众的对策常常使政策失效，迫使政府不得不出台新的政策以应对公众的对策。于是，新一轮政策与对策的博弈又再一次上演。只有一种情况例外，即政府出台突如其来的非规范的政策，由于公众应对这种政策缺乏足够的信息，而难以采取有效的对策。但是，这种非规范性的政策的后果，不仅公众预期不到，政府自己也很难把握其后果，也不知道这种政策是否能够取得预期的效果。过于频繁的政策与对策的博弈，还会造成政府声誉的下降，这会进一步降低政策的有效性。关于这个问题，西方理性预期学派和新古典宏观经济学已有明确的论证，并因此获得过诺贝尔经济学奖。就连历来主张政府政策干预经济的新凯恩斯主义者也不得不承认论敌理论的科学性，改变了过去大手笔地使用政策来频繁调整经济活动的政策性建议，仅主张政府使用微调式的、不会触发公众产生建立在理性预期基础上的对策防范措施政策。

与之不同的是，基于改革的制度创新发挥作用的机理，则是改变人们的行为方式。当新制度发挥效应的同时，也消除了人们采取对策的动因。

《决定》一改多年来"重发展、轻改革""重政策调整、轻制度创新"的倾向，几乎没有涉及发展问题，重点讲改革。这暗含着党和政府应该将更多的发展任务交给市场和民间，而党和政府的主要任务是为发展提供更好的制度框架和体制环境。《决定》许多举措不仅言之符实，而且触及一些深层次的体制问题。其中，最使人眼前一亮的是，关于市场的决定性作用的表述。

三、市场的决定性作用与基本经济制度

关于市场在资源配置中发挥"决定性"作用的表述，《决定》中提到过两次，而且均见于"全面深化改革的重大意义和指导思想"的总论中，具有引导整个经济体制改革的指导思想地位。

1. 市场决定性作用与基础性作用

在十八届三中全会之前，对市场作用的官方表述是 20 多年前党的十四大给社会主义市场经济体制所做的明确规定，即市场在资源配置中发挥"基础

性"作用，这在中国经济体制历史上曾发挥过重大作用：在理论方面，这使人们不再可能把社会主义经济中资源配置的主要方式解释为计划；在改革实践方面，正是在这一规定的引领下，中国用了 10 年左右时间初步建立起了市场经济体制。但是，在进一步完善市场经济体制问题上，这一表述似乎有点力不从心。

有人认为，《决定》中关于市场在资源配置中起"决定性"作用的新表述，可以取代过去关于市场在资源配置中的"基础性"说法。其实，这种看法不甚准确，基础性作用与决定性作用二者之间的关系不是相互替代，而是互补的。在社会主义市场经济体制中，市场在资源配置中的作用不仅是"基础性"的，而且是"决定性"的。这一新规定不单单是文字上的新表述，而且是 20 多年来中国市场化改革的经验和理论的升华。

2. 决定性作用更清楚地界定了市场与政府在资源配置的不同功能

在过去关于市场的"基础性"作用的言外之意，还包含着有另外的因素决定着资源配置。于是，有不少人自觉或不自觉地把这种因素归结为政府，这在理论上和实践方面均有表现。在理论上，其典型的说法是"提高党和政府驾驭市场经济的能力"。在这种观点实质上是说，市场可以被外来的非市场力量所控制和操作。在这种理念下，市场有可能被视为任人打扮的小姑娘，似乎可以随意调节和操控。这与传统体制下"利用价值规律"来服务于国家计划的表述，其实有异曲同工之处。

在实践层面，人们也有夸大政府在市场经济中的作用之嫌。例如，在应对 2008 年金融危机过程中，许多人习惯使用"抵御危机""抗击危机"之类的说法。众所周知，2008 年金融危机，是由华尔街的银行家为逐利而创造出的金融泡沫破灭所引发。中国虽然不存在金融泡沫，却存在与发达国家金融泡沫相适应的产能过剩。在危机爆发前数年中，中国高速增长对外贸易中，就含有泡沫拉动因素。尽管我们很难说外贸业绩中，有多少来自中国竞争力的释放，又有多少来自发达国家金融泡沫的拉动，但个中包含着泡沫因素却是毫无疑问的。当发达国家在金融危机中"去杠杆化""去泡沫化"的同时，中国理应随之"顺市而行",去掉过剩产能。但当时中国的宏观政策不是这样,而是"逆市而动",企图通过扩大投资来抵御和抗击危机。在"出手要快、出手要重"口号下,在出台的4万亿财政投资计划的带领下,央行通过新增贷款使中国的M2从2007年末的40万亿元,到2013年末扩大到110万亿元。同时,政府还出台了十大产业振兴规划等一系列政策。无可否认,大规模的救市措施使中国经济率先走出危机,并引领了世界经济的复苏;同时,由于大量救市资金投向了基础设施建设,这为今后相当长一段时期中国经济发展奠定了良好的基础。但是,也不应忽视其消极效应,当前宏观经济中的许多问题,如房地产价格过快上涨、产能过剩、地方债务过大、结构调整困难等问题,大都是出手过大、出手过激的救市措施留下来的后遗症。

对于市场经济来说,危机并非是一件坏事。它实际上是市场规则对人们过度行为的一种矫正。资本家和银行家追求高额利润、失业者希望能尽快找到工作、从业者则希望获得更高的收入、养老者则希望有更多免费的福利、政治家则为谋求更大政绩往往超越自己能力给公众以超越自身能力的承诺。在多种利益诉求的共同作用下,市场往往出现过热现象。当市场不再能承受这种疯狂的逐利行为的后果时,危机就成了解决这些矛盾的最好、也是最公正办法。通过危机去除泡沫,使经济能回到正常轨道,在新的均衡基础上重新起步。

上述说法并非否认政府在经济生活中的作用,而是说政府的行为也受市场规则的约束,不是也不可能凌驾于市场之上,不能把市场视为可以任人打扮的小姑娘,滥用凯恩斯主义的宏观经济政策。对此《决定》做了很好的表述,"使市场在资源配置中起决定性作用和更好发挥政府作用",即政府只在市场不能发挥作用或不能很好发挥作用的领域起作用,即使在这些领域,政府也不能超越市场的规则,恣意而行。还值得注意的是,在正确处理市场与政府的关系上,《决定》还首次提出了推进宏观调控目标和政策手段"机制化"(第14条)问题(中共中央,2013),这为防止在宏观决策上个人说了算,避免决策的非民主、非科学化设置了保障线,也为有利于防止重大宏观决策遭受利益集团的俘虏。

3. 决定性作用厘定了市场经济与基本经济制度之间的关系

《决定》关于市场的"决定性"作用表述，不仅明确了市场与政府在资源配置中的不同地位和作用，更重要的还在于，这一表述明确了市场经济体制与基本经济制度之间的关系。现在人们在解读《决定》中关于市场的"决定性"作用时，好像更关心的是《决定》总论中的第 3 条中的表述，即"经济体制改革是全面深化改革的重点，核心问题是处理好政府和市场的关系，使市场在资源配置中起决定性作用和更好发挥政府作用。"（中共中央，2013）似乎只要处理好市场与政府关系问题，就发挥了市场的"决定性"作用。正确处理市场与政府的关系，固然是发挥市场"决定性"作用的一个十分重要的领域。但是笔者认为，市场的"决定性"作用还有更深刻、更宽泛的内容。在《决定》的总论（第 2 条）中，在表述围绕全面改革的 6 大领域任务时，连续使用了 6 个"紧紧围绕"，其中，第一个是"紧紧围绕使市场在资源配置中起决定性作用深化经济体制改革，坚持和完善基本经济制度，加快完善现代市场体系、宏观调控体系、开放型经济体系，加快转变经济发展方式，加快建设创新型国家，推动经济更有效率、更加公平、更可持续发展。"（中共中央，2013）这就是说，市场的决定性作用是统领所有经济改革和发展任务的，基本经济制度的设计和变迁也不例外。

在社会主义市场经济中，市场的作用与基本经济制度之间究竟是什么关系？在以往党的文件中没有明确表述。于是，学术界出现了两种不同的理解和解释：

一种观点认为，应根据市场化改革的要求来设计和安排基本经济制度，也就是说社会主义市场经济体制条件下的所有制结构必须符合市场化改革进展，公有经济与非公经济之间的关系、国有经济与民营经济之间的关系应该按照市场化改革的要求来与时俱进的配置。

另一种观点则把"公有制为主体多种所有制共同发展"的基本经济制式为一成不变安排，认为市场化改革不能越过这条基本经济制度的底线。

实证分析改革开放以来35年的基本经济制度变迁史，可以以党的十五大提出现行的公有制为主体、多种所有制共同发展的基本经济制度为界，把中国的这一制度演进分为两个时期：

第一个时期是党的十五大以前，基本经济制度按照第一种思路演进，即根据市场化进程来不断调整基本经济制度。中国从改革传统"一大二公"的计划体制起步，首先肯定了非公经济是公有经济的"补充"；后来根据发展要求，对非公经济做了肯定性的表述，即"有益补充"；当非公经济已经发展到支撑国民经济半边天时，基本经济制度又调整为"公有制主体、多种所有制并存"；直到党的十五大将基本经济制度表述为"公有制主体、多种所有制共同发展"，这一表述进一步提升了非公经济在国民经济中的地位。

这种做法符合马克思主义关于生产力与生产关系，经济基础与上层建筑的基本原理。在传统经济体制下，人们事先设定了"一大二公"的基本经济制度，这种制度安排与计划经济体制配置资源是相适应的，因为计划体制以集中分配资源为特点，公有化程度越高，计划控制的资源就越多，通过计划配置资源就越有效。但是，这种制度安排却没有考虑"一大二公"是否符合生产力发展的要求，这正是传统体制低效率的根本性原因。改革开放以后，人们颠倒了原来的做法，不再把原来"一大二公"的所有制关系作为既定的、一成不变的制度安排，而把"三个有利于"作为设计和变革基本经济制度的标准，随着市场化改革要求不断调整基本经济制度，以适应生产力发展的要求。

这种做法也与叶利钦时代俄罗斯激进式转型方式不同。具有讽刺意味的是，俄罗斯的市场化转型采用的却是计划体制的方法，即事先设计出所谓的最佳的所有制安排，企图通过急速的私有化来实现新古典主义的理想模式，唯独没有考虑这种制度安排是否符合俄罗斯国情，是否有利于其生产力发展，以致形成了"权贵式市场经济"。其结果既不符合新古典主义的要求，也不利于经济发展，这是俄罗斯经济至今仍缺乏内生增长能力的一个重要原因。

与之不同，中国渐进式改革对国有企业不是"一卖了之""一退了之"。

在国有经济尚不能适应市场竞争之时，通过公有经济与非公有经济事实上不平等的基本经济制度的设计，在许多领域对更能适应市场竞争的非公经济设置更高的进入门槛，给予国有经济一定保护。当改革使国有企业竞争力不断增强之时，通过逐步提高非公有经济的地位，逐步减少对国有企业的保护，从而实现了多种所有制的共同发展。这可能是在渐进式改革进程中，中国没有出现经济休克的最根本性的原因，也是渐进式市场化在经济增长业绩上优于激进式市场化的根本性原因。

第二时期是党的十五大以后，基本经济制度已经十多年没有再做调整。这造成了基本经济制度的表述已经与实际的所有制结构状况不相吻合。按照原来的规定，"公有制主体"首先意味着"公有资产在社会总资产中占优势"；其次意味着"国有经济控制国民经济命脉，对经济发展起主导作用"。对于前者现在事实上已经不复存在，公有资产在社会总资产中已经不在数量上占优势。这表明10多年来非公经济的发展速度超过公有经济，仍然比国有经济有竞争力。

尽管现行的基本经济制度安排有其历史的合理性，但是随着国有经济改革推进，其资本意识增强，适应市场的竞争能力提高，国有经济的主要问题从原来亏损面过大，亏损额越来越高，转变为现在国有经济盈利过于丰厚，尤其是处于国有经济垄断行业的企业超额利润。这样的基本经济制度安排就渐渐失去了合理性，因为这种状况的形成既与国有企业市场竞争力提升有关，也与原来的制度安排更有利于国有经济，而不利于非国有经济有密切关系。按照中国渐进式改革的成功经验，就应该根据市场化进程和生产力发展现状，对基本经济制度进行与时俱进的调整，降低对国有经济的保护，减少给予国有企业优惠政策，提高非公有经济在所有结构中的地位，通过更加公平的竞争来深化国有经济的改革。与此同时，非公经济在基本经济制度中的地位提高，也有利于民营经济和外资经济的健康发展。这样与时俱进地调整基本经济制度，既符合生产力的发展，也会更加逼近真正意义上的多种所有制共同发展。

虽然政府也意识到了在现行制度安排下，非公经济的健康发展遇到了障碍。在观念上不断强调：在毫不动摇地巩固和发展公有制经济的同时，也要毫不动摇地鼓励、支持和引导非公有制经济发展。在政策上一再出台支持非公经济发展的文件，但是由于在基本经济制度安排上，非公经济没有取得与公有经济真正平等的地位，鼓励和支持非公经济发展更多地停留在口号上，"雷声大，雨点小"。出台支持非公经济发展的政策，大多效果甚微。2005 年国务院出台的"非公经济 36 条"（国务院，2005）政策难以落到实处，2010年国务院再度出台的"非公经济新 36 条"（国务院，2010），其效果也很难称道。究其原因来讲，正如前文已经做过的分析，在基本经济制度没有给公有经济和非公经济提供真正平等的制度安排前提下，政策调整会在利益集团的对策博弈下归于失效。

党的十八届三中全会虽然没有对基本经济制度做出调整（不排除具体表述上的调整），但《决定》中在市场经济与基本经济制度之间关系的表述上有重大进展。在《决定》总论（第 2 条）中涉及全面改革六大任务时，在讲到 6 个"紧紧围绕"时，其中第一个"紧紧围绕"将所有改革任务和发展任务都置于市场起决定性作用之下，其表述如下："紧紧围绕使市场在资源配置中起决定性作用深化经济体制改革，坚持和完善基本经济制度、加快完善现代市场体系、宏观调控体系、开放型经济体系（以上讲所有改革任务，以下讲所有发展任务——笔者），加快转变经济发展方式，加快建设创新型国家，推动经济更有效率、更加公平、更可持续发展。"这明确了市场在资源配置中起决定性作用，统领着包括基本经济制度在内的所有经济改革，为今后与时俱进地调整基本经济制度，赋予非国有经济与国有经济更加平等的地位奠定了基础。

参考文献

[1] 胡耀邦，1982：全面开创社会主义现代化建设的新局面（在中国共产党第十二次全国代表大会上的报告，一九八二年九月一日），http://cpc.people.com.

cn/GB/64184/64186/66678/4493895. html。

［2］国务院，2005：关于鼓励支持和引导个体私营等非公有制经济发展的若干意见，中央政府门户网站：http：//www. gov. cn/zwgk/2005 – 08/12/content_21691. htm。

［3］国务院，2010：关于鼓励和引导民间投资健康发展的若干意见，中央政府门户网站：http：//www. gov. cn/zwgk/2010 –05/13/content_1605218. htm。

［4］江泽民，1992：加快改革开放和现代化建设步伐　夺取有中国特色社会主义事业的更大胜利（在中国共产党第十四次全国代表大会上的报告，一九九二年十月十二日），http：//cpc. people. com. cn/GB/64184/64186/66685/4494252. html。

［5］习近平，2013：关于《中共中央关于全面深化改革若干重大问题的决定》的说明，http：//cpc. people. com. cn/n/2013/1115/c64094 – 23559310. html，2013 – 11 – 15。

［6］中共中央，1978：中国共产党第十一届中央委员会第三次全体会议公报（一九七八年十二月二十二日通过），http：//cpc. people. com. cn/GB/64184/64186/66677/4493869. html。

［7］中共中央，1984：关于经济体制改革的决定（中国共产党第十二届中央委员会第三次全体会议一九八四年十月二十日通过），http：//cpc. people. com. cn/GB/64184/64186/66679/4493939. html。

［8］中共中央，1993：关于建立社会主义市场经济体制若干问题的决定（中国共产党第十四届中央委员会第三次全体会议 1993 年 11 月 14 日通过），http：//cpc. people. com. cn/GB/64184/64186/66685/4494216. html。

［9］中共中央，2013：关于全面深化改革若干重大问题的决定（2013 年 11 月 12 日中国共产党第十八届中央委员会第三次全体会议通过），http：//cpc. people. com. cn/n/2013/1115/c64094 – 23559163. html。

十年来经济体制改革深化的十个标志[*]

十年来，我国经济体制改革取得了举世瞩目的重大成果，但是在改革过程中也曾出现过失误和挫折。通过认真总结、汲取成功的经验和失误的教训，人们对旧体制弊端的认识越来越清楚，对新体制的基本框架也日益明晰化。这推动了经济体制改革的不断深化，使之逐步从浅层次改革向深层次改革发展。十年来，我国经济体制改革不断深化发展大体包括以下十个方面的内容。

一、农村改革由集中经营向分散经营再向适度集中经营的转变

在农业实行生产责任制和取消人民公社制度的农村第一步改革后，农村中政治经济组级分开，农业的生产资料所有权和经营权分离，形成了以农户为单位的生产经营组织，克服了过去建立在"一大二公"基础上的集中经营的弊端，调动了农民的积极性，使农业生产有了很大发展。但是，这种经营方式并没有改变农业的自然经济和半自然经济性质，农业生产仍然是建立在手工劳动的基础上，劳动生产率不可能有大幅度提高，且缺乏承受自然灾害的能力。因此，必须深化改革，大力发展农村商品经济，才能从根本上改变农村的落后状况。农村第二步改革后，农村商品经济有了长足发展，从过去

---

[*] 本文原载于《天府新论》1988 年第 5 期。

的农户中涌现一批专业户，农业生产的商品率得以提高。尤其值得一提的是，农村第二步改革促进了乡镇企业的发展。乡镇企业的发展，除了使农民的收入和农业积累有较大幅度增加外，它还将一大批劳动力从土地中转移出来，将农业生产资料集中在一些专业户手中，以实现农业的适度集中经营。此外，乡镇企业的发展还壮大了农村中非农产业的力量。所以，乡镇企业的发展和农业生产专业化的出现，使我国农村的生产经营方式再度出现了集中经营的趋势，农村产业开始走上合理化道路。当然，这一重大转变现在还处在初级阶段，在农村产业中农业生产的产值仍只占到农村经济的一半左右，从事农业生产的劳动力的数量超过从事非农产业的劳动力的 2~3 倍。而且，这种转变在不同地区间发展极不平衡，在东部沿海的广东、江苏、浙江等省的少数地区，非农产业的比重已超过农业，有 70%~80% 的农村劳动力从事非农产业；而在西部各省，非农产业的比重十分微小，从事非农产业的劳动力不到劳动力总数的 10%。这表明农村的第二步改革还有待于进一步深化。

二、企业改革从单纯"放权让利"向完善企业内部经营机制的转变

我国全民所有制企业改革是从简政放权、扩大企业生产经营自主权开始的。这种"放权让利"的改革思路，对于改变企业是国家行政机关附属物的地位，改变过去企业内部党政不分、政企不分的状况，对于调动企业和职工的积极性，使他们从自身利益的角度关心企业的生产经营成果，是完全必要的。但是，单纯"放权让利"并不能完全确立企业独立的商品生产经营者地位。因此，在企业改革进程中，企业和职工有了独立利益，但相应的责任却没有确立，出现了企业综合经济效益观念差、负盈不负亏、行为短期化等弊病，并且并发了投资"饥渴症"和分配"攀比症"。针对这些问题，企业改革的重点便从"放权让利"转向完善企业内部经营机制。其要点是：将企业和职工的利益同经济效益挂钩；培植企业自负盈亏、自我约束机制，克服企

业行为短期化病症；促成企业投资主体的形成，完善企业积累和投资机制，使投资利益和风险对称，使企业真正具备自我改造和自我发展能力。目前在全民所有制企业推行各种承包经营责任制，虽然有助于这些目标的实现，但却不能最终完成这些任务。因此，完善企业内部经营机制的改革还需要进一步深化。

三、宏观管理从以行政手段为主的直接控制向以经济手段为主的间接控制的转变，从单纯的控制向调节与控制相结合的转变

国家机关采用行政手段直接干预企业的生产经营活动是旧体制的一个重要特征。因此，将企业从行政机关的直接控制下解放出来，便成为经济体制改革的重要任务。在城市经济体制改革全面展开的初始阶段，搞活企业的主要办法是弱化国家行政机关对企业的直接控制。由于改革经验不足和理论准备不充分，在放活企业的同时，忽视了国民经济宏观管理，在1984年底到1985年上半年，国民经济曾一度出现宏观失控。这就迫使国家放慢了微观搞活的步伐，对企业又采取了一些传统的行政性控制办法。其经验教训是：搞活企业不是不要宏观调控，微观搞活要同宏观管理的能力和水平相适应，要避免回到"一管就死、一放就乱"的老路上去。而要做到这一点的关键在于，将过去行政性的直接控制转变为以经济手段为主的间接控制。与之同时，人们在加强宏观控制的时候还进一步认识到，对国民经济的宏观管理不仅仅是单纯的控制，还必须把对经济的调节和控制有机的结起来。正是基于这些认识，宏观管理开始从直接控制转向间接控制，由单纯控制转向调节和控制相结合。由于在宏观上对经济的间接调控需要以企业的自我约束机制、完整的市场体系等条件为前提，同时要求国家有进行宏观管理的能力和手段，因此在这些条件尚不具备时，国家还不能完全取消对企业的直接控制。这一转变任务目前还只是刚刚提出，它的完成还需要一

个相当长的时期。

四、改革从"摸着石头过河"向重视总体规划的转变，从单项改革向综合配套改革的转变

我国的经济体制改革是前无古人的开创性事业，由于没有现成经验，而且又是在没有充分理论准备条件下起步的，在改革的初始阶段，只能走一步看一步，"摸着石头过河"。随着改革的深入，这种做法的缺陷就日渐突出，一些重大的改革因前期缺乏准备而难以出台，一些前期看来效果很好的改革却给以后的改革带来某些障碍。这就要求制定一个轮廓性的中长期改革的总体规划，以明确改革的总目标，保证各时期改革的前后衔接、相互促进。同时，由于改革的深入，人们对旧体制的症结所在的认识也越来越清楚，对新体制的目标模式的认识越来越明晰，这就为制定改革的中、长期总体规划提供了可能。于是，我国经济体制改革便逐步从"摸着石头过河"向重视总体规划转变。

与忽视改革总体规划的做法相适应，我国的经济体制改革是从各项相互不配套的改革开始的，这表现在：先农村，后城市；而在城市中，先从扩大企业自主权、搞活企业入手，然后提出改革国民经济宏观管理方式和手段的任务；在市场问题上，首先着手健全商品市场，然后提出建立社会主义市场体系的任务。因此，在改革进程中，曾出现改革不配套、发展不平衡的问题，如城市改革的进展迟缓阻滞了农村改革的深化；搞活企业同宏观管理手段弱化的矛盾；市场体系不完善抑制了企业之间的竞争；以及计划、物资、价格、财政、金融等方面改革措施不配套而造成的矛盾。尽管有些矛盾是改革中不可避免的，但有些矛盾却是因为改革措施不配套造成的。所以，随着改革的深化，要求各项改革措施相互配套的任务便提上了日程。同时，我国目前正处于新旧体制并存时期，新旧体制之间相互摩擦、相互牵制。为了尽快度过这一时期，让新体制尽快占据主导地位，形

成经济体制改革不可逆转的态势，也需要抓住时机进行综合配套改革。正是在上述主观和客观要求下，我国的经济体制改革逐步实现了从单项改革向综合配套改革的转变。

五、建立社会主义市场，从发展单一商品市场向培育统一市场体系的转变

长期以来，我们不承认社会主义条件下的生产资料是商品。党的十一届三中全会以后，我们不仅承认消费资料是商品，而且认为生产资料也是商品。于是，建立统一的社会主义商品市场便成为经济体制改革的一项重要任务。随着改革的深入，人们认识到，仅仅有商品市场不可能很好地发挥市场机制的作用，因为商品价格和供求在市场上的变动，实际上是社会要求生产要素在各部门、各企业间进行重新分配和组合，这就要求生产要素的配置也通过市场机制来进行。因此，社会主义市场体系不仅是消费资料和生产资料市场，而且还应包括资金、劳务、技术、信息和房地产等生产要素市场。于是，随着经济体制改革的深入，建立社会主义市场的任务，就由健全商品市场转变为培育社会主义完整的市场体系。

六、价格改革从以调为主向调放结合，再从调放结合向以调促放的转变

价格不合理是长期困扰我国经济发展的问题，因此价格改革便成为经济体制改革的一项重要任务。在改革开始时，价格改革的重点是调整不合理的价格体系，它没有触动与旧体制相适应的价格管理体制，这不可能从根本上解决价格既不反映价值、又不反映供求的弊端。党的十二届三中全会《中共中央关于经济体制改革的决定》（以下简称《决定》）提出：在调整价格的同时，必须改革过分集中的价格管理体制，逐步缩小统一定价，适当扩大有一

定幅度的浮动价格和自由价格的范围。这就使价格更多地由市场来确定，它标志着价格改革从以调为主转向调放结合。党的十三大的《报告》进一步提出，价格改革的任务是逐步建立少数重要商品和劳务价格由国家管理，其他大量商品和劳务价格由市场调节的制度。这就更进一步扩大了由市场决定价格的范围。这也标志着人们最终摆脱了那种认为计划价格可以准确、及时地反映价值和供求变化的传统理论的束缚。目前对商品和劳务价格的调整，只是为了使它们接近价值和供求，以便在最终放开价格时，不致因价格波动太大而造成社会经济生活紊乱。以调促放方针的确立，意味着在价格改革问题上，人们终于探索到了一条既符合商品经济要求，又适合我国实际情况为思路。

七、经济管理机构改革从简单的机构撤并向注重机构职能转换的转变

十一届三中全会以后，国家对政府机构进行了两次重大改革。1982 年的第一次改革以精简机构为任务，其特点是对政府机构进行简单的撤减合并。这次改革后再度出现了膨胀问题，不得已又重蹈"精简—膨胀—再精简—再膨胀"的覆辙。随着经济体制改革的深化和政治体制改革任务的提出，在总结以前经验的基础上，1987 年党的十三大以后开始的第二次机构改革，把转变政府机构职能作为这次改革的关键。其特点有以下三点：一是按政企分开的原则，把政府机构直接管理企业和直接管钱、管物的职能分离出去，一部分转移给各专业协会，一部分交给企业；二是加强决策、咨询、调节、监督和信息等职能，使政府机构对企业由直接管理为主逐步转到以间接管理为主；三是这次改革是结合推行国家公务员制度。1988 年召开的第七届全国人民代表大会第一次会议，通过了国务院机构改革方案，将国务院部委一级机构由 45 个调整为 41 个，并同意了国务院关于今后 5 年机构改革的方案。

八、对外开放由点到面，发展对外经济关系从注重出口换汇、引进技术设备向加入国际经济大循环的转变

我国的对外开放是从建立深圳、珠海、汕头、厦门 4 个经济特区和在广东、福建两省实行较灵活的对外政策开始的。1984 年国务院批准在沿海 10 省、市建立 14 个对外开放城市，并先后在这些省、市设立了 13 个经济开发区。1988 年国家又在海南建省，把海南作为对外开放的试验区，并在广东、福建、山东半岛实行更加开放的政策。至此，对外开放的沿海地带已大体形成，对外开放实现了由点到面的转变，经济特区—沿海开放城市—沿海经济开放区—内地这样一个逐步推进的开放格局也大体形成。

在 1978 年以前，除"一五"期间外，我国对外经济关系的主要方式是出口换汇，再用外汇购买外国的先进设备和技术。党的十一届三中全会以后，我国发展对外经济关系的方式日益增多，国家不仅重视出口换汇、引进外国的先进技术设备，而且注重引进外资和外国的先进管理经验、引进外国的技术人才和管理人才；劳务、资金和技术输出也从无到有，发展很快。1988 年上半年，国家做出使我国经济加入国际经济大循环的重大决策，决定在沿海地区发展原材料供应和产品销售面向国际市场的"两头在外"的产业，并大力鼓励外商按国际惯例来从事各种生产经营活动。这一重大决策标志着我国发展对外经济关系基本方针的一个重要转变，这一方针的实施和实现将使我国经济从目前基本内向型向基本外向型转变。

九、经济体制改革从自上面下的方式向动员全国人民参与改革的转变，从忽视舆论宣传向注重舆论宣传的转变

改革是一场除旧布新的社会大变革，它必然会冲破旧体制下的权力结构和利益分配格局。不同利益和权力阶层对改变原有利益和权力结构有不同认

识，各地区、各部门由于所处地位不同也会对改革的具体进程有不同看法。在改革的初始阶段，对动员全国人民参与改革重视不够，基本上是利用国家政权力量按行政渠道自上而下地推进改革。随着改革由浅层次向深层次推行，对原有利益和权力结构的冲击越来越大，越来越需要动员社会各阶层参与改革、支持改革、投身改革，以便统一思想，克服阻力，加快改革进程。针对这一客观要求，1987 年 5 月中央召开的"宣传、理论、新闻、党校干部会议"明确提出，要加强对改革的舆论宣传工作，不仅要宣传改革所取得的成就，宣传深化改革的必要性，而且要宣传我国的国情和改革的长期性、复杂性、艰巨性，不断提高人们对改革的思想认识和承受能力；不仅要宣传经济体制改革，还应开展政治体制改革的宣传。自此以后，加强对改革的舆论宣传，开展党、政和各种群众团体同各阶层群众的协商、对话，动员全体人民参与改革，便成为经济体制改革的一项重要任务。

十、从经济体制改革向经济、政治、文化
体制全面改革的转变

我国的改革是从经济领域开始的，经济体制改革的深入必然要求将改革推进到政治和意识形态领域。这是因为，一方面，经济体制改革本身就包含了政治体制和意识形态领域改革的内容；另一方面，不进行政治体制和意识形态领域的改革，经济体制改革就不可能最终取得成功。例如，党政分开、政企分开和国家机构改革既是经济体制改革也是政治体制改革的任务。发展社会主义商品经必然要求改变人们旧的思想意识、传统道德标准和习惯势力。所以，继1984 年《中共中央关于经济体制改革的决定》颁布后，中央先后通过了关于科技体制改革的决定和关于教育体制改革的决定，以及关于社会主义精神文明建设指导方针的决议。改革开始从经济领域步入上层建筑领域。党的十三大进一步明确地把政治体制改革的任务提上议事日程，这标志着我国的改革浪潮已经开始遍及社会生活的各个领域，从最初的经济体制改革转变为全面改革。

关于开放劳动力市场的思考 *

随着商品经济的发展和经济体制改革的深入，人们逐渐认识到开放劳动力市场的重要性和迫切性。劳动力市场是社会主义经济实践中的新课题，很值得思考与思索。

一、开放劳动力市场是商品经济发展和体制
改革的客观要求

提出开放劳动力市场并非偶然，它首先是实践的呼唤。

1. 统一的劳动调配计划不能适应社会化大生产的发展

在社会化大生产条件下，劳动力与生产资料的结合有两种基本方式：一是劳动力资源通过统一计划调配进入生产过程同生产资料结合；二是劳动力资源通过市场进入生产过程同生产资料结合。随着生产社会化和科学技术发展，劳动力和生产资料的组合变得十分复杂而且变动频繁。实践证明，在现有的经济条件下，任何高明的计划都无法包容各种生产过程复杂的技术要求和劳动力个人的技能差异，难以预测各种生产规模和生产方向的变化以及相应的技术构成，因而不能保证劳动力和生产资料的优化组合。在我国，由于

---

* 本文原载于夏子贵等编：《〈资本论〉与中国的改革、建设》，西南师范大学出版社1987年版。

统一计划不可避免的主观随意性和时滞，形成了封闭型的就业格局，城乡之间、不同所有制之间、部门之间和企业之间存在着程度不同的劳动力流动壁垒，与社会化大生产的要求形成尖锐对立。一方面，许多地区和单位人才奇缺；另一方面，许多人才不能尽其所能，长期闲置浪费。许多劳动者在形式上已经进入生产过程，但在实际上却存在同生产资料的结构性分离，普遍就业与在职失业长期共存。要克服这些弊端，开放劳动力市场是唯一可供选择的路径。

2. 商品市场的建立要求开放劳动力市场

在商品经济条件下，价值规律通过市场价格运动调节生产要素在各部门之间流动，实现按比例分配社会劳动的要求。如果仅有商品市场而没有劳动力市场，则会抑制价值规律的作用。生产经营单位可以通过市场了解到生产方向，取得生产资料，却不能通过市场吸收和排斥劳动要素，难以及时有效地调整生产结构，改变生产规模。在我国商品市场逐步开放过程中，由于没有建立相应的劳动力市场，使市场体系极不完善，市场机制很不健全。这是市场调节机制没有收到预期效力的一个重要原因。

3. 开放劳动力市场是破除平均主义的重要手段

在旧的劳动制度中，由于没有就业竞争，工资收入既不反映企业经营成果和职工的劳动数量、质量，也不反映劳动力的供求。收入分配中的平均主义是旧劳动制度的必然伴生物，"大锅饭"的根源在于就业的铁饭碗制度。在职工劳动报酬同企业经济效益挂钩的改革态势下，由于没有就业竞争的有效抑制，许多拉开收入差距的正确改革措施往往收效甚微。在国家放弃直接控制工资总额增长的办法时，平均主义的分配制度派生出收入分配上的攀比机制，造成消费基金膨胀，迫使国家回到用计划直接控制工资总额增长的老路，不得不默认平均主义工资制度的合理性。因此，开放劳动力市场，将就业竞争引入工资收入确定，既是克服平均主义的强有力手段，又是分配制度实行根本性改革的前提。

4. 开放劳动力市场是确立企业商品市场经营者地位的重要条件

在不存在劳动力市场的状况下，企业不可能有真正的用人权。一方面，职工一旦进入企业就理所当然地成为该企业的终生职工，企业不能根据生产规模和生产方向的变化调整劳动力数量和构成；另一方面，由于就业制度和社会保障制度的一体化，职工一旦就业，其生、老、病、死就由企业全部包干，企业既是生产经营单位，又成了社会救济和福利机构，增大了企业负担。此外，在体制改革中赋予企业开除违纪职工的权力也因社会保障职能附设在企业中而无法行使。目前，企业作为自负盈亏的商品生产经营者，责任和风险增大了，但用人权力却没有相应增大，企业的自主权长期未落到实处，除了上级行政部门截留权力外，企业没有用人权是一个重要原因。

5. 开放劳动力市场是确立劳动者主人翁地位的前提条件，也是促使劳动者自由全面发展的必要途径

没有劳动力市场，劳动者为单位和部门所有制，没有支配自身劳动力的权利，大大削弱了劳动者的主人翁地位。一方面，劳动者不能根据自己的兴趣、爱好和特长选择职业，势必挫伤劳动者的主动进取精神和创造性，同时劳动者长期被束缚在某一职业上，也不利于劳动者成为多种技能的全面发展的人；另一方面，劳动者单位和部门所有制会造成职工对单位和部门的依附关系，缺乏进取的经济动力和就业的外在压力，习惯于端"铁饭碗"，吃"大锅饭"。久而久之，领导者这个生产力中最活跃的因素将失去活力。只有开放劳动力市场，给领导者选择职业的自由，才能给劳动者自由全面发展提供广阔的活动场所，促使劳动者成为具有多技能的自由人。

6. 开放劳动力市场将为实现完全的生产资料全民所有创造条件

我们现在的生产资料全民所有制是一种低级形式，带有浓厚的特权和等级性。这主要体现在劳动者使用全民的生产资料并通过使用生产资料而取得收入和享受社会福利的机会不均等。具体说来，城镇居民同农民，全民企业职工同集体企业职工和个体生产经营者，在业职工同待业人员在使用全民所有的生产资料上没有平等的机会。只有在全面开放劳动力市场时，才能为全体劳动者提供均等的就业机会，从而使任何公民都有可能在完成劳动义务，为社会提供剩余产品的前提下同全民的生产资料结合并取得个人收入。

二、开放劳动力市场的几个理论问题

开放劳动力市场，就必须在理论上承认社会主义的劳动力是商品。否则，开放劳动力市场在逻辑上就讲不通，在理论上也不彻底。要承认劳动力仍然是商品，就必须回答传统的政治经济学所不能解答的几个理论问题。

1. 关于劳动力成为商品的两个条件

一些同志认为，马克思在《资本论》中提出的劳动力成为商品的两个条件在社会主义社会中已不存在，因而劳动力不能成为商品。其实，这种说法是不符合社会主义客观经济事实的。

其实，劳动者必须是自由人的条件并不为资本主义社会所特有。资本主义解脱了劳动者的人身依附关系，使他们成为能支配自身劳动力的自由人是巨大的历史进步；社会主义实行生产资料公有制，是要使劳动者成为真正的主人。马克思将未来社会设想为"一个自由人的联合体"，确认了公有制下劳动者真正的自由身份。在现阶段，如果在公有制的名义下连劳动者对自身劳动力的支配权都不承认，则只能是一种倒退。

关于劳动者与生产资料相分离的条件，首先还要澄清一个误解。马克思在《资本论》中以英国原始积累的历史为例，描述了在"羊吃人"的圈地运动中英国农民被剥夺得一无所有的状况。因而人们往往将这一条件与劳动者"一无所有"的赤贫状况联系在一起。其实，其他资本主义国家的原始积累过程并不像英国那样彻底。如美国和日本，许多农民在离开土地去当雇佣工人时并非"一无所有"。因此，马克思在《资本论》法文版和其他著作中曾多次指出："这种剥夺只是在英国才彻底完成了"（马克思，1877，第130页；1881，第268页），当然，这并没有影响雇佣劳动制度在其他资本主义国家的发展其实，劳动者与生产资料的分离不一定意味着劳动者"一无所有"。在社会化大生产对小生产的冲击下，只要小生产的收益不足以补偿劳动者的全部劳动，或者雇工劳动能比小生产取得更大收益时，无论劳动者是否丧失其生产资料，他都可能受雇于他人。在我国农村推行生产责任制后，仍然有许多农民离开土地受雇于他人就是一个明显的例证。

社会主义社会仍然存在劳动者与生产资料的相对分离。生产资料属于全民和集体，劳动力属于个人，作为直接占有和支配生产资料的企业一方与作为劳动力所有者的劳动者个人一方有相对独立的经济利益和权利。劳动力只有作为商品同生产资料相结合，才能实现双方的责任、权利和利益。当然，这种分离不同于资本主义社会的绝对分离。因为生产资料不再是私有财产，它属于总体的劳动者。每一个社会成员在与生产资料的关系上是平等的，在参与集体的经济活动上享有相同的权力和均等的机会。只有到了共产主义社会，商品经济消亡了，劳动不再是谋生的手段，劳动力不再为个人支配，而成为直接的社会劳动力，劳动力和生产资料相分离的状况才会最终消失。这时，劳动力才不需要采取商品的形式进入生产过程。

一些责难劳动力是商品的同志认为，社会主义社会中劳动者是生产资料的主人，如果承认劳动力是商品，就得承认劳动者把劳动力商品出卖给自己，在逻辑上怎么能讲得通？这种观点把作为总体的劳动者和作为个人的劳动者混为一谈了。所谓劳动者占有生产资料是指总体劳动者，作为个人的劳动者不能直接占有和支配生产资料，他能够占有和支配的只是自己的劳动力。关于社会主义条件下作为个人劳动者的特点，马克思在《哥达纲领批判》中曾经明确指出："除了自己的劳动，谁也不能提供其他任何东西……除了个人消费资料，没有任何东西可以成为个人财产。"（马克思，1875，第21页）从这个意义上讲，任何个人都不是生产资料的所有者。因此，劳动者个人把自己的劳动力出卖给作为总体劳动者的代表——企业，在逻辑上并无矛盾。劳动力的买卖和一般商品的买卖有区别，这里并不发生所有权的转移，严格说来不是出卖而是出租（恩格斯曾经使用过这一术语）（恩格斯，1891，第346页）。社会主义条件下劳动力的买卖实际上是个人和社会用商品形式联系起来的一种契约关系。这种契约关系既可以保证生产资料的公有性质，保证公有财产不为任何人侵吞，又可以保证公有的生产资料的合理使用，还可以保证劳动者个人的劳动义务和劳动权益的实现。

2. 劳动力成为商品同资本主义剥削没有直接联系

资本主义剥削的关键在于生产资料的私有制。由此决定了劳动过程中劳动者的从属地位，以及劳动产品和剩余价值为资本家占有。在社会主义条件下，生产资料属于全民和集体，它不再与劳动者相对立，成为剥削其剩余劳动的物质手段。劳动力商品与公有的生产资料相结合，生产出来的产品归社会和集体占有。劳动者作为社会和集体的一员，不仅仅得到相对于自身劳动力价值的部分，超过劳动力价值的部分也将以各种形式用之于民，而不再为私人占有，并成为继续剥削劳动者的资本。在社会主义生产资料公有制条件下，劳动力商品不会导致资本主义剥削。

3. 劳动力成为商品只是发达商品经济的共同特征

马克思在《资本论》中许多地方既把劳动力成为商品看作是资本主义的特征。例如，"资本主义时代的特点是，对工人本身来说，劳动力是归他所有的一种商品形式，他的劳动因而具有雇佣劳动的形式"的同时，他也将劳动力商品作为发达商品经济的特征。就在我们引用的上述论述之后，马克思紧接着指出："另一方面，这是从这时起，劳动力商品形式才普遍化。"（马克思，1972，第197页）他还指出："一旦劳动力由工人自己作为商品自由出卖……只有从这时起，商品生产才普遍化，才成为典型的生产形式……只有当雇佣劳动成为商品生产的基础时，商品生产才强加于整个社会"。（马克思，1867，第644页）人们往往对马克思前一方面的论述倾注了更多的注意力，而忽视了后一方面的论述，因而在很大程度上阻碍了人们对社会主义发达商品经济中劳动力商品性质的确认。

为什么马克思把劳动力商品既作为资本主义生产的特征又作为发达商品经济的特征呢？原因在于马克思生活的时代，发达的商品经济只有资本主义一种形式。因而马克思（马克思，1867 - 1890，第127页）认为："发达的商品生产本身就是资本主义商品生产"。由此出发，他很自然地将某些属于发达商品经济的特征看出资本主义社会的特征。劳动力商品在资本主义以前的小商品生产中不可能普遍存在，在资本主义以后的社会主义社会，马克思预言商品经济已经消亡，劳动力自然不是商品，因此，劳动力商品就只是构成了资本主义的特征。同任何伟大的思想家一样，马克思同样受着时代的局限。他不可能在商品经济的发展过程未得到充分展现之前对之进行完整无缺的理论概括。因此，一方面我们不应拘泥马克思的个别结论，另一方面，也应从马克思将劳动力商品与发达商品经济联系起来的思想中得到启示：既然发达的商品经济存在于社会主义社会，那么劳动力商品在社会主义条件下也可能存在。

三、开放劳动力市场所需要的社会经济条件

我国长期以来未形成劳动力市场有深刻的社会历史原因。劳动力市场的全面开放依赖于整个社会经济环境的转变。目前至少需要考虑以下几方面条件：

1. 劳动力总供给与总需求大体平衡

由于劳动力自然增长过快，加之就业渠道狭窄，我国劳动力在总量上是供给大于需求。传统的就业体制形成了劳动力供求的"虚假平衡"，使得劳动力供求矛盾长期积累。在农村约有 1.5 亿剩余劳动力，在企业内部多余人员占企业职工总数的 10% ~30% 等，社会上尚有为数可观的后备劳动力。在劳动力总供给大于总需求的情况下，开放劳动力市场虽然有抑制劳动力价格上涨的好处，但也会使大量隐蔽性失业一下转变为公开的失业，造成社会的不安定。因此，在短期内仍有必要保留一部分隐蔽性失业，以使长期积累的劳动力供求矛盾不至于突然爆发。同时，要广开就业门路，保证国民经济持续稳定增长，扩大劳动力总需求，只有在劳动力总供给和总需求之间大体平衡时，才能完全开放劳动力市场。

2. 深化商品市场和建立资金市场

劳动力市场的开放要与全方位市场开放同步。一方面，合理的劳动力流动要求商品价格信息和资金投向"导向"，在价格体系不合理和投资结构不合

理的条件下，信息扭曲，必然造成劳动力流动不合理；另一方面，在商品价格不能反映价值和供求关系，利率不能反映资金供求的条件下，劳动者的工资也不能反映劳动力价值和劳动力供求。

3. 硬化企业财务约束

财务约束的硬化能促使用人单位从自身利益出发，合理使用劳动力，并使工资更充分地反映劳动力价值和劳动力供求。在财务约束软化的情况下，工资成本将转嫁给国家和银行，过度的劳动力需求对企业有益无损，这会造成劳动力的浪费，并使劳动力需求信号脱离经济活动对劳动力的实际需求。所以，开放劳动力市场应该与国有和集体企业的改革大体同步，避免预算软约束引致的对劳动力的虚假需求。

4. 建立失业保险和就业保证体系

劳动力市场开放后，必然会出现一部分劳动者待业，这要求社会建立失业保险体系，解决待业人员的生活来源，保证劳动者的基本利益和社会安定。同时，要求社会有一套健全的就业体系，如职业介绍所、专业培训以及劳动事务仲裁机构和相应的劳动管理法律。

5. 建设与劳动力市场相适应的社会文化心理

中国数千年的封建人身依附关系及其相应的文化心理状态，尤其是几十年来的计划经济体制下的铁饭碗制度，使劳动者缺乏自主意识，一时恐怕难以适应劳动力市场中的就业竞争；根深蒂固的平均主义思想也难以适应开放劳动力市场所带来的收入差距；加上全民企业职工和一部分集体企业职工中形成的"就业特权"心理以及大锅饭强化的平均主义思想等等，使得开放劳动力市场必然会遇到社会文化心理的抵制。能否克服这种文化上、心理上的障碍是建立劳动力市场成败的关键。由此也决定了建立劳动力市场任务的长期性和复杂性。

总之，劳动力市场的开放只能随着社会经济条件的改变而逐步进行。不过，目前可以考虑在以下三方面先行一步。

第一，首先开放复杂劳动的劳动力市场。主要指高校师资、研究人员、科技和管理人员配置的市场。这部分劳动力资源在总量上供不应求，开放有利于克服学非所用，人才积压的弊端，使相对稀缺的这部分劳动力得到充分的利用。同时，其稀缺性并不会带来多大的失业问题，可以减少因过多失业带来的社会震荡。

第二，开放全民单位向集体所有制单位，城市到乡村，大城市向中小城市，市区到郊区的劳动力单向流动渠道。这不仅可以减少一下放开劳动力市场的震动，而且有利于改变我国目前劳动力配置主要集中于全民所有制企事业单位和城市的不合理格局。

第三，开辟行业系统内部、地区内部、单位内部的劳动力流动市场，鼓励内部劳动力自由流动。这不仅可以促使人员交流，开展局部性的竞争，而且局部的劳动力市场也有利于富余人员的消化，吸纳较为容易，其所造成的社会震荡也较小。

总之，关于开放劳动力市场的步骤设计，应该既积极而又谨慎。在社会主义有计划的商品经济条件下，如何规划劳动力市场，如何加强对这个市场的计划指导，还大有文章可做。

参考文献

［1］恩格斯：《马克思〈雇佣劳动与资本〉单行本导言》，《马克思恩格斯选集》第 1 卷，人民出版社 1972 年版。

［2］马克思：《资本论》第 1 卷，《马克思恩格斯全集》第 23 卷，人民出版社 1972 年版。

［3］马克思：《资本论》第 2 卷，《马克思恩格斯全集》第 24 卷，人民出版社 1972 年版。

［4］马克思：《哥达纲领批判》，《马克思恩格斯全集》第 19 卷，人民出版社 1963 年版。

［5］马克思：《给"祖国纪事"杂志编辑部的信》，《马克思恩格斯全集》第 19 卷，人民出版社 1963 年版。

［6］马克思：《给维·伊·查苏利奇的信》，《马克思恩格斯全集》第 19 卷，人民出版社 1963 年版。

京师经管文库

市民理论与中国经济

强政府与中国经济增长[*]

——基于历史渊源与体制比较的分析

改革开放以来，中国经济已保持了 30 多年高速增长，年均速度近 10%，如没有特殊事件干扰，中国经济仍可能以比较高的速度继续增长 20 年左右。长达半个世纪的高速增长的原因可以概括为两个：一是中国社会主义市场经济体制的建立与完善为中国经济增长提供了内生动力；二是作为发展中大国，中国存在巨大的增长潜力，一方面改革将这种内部的增长潜力调动出来，另一方面对外开放推进了中国优势资源与国际资源的互补，形成巨大的赶超效应。这两方面的原因都与中国模式所独特的强政府有密切关系，因为正是在强政府的主导下，通过市场化改革与对外开放才将中国经济增长潜能调动出来，进而实现了世界经济史上空前，并很有可能是绝后的增长奇迹。

尽管人们对这种强政府模式褒贬不一，但可能没有人会对强政府在中国经济高速增长中所扮演的重要角色持有异议。为什么在中国会在市场经济条件下形成如此强大的政府，这有深刻的历史根源。概括说来，中国的强政府可归结为两大渊源：一是数千年形成的强政府传统；二是强政府的社会主义传统，尤其是计划经济时期形成的政府动员资源能力在经济体制转型后仍然保留下来。本文将从强政府形成的历史渊源出发，并在比较政府干预经济能

---

　　* 本文原载于刘树成、张连城、张平主编：《中国经济增长与经济周期（2013）》，中国经济出版社 2013 年版。

力强弱的框架下，探讨中国经济长期高速增长的成因。

一、强政府形成的经济学解释

从经济学上讲，国家或政府①作为公共权力的代表，它源于为社会提供私人或小集体无法提供的公共物品。由于公共品特别是纯公共品具有使用不排他的特性，一旦提供出来就无法排除他人消费。在私有制社会中，这势必产生"搭便车"行为，私人只想消费而不愿提供，只能由国家采取强制手段来供给，因此社会对公共品的需求是国家制度产生的经济根源。综观所有民族的历史，国家都产生于这种公共需求，在私权日益强大与原始部落联盟的民主制度不再能动员更多资源来维持民族生存发展时，国家制度便会应运而生。此外，公共品还具有使用不具有竞争性特点。这类公共品因扩大消费不会相应增加成本，其具有很强的正外部性，采取公共提供方式比私人提供效率更高，如公共基础设施等。社会对这类物品需求的强弱通常与政府的强弱有密切关系，强需求对应强政府，弱需求对应弱政府。例如，中国明确的"赶超目标"形成对公共基础设施的强烈需求，这种公共需求赋予政府在基础设施建设方面的更多职责。

二、中国强政府的历史传统

在中国传统社会中，水利工程建设与抵御北方游牧民族袭扰是数千年来关系到中原各民族生存发展的两个巨大工程，需要耗费巨大的人力与物力，它们不可能由分散的私人或小集体提供，非但如此，私人还会千方百计逃避责任，只能由一个强大政府用专制的办法分摊其巨大的成本。正是在提供这两大公共品的过程中，逐步形成中国强政府的历史传统。

---

① 本文在不做说明的地方，不对国家与政府这两个概念做严格界定。

1. 水利工程对强政府的需求

概括说来，中国历史上的水利工程主要有治水患、利灌溉、保漕运三大任务。

首先来看治水患的公共工程，这直接催生了中国的国家制度的建立。中国的农耕文明是大江大河的流域文明，农耕依赖大江大河的冲积平原，但江河又时常泛滥，治理水患便成为这种农耕文明繁衍的前提。由于特殊的地理条件，这在中华民族发源的黄河流域治理水患的任务尤其突出。为治理黄河，提供这一公共品便催生了中国第一个国家制度。与其说大禹治水的主要功绩是"三过家门而不入"的奉献精神，还不如说是大禹家族首创了中国的国家制度，用强制性办法而不仅仅是部落联盟的民主协商办法来征集民力来完成治水任务，进而解决了长期困扰中华民族生存发展的巨大难题。这种源于治水的制度安排便成为中国国家制度的起源，"夏王朝，家天下"的传说正是这一历史进程的真实写照。

其次，中国历史上的水利工程还包括兴修大型灌溉工程。这些工程一方面需要征集大量民力才能进行，这须依托一个强大的政府。难怪战国时期韩国把鼓动秦国大修水利工程作为"疲秦"之计，以致秦始皇在郑国渠开工建设之后，无力动员民力灭韩。另一方面，灌溉工程又是具有巨大外部正效应的公共品，一旦建成就能大大推进农业生产发展，具有富国强兵效应。春秋战国时期秦王朝的专制制度，使其能动员巨大民力来兴修起像都江堰、郑国渠这样的大型水利工程，才使秦国具备了后来统一中国的经济实力。

最后，保漕运也是一项强大的政府用专制手段征集大量民力才能完成的水利工程，其一旦建成发挥功效，又具有便利交通，降低交易费用的巨大效应。在中国历史上，其典型案例莫过于始于春秋时期，完成于隋代，最终完善于清晚期的大运河工程。

2. 抵御北方游牧民族侵扰对强政府的需求

在中国历史上，除游牧民族入主中原的元、清两朝，边患稍轻外，抵御外族袭扰一直是困扰中原各民族生存发展的头等大事。这种纯公共物品需要有一个强大政府，才能动员大量人力、物力来提供，数千年的这一任务助推了中国强政府传统的形成。

游牧民族的骑兵，其行动快于农耕民族的步兵；定居农业极易受到行动敏捷骑兵的侵扰，而居无定所游牧民族则很难受到相应的报复；游牧民族动物性食物的高热量，使军事行动无须庞大的后勤支持，而农耕民族的植物性食物的热量很低，即使不大的军事行动也必须"粮草先行"。这使农耕民族在与游牧民族的对抗中处于劣势，这迫使中原王朝必须动员更多的民力才能抗衡游牧民族侵扰，无论是防御型战略还是进攻型战略，概莫能外。

例如，从先秦到汉初，中原王朝抵御匈奴袭扰的办法都是防御型的，修筑与护卫长城这样巨大的建筑工程与繁重的戍边任务，须动员全国的民力才能完成。但是，直接受到袭扰的是北方居民，南方居民很难体会到抵御外辱的必要，这就为专制政权的强征暴敛"苛政"提供了合理性与合法性。汉武帝宏才伟略，改变了先前的防御型战略，企图以攻为守，毕其功于一役，永远消除中华民族的北方边患。这就需要征集更多的人力、物力，才有可能取得军事上对匈奴的优势。所以可以理解，汉武帝时期的强政府达到登峰造极的程度，从为建立一支强大的骑兵而强制全社会养马，到为战争筹资而对盐铁实行官营①等。

三、社会主义制度及计划经济遗产对强政府的影响

"十月革命"一声炮响，给中国送来了马克思列宁主义，进而改变了中国后来的历史进程。尤其体现在改变了制度创新的路径，使社会主义制度的形成发展走上一条与资本主义的历史形成不同的道路。按照马克思（1975，第12页）的说法，资本主义制度的产生发展是"一个自然历史过程"，亦即哈耶克（2001，第74页）、布坎南（1988，第362页）等人崇尚的"自生自发

---

① 这开了政府垄断最盈利行业的先河，时至今日其影响仍然存在。

的"秩序。而社会主义的经济秩序的形成与发展却表现为一个"人为过程"，即哈耶克所谓的"人为设置的秩序"。其演进过程大体经历 3 个阶段：首先由少数精英勾勒出所追求社会主义的理想蓝图；然后通过革命方式取得政治权力；最后，再按照事先设计好的蓝图，凭借政府的行政力量建立起社会主义的经济制度。这与西方国家先有自发形成的经济制度，然后才会或快或慢地引起政治上层建筑的变化，即马克思（1972，第 82 ~ 83 页）在《政治经济学批判〈序言〉》中所描述的历史演进过程有很大不同。由于社会主义政治制度在经济制度产生过程中发挥了重要作用，它后来的经济制度创新与经济运行中也发挥着重要作用。这是中国模式下"强政府"形成的又一重要原因。

1. 社会主义政治制度中强政府因素

这些影响可以概括为马克思、列宁及苏联、中国自身实践中形成的 3 个方面。

马克思在《法兰西内战》中，肯定了巴黎公社"立法权与行政权合一"的政治架构，后来列宁在《国家与革命》再次肯定和发展这一政治架构，并在苏联的社会主义实践中实施。尽管后来苏联实行立法与行政的分离的制度，但这只是形式上的，事实上的"立行合一"仍然是社会主义制度的一个基本特点。

列宁主义的建党原则尤其是民主集中制的原则，削弱欧洲社会民主党的民主主义倾向，共产党为强政府奠定了强大的政党基础。

中国共产党长期实践中形成的"一党领导，多党合作"制度进一步强化了政府的政治基础，此外"党政不分"也是这种政治制度的重要特点。

2. 计划经济模式的遗产对强政府影响

高度集权的计划模式是斯大林根据苏联国情，将马克思追求"个人自由全面发展"的共产主义计划经济改造成经济社会落后国家为实现工业化手段。在保留极为有限的市场关系下，通过政府动员与配置资源，实现落后国家的赶超：一方面，用政府替代资产阶级职能，完成资本原始积累；另一方面，用计划替代市场，将有限资源集中配置给关键部门，实现国家的工业化。在这种经济模式中，强政府是动员与配置资源的前提。要建立起这种高度集权的经济模式，不仅要有社会主义政治制度的支撑，而且需要有强政府的历史传统，俄罗斯与中国这样国家正好具备这样的条件。

值得注意的是，在后来社会主义国家市场化的进程中，东欧剧变与苏联解体，使苏东国家放弃了社会主义政治制度，激进式转型使计划模式被抛弃。与之不同的是，中国在市场化改革中没有放弃社会主义政治制度，同时由于始终采取了渐进的转型方式，高度集权的计划体制不是简单地被抛弃，而是一种扬弃。所以在资源配置的基本方式从计划转向了市场过程中，中国强政府的许多经济职能并没有随着市场化而消失，形成了世界上无先例的强政府下的市场经济模式。

四、比较经济体制框架下中国的强政府

政府对经济的干预涉及两个领域：一是通过制度政策或体制政策对制度框架的形成、演进进行干预；二是通过经济过程政策对经济活动进行干预。强政府在这两个领域都可能实施积极的政策，既有既定目标又有实现目标的手段的主动行为。相反，弱政府则只能实施消极政策，即只有维护自生自发形成的经济秩序的被动性职能。虽然政府可能有更多干预经济的愿望，但因缺乏合法性或缺乏相应手段而心有余、力不足。

在制度政策方面，在盎格鲁—撒克逊自由市场经济模式下，由于崇尚"自身自发的经济秩序"深入人心，国家在制度政策方面的职能被定位为消极的维护职能。制度演进大都来自民间诱致性制度创新，法律通常只是把民间的自发形成的规则加以系统化而施以保护，政府不可能推出有创意的制度变革，其权力被严格限制在亚当·斯密倡导的"守夜人"职能上。20世纪30年代的危机虽然开始改变了这一传统，但十分有限，仅限于自发的制度创新行为稍加约束，并且只有当市场的自发创新引发了灾难性的后果以后，社会与国家才有可能对自发的市场创新行为稍加监管与限制。即使这种极为有限的

管制也难以长久，80 年代以来新自由主义复兴就是明证。在撒切尔夫人与里根倡导的经济自由化名义下，大危机后的许多政府管制又被化解，更重要的是，在这种弱政府模式下，政府很难根据市场创新的演进及时地出台必要的约束性措施，以致酿成前些年的公司财务丑闻与这次的金融危机。危机的巨大消极后果使监管市场的舆论再起，但在弱政府的消极职能的基本制度安排下，相应的监管建议能在多大程度上成为现实，前景并不乐观。

与之不同，在中国强政府模式下，政府在制度政策方面具有积极功能。不仅传统的计划模式是政府一手创造出来的，而且社会主义市场经济体制也是在政府主导下，通过强制性制度创新与诱致性制度创新相结合而建立起来的。在这种强政府模式下，任何民间创新都需要得到政府的首肯，由政府确定允许创新的领域，划定不允许突破的边界。任何超出政府许可范围的民间制度创新都面临"选择性执法"的前景，被实践证明是有益的行为，就会被认定为敢为天下先的创新，并可能被加以推广；如果被证明是有害的行为，则可能被认定为违规而遭查处。正是在这种强政府的制度性政策＋民间创新模式下，经过 30 多年的磨合，才逐步创造出了能够将中国经济增长潜能调动出来的制度框架。

在经济过程政策方面，在原生态的市场经济经济中，政府本无这方面的职能，经济发展基本是自发市场行为的结果。直到 20 世纪 30 年代大危机以后，通过罗斯福新政的实践与凯恩斯的理论创新，政府才有这方面的职能。在西方发达国家，政府在经济过程政策领域的职能也是消极的，这体现在其政策的主体主要限于需求管理政策。这类政策的要旨是在供求失衡时通过扩张需求或紧缩需求来恢复市场均衡，它本身并不形成新的生产能力，其极限是将市场自发形成的供给潜能发挥出来。

在强政府模式下，政府除实施需求管理政策外，还可以实施更为积极的供给管理政策，即通过政府直接投资或采取种种措施来激励民间投资以增加生产能力。政府采取积极的供给政策并非是中国模式的创造，早在 20 世纪政府主导经济模式形成时，许多东亚国家就赋予了政府这一干预经济的职能。

但是，中国模式将积极的经济政策推向了极致，这与中国有更强大的政府有密切关系。因为计划模式从一定角度看就是一种极端的供给管理方式，计划经济的遗产是中国政府甚至可能把危机转变成一种发展机遇。在外源性与民间需求萎缩时，政府便启动大规模的投资计划，这既可以拉动需求，又能大大提升基础设施水平，为未来的经济高速增长创造条件。亚洲金融危机后中国连续实施 6 年积极的财政政策，既阻滞了经济增速的大幅下滑，还为 21 世纪中国经济高速发展奠定了基础。在这轮应对全球金融危机冲击过程中，我们又看到类似的调控政策组合，用大规模的政府主导的投资来替代出口的大幅下降，不仅使中国经济最早企稳回升，而且可以弥补基础设施供给不足的缺口，其效果将在未来中国经济发展中逐步显露出来。这种将经典的凯恩斯主义的需求管理政策与积极的供给管理政策结合起来的做法，不能不说是中国模式的一种创造。当然这种做法也有值得检讨与提升之处，但这已超出了本文的范围。

五、对强政府模式的简要评价

总之，中国 30 多年来经济社会的巨大变化，都与这种强政府为特征的中国模式密切相关。无论是经济高速增长和社会进步，还是经济发展和社会发展中存在的种种问题，也都与这种模式有关。可谓"成也萧何，败也萧何"。

这种强政府模式的优势主要表现在：

第一，在强政府的主导下，中国在较短的时间内，就构建起了社会主义市场经济体制，为中国的现代化探索到一条正确道路，为其提供了内生动力机制。自从鸦片战争以来，中国就在为民族自强探索现代化的道路，无论是技术性的工业救国道路，还是以变法或革命的政治救国道路，都路路不通。只有建立市场经济体制才算找到了一条正确的路径，一方面，这种经济体制才有可能为技术进步和工业化提供可持续的机制；另一方面，经济关系的变化才有可能为中国的政治、社会进步提供坚实、可靠的经济基础。第二，强政府在中国经济高速增长中的作用。一方面，从长期来讲，强政府在市场基础上动员各种资源，挖掘落后发展中大国的潜力快速实现"赶超"；另一方面，从短期来讲，强政府有效的调控基本保证了经济高速增长下的宏观经济的平衡。第三，在公共物品供应上，强政府优势尤为明显。

与之同时，我们也不能忽视强政府模式的种种弊病：

政府过多介入，降低市场配置资源的效率。同时，政府与国有企业的天然联系造成：反垄断成为难题，阻滞国有企业进一步改革；难以为民营经济提供公平的竞争环境；较难避免官商一体化的利益集团形成。最后，政府权力过大，控制资源太多，致使"设租""寻租"问题频发，反腐败困难加大。

参考文献

[1] 布坎南：《自由、市场和国家》，北京经济学院出版社 1988 年版。

[2] 哈耶克：《哈耶克论文集》，首都经贸大学出版社 2001 年版。

[3] 马克思：《政治经济学批判〈序言〉》，《马克思恩格斯选集》第 2 卷，人民出版社 1972 年版。

[4] 马克思：《资本论》第 1 卷，人民出版社 1975 年版。

新旧常态转换与政府行为调整 *

——兼论供给侧结构性改革

　　自 2014 年习近平用"新常态"来概括中国经济增长的新阶段以来，引发了关于如何认识和应对新常态的思考和讨论，这些讨论对准确把握中国经济发展新阶段有很大意义。但是笔者认为，讨论中存在两点不足：第一点是不少人是就中国来认识中国经济增长进入新阶段的问题，即使涉及世界经济，通常也谈及美国金融危机与欧洲主权债务危机对中国经济增速下滑的影响。这又关系到第二点不足，即讨论偏于短期化。其实，中国经济转向新常态有深刻的国际经济背景，中国经济增长转向新常态与世界经济的这一转换是相适应的。不仅如此，转向新常态是经济长期发展过程中各种矛盾积累的结果，危机不过是这些矛盾的总爆发，当然也是市场机制化解这些矛盾的必要方式。基于这种认识，要深刻把握新常态，就不仅需要分析国际经济大环境的变化，而且要把现今中国经济增长的态势放在改革开放以来的历史大背景下来认识。基于上述两点认识，本文将在国际经济大背景下，用历史的眼光考察新旧常态转换的基础上，研究政府干预经济的行为应该如何适应这种转换。

---

　　* 本文原载于《天府新论》2016 年第 3 期。

一、新旧常态转换的国际大背景

新常态（new normal）是相对旧常态（old normal）而言的。要认识新常态，需要了解旧常态的形成和发展的历史。世界经济的旧常态形成于20世纪80年代初，它的形成与美国为代表的发达经济体的经济自由化浪潮直接相关。2008年美国金融危机爆发，暴露出30年来经济自由化的缺陷。这场危机爆发影响很大，随即波及全球，从而使整个世界经济从经济稳定增长的旧常态步入经济低迷的新常态。

众所周知，第二次世界大战后，西方各国普遍采取凯恩斯主义的经济政策，政府出手大幅度干预经济。这些政策虽然在推动西方战后经济恢复发挥了积极作用，并在很大程度上维持了战后相当一段时期内西方经济较长期的稳定增长。但是随着时间推移，这些政策的负面效应也日益凸现。到了20世纪70年代初，政策的负效应彻底暴露出来，集中表现为经济的"滞胀"。面对这种局面，凯恩斯主义既不能从理论上解释"滞胀"产生的原因，在对策上也无法开出消除"滞胀"药方。这是因为凯恩斯主义经济政策为政府提供两种政策取向：一是扩张性的财政政策和货币政策，用于经济衰退时刺激经济，防止经济陷入萧条、危机；二是紧缩性的财政政策和货币政策，用于经济繁荣时收缩经济，防止经济过热。但是面对"滞胀"，这样相反的两种经济政策取向，却使政府陷入两难选择的困境。这就好像人患了肝炎和糖尿病的并发症，前者鼓励吃糖，后者则不能吃糖。政府在政策取向上忽左忽右，走走停停，停停又走走，经济在"滞胀"泥沼中越陷越深。

在这种背景下，自20世纪30年代大危机以来被凯恩斯主义压制了几十年的经济自由主义得以抬头。这首先表现为被称为经济思潮风向标的诺贝尔经济学奖发放指向的变化，它改变了这个奖项设立以来最初几年授予凯恩斯主义者做法，在1974年，将其授予了有经济自由主义精神领袖称号的冯·哈耶克，1975年又把这个奖项又授予货币主义的代表人物密尔顿·弗里德曼。紧接着，在 1979 年英国大选和 1980 年美国大选中，信奉市场自由主义的撒切尔夫人和里根分别当选，将经济自由主义理论和政策主张转化为政府实施的政策，由此在西方世界开启以英美引领的经济自由化浪潮。伴随经济自由化措施的推行和逐步到位，西方发达经济体渐渐又走入一个经济稳定增长的时期，即所谓的旧常态。这个经济自由化进程的主要措施和后果是：

1. 自由化使西方国家逐步走出 20 世纪 70 年代"滞胀"，经济再度步入基本稳定增长轨道

面对当时西方世界的"滞胀"困境，与凯恩斯主义无法解释"滞胀"现象不同，以弗里德曼为代表的货币主义做出明确回答：造成经济停滞的根本原因是通货膨胀，长期的通货膨胀扭曲了市场价格信号，导致资源误配，从而造成经济停滞。而通货膨胀又是长期实行凯恩斯主义经济政策的后果，其根源又在于政府的庞大化。因此，要治理"滞胀"，首先要大幅度减少政府对经济的干预，消除通货膨胀。随着通货的稳定，市场机制作用回归正常，经济停滞问题也就会逐步缓解。为此，弗里德曼提出了其最主要的应对措施——简单规则的货币政策，即由中央货币当局根据长期的经济增长率和劳动力增长率，公开宣布和严格执行一个长期不变的货币增值率，以消除公众的通货膨胀预期，为市场发挥作用创造一个良好环境，市场的自发功能就会使经济逐步走出停滞，最终走出既膨胀又停滞的泥潭。撒切尔夫人和里根上台后，基本上是按照这一规则行事，并辅以其他一些自由主义的经济政策，到了 20 世纪 80 年代的中后期，英美及其他发达国家渐渐走出了"滞胀"困境。

现在有些人以美国经济表现在 80 年代不如 90 年代为例，试图证明里根和老布什执政时期经济自由主义政策的失败。这种看法似是而非，其误解的关键在于忽视了经济结构性调整与政策效应显现之间的"时滞"因素，尤其是通过市场自发作用的结构调整，通常需要更长的时间。其实，美国 20 世纪 90 年代被称为"新经济"的形成与激励创新的市场环境形成有密切关系，很难想象在一个病态的市场状况下，能够出现大规模的创新活动。

2. 自由化放松政府对经济的管制，为技术创新与市场创新创造了条件，诱发了以 IT 新技术为核心的产业革命，以及以金融衍生品、风险投资市场形成为标志的金融市场革命

在治理"滞胀"的同时，里根政府还大面积地清理和废除政府各种法规，尤其是 20 世纪 30 年代以来为防范经济危机而出台的各种限制性规定。在经济自由主义看来，这些限制性的政府规制抑制了个人和企业的创新精神，压缩了制度创新和技术创新的空间，这也是美国经济步入停滞的另一重要原因。只有大幅度减少政府的限制性规制，才有可能焕发个人和企业的创新精神，并为技术创新和市场创新创造出新的空间，进而推动经济发展。正是在美国政府大力裁减限制性规定背景下，80～90 年代美国出现了创新浪潮，其中最重要的莫过于 IT 技术为核心的新技术革命。这一轮技术创新使第二次世界大战后美国与西欧、日本日益缩小的差距再次拉大，美国再度成为引领世界技术进步的国家。与之同时，在金融市场上也出现了众多的制度创新，其中最为显眼的是金融衍生品发展以及风险投资市场的形成，这不仅为新技术的发展提供了有利的融资环境，而且巩固和扩大了美国在国际金融领域中的霸主地位。需要指出的是，金融创新是一把"双刃剑"，它在创造天使的同时，也可能呼唤出魔鬼。2008 年金融危机就是由房地产金融市场上衍生品的泛滥引发的，不过这是后话。

还需要指出的是，人们在讨论"里根经济学"时，更关注他的减税和削减社会福利的政策，而往往低估削减甚至取消限制性规制的政策效应。前两项政策固然是经济自由主义政策库中的重要工具，但也不应低估削减甚至取消某些限制性规制的措施在旧常态形成、发展过程中的作用。如果说，减税和削减社会福利重新激发起人们投资和工作的积极性，而削减甚至取消限制性规制，则直接为企业和个人创新开辟了新的空间。套用现今中国的热词来说，前者和后者共同构成供给侧结构性改革的一套组合拳，对于经济自由主义政策来说，二者一个都不能少。从一定意义上讲，对于创新活动来说，减少限制性规制措施比减税和削减社会福利更为重要。尽管二者都属于供给侧

结构性改革措施，但前者属于改变和完善市场功能的市场制度性政策措施，后者则属于供给侧的经济过程政策措施。关于政府干预经济的制度性政策措施与过程政策措施的不同功效，下文还将论及。

3. 自由化引发新一轮全球化浪潮，发达国家改变为稳定就业保护落后产业做法，出现产业转移浪潮，再造了新的国际产业链

第二次世界大战后，伴随一批后发展国家的经济起飞，发达国家的传统产业渐渐丧失了竞争力。为保住就业岗位，凯恩斯主义经济政策的通常做法是给予落后企业财政补贴，久而久之，在发达经济体中形成一批需要政府支持才能生存的落后产业。英美新自由主义主导的政府反对这种做法，采取了减少以至切断补贴的措施。这导致没有竞争力的企业破产，甚至整个行业消失。发达国家落后企业与产业的淘汰，资源通过市场配置到有竞争力的企业和行业，这不仅推动了其经济的稳定增长，而且为新兴产业的形成创造了条件。

当年最为引人注目的案例是，撒切尔夫人切断了对英国煤炭产业的财政补贴，导致长达近 1 年半的大罢工，这位铁娘子顶住了巨大的社会压力，最终使煤炭产业在英国几近消失。不仅如此，她还借助公众对大罢工对社会秩序干扰的厌恶情绪，趁势推出了限制集团性罢工的法令，规定集团性罢工须得到集团85％的成员同意才具有合法性。这使大规模罢工在英国几乎没有可能，在一定程度上使英国回归到 19 世纪自由市场经济轨道上，也缓解了自 19 世纪后期以来大英帝国在经济上不断下滑的步伐。

英美等发达经济体淘汰落后产业，也为后发展国家承接这些淘汰产业提供了机遇。借助产业在国际范围内的重新布局，越来越多的后发展国家步入新兴工业国的行列，再造了新的国际产业链，掀起了新一波的经济全球化进程。新兴经济体廉价的产成品和中间产品回流发达国家，又降低了发达经济体的经济成本，缓和了经济长期增长带来的通货膨胀压力，反过来稳定了发达经济体的旧常态。

4. 自由化开启了发达经济体对战后形成的福利国家改革的大门

第二次世界大战后，发达国家既为了刺激消费，也为了与社会主义国家竞争，大搞社会福利，形成了所谓的福利国家制度。经济自由主义认为，过多过滥的福利不仅加大政府和社会的负担，也是造成政府庞大化的一个重要原因，同时还造成了人们对政府和社会的过度依赖，失去寻找工作和通过自身努力来改善自己生存状态的积极性。所以他们主张削减过多过滥的社会福利，激发个人的积极性和创造性。不过这一经济自由化进程，在英美与欧洲大陆国家之间，其推进进度有较大差别。

在自由主义传统浓厚的盎格鲁—撒克逊国家进展较早，也较快，而在有社会主义传统的欧洲大陆国家，这些自由化措施却遭到抵制。例如，在 1982 年德国基民盟－基社盟党魁科尔在"多一些市场，少一些政府"的自由主义口号下上台执政，但其推出的削减社会福利的法案在议会遭到了以社会民主党为首的左翼势力的狙击，以致这些自由主义政策出现"说得多，做得少""雷声大，雨点小，甚至不下雨"的境况。直到 20 世纪 90 年代后期，社会民主党上台执政才出现转机。当家才知柴米油盐贵，由于其不得不改革的措施与在野联盟党趋于一致，二者联手在 2002 年推出了所谓的"2010 年议程"，对过多过滥的福利政策进行了实质性改革，削弱了社会福利政策对经济增长的拖累。在后来的金融危机和欧债危机中，德国经济在欧洲获得了"一枝独秀"的美誉。至于像希腊这样的南欧国家，直到主权债务危机冲击下，才启动对福利国家制度弊病的实质性改革。

以美国为代表的发达经济体上述自由化措施，为经济形成较为稳定增长态势创造了条件。其间最为抢眼的是，美国经济在 20 世纪 90 年代形成了以"两高一低"（高增长、高就业与低通胀）为标志的长达近 10 年的"新经济"。当然，在经济自由化进程中也会逐渐积累起一系列矛盾，这集中表现为杠杆作用下金融泡沫。在世界经济的旧常态下，出现过 90 年代中期的墨西哥金融危机，1997 年亚洲金融危机。不过这些危机都发生在新兴经济体，对发达经济体没有实质性的影响，因而也未改变世界经济基本态势。后来触动美国经济的，只是世纪之交出现的网络泡沫和科技泡沫的破灭，由于美联储采取了大幅减息的宽松措施应对，在短短几年时间内将美联储的基准利率从6.5%下调为1%，避免了经济的衰退。但是，这种向市场大规模注资的行为，则为房地产金融衍生品的泛滥创造了条件，这种凯恩斯主义政策的负面效应与经济自由主义的负面效应（金融衍生品泛滥）的叠加，直接酿成了2008年金融危机。在危机的冲击下，美国及发达国家的经济终结了基本稳定增长的旧常态，步入了增长缓慢的新常态。

由于美国经济在国际经济中的龙头地位，其经济步入新常态，也或迟或早会将整个国际经济引入经济增速下滑的轨迹。对于经济高速增长新兴经济体来说，在危机冲击下发达经济体的资本外流，再加上其有较大的经济扩张的潜在空间，可以在危机冲击后通过抵御危机的措施，暂时阻止经济增速大幅下滑，却不可能从根本上改变国际经济步入新常态的基本趋势。

二、国际经济旧常态对中国经济发展的影响

中国是后发展国家中的新兴工业国。与发达经济体的经济发展阶段不同，在过去和今后相当一段时期内，中国经济仍然属于赶超型经济，其经济增长特征在诸多方面都与发达国家有重大差别。但是，在经济全球化和中国经济日益融入世界经济之中的背景下，中国经济增长与世界经济尤其是发达国家经济有密切联系。"旧常态"在时间上正好同中国的改革开放和经济步入高速增长轨道一致，二者之间有无关联？其答案是肯定的。我们将二者之间的联系可以概括为以下几个方面。

1. 西方经济自由化与中国改革开放在时间上重合，使中国有可能抓住机遇，积极推进改革，避免了像东欧苏联那样的后果

中国经济改革的实质是经济的市场化，将原来的高度集权的计划经济体制转变为社会主义市场经济体制；中国对外开放的实质是将原来闭关锁国的、封闭的经济体系转变为与世界经济接轨的、开放的经济体系。这一改革开放

的基本走向与 20 世纪 80 年代西方国家的经济自由化是一致的，这使中国的改革开放有一个良好的国际环境。

当然，这样的判断并不等于说，中国的改革开放源于西方国家的经济自由化，也不意味着中国只是简单地模仿西方的市场经济体制。中国的改革开放主要源于对高度集权计划体制低效率的反思，尤其是对 10 年"文革"的反思。在这"十年动乱"中，不仅国民经济面临崩溃边缘，而且高层决策者和人民群众自觉或不自觉地意识到，高度集权的计划体制是政治上、文化上动乱的经济基础，因而在对传统经济体制进行改革的问题上，达成了一致。中国经济的市场化改革既不是对发达国家市场经济的简单模仿，也不是照搬西方转型经济学的市场化建议，而是根据中国的国情，采取了一条渐进式转型的改革方式。这与苏俄采取的转型方式有很大不同：解体前苏联虽然也讲改革，却没有对斯大林模式进行什么实质性的改革；解体后又走向另一个极端，俄罗斯简单地接受西方经济自由主义者的建议，照搬西方模式。

2. 通过改革中国内生的增长机制形成，资源的市场化重置使中国经济迅速实现赶超

中国从 1978 年启动市场取向的经济体制改革，1992 年确立了建立社会主义市场经济体制的改革目标，到 2003 年基本确立起社会主义市场体制（以中国共产党十六届三中全会通过关于完善社会主义市场经济体制的决议为标志），市场已经能够在资源配置中发挥基础性作用。经济体制改革的推进逐步改变了原来计划体制下，经济增长须依赖政府和计划才能推动的状况，源于企业、个人策动的经济动力机制逐步形成，并日臻完善。这使中国经济步入了高速增长的轨道。因此可以理解，从 1978～2008 年间，中国经济以年均近 10% 的增速发展。这是中国在过去几十年经济超高速增长的两大根本性原因之一。

3. 抓住发达国家产业转移机遇，中国主动融入经济全球化进程，实现资源在全球范围内重组，迅速成长为世界工厂

伴随发达国家淘汰落后产业，传统产业在世界范围内重新布局的经济全

球化，中国的对外开放恰逢其时。从建立经济特区，再到后来实施的"两头在外"的发展战略，经过16年的艰辛努力，到2001年中国终于加入世界贸易组织。尤其是入世，破解了许多国家针对中国设置的大部分贸易壁垒，使中国在过去20多年市场化改革中积累起来的竞争力得以在全球范围内释放，中国制造的廉价产品像潮水般地涌向国际市场，中国几乎是在一夜间成为世界工厂。因此可以理解，中国在21世纪的最初近10年间，对外贸易以20%以上的年均速度增长。外贸高速增长所形成的外需，反过来拉动了国内经济，使中国经济增速在这段时期内年均超过10%。一言以蔽之，中国主动融入全球化进程，其实质是用自己具有竞争优势的生产要素劳动力，与中国不具有优势的其他资源，如资金、技术、管理、市场等进行交换。这种资源在国际市场上的重新配置，是中国在过去几十年经济超高速增长的另一根本性原因。

4. 发达国家经济的稳定增长在很大程度上拉动了中国经济的高速增长

旧常态下发达经济体和世界经济的稳定增长，无疑对已经日益融入世界经济的中国经济有助推作用。在这里值得一提的是，美国20世纪90年代长达近10年的以"两高一低"（高增长、高就业、低通胀）的标志的"新经济"，这对中国经济在同一时期的高速增长有相当拉动作用。当世纪之交美国经济中的科技泡沫、网络泡沫破灭后，美联储大幅度减息的刺激措施，虽然很快使美国经济再次步入增长的轨道，但这种增长在很大程度上却由房地产金融泡沫推动。与之相应，曾被誉为"黄金十年"的中国经济在世纪之初的超高速增长中，也含有泡沫。这是因为发达经济体的金融泡沫导致进口需求大增，强劲的外需拉动了中国经济超常规的增长。由于中国金融监管限制了金融衍生品发展，中国经济的泡沫不是金融泡沫，而是实体经济的泡沫，即由出口贸易拉动起来的泡沫以及与之相应的产能过剩。

在美国金融危机爆发后，发达经济体进入去杠杆、去泡沫的进程，中国经济本应顺市场调整走势，去实体经济的产能过剩。但是中国当时却没有顺应市场走势，而逆市场走势采取了以4万亿元投资为代表的强刺激措施，致使经济中的泡沫进一步增加，突出表现为产能过剩和房地产泡沫。近年来又在"保增长""稳增长"的口号下，试图通过扩大投资杠杆和向市场注资来提升经济增速，以致问题愈加突出，成为阻碍中国经济健康发展大障碍。据此我们认为，中国经济中的产能过剩和房地产的结构性库存是三个时期问题的积累：一是金融危机以前的泡沫；二是应对危机时的逆市场调控的后遗症；三是近年来稳增长措施的结果，而这主要又是由政府的不当行为所致。

三、新旧常态转换背景下政府作用变换

毋庸讳言，旧常态下中国经济的超高速增长与政府发挥积极作用有密切关系，其功不可没。但政府在经济生活中的作用是一把"双刃剑"，中国经济长期高速增长所积累起来的深层次问题，大多与政府过度干预相关。可谓成也萧何，败也萧何！正是由于政府不当地、过多地干预市场，致使中国经济一直是在一种病态下保持增长。中国经济进入新常态之后，这是一个更值得深思的问题。这首先又与如何估算和确定新常态下中国经济的潜在增长速度的问题相关。

1. 关于新常态下中国经济的潜在增长率问题

所谓经济的潜在增长率是指，经济在没有外生力量如政府干预的情况下，经济体依靠内生动力所能达到的增长速度，即主要依靠企业生产投资和居民消费所形成的增长率，或者说由市场在资源配置中真正起决定性作用下的经济增速。中国经济进入新常态后，潜在增速下行已成定局。更重要的还是，这种增速下滑还具有趋势性。不仅会从过去的八九不离十，现今已跌入7%之内，未来将还会进一步下行。这不仅符合先期发展国家的经验，也是落后经济体走向发达经济体的趋势性规律，当然中国也不会例外。当前我们面临的课题是，如何判定中国在"十三五"期间的潜在增速。目前一些判断中国经济在未来五年潜在增长率结论大都存在高估的问题。大体说来，可以将其概括为两种预估方法：

许多人根据世纪之初提出的全面建设小康社会的要求，即到2020年GDP

和国民收入要翻两番的要求，在扣除了以往增长业绩后，倒算出"十三五"期间要达到年均 6.5% 的增速，才能实现预期目标。这种根据 10 多年前提出的政治承诺，而不是依据中国经济增长现实，来规划未来经济增速的做法，其实缺乏科学依据，在经济上实不可取。

另一些人则是根据历史数据推导出的未来增速，这种似乎有科学依据的预测，其实也存在问题。新古典宏观经济学中的"卢卡斯批评"（Lucas，1976；方福前，2004）早已经从学术上证明，依据历史数据进行简单回归而得出的参数是不可信的，因为其忽略了历史同现实以及同未来在经济结构上的差别。这样根据历史数据和参数计算出来的结论可以用来解释过去，却难以准确地外推出现在和将来。就我们讨论的问题而言，这种估算没有考虑新旧常态下经济结构的转换因素，简单地依据历史上的经济增速来外推未来的增速，也存在高估未来潜在增长率问题。

"十三五"期间，如果世界经济增长没有较大利好变化，中国经济能稳定在 5%~6% 之间，可能更有利于去杠杆、去产能过剩、去房地产库存，更有利于中国经济结构的升级换代，尤其是有利于制造业从低中端向中高端演进，更有利于提升经济增长质量。对此人们需要有充分的认识，尤其是要对政府在经济生活中的职能以及政府干预经济的方式和力度要有清醒的认识。其要旨是，要真正让市场发挥决定性作用，而不仅仅是说说而已，并真心诚意地按照这一规则来规范政府行为。因此那种引领新常态的说法值得商榷，至少应把认识和顺应新常态放在首要位置。

2. 处理好政府干预经济的两类政策的关系

笔者曾撰文指出，政府干预经济有两类政策：一类是体制性或制度性政策，即政府通过改革或再造经济体制，从而改变人的经济行为方式的制度框架的政策；另一类是经济过程政策，即政府通过干预经济活动过程，直接参与经济活动或者通过改变经济参数而影响经济活动结果的政策。后一类政策又可以分为两个分类：一是供给管理政策，即政府通过经济计划、产业政策、地区政策改变经济供给能力的政策。其特点是干预对象是经济的供给方。如政府通过直接投资或给予企业、个人优惠刺激投资，来提升某些产业或地区的生产能力。二是需求管理政策，即政府通过干预经济参数，如利率、税率、汇率等市场参数，影响企业和个人的经济行为，从而达到干预经济结果的政策。（沈越，2006）例如，凯恩斯主义的经济政策就是典型的需求管理政策。再如，前文提到的20世纪80年代美国里根执政时期的经济自由主义政策中，削减甚至取消某些政府的限制性规定的措施属于供给侧的制度性政策，而减税和削减社会福利则属于供给侧的经济过程政策。

在经济旧常态中，中国政府既频繁使用体制政策，又大力度地运用经济过程政策。在过程政策中，供给管理政策与需求管理政策并用。无可否认，这是过去30多年中，中国迅速实现赶超的一个重要原因。随着中国经济进入新常态，政府的政策着力点和干预力度也应做出相应调整。其基本思路是，首先，应校准体制政策的市场经济方向，加大制度性政策的改革力度，进一步完善社会主义市场经济，创造出一个能让市场在资源配置发挥决定性作用的制度框架，激发民间创造力和积极性来推动经济增长。其次，政府应逐步改变频繁使用过程政策的传统，减少政府对经济活动和经济过程的干预，无论是供给管理，还是需求管理都应收缩政府干预的范围，降低干预的力度。只有这样，才能让市场在资源配置中发挥决定性作用。

3. 处理好供给侧改革与供给侧管理的关系

自2015年底习近平总书记提出"供给侧结构性改革"概念以来，引起了热烈讨论，可谓众说纷纭，莫衷一是。其中一个重要问题是，没有区分作为制度性政策的供给侧改革与作为经济过程政策的供给管理，将二者混为一谈。按照区分体制政策与过程政策的分析框架，我们可以把总书记所说"供给侧结构性改革"，分为供给侧改革和供给侧管理两方面内容来做分析。

关于供给侧改革，其政府的作用属于体制性或制度性政策的范畴，其基本特征是政府并不直接参与经济活动，而仅仅是为市场主体提供更好外部制度空间。据此我们可说，改革开放以来中国所有市场化改革都可以归结为供给侧改革，无论是农村承包制的实施和后来跟进的土地制度变迁，还是允许和鼓励非公经济的发展，以及国有经济的改革，都与政府实施制度性改革政策有关，在供给侧为中国经济发展提供了一个日益宽松制度框架，正是其释放出巨大供给能力成就了30多年来的中国经济增长的奇迹的最主要原因。

关于供给侧管理，则属于政府实施的过程政策范畴，它是通过政府直接参与经济活动来改变供给能力，或通过改变市场参数来间接地影响市场供给能力。如政府通过计划、通过带倾向性的产业政策和技术政策以及区域政策来提升生产能力的政策。无可否认，在过去30多年中国经济的高速增长中，以产业政策为核心的供给管理政策曾发挥过积极作用。尤其是亚洲金融危机和2008年金融危机以后，政府以基础设施建设为主要任务的供给管理政策，既为中国经济长期增长奠定了良好的物质技术条件，也为拉动需求弱化危机对经济增长的负面影响发挥过重要作用。但是，随着中国经济进入新常态，经济增速从原来的高速增长过渡到较高速增长，伴随中国经济与发达经济体的差距缩小，基础设施日益完善，投资在经济增长中的贡献率将逐步让位于消费。政府通过经济过程政策来干预供给的作用将减小，其推动经济增长的效应也将随之下降。如果仍然按照旧常态下的思路，供给管理政策的负面效应也将越来越大。

4. 产业政策与技术政策调整

产业政策是政府供给管理中最主要的一项的政策，它是日本在"二战"后经济恢复中首先创造出来的。其基本做法是比照先期发展国家的产业结构，在市场发挥作用的同时，通过政府制定产业目标并辅以刺激性的经济措施，以尽快实现对发达国家的赶超。产业政策制定与实施的前提条件是产业结构在高度上存在落差，落后经济体在产业结构上有一个可比照并赶超的先发展经济体。

在旧常态下中国经济是一个典型的赶超型经济，政府通过制定赶超性的产业政策，并辅以相应的财政政策支持和货币政策支持，就能推动经济快速增长。这也是所谓的后发优势之一。中国经济进入新常态后，尽管经济仍具有赶超型经济的特征，但随着中国经济在结构上与发达国家的差距日益缩小，可供赶超的空间将会越来越小，政府通过产业政策来推动经济增长的作用也会随之下降，政策的力度和方式也应随之调整。这是因为在旧常态下产业结构的可模仿度很高，政府干预经济有明确方向和目标。在新常态背景下，产业结构可模仿度下降，中国经济结构向何处去？中国是选择美国式的产业结构？还是德国式的产业结构？还是二者兼而有之？政府和经济学家说了都不算，它最终得由市场选择来决定。随之而来，利用产业政策来推动经济发展的空间也会越来越小。

在这种背景下，产业政策的负面效应会越来越大，其主要有：第一，由于政府观念落后于市场选择，产业政策最能发挥作用的是传统产业，其后果往往是复制和扩大传统产业，导致这些产业产能过剩。当前中国严重的产能过剩主要集中在传统产业，就是一个明证。第二，即使产业政策的目标和方向是正确的，但政府却难以把握政策的力度，往往刺激过度。中国光伏产业的问题，就来自于此。第三，相反，采用产业政策来淘汰过剩产能也存在很大问题，尽管这时政府会制定一些有利于产业升级换代的技术性指标，以指导淘汰落后产能，但这只是行政性手段的华丽外衣。在这种场合下，指导性技术指标往往发挥逆向调节的作用，落后企业为了避免被淘汰，通常会采用扩大投资，并通过技术改造和技术升级来应对，以免被产业政策所淘汰，致使产能过剩愈演愈烈，最终不得不采用纯粹的行政手段来关、停、并、转才能抑制。这是中国几十年来产业结构调整中一再出现的循环，可谓应了那句"上有政策，下有对策"的名言。相反，如果通过市场方式来调整产业结构，对策便会失去了活动空间。可以设想，2008年金融危机后，如果不是逆市场调整而出台振兴十大产业的措施，或者逆市场调整的力度不那么大，传统产业借机扩张，产能过剩也许不至于非得采取现今大力度的行政手段才能去除。

后发国家的另一个优势是，可以通过学习性的技术政策，主要通过模仿较快掌握先发国家的成熟技术来推动经济实现赶超。后发国家与先发国家技术差距越大，可学习和模仿的技术就越多，只要模仿型的技术政策得当，后发国家就可以在较短时间内迅速赶超先发国家。随着后发国家与先发国家在技术水平上的差距缩小，就要求后发国家在技术政策上将以学习为主逐步向以创新为主的技术进步转变。创新性的技术最终要依靠市场做出选择，通过模仿型、赶超型的技术政策推动经济增长的空间也将越来越小。

因此随着中国经济进入新常态，政府过去依据产业政策目标以给资金、给廉价土地、给税收优惠、给政策的特惠性支持也应逐步转向营造良好的市场环境，给予民营经济与国有经济同等地位普惠性政策，让市场选择发挥决定性作用。

5. 需求管理政策的调整

在旧常态下因中国潜在的经济增长空间很大，政府长期采取扩张性的需求管理政策，虽然会付出通胀、资产泡沫、产能过剩等代价，但稍经调整，主要靠数量扩张形成的供给能力可以较快地吸纳过度的需求，使总供求在新的台阶上维持大体均衡。

但是在新常态下，这种政策取向可能利大于弊。这是因为中国依靠粗放型投入来拉动经济扩张的空间将越来越小，增长对产业结构升级和技术创新依存度则越来越高，长期维持扩张性的需求政策的效果将越来越小。以扩张为基调的需求管理政策的利弊将发生逆转，其对经济增长的拉动作用将越来越小，而负面作用则会越来越大。我们可以从需求管理的"三驾马车"角度来做更具体的分析。

在"三驾马车"中，消费历来是政府作用最小的领域。这是因为消费的决策者是有充分理性的消费者，他们不会在有损自身利益条件下去主动配合政府的 GDP 目标。尽管政府也有可能通过诸如像对耐用消费品减税的政策来刺激消费，但这种刺激消费的政策往往只有短期的效应，刺激起来的消费具有暂时性消费特点。当这种政策消失后，消费又会回到原来的水平上，并且还有挤出未来消费的效应，因为消费者不会无休止地购买某种耐用消费品。

在旧常态下，进出口贸易尤其是净出口的增长曾经是拉动中国经济以超高速增长的一驾马车，这是因为政府可以用低估人民币汇率的汇率政策，采用高税率的出口退税的财政政策来推动出口进而拉动国内 GDP 增速。但是随着中国经济进入新常态，这类政策的效应日趋下降，低估人民币汇率的政策会引发国际贸易争端，所以可以理解从 2005 年开始的人民币汇率形成机制的调整，随着汇率越来越由市场决定，汇率政策在增加净出口并拉动经济增长的效应也相应下降。高额的出口退税政策的实质是牺牲国内产业和居民的利益来补贴外贸产业，这种政策不仅会引发国外对中国出口产品贸易保护，而且引发国内消费转变为境外消费等负面效应。所以当中国经济进入新常态后，通过增加净出口来拉动 GDP 增长的政策效应也会逐步从利大于弊转向弊大于利。需要指出的是，2001 年中国加入 WTO 后曾经经历了数年对外贸易的超高速增长，这是中国过去市场化改革积累起来的国际竞争力在短期内释放出来的结果。伴随竞争潜力释放完毕，近年来对外贸易增速逐步回归常态，所以不能指望净出口高速增长再发挥拉动中国经济超高速增长的效应。

通过刺激投资来拉动中国经济超高速增长，是政府在旧常态下屡试不爽的政策。我们将投资分为基础设施投资、企业投资和房地产投资三部分来分别分析刺激投资不再可能拉动新常态下经济的超高速增长。（1）基础设施投资是政府政策最能发挥积极作用的领域，它可以为长期经济增长提供良好的物质技术基础。尽管目前中国在这个领域中的潜在空间还很大，但是这种投资形成的供给能力是未来，其消耗的资源却是当期的，过量的基础设施投资会导致货币增发，引发通货膨胀。此外，面对中国日益增大的经济体量，基础设施投资对经济增速的贡献也会日益收窄。（2）企业投资可以分为基于创新的投资和单纯扩大产能的投资。前一种投资是中国经济持续稳定增长最可靠的保证，但是政府支持在这一领域很难发挥积极作用，因为政府很难事先做出科学的判断，并难以把握支持力度，例如前些年政府对光伏产业的过度支持，就使这个阳光产业一下子进入寒冬。至于政府对传统产业扩大产能的支持更是弊大于利，在换得 GDP 增速同时是产能的过剩，得不偿失。目前中国的产能过剩大都源于政府在这个领域中的失误，其经验教训可谓深矣！（3）房地产投资在过去 10 多年中不仅是支持中国经济超高速增长的一个重要动因，而且迅速改变了中国城镇中住宅短缺的状况，使中国成为世界上住房自有率最高的国家。但目前即使考虑未来农民的市民化对房地产业的需求，其存量也可能存在过剩。况且，房地产供给还存在严重的结构性矛盾，有需求的一线城市受到政府不当的限制，已经严重过剩的三、四线城市却没有足够的需求。在结构严重失衡状况下，政府刺激性措施势必形成房地产市场泡沫。总之，随着中国经济进入新常态，投资对中国经济拉动作用较旧常态下已经大大弱化。尽管这一判断并不否认投资在未来中国经济增长中重要作用，毕竟中国还未进入高收入国家的行列。

四、结　语

基于上述分析，新常态下政府职能转换应该关注下几点：

首先，政府要调整好适应新常态的心态，改变旧常态下任性地驾驭市场经济，调控经济增速的做法。引领新常态之类的说法有违市场规律之嫌，而应把认识和顺应新常态作为制定和实施经济政策的出发点。

其次，避免将增长目标定得过高，并采用规模过大、力度过强刺激性政策来强行拉动经济增速。虽然政府有可能通过强行干预达到自己预期的目标，但它却不一定是最优的结果。

最后，从原来既重视经济过程政策又重视制度政策的做法，逐步收缩使用过程政策来干预经济活动的范围，并缩小干预的力度。与此同时，应强化制度政策，通过供给侧改革来完善社会主义市场经济体制，让市场真正能够在资源配置过程中发挥决定性作用。

参考文献

［1］方福前：《当代西方经济学主要流派》，中国人民大学出版社 2004 年版。

［2］沈越：《中国经济学建设与中国实践》，《学术月刊》2006 年第 3 期；并见《新华文摘》2006 年第 13 期。

［3］Lucas, 1976："Econometric Policy：Critique"，in K. Brunner and A. Meltzer（eds.），The Phillips Curve and Labor Markets，Amsterdam：North Holland，Carnegie-Rochester Series on Public Policy.

中国经济长期高速增长之谜[*]

改革开放以来，随着社会主义市场经济体制的建立与完善，对外开放日益扩大与深化，中国经济发展一直保持了高速增长的态势。30 年来的年均增长速度达 9.7%。一个经济体能够长期维持这样高速增长的状况，这不仅在中国历史上是从未有过的，在世界史上也是空前的，甚至有可能是绝后的。中国经济的这种态势能否维持，如何看待当前中国经济增长中存在的问题，是我们必须正视的。

一、近年来中国经济增长的新特点

近 10 年来，随着社会主义市场经济体制的建立与完善，中国经济增长的质量明显提高，1998～2007 年 10 年间，平均增长速度 10.1%，超过 30 年的平均数。更重要的是，经济增长的稳定性明显提高，10 年经济增长的波幅控制在 2 个百分点以内，绝大多数年份不存在通货膨胀压力。近 5 年来，随着亚洲金融危机的消极影响消散，2002 年中国正式加入 WTO，中国经济不仅保持了过去多年来的高速增长态势，而且经济增长质量进一步提高，使中国经济进入了新一轮高速增长期。与过去 25 年相比，这一轮中国经济增长显露出以下 4 个新特点：

---

[*] 本文原载于《经济与管理研究》2008 年第 9 期。

第一，2003～2007年已连续5年GDP的增速超过10%，2007年进一步加速，增速达11.9%，远远超过了前25年的平均数。与之同时，2007年以前4年伴随着低通胀，甚至出现通货紧缩征兆。这与以往经济高速增长往往伴有很高的通货膨胀有了改善。这一方面表明，中国市场经济体制日益完善，经济增长的内稳定机制日益增强；另一方面也表明，政府宏观调控水平不断提高，从而保证了经济平稳的高速增长。

第二，新增就业岗位逐年增加，2007年超过1100万个。这不仅有助于缓解日益趋大的城镇就业压力有积极意义，而且对推进我国的城市化进程，为正在向工业与服务业转移的农民提供更多的机会，对我国缓解以致最终解决"三农"问题意义十分重大。

第三，规模以上的企业利润以20%～30%的速度递增，2006年国企实现利润1.1万亿元，其中中央150多个企业达7000多亿元；2007年国企实现利润1.62万亿元，其中中央150多个企业达1.1万亿元。改变了以往经济增长过程中，国有企业效益依然不佳的状况，预示着国有企业告别了长期亏损的时代。这得益于20世纪90年代以来国有经济战略布局的调整，以及在这轮改革中国有企业退出机制逐步形成，使国有经济不再是中国经济发展的累赘。

第四，财政收入以20%～30%的速度递增，2006年近4万亿元；2007年达5.1万亿元。财政收入的快速增长，不仅使国家收支状况有了明显改善，而且使政府有财力来解决过去几十年来经济发展不平衡、社会发展滞后的问题，为经济可持续发展提供了基础。

二、经济长期高速增长引发的结构性变化

在过去30年中，中国经济能够保持长期高速增长，在很大程度上得益于市场化改革引发的资源重组的效率提高，对外开放迅速拉动的增长，土地、劳动力等要素价格低廉等因素。随着市场经济体制的成熟，对外开放范围扩

大与程度加深，中国工业化进程进入中期阶段，前30年拉动中国经济高速增长的因素逐渐削弱。这些因素主要是：

第一，改革推动经济增长的因素削弱。改革开放之初，由于计划经济时期资源配置极其不合理，土地、资本、劳动力的使用效率很低。在这种状况下，任何一项市场化改革，都会引发资源重组而获取很大收益，从而推动经济的快速增长。随着社会主义市场经济体制的建立与日益成熟，资源重组的收益也日益递减，现在已不存在一项改革就能获得整体效率大幅度提高，推动经济快速增长的情况。改革的增长效应更多表现为一个效率增进的一个累积的渐进过程。更重要的是，在中国的渐进式改革方式下，改革总是选择那些阻力较小，容易推进的事项。随着改革的深入，改革的难度也日益增大。

第二，对外开放拉动经济增长的作用开始减小。改革开放之初，受传统计划经济的封闭性经济制约，中国的对外开放度极低。外贸总额为208亿美元，外贸依存度仅为9.5%。2007年对外贸易额已超过2.1万亿美元，外贸依存度超过65%。1978年中国引进外资几乎为零，2002年以后年引进外资达500亿~700多亿美元，在30年中中国实际利用外商直接投资累计已达7000亿美元。由于转型初期中国经济对外依存度低，开放为资源在全球范围内重组提供了极为有利的条件，中国经济发展的优势与劣势都能有很多机会与境外资源禀赋实现互补而获得双赢，从而推动中国经济超乎寻常的高速增长。随着对外开放的日益提高，与境外资源互补的难度日益加大。

第三，市场需求拉动因素弱化，增长越来越依靠有效供给的增加。自20世纪90年代起，中国逐步告别了短缺，生产能力过剩现象日益突出，但需求扩张仍有相当空间：1997年亚洲金融危机后实施了6年的积极财政政策，大大扩张了投资需求。2002年中国加入WTO，大幅度降低了中国产品进入世界市场的"门槛"，有效地扩大了出口需求，进出口总额每年以30%左右的速度增长，且出口增速明显快于进口增速。尽管消费增长不尽如人意，但随着人民收入水平的提高，消费总量的扩张在总需求"三驾马车"中的作用也日益加大。近年来中国经济高速增长，在相当程度上是由这些需求因素扩大引致的，但需求扩张是有限度的，例如，2005年7月以来人民币的升值就反映了外需急剧扩张受到了限制，2007年中以来的通货膨胀压力加大在一定程度上反映了主要依靠投资、出口拉动的井喷式的增长不可能长期持续下去。消费需求对经济增长的作用从逻辑上讲不会有太多的制约因素，通常是积极的，但其增长却要受到更多的长期性因素的制约，除受收入水平增长外，它还会受到消费习惯、收入分配制度、社会保障制度等因素的影响，其增长只可能是渐进的，那种把中国经济高速增长系于消费迅速扩张的看法，更多是一种不切实际的一厢情愿。在这种背景下，维系经济高速增长态势越来越依靠有效供给的增长，而有效供给更依赖技术进步。

第四，廉价要素的优势开始削弱。中国过去30年经济高速增长，在很大程度上是通过廉价的劳动力、便宜的土地等要素资源取得的。首先是工资增长过快，劳动成本快速上升。近年来工资尤其是劳动密集型产业工资成本上升过快，主要基于两方面相互促进的原因：一是多年农村劳动力的转移，使农村剩余劳动力存量下降，现在讲人口红利消失虽为时尚早，但红利减少却是事实；二是近年来惠农政策的广泛实施，改变了农民工从事非农产业的机会成本，从总体上推高了低技术含量的劳动力成本。上述两方面原因相互推动，快速推高了农民工的工资，近年来的民工荒、沿海地区劳动密集型企业外迁与内移，以致破产倒闭的现象，在很大程度上与此相关。其次是土地成本上升过快。自2002年治理开发区热起，随着一系列最严格管理土地的政策出台，造成非农用地供给减少。在土地供应减少背景下，土地挂牌制度实施迅速推高了土地价格。再次是近年来全球经济繁荣，尤其是中、印等发展中国家经济的高速增长，推动着国际资源价格尤其是原油价格的上涨，拉动了后续产业成本快速升高。

在工资、土地与资源型产品的价格上涨中，除资源型产品会因供求关系发生变化而回落外，土地与劳动成本具有很强刚性。在这两项中，土地除非改变集体土地不能进入市场的基本制度规定，或中央政府大幅度放宽土地供给政策，其价格将维持在高价位，而劳动成本则具有只能向上的刚性。总之，改革开放以来依靠廉价要素供应推动经济增长的因素已明显削弱，中国已不大可能依靠低成本要素供给轻而易举地获得竞争力。

三、破解中国经济长期高速增长之谜

在上述改革推动力、需求拉动、对外开放拉动、廉价生产要素等推动经济快速发展等因素作用弱化的背景下，中国经济高速增长的态势能否维持，持续时间有多长？我们以为，中国经济的高速增长的态势还将长期保持，尽管随着我国工业化的不断成熟，经济增长速度也会逐渐放缓，但至少高于世界平均水平的增长速度，还可能保持 20~30 年。其具体理由有以下 5 点：

第一，这符合经济成长阶段的一般规律。按照美国经济学家罗斯托的经济成长阶段论，中国在过去 30 年中，已经顺利地完成了为起飞做准备与起飞这两个阶段，目前中国经济已进入了向成熟推进阶段。按照先期发展国家的经验，进入这个阶段的经济体在经济发展上如没有重大事件已不存在大的重大障碍。在这个阶段，拉动经济高速增长的主要力量，除了日益稳定增长的消费外，投资是重要因素。只有大规模的基础设施建设已基本完成，经济成长才会转入下一阶段——群众高额消费阶段，那时，随投资规模的收缩，拉动经济增长的主要是消费。这正是发达国家经济发展速度慢于正常发展中国家的原因所在①。

从中国目前及今后 20~30 年的情况来看，投资仍将扮演拉动经济增长的重要角色。只有当中国与先进国家差距日益缩小，大规模基础设施建设已基本完成，投资拉动经济增长的因素才会淡出，增长动力主要来自消费增长。考察投资因素逐步从中国经济增长中淡出的参照标志有两个：一是中国经济发展的不平衡已开始消失。只有当中国国内城乡之间、地区之间的发展差距

---

① 正常发展中国家经济增长主要靠消费与投资"两架马车"拉动，至于出口拉动应视为一些国家，尤其是东亚国家的特例。

日益缩小，大规模的投资需求才会逐步减少，拉动经济增长的主要因素才会从投资转向消费。否则，为缩小差距的基础设施投资就会形成拉动经济高速增长的重要因素。① 二是中国与发达国家在技术水平上日益接近，主要依靠学习成熟技术实现赶超发展。这是因为技术进步是创造需求的根本因素，学习技术不仅比创造技术成本低，而且主要依靠自主开发技术来实现增长

第二，30年来市场化改革使中国内生的增长机制形成，这将推动中国经济长期增长。自鸦片战争以来，仁人志士就开始探索中国现代化的道路。大体说来，以往的探索，大体可以归结为两条路径：一是单纯的技术道路，以为中国只要学习西方发达国家的工业化方法，就能改变落后面貌；二是走政治变革道路，认为中国只要学习到了西方的民主制度，一切问题都会迎刃而解。实践证明，无论是单纯的技术路线，还是单纯的政治路线，都没有使中国走向现代化。直到30年前，中国才开始探索到实现现代化的正确路径，它既不同于洋务运动、计划模式下的工业化那种单纯的技术救国，也不同于戊戌变法、辛亥革命，或类似于苏联东欧的那种通过政治变革前提下的激进式转型，而通过建立社会主义市场经济体制，形成经济发展的造血机制，才真正推动了中国的现代化进程。随着社会主义市场经济体制的成熟，它也为中国的社会进步、政治文明奠定了经济基础。

第三，继续主动融入经济全球化进程，将推动中国经济长期高速增长。过去30年，由于坚定实施了对外开放的方针，使中国抓住了这次国际产业转移的机遇。一方面，我们引进稀缺资源：资本、技术、管理、市场、能源与原材料，另一方面，我们输出优势廉价劳动资源，使中国成为这一轮全球化中的最大受益者。如果中国继续贯彻这一成功经验，长期经济高速增长就不会面对不可逾越的发展"瓶颈"。

---

① 在亚洲金融危机中，为抵御来自需求萎缩的冲击，各个经济体都采取了刺激需求的措施。中国的措施之所以比周边经济体更有效，与中国有比其他国家更大的潜在的投资需求，因而有可能通过积极的财政政策将这些潜在的需求迅速地转变为现实的需求，以弥补外需的萎缩。

第四，中国30年来的发展探索到了一条符合国情的经济发展模式，这将保证未来中国经济长期高速增长。改革开放以来，我国走了一条制造业优先发展的增长模式，通过30年探索中国已经成为世界制造业大国。这也为中国今后的发展铺垫了良好的基础：首先，这一发展模式符合产业依次递进的一般规律，即从农业为主导产业先期过渡到制造业主导，然后再成长出服务业主导的经济结构。其次，这一发展模式有助于广大农民融入现代工业文明之中，是一个惠及广大农民的发展模式。正常的工业化进程是在农民的文化与技术水平很低的条件下起步的，制造业尤其是劳动密集型的制造业对劳动者文化技术要求相对较低。在过去30年，正是由于中国优先发展了制造业，才为数以亿计的农业劳动者提供了在现代产业中的就业岗位。只有随着知识与技能的逐步提高，就业者才能步入对技术与文化要求更高的高新技术与服务型产业。最后，由于制造业需要有庞大的基础设施为依托，中国优先发展制造业的增长模式使我国的港口码头、高速公路网络与铁路网络得到了先行发展。这为中国未来的发展提供了坚实的硬件设施。

国内外一些人企图用印度发展模式贬低中国的发展模式，似乎中国也应该像印度走以高新技术与服务业拉动经济发展的道路。这在中国既不可能，也非最优。印度的发展在很大程度上得益于英国殖民主义遗留下来高等教育体系，使印度工程技术人员能够直接承揽发达国家转移出来的新技术产业与外包服务业。中国没有印度那样的优势，至少在过去30年还没有，尽管这值得我们学习借鉴。然而，印度模式并未惠及广大的社会底层群众，富裕起来的首先是中产阶级。虽然由于这个阶层富起来后拉动了传统服务业繁荣，但毕竟就业人数有限。此外，由于新技术产业与外包服务业主要依靠信息高速公路，这种发展模式致使印度基础设施落后，也是路人皆知的。

第五，发挥政府在经济发展中的积极作用。改革开放以来，中国经济的高速增长与政府在经济中发挥的积极作用密不可分。30年来，中国政府在经济中的积极作用体现在两个方面：一方面，通过制度性政策推动了社会主义市场经济体制建立与完善，为中国经济长期高速发展创造了内生的经济机制。

这与西方国家尤其是英美模式下政府在制度建设方面，通常政府只发挥消极作用有很大不同，即政府在市场制度建设方面发挥"守夜人"职能，主要是用法律形式认可与保护自发形成的市场经济制度。另一方面，通过积极的过程政策干预经济活动，直接推动经济发展。这也与西方国家有很大差别，在20世纪30年代以前，西方国家信奉自由放任原则，认为经济过程是市场主体自发行为的结果，无须政府插手其间。大危机后，凯恩斯革命改变了这一理念，政府开始把需求管理作为自己的职责。但是，这种干预一般只限于扩张需求或紧缩需求来适应市场自发形成的供给能力，使总需求与总供给保持一致，以保证经济的平稳增长。与之不同，在中国的市场经济体制框架下，政府不仅有需求管理的职责，而且有实施积极供给政策的职责，通过中长期计划与产业政策来确定优先发展的目标，然后通过直接投资，或者实施鼓励市场主体投资与生产的政策来推动经济发展。并且在条件许可的情况下，将需求管理政策与供给管理政策结合起来，在拉动需求的同时，推动生产能力的扩张。亚洲金融危机后，实施了6年的积极的财政政策就具有这样一箭双雕的功效，扩大的政府支出既扩张了需求，主要投往基础设施的政府投资与补贴，又形成了新的供给能力。这使中国比周边国家与地区更好地抵御了危机的冲击，同时也为进入21世纪后的中国经济高速增长创造了更好的物质技术基础。

总之，中国30年来的经济高速增长与政府在经济中扮演了更为积极的角色有密切关系。这种积极作用也会有助于中国经济在未来几十年中仍然保持高速增长态势。我们可以预言，在当前正在蔓延的全球金融危机之中，中国经济的表现将会优于其他绝大多数经济体。如果说中国审慎的开放金融市场的做法，实际上为中国市场建起了一道防波堤，在很大程度上隔绝了金融风暴的冲击。那么，政府在经济生活中的积极作用，又可以使中国在即将来临的全球性需求下滑中，采取堤外损失堤内补的措施，通过扩大内需来保持中国经济高速增长的基本态势。

"三农"问题的根本出路在于城市化[*]

——兼论我国新世纪现代化路径

解决"三农"问题根本出路在于城市化。在当前实施城镇化[①]战略时，应该把这个问题放在我国城市化的历史进程和我国最终实现现代化的大背景下加以探讨。

一、我国城市化进程的历史回顾

城市的历史就是一部商品经济的历史、一部人类文明史。探讨城市化的历史沿革和演进，有助于从总体上把握我国现代化进程的脉络。大体说来，可以把我国城市化进程划分为以下几个阶段：

1. 自然经济条件下的中国城市：19 世纪中叶以前

中国虽然有悠久的城市文明，却没有像西方那样有独立工商业的城市，这在很大程度上影响了后来中国城市化进程。最初城市有两种不同类型：一是作为工商业聚集地发展起来的城市，二是作为统治者政治军事中心成长起来的城市。前一类城市通常是先有"市"，后有"城"，城是为保护从事商品经济活动市民的人身财产而建，古代希腊、罗马和欧洲中世纪的许多城市就

---

[*] 本文原载于《当代经济研究》2002 年第 2 期。

① 本文中城镇化是一个强调小城镇建设在城市化进程中作用的概念。

属于这种类型。后一类城市通常是先有"城"，后有"市"，城市首先作为军事堡垒建立起来，工商业是为了满足统治者消费需要才发展起来。虽然这种城市也可能有十分繁荣的手工业和商业，但从整体上讲，这些工商业都是服务于自然经济和统治阶级消费的。由于西方的工商城市以独立的商品经济为主体，在后来的历史发展中，在这些城市中形成了繁荣的工商业和独立的市民等级，并从中孕育出近现代市场经济和城市文明，使工商城市在城市间的竞争中最终逐步战胜了作为军事设防地意义上的城市。迫使"城堡"要么依照工商城市的面貌来改造自己，要么只会留下历史遗迹任人凭吊。与西方国家不同，中国历史上没有前一类工商城市，只有后一类型的城市。在长达数千年的城市发展史中，城市工商业的发展被限制在不危害占主体地位的自给性经济，并不动摇封建统治根基的范围之内。中国落后于西方发达国家虽然在近代才表现出来，其实它早已孕育在这种没有独立的工商业城市和独立的市民等级的社会经济结构之中。直到近代，中国才产生了以商品经济为主体的城市。那种认为没有西方殖民主义入侵中国也能自发地长入资本主义的观点，不过是不切合实际的中国情结，否则，社会主义对中国来说，也将成为多余。

2. 半封建半殖民地的城市化进程：从 19 世纪中叶到 20 世纪中叶

自西方殖民主义者用大炮打开中国的大门以来，中国开始了缓慢的近现代城市化进程。在这 100 多年历史中，中国的城市化进程有两个特点：一方面，由于市场经济的发展，形成了一批新型的工商业城市，如上海、大连、青岛、烟台等，同时，沿江沿海交通发达地区的传统城市发生性质上的变化，开始具有近现代工商业城市的特征，如天津、广州、武汉等；另一方面，这些近现代工商业城市又具有半殖民地半封建性质，城市发展依附于外国资本，并受到封建主义的压抑，这又制约了我国城市化进程。所以直到 1949 年，我国城市化率（城市人口占总人口比重）仅为 17.6%。

3. 排斥城市化的工业化时期：从中华人民共和国建立到改革开放

在这一时期，我国城市化进程消除了半殖民地半封建性质，但由于我国在这时选择了用计划经济方式来推进国民经济的工业化，工业化进程与城市化进程相分离，城市化进程明显慢于工业化。在这一时期，虽然我国城市数量和城市居民在总量上有所增加，但城市化水平却没有提高，相反有所下降，以致出现高速的工业化进程与停滞甚至倒退的城市化进程的强烈反差。1978年我国的工业化水平已达44%，而城市化水平则倒退到15.8%，比中华人民共和国成立初期下降了1.8个百分点，直到1981年才超过中华人民共和国成立初期时的水平。①

造成这种状况的根本原因是，我们遵循了一条排斥市场经济的工业化道路，城市的造血机制被破坏，城市发展长期处于一种失血状态。本来工业化进程要求加快城市化进程，以支撑工业化对公共基础设施和工业劳动力的需求。但计划体制却抑制了城市化进程。城市化进程受到城市基础设施建设缓慢和市民消费品供应困难的制约，人们不得不通过户籍制度在城乡之间、市民与农民、城市工商业与农业之间构筑一道制度性壁垒，阻止农村劳动力流入城市。非但如此，城市甚至无法供养已经市民化的居民，不能解决因城市人口自然增殖带来的就业、住房和粮食供应等问题，以致在这一时期曾出现3次"倒城市化过程"，已城市化的居民再度倒流回乡村：第一次发生在土地改革时期，大批城市居民回流农村参加土地分配，城市化率从1949年17.6%下降为1953年的14.8%，下降2.8个百分点；第二次发生在20世纪60年代初期，"大跃进"时期一度膨胀起来的城市人口再次被遣返回农村，城市化水平从60年的20.7%下降为1963年的16.7%；第三次发生在60年代末到70年代末，持续10年的知识青年上山下乡运动，使城市化水平维持在15.2%～15.8%，直到1979年才再度突破16%大关。此外，在这一时期倒城市化过程，还表现在城市作为经济聚集地的功能萎缩，城市基础设施落后、老化，城市居民生活质量低下等方面。

---

① 以上数据根据《新中国五十年统计资料汇编》计算，中国统计出版社1999年版。

4. 城市造血机制恢复时期，从改革开放到世纪之交

在这20多年中，由于市场取向的改革和社会主义市场经济的基本框架的形成，中华人民共和国成立以来一度丧失的城市造血机制逐步得以恢复，我国城市化进程步入了一个新的时期。1999年全国建制镇已从改革开放之初的2200多个发展到1999年的19000多个，城市化水平提高到30.9%。在1980～1999年的20年间，城市化水平提高了11.5个百分点，年均增长0.54%。[①]进入90年代以来，随着社会主义市场经济体制雏形的形成，我国不仅在小城镇建设方面取得了很大进展，大中城市的面貌也在发生深刻变化。尤其是像上海、北京这样的特大城市的发展更是引人注目，不仅在城市规模和面貌上发生了巨大变化，而且在发挥市场经济的聚集功能和辐射功能方面表现出强劲的带动作用。目前，上海开始具备了重新夺回远东第一大都市的发展势头。我国城市化进程步入历史上发展最快时期。

但是，也应该看到，这一时期的城市化进程中仍存在不少问题。在发展的指导思想上，人们虽然改变了用计划方式来推动工业化、现代化的思路，转向依靠市场力量来推动工业化和现代化，却没有充分认识到积极推进城市化进程对实现工业化和现代化的巨大作用。在工业化进程中，积极推进经济市场化与限制城市化的措施形成鲜明反差：一方面，在体制上基本沿袭了传统计划经济条件下形成的城乡壁垒，限制农民进城异地转移。因此，这一时期城市化水平的提高，主要来自农民的自发行为，而不是政府和社会主动推进的结果。同时，由于农民进城大多不具有"合法"形式，许多已转移的农村劳动力仍具有农民和市民双重身份，其转移成果并不稳固。另一方面，在农村工业化过程中，则过分强调"离土不离乡""进厂不进城"的剩余劳动力的就地转移方式。在20世纪80年代，这种方式曾一度吸纳大量剩余劳动力。进入90年代以来，随着短缺现象的消失和城市工业竞争能力的加强，农

① 据第五次人口统计的初步资料显示，2000年我国的城市化率已达36%。由于统计口径的变化，此数据不具有可比性，这里仍采用1999年的数据，见《中国统计年鉴（2000）》，中国统计出版社2000年版。

村工业的资本和技术构成提高，农村工业吸纳剩余劳动力的能力明显下降。同时，由于剩余劳动力主要转移到加工工业中，再加上就地转移方式使原来农村自给性生产和生活服务体系得以维持，抑制了服务业的发展，不可能吸纳更多剩余劳动力。此外，就地转移方式在基础设施投资效率比不高、资源浪费和环境治理困难等方面也表现出一定劣势。

5. 21 世纪大规模城市化进程时期

目前，我国已具备了加速城市化进程的基本条件：首先，市场经济体制框架的基本形成和进一步完善，为加快城市化进程奠定了制度基础；其次，根据发达国家的经验，工业化中期是城市化进程最快时期，我国现在的工业化水平，完全可以支撑大规模的城市化进程；再次，20 多年来农村工业的发展，已为小城镇的建设奠定了基础，许多农村工业聚集区实际上已具备了小城镇的雏形；再其次，目前在城市中已集聚了一大批获得稳定职业的"准市民"，认证其市民身份并非是难办的事情[①]；最后，我国目前经济增长的强劲势头为加快城市化进程，提供了充足的动力。

总之，从中华人民共和国成立以来算起，我国的现代化进程始于排斥市场的工业化，自 20 世纪 70 年代末以来这一过程得到经济市场化强有力推动，如果政策措施得当，它最终将完成于 21 世纪中期以前的大规模城市化进程之中。

二、推进城市化进程与中国的现代化

毛泽东在民主革命时期有一句名言：中国革命的基本问题是"农民问题"。现在我们进行社会主义现代化建设的基本问题，仍然是农民问题，即通常所说的"三农"问题。而解决"三农"问题的根本出路又在于农村城市

[①] 在 2000 年进行的第五次人口统计中，由于适当放宽了城市居民的统计口径，我国的城市化水平就比 1999 年的 30.9% 增加了 5 个多百分点。见《中国统计年鉴（2000）》，中国统计出版社 2000 年版。

化，农民市民化，农业商品化、产业化、现代化。在这里，能否加快我国的城市化进程又是问题的关键，因为只有把大多数农民从土地上解放出来，进入城市定居，并在城市中获得稳定职业和收入，才能从根本上解决这部分农民脱贫致富问题；只有在大部分农村剩余劳动力转移到城市中，留在土地上的农民才有可能实现农业的集约经营和规模经营，农业才有可能成为现代化产业；同时，也只有在"三农"问题解决后，中国才能最终实现现代化。从这种意义上讲，我国目前已经步入现代化大门边上，能否迈过这道"门槛"，将取决于我国的城市化进程。

1. 实施城镇化战略是农民脱贫致富和农业现代化的根本出路

改革开放 20 多年来，由于在农村广泛实行了生产责任制，大大调动了农民的生产经营积极性，同时由于在农业中大力推广先进生产技术，农业生产水平有了很大提高，我国成功地解决了十多亿人吃饭的问题。但是，自 20 世纪 80 年代中后期以来却出现了农民收入增加缓慢，其收入增长速度明显慢于城市居民的问题，改革初期曾一度扭转的城乡收入差距再度扩大，90 年代以来进一步演变为增产不增收。尽管人们采取了许多措施，仍难阻止农民收入下滑的势头。造成这种状况的原因是多方面的，但我国农业劳均支配的土地资源太少，劳动生产率提高缓慢无疑是最根本的原因。投入到土地中的劳力、资金、技术受到土地收益递减规律的制约，制度创新和技术创新的收益效应受到土地自然资源的限制。不乏案例表明，许多先进农业技术的推广在使农业迅速增产同时，又造成供给很快过剩，价格下跌。在农产品总体上讲已经过剩，农业已从供给约束型产业转变为需求约束型产业的背景下，价格的需求弹性很小，即使价格大幅度下降，需求也很难消化急速增加的供给，在这里先进技术甚至成了农民增收的"杀手锏"。随着中国加入世界贸易组织，廉价农产品进入国内市场将不可避免，这实际上已经把我国农产品价格总水平锁定在国际价格水平上，上述矛盾将更加突出。结论十分明显，农民很难依靠经营小块土地脱贫致富。因此，出路只能是把大量剩余劳动力从农业转移到非农产业，把农民转移到城镇中去。这是一把"双刃剑"，一方面可以使转移出来的劳动力能依靠非农产业脱贫致富；另一方面把置换出来的土地资源在农民手中适度集中，实行农业规模经营和集约经营，提高劳均产出量，保证农民即使在农产品价格下跌时也能增收，使农业真正能成为致富的产业。

20多年来农村乡镇企业的迅速发展，已使1亿多农民从土地上转移出来，另外城市和沿海工业加工区也吸纳了1亿多农村剩余劳动力。这在很大程度上缓解了农村中劳动力与土地、农民增产与增收之间的矛盾。但也要看到，这种通常不伴随身份转变的转移方式有很大局限性，它使许多已从土地中转移出来的农民不能专营工商业和服务业，许多人仍是游历在农业与非农产业之间的两栖职业者。已经进城的农民最多只能算"准市民"，面临极大的职业、收入、保障风险，不可能在城市中安居乐业。已转移的农民仍然把农村视为自己的家，保留在农村中占有的资源，就成为在这种制度安排下理性选择。这既使农业日益成为"业余产业""副业"，也不利于土地资源的规模利用。因此，现在实施城镇化战略的重点，不仅仅是简单地将农业剩余劳动力转移到非农产业，转移到城镇，而且要求改变这些农民的身份，使成为真正的市民，并以此为基础，从总体上重组城乡结构、重组资本、土地和劳动力资源。

2. 城镇化创造的巨大市场需求将成为实现国民经济发展的"第三步"战略目标的保证

20多年来，我国经济的高速增长主要依靠两个因素推动：一是改革开放释放出的巨大能量的推动；二是传统的计划经济留下的巨大市场空间的拉动。随着社会主义市场经济体制形成和告别短缺经济，这两个在过去保证经济高速增长的动力也日益衰减。一方面，我们现在不再能寄希望出台某项重大改革措施来推动经济持续高速增长，改革的难度增大但增长效应却会递减；另一方面，随着告别短缺，需求约束将成为制约我国经济高速发展的最大"瓶颈"，尽管我们可以通过扩大国际市场来缓解需求不足对经济发展的影响，但对我们这样一个大国来讲，外需不可能替代内需。在这个问题上，人们不约而同地想到了通过培育农村市场来扩大内需。在增加农民收入和拓展农村市场上，人们想了很多办法，并已开始取得一定成效。正如前面已经论述的，在目前的城乡格局下，农民增收空间十分有限，农村市场容量的扩大难以支撑我国经济持续高速增长。因此，只有加快城镇化进程才能形成巨大的、长期的需求拉动力。可以预言，加快城镇化进程，一方面会因城市基础设施建设而形成巨大的投资需求，另一方面农民进城，收入增加又会形成巨大的消费需求，从而在根本上保证顺利实现国民经济发展第三步战略目标。

3. 农民的市民化是社会主义市场经济体制最终确立的根本保证

经过 20 多年的改革开放，目前我国的社会主义市场经济的框架已基本形成，市场已在资源配置中发挥基础性作用。但是，也应看到市场经济体制尚不完善、不巩固，社会主义市场经济体制的最终确立，在很大程度上取决于大部分农民的城市居民化，农业的产业化、市场化，农村的城市化。我们很难设想，在农民人口仍占很大比重，大部分农民仍然依靠手工劳作在小块土地上搞饭吃的国家中，能够建立起成熟的市场经济体制。只有将大部分农村剩余劳动力转移到城镇中，农民才能完全融入市场经济的大潮中，从根本上摆脱传统小农经济的束缚，我国社会主义市场经济体制才有巩固的基础。从这种意义上讲，城市化不仅仅是农民居住地的迁移和农民的职业的转换，而是要在身份上"消灭"农民，将自然经济和半自然经济主体转变为市场经济主体。① 如果说在改革开放的前 20 多年中，改革的对象主要是中华人民共和国成立以后形成的计划经济体制，那么随着计划体制的解体和市场经济体制基本框架的形成，在 21 世纪的城镇化进程中，我们面对的则是几千年来形成的自然经济，任务更加艰巨，意义也更加重大。只有在完成这一任务后，我们才能说最终建立了完善的市场经济体制，中华民族才能真正自立于世界民族之林。

第三篇　中国经济改革与发展

"三农"问题的根本出路在于城市化

---

① 沈越：《马克思市民经济思想初探》，载于《经济研究》1988 年第 2 期；《"市民社会"辨析》，载于《哲学研究》1990 年第 1 期。

三、几个亟待解决的认识问题

第一，克服自然经济观念，加深对城镇化进程的认识。

中国有几千年的自然经济历史，"重本轻末"，认为农民应该固守土地、担心城市和工商业的发展会损害农业等思想很有市场；再加上排斥城市化传统计划经济的影响，限制农民进城的观念和政策至今尚未完全消除。例如，我们目前的户籍制度，对农民在城市中就业、子女入学等方面有诸多限制，前些年过分提倡"离土不离乡""进厂不进城"的农村剩余劳动力转移方式，以及前几年媒体与公众对"民工潮"的担忧，城市发展稍快政府便担心城市基础设施难以承受和财政压力，而城市居民则担心生活质量下降和社会治安问题。这些心态致使我们在大中城市发展问题存有疑虑，对推进小城镇建设不利。在这方面，西方的观念和经验值得我们借鉴。早在欧洲中世纪就流传着"城市空气使人自由"的说法，一旦农奴逃亡到城市，便获得自由，人身财产受到城市的保护。一些城市还规定，一旦农村居民在城市中谋得职业或取得住房便正式取得市民资格，其权益受到城市法律的保护。到了近代工业革命前后，西方国家还实施了一系列强制推行工业化、城市化进程的立法和政策。正是在这些观念和措施下，西方近代才在城市中孕育出最终战胜自然经济的城市工商业、战胜封建制度的近现代政治法律制度、战胜传统观念的城市文明。而这不能不说是西方民族在近代崛起的一个极为重要的原因。当然，借鉴西方的经验主要是学习别人在对待城市化问题上的精神和态度，不等于说应该照抄照搬西方国家城市化道路，这既无可能，也无必要。我们应该从中国实现现代化、中华民族复新的高度来认识实施城镇化战略的意义，实现观念的转变，走一条有中国特色的城镇化道路。

第二，积极推进城市化进程与节约土地资源的关系问题。

城市化进程必然会占用耕地，与保护有限的土地资源的国策发生矛盾。如何协调城镇建设与保护土地资源二者的关系，便成为能否顺利推进城镇化进程的一个关键问题。在这个问题上，应该把目前一些消极保护土地的做法转变为积极保护土地的措施。所谓消极保护是指对所有占用土地资源、改变耕地的原有用途的行为不加区别的进行限制；而积极保护则是把土地资源视为一种商品，强调土地的利用效率，鼓励土地资源从低效率的利用方式向高效利用方式转变，只是限制土地资源的浪费和低效率使用。从积极保护土地资源的观念出发，城镇化占地的效率高于农业用地，商业性用地的效率比自给性经济用地高。产业从农业转变为非农产业，农民从农村转移到城市，无论从居住用地还是从生产用地来说，都会导致土地的集约性使用，置换出来的耕地将超过农民进城所占用的土地。因此，从总量上讲，城市化进程的结果是耕地的增加，而不是减少。从这种观点出发，在城市化进程中应该限制的是盲目的、没有做好前期准备的占用土地资源，防止出现"圈而不（开）发""占而不用"的情况，应该考虑的是节约城市用地，走一条高效利用土地的城市化道路。

消极保护耕地的意识的产生还与担心我国的粮食安全有关。长期以来，粮食短缺和农产品供应不足一直是困扰我国经济发展和社会安定的一个大问题，这种担心可以理解。但是应该看到，自20世纪90年代以来我国经济开始从短缺转变为过剩，粮食和农产品供应也不例外。随着中国加入世界贸易组织，外国农产品进入中国，这种过剩还将进一步加剧。因此从发展趋势上讲，不用担心会出现像自然经济和计划体制下那种粮食短缺，在市场经济条件下，粮食安全的首要问题是受需求制约的竞争力问题，而非供给不足问题。相反，大批农民转营他业，还会让出一部分市场，有助于增加农业生产者的收入。当然，我国在农产品供应总量上还会出现时而过剩、时而短缺的周期性波动，在供求结构上也难免出现失衡，但这与农产品供应总体上过剩是不同的问题，需要加强宏观调控来解决。

第三，大中小城市与小城镇协调发展问题。

在实施城镇化战略时，人们在优先发展现有城市尤其是大中城市，还是优先发展小城镇的问题上，目前尚存在争议。究竟那种意见中包含有更多的合理成分，可能一时难以有定论。但是，可以明确的是，由于我国特殊国情，农村有高达数亿亟待转移的剩余劳动力，这一历史性任务不只是重点发展大中城市，或者只着重发展小城镇就能完成的，而必须实施发展各类规模城镇并举的方针。因此，在"十五"期间积极推进小城镇建设的同时，还应注意发挥大中小城市吸纳农村剩余劳动力的作用，通过大中小城市和小城镇协调发展来加快我国城镇化进程。大城市的过度发展固然会带来一系列问题，如过度拥挤、交通堵塞、环境污染、资源紧张、生活和工作质量下降等，但是，不能因噎废食，忽视大中城市在城镇化进程中的积极作用。因为与小城市和小城镇相比，大中城市至少具有三大优势：一是规模效应，即可以提高城市公共设施的利用率，降低人均城市建设和维持费用；二是集聚效应，这是一种隐性的功能，大规模聚集本身就是财富、资源和效率，所以不难理解大城市在信息沟通、在居民教育和健康水平、就业水平和条件等、人际交往和文化娱乐方面均优于中小城市；三是辐射效应，小城市和小城镇只有在大中城市的带动下，才能生存发展。

第四，户籍管理体制的改革与创新问题。

我国现行的户籍制度是在计划经济体制下形成的，已显然不适应 21 世纪推进城镇化进程的需要。近年来，许多城市在这方面做了一些有益的探索，但这些改革对城市如何吸引高素质人才考虑较多，对任何有利于农村剩余劳动力转移较少。因此，在推进城镇化进程中，应积极探索与社会主义市场经济相适应的、有利于促进农村人口城镇化的新户籍制度，创造出一套适合中国国情的户籍管理制度。在今后一段时期内，还应实行大中小城市与小城镇有差别的户籍管理办法：适当控制大城市、积极发展中小城市，尽量放开小城镇。小城镇的户籍管理的基本要点应该是：有利于农村剩余劳动力转移和农民市民化，有利于户籍登记管理，有利于保障公民的合法权益，有利于稳定社会秩序和提高社会治安水平。待条件成熟后，再逐步过渡到全国统一的户籍管理办法，以促进全国劳动力市场的合理流动，实现劳动力生产要素的优化配置。

第五，转变政府职能，探索新型城镇管理体制。

在推进城市化进程的同时，还应积极探索新型的城市管理体制，小城镇在这方面可以先行一步，为大中小城市管理体制积累经验。其基本要点是：按照"大市场、大社会、小政府"的原则来建设小城镇，克服过去城市事务统统由政府包下来的弊病，尽可能发挥市场机制的作用来建设小城镇；探索与社会主义市场经济相适应的公共财政体制，尽力做到财政资金取之于民，用之于民，避免政府背上过重的财政负担；在小城镇基础设施的硬件建设的同时，重视软件建设，如教育卫生体系的建设，社会保障体系的建设；在建立小城镇公共财政体系基础上，积极推进民主化进程。

第四篇

国有经济改革与公司治理创新

论国有经济布局结构的调整 [*]

所有制结构调整既是新一轮经济结构调整的重要组成部分，也是 20 多年来国有经济改革、改组的进一步深化。这不仅关系到国有经济这个我国经济改革的老大难问题能否有新的突破，也涉及国民经济"十五"计划和到 2010 年的远景规划能否顺利实现，为实现我国经济发展战略的"第三步"目标奠定良好的经济结构基础，其意义十分重大。

一、国有经济布局调整的效率准则

在迄今为止所有制结构调整中，人们一直遵循的是双重标准，国有与非国有经济享受着不同待遇。过去的主要问题是对非国有经济的歧视，现在不仅这个问题没有完全解决，而且又出现了歧视国有经济的征兆，如无论国有经济效率如何都主张它从竞争性行业中退出。因此，在新一轮结构调整中，首先应该调整的是指导调整的准则，把双重标准逐步统一到市场经济的效率标准上来。

在当前国有经济布局调整中，人们通常是以经济领域的重要程度以及企业规模大小来决定是进还是退。这种按经济领域和企业规模来决定进退的原则，距市场经济要求的效率准则还有相当差距。

---

[*] 本文原载于《经济学动态》2001 年第 3 期。

我国是一个发展中国家，经济转型任务尚未完成。在一定时期内，国有经济控制较多的重要领域不仅有必要，而且不可避免，按照经济领域和企业规模标准决定国有经济进退取舍还有一定合理性。但也应清楚地看到，随着我国市场经济的成熟和经济发展水平的提高，不同所有制进入退出标准的并轨将不可避免。因此，在新一轮所有制结构调整中，其他调整准则至少应该建立在效率标准基础上。具体说来，在调整国有经济布局时，首先应该考虑的是国有经济在某一领域中是否具有竞争优势，如果国有经济在一个领域中具有优势或潜在优势，就不应轻言退出而应该考虑主动进入。如果国有经济在这一部门中不具有优势，即使眼前尚有一定效益，也要提前考虑主动退出问题。在国有企业改组、改造时，即使是大型企业，如果没有效率或潜在无效率，也应考虑主动退出，不要等到非调整改组不可时再来考虑。否则，主动调整就有可能再次演变为被动调整。

总之，在国有经济布局调整标准问题上，除极少数涉及国家安全的重要部门国有经济必须控制，以及一小部分非国有经济无力或不愿进入的公益领域，国有经济从国民经济总体效益出发不得不经营的领域外（这也并非一定要国有经济直接经营，国家可以采取补贴或政策优惠等措施鼓励非国有经济进入），其他领域都应该按效率标准来取舍进与退：无论是竞争性行业，还是非竞争性行业，无论企业规模大小，只要国有经济能有效率，就不应考虑国有经济退出问题。相反，如果国有企业或国有控股企业没有效率，即便是提供重要公共产品的行业、支柱和高技术产业中的重要企业、大型企业也应考虑退出。

对于非国有经济来说，自它产生之日起，效率就是决定企业生死存亡的唯一标准，无效率企业在退出问题上从来不存在障碍。其面临的主要问题是，如何消除它进入国有经济垄断行业的歧视性壁垒。关于这个问题下面将专门论及。

二、退出产业还是退出市场

既然国有经济的进退应本着效率标准，那么，就不应该以产业画线来决定国有经济应该从哪些部门中退出，而应以效率和机会成本大小来决定国有资本的进退。因此，主动退出问题的实质与其说是国有经济退出某些产业，不如说是无效率的国有企业退出市场，尽管这种退出大量表现为国有经济从没有竞争优势的部门中退出。因为按照产业来取舍国有经济的进退，很难避免"一刀切"的弊端。现有国有企业效率低下的成因十分复杂，在调整时应视具体情况，对症下药。

概括说来，造成低效率原因有三：一是产业的性质决定了国有经济不可能具有竞争力，主动退出这些产业理所当然。二是国有经济管理体制、企业制度、运行机制和管理落后造成的低效率，而非产业性质不适应国有经济生成。对于这样的产业就不应一退了之，而应通过企业改制、理顺机制、加强管理来盘活资产存量。三是一些产业虽然适宜国有经济生成，但由于历史原因造成的国有企业低效率，而现在要盘活这些资产的成本又太高。对于这样的企业也应考虑主动退出，但是却不应画地为牢，阻止其他有效率的国有资本进入这些领域。

在进入或退出市场问题上，不应由政府机构和政府官员来规定，经济学家说了也不算，而应由市场竞争来确定。当然这并不等于说政府在这个问题上将无所作为，政府首先应为退出创造良好的经济社会环境。在当前，加快建立和完善社会保障制度，通过沟通信息、职业培训来帮助因结构调整而下岗的人员再就业，尤为重要。虽然在完善的市场经济中，企业和职工退出市场，完全是市场主体自主权范围内的事，由于长期以来国有经济存量调整困难，在许多行业中存在大量"烂产"。在当前和今后一段时间内，解铃还须系铃人，这些由于传统经济体制造成的资产还需要在政府主持下清算，不可能完全交由市场和社会来处理。随着这部分资产存量的化解，新的产权交易机制的建立和社会保障制度的完善，政府才有可能在市场退出问题上逐步退出。

三、国有经济进与退的关系

在实施国有经济有进有退战略时，进入问题比退出问题更重要。这是因为从理论上讲，市场经济中无效率企业退出市场本不应有壁垒。在我国由于种种历史原因，才存在国有经济退出难的问题。具体来说，主要有以下几点：

这首先涉及是否坚持社会主义的问题，如担心国有资产缩水和国有经济主导地位丧失。随着改革的深入，这些观念上的障碍已日见淡化，尽管这尚未完全解决。

目前，国有企业退出市场最大障碍是债务处理和职工安置问题，其中，又数安置职工的困难最大。过去国家曾对国家职工承诺了就业后的收入保险，且无须考虑企业效率和个人贡献问题，国有企业退出市场难的问题，实质上是政府被计划经济条件下的承诺套牢的问题。政府解套不外乎两大对策：一种可称为积极的解套对策，即通过转岗或重新就业来安置职工，这又取决于是否能保持经济的高速增长和创造更多的就业机会以及国有职工的观念转变；另一种可称为消极的解套对策，即养人的办法，这又需要有其他改革措施配套，如社会保障体系的建立和完善、住房商品化等。无论采取何种对策，或者以何种对策为主，或者两种办法并举，都不可能毕其功于一役，消化存积在国有经济中大量冗员需要时间。

此外，由于国有企业长期缺乏淘汰机制所积累的大量欠账，一大批无效率的国有企业亟待破产清算或改组兼并，不仅还清这些欠账需要时日，而且随着改革进程加快和中国加入世界贸易组织日期临近，竞争加剧还会拉长有待退出的国有企业的清单。这无疑会进一步加大国有经济退出难的程度。

尽管完成这些任务十分艰巨，但可以预言的是，随着改革的深化，欠账的逐步化解，国有企业从无优势的领域中退出将成为一件正常的事情。所以，从这种意义上讲，国有经济从无效率领域中退出已经不再是一个经济学研究的问题，而是一个实际操作问题。在研讨国有经济战略布局调整时，应该更重视进入问题研究。笔者以为，目前亟待解决的进入问题有两个：一是非国有经济进入原来国有经济垄断领域的问题；二是国有经济是否应该主动进入竞争性领域的问题，二者对从整体上搞活国有经济和所有制结构合理化同样至关重要。

四、降低非国有经济进入国有经济垄断领域壁垒

在研究国有经济有进有退问题时，应该跳出就国有经济改组来讨论国有经济布局问题，应该把国有经济的改革发展与非国有经济的改革、发展结合起来。与其消极地讨论国有经济应该退出哪些领域，不如积极地研究如何消除许多领域对非国有经济设置的进入壁垒，使非国有经济能够进入一些国有经济世袭领地，在更多领域中与国有经济开展竞争，把多种所有制共同发展真正落到实处。

20年来，我国渐进式改革最成功经验之一是逐步消除对非国有经济的歧视性壁垒，在原来计划经济体系外成长起一块市场经济体系。非国有经济从无到有，逐步壮大不仅为我国在经济转型时期保持经济高速增长发挥了重要作用，而且也为我国市场经济体制的确立立下了汗马功劳，同时也为国有经济改革、改组确立了参照系。从这种意义上讲，进一步消除非国有经济在许多领域的进入壁垒，实际上是这一成功经验的继续。

此外，积20年我国渐进式改革之成功经验，增量改革比存量改革更容易、更有效。通过取消和降低国有经济垄断行业的进入"门槛"，将吸引大量消费基金、银行存款和外逃资本（包括国有与非国有的）进入原来不允许它们进入的领域，这实际上是通过资本流量的增量来调整国有经济布局；而国有经济从某些领域中的退出，则属于存量调整，它势必遇到职工安置、债务处理困难等一系列难题。从近年来国有企业改组和破产的实践来看，被列入清单的国有企业大多数已无资本存量可供调整，它们实际上已经"空壳化"，

剩下的只是一堆债务和一批有待安置的职工。由于企业破产制度和社会保障制度不健全，这样的国有企业的退出和政府"解套"并非一件易事；再加上多年沉积下来的一大批这样的企业，逐步处理这批空壳企业还有待时日。在注重无效率的国有企业改组和破产的同时，应更重视消除或降低某些国有经济垄断行业的进入壁垒，通过吸引社会资本增量来调整国有经济的布局。

五、国有经济主动进入竞争性行业

在研究国有经济布局调整时，人们更多关注的是国有经济从许多无效率部门中退出的问题，对国有经济进入尤其是主动进入问题注意不够。事实上，在贯彻有进有退的国有经济战略性调整方针时，国有经济主动进入某些领域与主动退出一些领域同等重要。

这种重退出轻进入的倾向最典型的观点是：一些人主张国有经济从竞争性行业中主动退出，不赞成国家"与民争利"，似乎国有经济只应退守低利和无利的社会公益部门。这种看法值得商榷。

首先，这种观点建立在国有企业和国有控股企业在竞争性领域中其竞争力必定不如非国有经济的假设基础上。而这一假定又是以西方传统市场经济的经验为基础，并不一定符合现代市场经济和中国的特殊国情。

其次，这种看法与实际情况并不完全吻合。事实上，目前最有活力的国有企业或国有控股企业，企业产权改革和建立现代企业制度最成功的国有企业，恰恰存在于多种所有制并存、竞争最激烈的行业；相反，国有经济垄断程度越高，竞争越不充分，国有企业的素质就越差，公司制改革往往是造就了一批"翻牌公司"，产权改革流于形式，甚至出现"大公化小公、小公化私有"，经营者与生产者共谋国有资产等问题。所以国有经济非但不应退出竞争性行业，而且应该主动进入竞争性领域，或在原来国有经济垄断行业中造就多种所有制、多种经营形式的竞争格局。

最后，国有经济主动进入竞争性行业不仅对从整体上提高国有经济素质有非常重要的作用，而且也是国有企业产权改革的重要前提之一，因为现代企业制度本身就是充分竞争的产物。这里不打算讨论究竟是产权还是竞争更重要的问题，但是至少可以说，竞争压力是建立规范化的公司制企业制度必不可少的前提。我国建立现代企业制度进程之所以不理想，在很大程度上与忽视市场竞争有关，人们更多地注意设计或模仿他国产权制度和公司内部法人治理结构。事实上再聪明的政府官员、经济学家和企业家也不可能设计和仿制出科学的产权制度和公司组织结构来。只能是在强大竞争压力下，才能通过企业资源的众多所有者理性的谈判或交易出合理的企业制度来。在这里，制度创新者的作用仅仅是提出倡议和组织谈判。

还需要指出的是，没有非国有经济参与的竞争是不充分的竞争。虽然在国有经济垄断领域中的国有企业之间的竞争比没有竞争强，但却往往难以形成理想的竞争状态，因为这种竞争极易受到逆市场原则的行政干预。在这里政府仍然是这些企业的唯一所有者，是市场的独家垄断者。市场往往被视为管理"子公司"的"工具"而加以"利用"，一旦它们之间的竞争违背了所有者利润最大化目标，竞争就会受到限制，而资源最优利用的市场原则和消费者权益则会被置于一旁。限制民航票价竞争，按照业务范围分解中国电信，在金融业中维护"工、农、中、建"四大家族垄断地位等案例，无一不与此有关。

六、几点建议

一是应大幅度降低非国有经济进入原来国有经济垄断经营的"门槛"，尤其是我国在加入世界贸易组织谈判中已承诺向外资开放的领域，国内非国有经济进入这些行业的壁垒不应高于外资企业，尽可能在有限的过渡期中提高民族经济的竞争力，以便迎接外资企业的挑战。

二是在一些技术落后、长期难以形成高质量竞争的部门有意识地引入外资，并通过引入外资来解决政府对一些行业垄断调控失灵的问题。应改变为保护而保护的传统政策取向，因为保护民族产业目的不是为了保护落后，提高竞争力才是对落后产业最有效的保护，而竞争力只有在竞争中才能形成，竞争对手的素质高低决定了竞争能力的强弱。

三是应加快金融领域的改革力度，力争在较短的时间内形成多种所有制和多种经营方式的竞争局面。这不仅对提高我国金融业的整体素质和竞争力有重要意义，而且对非国有经济较顺利进入其他国有经济垄断领域，加快国有经济布局调整至关重要。具体说来，改革措施可从以下几方面入手：一方面，应加快消除国有商业银行对非国有企业的贷款歧视，以及对非国有企业上市筹资的歧视。但也应清楚地看到这些措施效用的有限性，它最多只能消除国有金融机构非国有经济的政策性歧视，而无法消除国有金融组织基于市场风险考虑对非国有经济的配给性歧视。如前所述，它也无法改变目前金融市场上由于竞争不充分所产生的种种弊端。所以，另一方面，还应加快金融业的所有制、经营方式和组织形式的多元化进程，才能从根本上改变目前金融体制和金融市场发展滞后问题。此外，加快利率市场化进程则是金融深化的前提。

四是注重自然垄断行业、提供重要公共产品行业中的技术创新和制度创新，通过创新改变国有经济垄断地位。如在自然垄断部门可通过竞争性的特许经营方式将经营权赋予非国有企业，用经营权竞争来约束企业行为。

五是对于提供重要公共产品和服务的行业也可以考虑非国有经济的进入，国家对这一领域的必要控制，并不一定要求国有企业直接经营和国家控股经营。

当前国有经济改革理论与对策的探索 *

一、简要回顾：从单线式改革向双线式改革的转变

大体说来，20 多年来我国搞活国有经济主要采取了两种方式：第一种方式是通过内部的改革来增强国有企业活力。这种方式又可以分为两种具体形式：一是 20 世纪 90 年代以前的"放权让利"式的国有企业改革；二是 20 世纪 90 年代以来以产权改革为核心的股份制改革，即建立现代企业制度或公司制企业制度为核心的国企改革。第二种方式是通过国有经济布局的战略调整，有意识地缩小国有经济在国民经济中的比重，逐步造成对国有经济的竞争格局，使国有企业改变自己传统的行为方式，按照市场经济的要求行事。

最初人们重视第一种方式，但这种改革的效果不十分理想，尽管国有企业的效率较改革前有很大提高，但面对日益强化的市场竞争，国有企业日子越来越难过。20 世纪 90 年代以来建立现代企业制度的改革因企业机制没有根本性的改变，大多数试点企业实际上是一些"翻牌"公司。在这种背景下，越来越多的经济学家认识到在原有的国有经济布局下，不可能搞活国有企业，进而提出了主动调整国有经济战略问题，有意识地进一步降低国有经济在国

---

* 本文原载于《北京化工大学学报》（人文社科版）2002 年第 2 期。本次出版前编辑对部分内容作了修改。

民经济中的份额。经过几年讨论，促成了党的十五大明确提出"从战略上调整国有经济布局"，国有经济应该有所为、有所不为的方针。自此在全国拉开了主动收缩国有经济战线的序幕，一批长期亏损、扭亏无望的国有小型企业通过拍卖、破产退出市场，一批效率低下国有企业通过转制、租赁、兼并、嫁接改造等多种方式得以改造。这不仅使一批企业获得了新生，也使政府开始摆脱对国有企业承担的无限责任，为从整体上搞活国有经济提供了新的契机。

由于人们开始有意识地引入后一种方式，国有经济改革也从原来只重视企业改革的单线式改革，转变成企业改革与国有经济布局调整并重的双线式改革。这种双线式改革要旨是，不再坚持先前设定的国有经济在国民经济中应占有的比重，在对待国有企业的问题上，实际上奉行的是"能改便改，不能改就退"的原则。这就为20多年来一直困扰我国经济改革和经济发展的国有经济问题开辟了一条新思路。当前，国有经济改革主要面临4大任务：坚定不移地继续推进国有经济结构调整、主要在竞争性领域中对国有和国有控股企业进行规范的公司制改造、积极探索国有经济管理的新体制和完善社会保障制度。

二、国有经济战略布局调整：任务艰巨

自党的十五大提出从战略上调整国有经济布局，明确了有进有退、有所为有所不为和抓大放小的方针以来，国有经济结构调整取得了很大进展。在1999~2000年的两年中，全国国有企业及国有控股企业通过布局调整从23.8万户减少为19.1万户，减少了4.7万户，减少幅度达19.7%。尽管这个调整速度不能说不快，但对于完成战略布局调整的总体任务来说，调整任务还任重道远。2000年国有亏损企业仍达9.7万户，亏损面超过50%，亏损额高达1800多亿元。在全部国有企业中，资不抵债的空壳企业高达8.5万户，占国有企业总户数的44.5%。假设战略调整任务基本完成时，国有和国有控股的大中型企业总户数维持在1万户左右为合理水平的话，按照目前的调整速度，

至少还需要 6~7 年时间。考虑到还会有一部分资不抵债、扭亏无望的中型国有企业，甚至一些大型企业在今后几年也将进入退出市场的行列，结构调整任务将会更艰巨。在加快国有经济布局调整中，有以下几个问题还有待于进一步明确。

1. 关于国有经济有进有退的效率标准问题

在市场经济条件下，无论是从微观的角度来看，国有企业的生死存亡，还是从宏观的角度来看，国有经济在整个国民经济中所占的比重，最终都要服从效率原则，要接受市场竞争的检验。效率标准应成为判定国有企业生存发展和兼并破产，国有经济是进还是退的基本标准。但长期以来，在国有经济发展和结构调整中，人们实际上奉行着多重标准。因此，在国有经济布局调整中，首先应该调整的是指导调整的准则，把多重标准逐步统一到市场经济的效率标准上来。由于历史的原因，大体有以下几个标准：

（1）所有制标准，即把国有经济的进退上升到决定我国经济社会性质高度来考虑取舍问题。在传统体制下由于追求"一大二公"的所有制结构，把国有经济在国民经济中的比重大小视为判定经济制度优劣的唯一标准，国有经济无论效率如何，也只能进不能退，那时奉行的实际上是唯一的所有制标准。随着改革的深化，人们的观念逐步变化，以这种标准来看待国有经济布局调整的人越来越少，但不等于说问题已经完全解决，那种担心调整会导致"私有化"和国有资产流失的人实际上仍是持这一标准来取舍国有经济的进退。

（2）企业规模标准，即依据国有企业的规模来判断国有经济的进退。这一标准虽然较所有制标准进了一步，但仍有很大局限性。以企业规模大小来决定国有经济进退问题的标准产生于 20 世纪 80 年代，"搞活国有大中型企业"就是持这种标准的典型提法。在国有经济布局调整中，这种观点仍有相当市场。如用这一标准来指导调整，只有小型国有企业才能考虑主动退出的问题，大中型国有企业即使资不抵债，扭亏无望也不能轻言退出。这显然不符合从整体上搞活国有经济的基本要求。

（3）产业标准，即根据国有企业所在产业的重要程度来决定国有经济的进退问题。这是近年来流行的标准，那种认为国有经济应主动从竞争性领域退出，而退守非竞争性领域的观点，实际上就是这种标准的表现。更有甚者，国家统计局的一个课题组，还进一步根据这一标准，开列了100多个国有经济应主动退出的行业。这种标准虽然比前两种标准更合理和科学，但也存在一定局限性。首先，这实际上是对国有经济与非国有经济在市场进入和退出问题上的一种新的双重标准。过去在经济结构调整上的主要问题是对非国有经济的歧视，现在不仅这个问题没有完全解决，而且又出现了歧视国有经济的征兆。既然搞市场经济，所有的企业都应享受"国民待遇"，不应该画地为牢，以产业画线来决定国有经济应该从那些部门中退出，而应以效率和机会成本大小来决定国有资本的进退。因此，从这种意义上讲，在国有经济布局调整中，与其说国有经济退出竞争性领域或一些更具体的行业，不如说是无效率的国有企业退出市场的问题，尽管这种退出大量表现为国有经济从没有竞争优势的部门中退出。其次，现有许多国有企业效率低下的成因十分复杂，在调整时应具体情况具体分析，对症下药，而不应笼统地以部门划线，按照产业来取舍国有经济的进退，很难避免"一刀切"的弊端。我国是一个发展中国家，经济转型任务尚未完成。在一定时期内，国有经济控制较多的重要领域不仅有必要，而且不可避免。从这种角度看，目前按照经济领域标准重要程度来决定国有经济进退取舍还有一定合理性。但也应清楚地看到，随着我国市场经济的成熟和经济发展水平的提高，不同所有制进入退出标准的并轨将不可避免。因此在国有经济布局调整中，其他调整准则至少应该建立在效率标准基础上。

（4）效率标准，即根据国有企业是否具有竞争实力和市场效率来决定国有经济的进退。在这里，应该对效率做较宽泛的理解，在市场经济条件下，效率首先是竞争决定的效率，由于存在市场失灵问题，并不是所有效率都可以由市场做出评价，如公共产品和自然垄断领域，由于非竞争性或竞争微弱，企业效率的判断无法依据或完全市场状况做出，而应该有其他补充信息。不过，毋庸置疑的是，市场效率是市场经济中评价企业效率的最基本、最公正的标准。由此得出的结论是，即使在国有经济目前需要控制的领域，也要尽可能地引入竞争机制。这不仅有利于确立更科学的评价标准，也有助于改善垄断领域的资源配置效率。

总之，在调整国有经济布局时，首先应该考虑的是国有经济在某一领域中是否具有效率优势。无论是竞争性行业，还是非竞争性行业，无论企业规模大小，只要国有经济能有效率，就不应轻言国有经济退出问题。如果国有企业或国有控股企业没有效率，即便是提供重要公共产品的行业、支柱和高技术产业中的重要企业、大型企业也应考虑主动退出。这里所说的效率还不应是即期的，如果国有企业不具有潜在的优势，即使眼前尚有一定效益，也要提前考虑主动退出问题，不要等到非调整改组不可时再来考虑。

2. 关于国有经济主动进入竞争性领域的问题

在目前国有经济调整中，人们更多关注的是国有经济的退出问题，对国有经济进入尤其是主动进入问题注意不够。事实上，在贯彻有进有退的国有经济战略性调整方针时，国有经济主动进入与主动退出具有同等重要意义，尤其是主动进入竞争性领域。一些人主张国有经济从竞争性行业中主动退出，不赞成国家"与民争利"，似乎国有经济只应退守低利和无利的社会公益部门。这种看法值得商榷：

首先，这种观点是建立在国有企业和国有控股企业在竞争性领域中其竞争力必定不如非国有经济的假设基础上的。而这一假定又是以西方传统市场经济的经验为基础，并不一定符合现代市场经济和中国的特殊国情。其次，这种看法与实际情况并不完全吻合。目前，最有活力的国有企业或国有控股企业，恰恰存在于多种所有制并存、竞争最激烈的行业。相反，国有经济垄断程度越高，竞争越不充分，国有企业的素质就越差，所以，国有经济非但不应退出竞争性行业，而且应该主动进入竞争性领域。最后，国有经济主动进入竞争性行业也是国有企业进行规范的公司制改造的重要前提。目前，在构建现代企业制度方面最成功的国有企业几乎全部处于竞争性领域中；相反，在那些缺乏竞争的领域中，公司制改革往往是造就了一批"翻牌公司"，"一股独大"现象普遍，产权改革流于形式，以致出现"大公化小公、小公化私有"的国有资产流失，经营者与生产者共谋国有资产等问题。因为现代企业制度本身就是充分竞争的产物，强大的竞争压力是建立规范化的公司制企业制度必不可少的前提。前些年我国建立现代企业制度进程之所以不理想，在很大程度上与忽视市场竞争有关，人们更多地注重设计或模仿发达国家企业的产权制度和公司内部法人治理结构。事实上，再聪明的政府官员、经济学家和企业家也不可能靠设计和仿制出科学的产权制度和公司组织架构来。只有在强大竞争压力下，才能通过企业资源的众多所有者的谈判或交易出合理的企业制度来。在这里，制度创新者的作用仅仅是提出倡议和组织谈判。

3. 关于建立和完善不分所有制形式、企业规模和产业重要性的市场准入与退出市场的正常机制问题

我们可以把国有经济布局调整的重点大体分为近期和长期两个目标：从短期来看，调整主要是解决由于国有企业长期低效率运作而遗留下来的历史问题，主要是一种存量调整。由于原来国有企业不能退出市场或退出机制不畅通，而使国民经济中积累了大量亟待处理的劣质资产和有待安置的职工。从这个角度看，调整在总量上必然表现为国有经济"退得多，进得少"，在所有制结构比重上，则表现为"民进国退"。从更长期的观点来看，国有经济布局调整的重点就不应仅仅局限存量调整上，而应增量调整与存量调整并重。因为随着调整的深化和推进，处理劣质资产和安置职工的矛盾有望缓解。这时如果再言国有经济"退得多，进得少"，甚至"只退不进"或"民进国退"，就值得商榷了。这时国有经济布局调整的重点就应该转入到建立正常的市场进入和退出规则上来，逐步把确定企业生死存亡的权力交给市场，而无论企业的所有制形式、规模大小和产业重要程度，最终以效率标准来判断企业进退取舍。

三、规范的公司制改造：刚刚起步

经过多年的努力，我国已对许多国有大中型企业进行了公司制企业制度改造，初步搭起了现代企业制度的框架，在许多企业中建起了股东会、董事会、监事会、经理班子的治理机构架构。但要清楚地看到，这一成果仅仅是初步的：一方面，在国民经济各个部门中，公司制改造的步伐并不一致，在工业中进行了公司制改造的企业比重较大，而在其他领域中则差距很大。另一方面更为重要的是，在已进行了公司制改造的国有大中型企业中，真正建立起规范的现代企业制度的公司为数甚少，许多企业有了公司制的组织形式，但在经营机制和运作方式却没有股份制企业之实。所以说对国有企业进行规范的公司制改造才刚刚起步，并不为过。目前在这方面存在的问题主要有三个。

1. 公司制改造的国有企业一股独大

由于股权多元化程度很低，普遍存在"一股独大"问题。股权多元化和持股者相对分散是现代企业制度的核心。由于我国的公司制企业大多是由原来的国有独资企业演变而来的，尽管近年来经过公司制改造的国有企业开始向股权多元化方向发展，但投资主体多元化进展缓慢，现状难以令人满意，离规范的公司制企业的要求甚远。首先，据有关资料统计，2000 年单一投资主体的独资工商企业（公司）仍达 14.5 万个，约占国有工商企业总数的 3/4。其次，在已经实现了股权多元化的国有控股公司中，又普遍存在"一股独大"的局面。2000 年，在 3.2 万个国有控股工商企业中，国有股占总股本的平均比重高达 63.5%。又如，在北京市 2000 年 190 户国有大中型骨干企业中，国有绝对控股企业有 163 户，占 86.2%。在已改制的 105 户企业中，国有资产比重也高达 81%。这表明离股权分散化的规范公司制企业的要求还很远。最后，再从上市公司的情况来看，"一股独大"的情况也十分普遍，在 2001 年全国上市公司中，第一大股东持股份额在公司总股份的比例在 60% 以上的企业就有近900家，占全部上市公司的比重近80%。

近年来，人们已就"一股独大"的种种弊病达成了共识，在这种背景下，2001年出台了上市公司国有股减持的方案，这一改革的基本思路无疑是正确的，但由于我国上市公司和股市的先天性毛病和非规范运作等问题，这一改革措施碰到了诸多问题，而不得不放缓步伐。这表明要真正实现股权多元化、切实解决一股独大问题并非易事。

2. 股东会、监事会形同虚设

由于上市公司的独立董事制度刚刚开始施行，股东会、监事会形同虚设。由于进行公司改造的大多数国有企业没有真正实现股权多元化，公司股东会、监事会就不可能发挥作用。如果一家国有股控股，即股权比例在50%以上，即使其他股权掌握在一个股东手中，也不可能形成对控股者有效的制约，股东会便只是一种摆设，因为在事关公司重大决策时，控股者完全无须考虑其他股东的意见，强行通过对自己有利的议案。如果与一股独大并存的其他股权的分散，更谈不上对控股者的有效约束。这种情况正是目前中国绝大多数国有控股企业中普遍现象。

在股东会形同虚设的情况下，向股东会负责并担负监督董事会和经理人员的监事会也就不可能履行自己的职责。在一股独大的股权架构下，名义上由股东会任命的监事会实际上只能是由控股者委派的组织，其监督作用可想而知。此外，我国在公司制企业中设立董事会与监事会并列的组织架构还存在一个先天性的制度冲突问题。在以美国为代表的"一元制"公司治理结构中，没有监事会制度，公司的监督职能主要依靠企业外部的市场运作和董事会内部的独立董事来实施。只是在以德国为代表的"二元制"治理结构中，才有监事会制度，但它却没有像英美公司那样大权独揽的董事会。"二元制"治理实际上是把"一元制"下的董事会的职能一分为二地分别界定给监事会和执委会。由于监事会握有任免执委会的大权，使监事会能够发挥有效制约执委会的职能。我国在现代企业制度建立之初，为了借鉴两类公司治理优点，在一个公司内既设立董事会又设立监事会，其初衷无可厚非，却忽视了两种公司治理模式的不兼容性。所以，即使不存在股权过于集中的问题，监事会也难以发挥预期的作用。

正是在监督机制缺失的背景下，人们在上市公司中引入了独立董事制度来加强约束。不过，我们不应对这种刚刚开始试行的制度抱有太大期望。即使在独立董事能够较好发挥作用的英美公司中，这种制度也仅仅是一种辅助性的监督约束措施。这种治理结构中的约束机制主要是依靠企业外部的股市运作、完善的法律制度，以及严格的信息披露制度。十多年来才逐步制度化的独立董事制度，只是在原来的约束体系上起到锦上添花作用。因此，在我国的公司股权结构没有根本性变化，股市尚不能发挥"用脚投票机制"的作用，相关法制和信息披露制度没有明显进展的条件下，希望凭借外派一些与公司发展没有直接利害关系、且不占有充分公司内部信息的董事来约束控股者的构想，很难收到预期的效果。

3. 公司内部人控制问题普遍存在

在股权集中和监督约束机制缺失的情况下，公司内部人控制问题就不可避免。上市公司关联交易、违规运作、披露虚假信息来蒙骗公众等事件层出不穷，也就不足为怪了。值得注意的是，我国的国有公司制企业的内部人控制问题还因普遍存在董事长与总经理一人"双肩挑"而更加突出。据有关调查资料显示，我国的上市公司中，董事长与总经理由一人兼任的企业约占总数的50%。不在法律上禁止企业高层领导相互兼职而把此作为一项自主权赋予公司，这是"一元制"公司治理结构的一个重要特征。这种制度安排具有保证决策及时有效的优点，但它必须以其他监督约束措施十分有效为前提。相反，在法律上严格禁止监事会和执委会成员相互兼职，是"二元制"公司治理的一项基本制度规定。它反映了股权相对集中、股市上用脚投票机制约束作用不大的德国及其他一些欧洲国家的实际要求，因为这种制度安排有助于企业内部形成一种相互制衡机制来弥补外部约束不足。十分明显，"二元制"的这种监督约束制度更符合我国目前国情，更有利于解决国有控股公司中突出的内部人控制问题，应尽快做出法律上的明确规定。

总之，尽管在进行了公司制改造的国有企业中，已经初步建立起了现代企业制度的组织架构，但对其规范的工作才刚刚起步，还有大量工作要做。在这里，真正实现投资主体多元化，切实解决一股独大问题在上述 3 大课题中具有明显的优先地位。

四、高效国有资产管理体制：还有待探索

难以形成高效的国有资产管理体制是长期困扰国有经济改革的又一大难题。目前国有企业许多问题，如政企不分、所有者缺位、企业法人所有权不落实、改制企业一股独大和内部人控制问题突出等，都与此有密切关系。应该在国有经济战略布局调整和建立完善现代企业制度过程中积极探索，尽快建立起符合中国国情的国有经济管理体系。

1. 尽快认定国有资产"分级所有、分级管理"的体制

目前我国实行的国有资产"统一所有、分级管理"的体制是在高度集权的计划经济时期形成的，早在改革开放初期，这种管理体制就开始发生变化：财政"分灶吃饭"改革实际上已经确立了中央和地方的不同产权主体，20 世纪 90 年代的"分税制改革"则更进一步强化了各级政府的财产的主体地位。但是，长期以来，地方政府（包括省、市、县、乡各级政府）的独立财产主体地位一直没有得到合法的地位。这显然既不利于明晰产权，不利于构建社会主义市场经济所要求的国有经济多元投资主体的格局，改善国有企业的产权结构，也不利于明确各级政府对国有资产的权利和责任。在这方面发达国家的经验可以借鉴，它们通常把中央（或联邦）政府所属的财产界定为国有经济，而把其他各级地方政府的资产称之为公共经济。尽快在法律上承认地方政府是独立的财产主体地位，这不仅在理论上成立，在实践中也无多大障碍。

2. 明确不同类型国有资产的管理体制并实行分类管理

大体说来，我国的国有财产可以分为国有土地及自然资源、分布在政府机构和事业单位的非经营性国有资产、分布在工商业领域的经营性国有资产。

其中，经营性国有资产又可以分为主要履行社会功能的国有资产和一般竞争性领域中的国有资产两类：前者包括国家安全领域、公共产品领域、自然垄断领域、国民经济支柱产业和主导产业领域中的国有资产。这些不同领域中的国有资产任务不同，管理目标和体制也应有所差异。非经营性国有资产显然应该采取非市场化的管理办法，但这也不是一成不变的。例如，随着一些国家政府机构和事业单位的改革和转制而进入市场，这部分资产的管理就不应继续沿用非市场的方法。在经营性国有资产中，主要履行社会功能的国有资产其主要目标是提供高质量的公共产品，提高整个社会的福利水平，赢利目标居于次要地位；相反，一般竞争性领域中的国有资产则应把赢利目标、增值保值目标放在首位，并应随着体制改革的深化和条件的成熟，逐步实现追求赢利最大化目标。传统的土地及自然资源的管理办法使这部分国有财产的真实价值被大大低估。由于土地及自然资源的不可再生性质，供给弹性极低甚至无弹性，随着国民经济总量的增加，这部分财产的升值是一个必然趋势。同时，在城市化进程中大批农业用地转变为城市工商业用地，这部分土地也相应从集体所有制转变为国有财产，并伴随着城市化进程日益升值。如何管理好和经营好这部分资产，也是越来越重要的课题。显然，仍然沿用传统的土地管理办法和比照经营性国有资产的管理体制，已不能适应发展的需要，必须探索新的管理和经营机制。

3. 设置独立的国有资产专门管理机构

为了实现政府的一般经济社会管理职能与国有资产管理职能的分离，必须设置独立的国有资产专门管理机构。我国政府的这两大职能长期合二为一，这种把国有资产管理职能附属于政府一般管理机构以内的体制有两大弊端：一是国有产权机构附属于行政管理机构。这一方面是造成政资不分、政企不分的根源，另一方面又是国有经济承当了大量的社会职能，不可能真正按照市场原则来从事生产经营活动。二是国有资产所有者职能分割，分别界定给不同的行政管理机构：投资决策权归计划部门行使，资产损益权归财政部门负责，人事管理权则划归党组织和人事部门管理，日常管理和监督职责则主要由主管部门负责。这种管理职能的分离必然导致部门间争利与卸责现象的并存，弱化所有者约束，使国有产权明晰困难的问题更加突出。因此，在政府和政府机构以外建立真正能够独立行使国有资产管理职责的机构，集中行使国有资产所有者权能的任务，才能促进政资分开、政企分开，并有利于形成较强的所有者约束。在20世纪80年代，尽管按照这一思路建立了专门的国有资产管理部门，但由于认识不统一和条件不成熟，这个部门远未做到独立于政府，也没有把分散在各个政府机构中的国有资产管理职能统一起来，以致这一专门机构是否有必要存在都成了问题。所以，应尽快把国有资产管理职能从政府一般行政管理职能中独立出来，切实履行好国有资产管理职责。

4. 积极推进国有资产分层次管理实验

在政府国有资本管理机构与生产经营企业之间组建国有控股公司或投资公司来管理和经营国有资产，是发达国家管理和经营竞争性领域中国有资产的成功经验，国有经济比重较大的欧洲国家的经验尤其值得我们借鉴。这种体制要旨是，国有企业的直接投资者不再是政府机关，而是按利润最大化原则行事的国有控股公司或投资公司。这种分层次管理和经营国有资产体制的最大优势是，生产经营企业无须直面政府机构，可以缓冲行政性干预，落实企业的生产经营自主权，从制度上保证政企分开。其具体做法是，通过三个层次职能与组织机构的分离来建立国有资产管理的新体制。第一层次：通过政府管理经济社会职能与国有资产管理职能的分离，建立独立的国有资产管理专门机构。虽然职能分离后建立起来的国有资产管理委员会仍然是一个政府行政性机构，但由于它已经取得了相对独立的地位，并且与其他政府职能分离开来，可以把管理国有资产作为自己的唯一目标，代表国家行使国有资产所有者职能。第二层次：通过国有资本管理职能与经营职能的分离，建立起竞争性的国有资本控股公司或投资公司。获得国有资本经营权的控股公司或投资公司可以模拟私人企业的经营目标，把赢利最大化作为自己经营行为的准则。在这里，设立多家国有控股公司或投资公司以形成竞争格局显得尤为重要，这一方面可以提高资本经营效率，有助于形成国有资本的流动和优化配置机制；另一方面，通过竞争形成的赢利水平又可以成为国有资产管理机构实施有效监督的信息依据。第三层次：通过国有控股公司投资公司参股或控股行为，建立起或把原来的国有独资企业改造成由多元投资主体最终控制的、从事产品生产经营的公司，实现出资人所有者权益与企业法人自主权的分离。生产经营企业在独立法人自主权基础上实行自主经营、自负盈亏。

近年来，许多地方实行了国有经济分层次管理积极探索，取得了一些值得总结推广的经验。其中，深圳和上海对地方国有资产管理体制的改革较有成效。在具体做法上深圳与上海也有所差别：由于上海传统国有资产管理体制的影响较深圳大，国有控股公司是在原来主管局基础上组建的，尽管主管局在改造成国有投资公司时已经把行政职能移交给了市经委，但新的投资公司用传统办法管理企业的现象仍不能完全避免。而深圳则打破了传统体制的部门分割，按产业组建了三个国有控股公司，更有利于实现政企分开。对于地方国有资产管理体制改革来说，由于各地情况差异较大，不应照抄照搬某一种模式，但却应按这一基本思路积极探索。现在的首要任务是，按照分层次管理体制的基本思路，尽快启动中央一级的国有资产管理体制改革，并通过试点取得经验，力争在下一个五年计划期间初步建立起新的国有资产管理体制。

5. 必须实行政企分开

应当在建立新型国有经济管理体制基础上重新厘定政府职能，尽快实现政企分开。自经济体制改革以来，实现政企分离一直是改革的一项重要任务，但经过 20 多年的改革，成效仍难以尽如人意。政府机构用行政手段干预企业的投融资活动、要求企业承担各种社会责任的现象十分普遍，就连日常生产经营活动也仍难避免行政干预。造成这种状况的原因很多，但没有建立一套与市场经济相适应的国有资产管理体制，无疑是一个重要原因。在政府的一般经济管理职能与管理国有资产职能没有分开，多个政府机构同时负有管理国有资产责任和享有直接干预企业权力的背景下，由于产权不明晰，国有资产增值保值和防止流失的职责不清，用传统的行政办法来管理企业就不可避免，政企很难完全分离。因此，建立权责明晰的国有资产国有资产管理的新制度也是真正实现政企分开的前提条件之一。

五、社会保障体系建设：任重道远

目前，在国有经济布局调整和国有企业改革中遇到的最大困难是社会保障体系的不完善：一方面，许多应破产、关闭的国有企业因无法安置职工，而无法按市场原则正常退出市场；另一方面，由于国有企业承担大量的社会责任无法转移出去而延缓了企业改制和强化管理，使许多本来有发展前景的企业而无法搞好，甚至因延误了时机而被拖垮、拖死。所以，推进国有经济改革要求尽快完善社会保障体系。

我国的社会保障体系建设始于20世纪80年代的退休金社会统筹，把原来依附在国有企业内部的养老金发放制度转向了社会。随后又实施了待业（失业）保险和公费医疗制度改革试点。1993年党的十四届三中全会《关于建立社会主义市场经济若干问题的决定》正式将社会保障体系确立为社会主义市场经济体制的主要支柱之一，并确定了建立我国社会保障体系的基本框架和基本原则。在总体上确立了以养老、医疗和失业保险为核心，以社会救助和社会福利为两翼的现代社会保障体系框架；在思路上确立了把原来附着在国有企事业单位内部的保障制度转移到社会，以及把原来由企事业单位和政府提供保障转变为个人与社会共担保障责任这两条最基本的原则。

经过近10年的努力，这一体系的基本框架已经形成，但存在的问题不少，有些还十分严峻。如迅速增长的社会保障基金支付压力，据有关部门预测，仅在"十五"期间，养老保险基金的收支缺口高达3000亿元左右，失业保险基金的缺口也将达300亿元；同时，由于社会统筹基金大量"欠账"，以致挪用问题严重，使刚刚建立起来的个人账户"空账"运行，这直接涉及社会保障体系中的个人权利和义务，如这一问题长期得不到解决，将危及到新的社会保障制度的"个人责任与社会互济"相结合原则；新的社会保障体系只覆盖了城镇居民，基本未涉及农村居民；由于社保基金"空账"运行，其市场化运作还未真正提上议事日程等。

建立和完善社会保障体系的根本目标是编织一个与市场经济相适应的覆盖全社会的"安全网"，这是一项长期任务，不可能一蹴而就，应该有计划地分阶段完善。从中短期来讲，应该把与国有经济调整和改革配套的基本社会保险作为首要任务，不宜一下子把主攻目标定得太多，摊子铺得太大，也不宜把基本保险的标准定得太高。在社会基本保险中，最重要的是养老保险，它也是目前收支缺口最大，正常运作困难最大的系统。由于现行的养老保险制度在的社会统筹基金没有考虑养老金的隐性负债问题。在政府不负担新旧养老制度转轨成本的背景下，通过企业缴费形成的社会统筹基金来支付退休职工的养老金，势必造成用个人账户基金来弥补社会统筹基金的不足，形成"老人""中人""新人"（分别指新的养老保险制度实施前离退休职工、新制度建立以前已经工作的职工、新制度建立后参加工作的职工）之间养老金代际转移支付问题。据测算，1997～2000年，个人账户的空账规模已达2000多亿元，如果没有制度上的调整和新的资金来源，缺口还会进一步扩大。如果考虑到人口老龄化趋势，这个缺口将越来越大。所以，当务之急是开辟养老基金新的资金来源，解决个人账户"空账"问题。

在这里首先要解决的是一个认识问题，不应赋予社会保障体系太多的职责。建立和完善社会保障体系固然有助于促进国有经济改革，但它不是万能的，不可能解决国有经济所有的历史遗留问题。如果企图将原来政府对国家职工承诺的义务全部转移给社会保障体系，不仅没有可能，而且会危机刚刚才建立起来的社会保障体制。退一步说，即使社会保障体系能承当这一职责，它最多也只是一个消极的养人办法，而非积极的措施。德国著名经济学家瓦尔特·欧肯对此有一句名言："增长政策是最好的社会政策"。因此，在经济改革和发展中给社会保障体系准确定位，是进一步完善社会保障制度的基本出发点。

参考文献

［1］和春雷、陈小芹：《城镇养老保险制度创新的绩效、问题与再改革的路径》，《经济学动态》2001 年第 10 期。

［2］何浚：《上市公司治理结构的实证分析》，《经济研究》1998 年第 5 期。

［3］胡加勇：《构建国有资产管理新体制》，《经济学动态》2001 年第 1 期。

［4］沈越：《我国推进现代企业制度的理论思考》，《北京师范大学学报》1995 年第 2 期。

［5］沈越：《论国有经济布局结构的调整》，《经济学动态》2001 年第 3 期。

［6］张卓元：《新世纪国企改革面临的六大问题及深化改革的设想》，《经济学动态》2001 年第 10 期。

［7］赵人伟：《关于中国社会保障体制的改革思考》，《经济学动态》2001 年第 10 期。

［8］克劳斯·格林：《联邦德国的社会市场经济》，中央编译出版社 1994 年版。

不对称的公司治理结构与治理机制[*]

——兼论我国公司治理的创新

公司治理可以从治理结构与治理机制两个方面来把握，二者既有联系又有区别。治理结构是指公司治理的组织框架，即组织机构设置、人事制度安排及其权利界定等正式的制度安排，它们大多具有显形的形式。治理机制则是指在治理结构框架下形成的公司内部各个产权主体（利益相关者）相互分工协作和相互制衡的功能，它们不仅受正式安排的治理结构的影响，而且还与一系列非正式的、隐形的制度安排有密切关系。治理结构与治理机制之间是一种表与里的关系，构建公司治理结构的目的在于形成相应的治理功能，而不在于搭建有名无实的治理结构。在我国公司治理的实践中，治理结构与治理机制不对称、有治理结构而治理机制缺失、正式的制度与非正式的制度不吻合甚至相悖、法制规则不能有效地约束人的实际行为的现象随处可见。因此，有必要在概念上把治理结构与治理机制区分开来。

一、公司治理创新从重视治理结构到重视治理机制

在西方公司治理（corporate governance）文献中，通常不对治理结构（governance structure or insitutions，systems）与治理机制（governance mecha-

---

* 本文原载于《北京师范大学学报》2005 年第 3 期。

nism）做明确区分。这是因为，发达国家的公司组织机构设置和人事制度安排，无论是公司内部章程还是企业外部法律规定，大都是有的放矢地针对公司治理中出现的具体问题。一旦规则设置，它们就能发挥相应作用，很少出现制度安排的虚设问题。但在我国却普遍存在治理结构和治理机制分离的情况，看似有符合法律规定的治理结构，却没有相应的治理机制，有名无实的"翻牌公司"为数不少。因此，在我国应将公司治理结构与公司治理机制这两个概念区分开来，公司治理创新的关键在于治理机制的创新，而不应把注意力放在组织结构安排上。

治理结构与治理机制的游离，与我国公司治理形成方式有密切关系。在西方发达国家，公司治理的最初形成是一个"自然历史过程"，而我国公司治理的产生却是一个"人为过程"（沈越，1995）。西方公司治理的形成是一个长期渐进过程，是企业内部多元利益主体通过长期博弈和交易的结果。治理的整体框架是一定历史文化背景下通过长期磨合后逐步形成的，每一项制度安排，无论是组织机构还是人事制度的设立，都是产权主体长期谈判的产物，因而不易出现功能缺失问题。在这里，相关法规不过是对已经自发形成的公司治理加以规范，法律不从根本上改变自然形成的治理内核，只是赋予它社会认同和国家权力保护。

在我国，公司制度的确立最初是出于国有企业股份制改造目的，公司治理主要是通过借鉴发达国家治理经验而设计出来的。这种人为的形成方式对中国公司治理的影响表现在：一方面，治理框架是显形的，易于学习和移植。但治理机制是隐形的，它与人们在一定历史文化背景下长期形成的行为方式有密切关系，受习俗、惯例等制度环境的影响很大，很难简单地学习和移植，加上设计者的理性有限，几乎不可能考虑到非正式制度对正式制度的复杂影响。因此，出现与依靠移植而来的公司治理水土不服、治理机制与治理结构游离的情况，也就不足为怪。另一方面，由于我国的公司制企业大多是由国有企业改制而来的，其隐形的习俗、惯例和行为方式源于计划经济时代，与市场经济条件下形成的隐形规则有很大差别。显形治理框架可以按照法律要求迅速改变，而隐形的传统却不会很快发生变化，会因文化惯性作用长期遗留在改制企业中。

在我国引入现代企业制度之初，注重以搭建公司治理结构的框架为公司治理的发育和演进提供一个基本平台不仅很有必要，而且似乎是唯一选择。但现在，关注公司治理的重心就不应再仅仅是治理结构，而应转移到治理机制创新上来，这又与公司治理创新的方式选择有关。

二、公司治理创新从重视强制性制度创新到
重视诱致性制度创新

与我国公司治理结构的人为形成过程相适应，我国公司治理的创新依靠的主要是强制性制度创新。它是在学习和借鉴发达国家经验的基础上，先由少数经济学家、法学家和立法者设计出治理框架，然后再通过立法或行政力量强制推行的。这种依靠外部力量强制推行的企业制度创新，其价值取向和利益取向自然倾向于政府目标，而不是企业当事人。同时由于缺乏企业当事人之间的谈判和交易，产权当事人与社会对制度安排的认可程度很低，当无力改变这些正式制度时，采取与之相悖的行为来维护自己的权益便是唯一的理性选择。这样，治理失灵便不可避免地发生。布坎南认为，"'秩序'只有在参加的个人自愿交易的过程中出现……没有这个过程，就没有也不可能有'秩序'。"（布坎南，1988）威廉姆森（WilliamSon）认为谈判纠纷的仲裁更多地依赖于私人秩序，而不是求助于法院，也表达了这层意思。（Williamson，1996）

与之不同，西方国家自发形成的公司治理以诱致性制度创新为先导。股份制企业是货币资本和人力资本所有者为捕捉新的赢利机会而采取的一种生产要素合作，公司治理不过是合作者为合理分配收益和分担风险而在长期实践中做出的一系列制度安排。在这种背景下，来自企业外部的法律和行业规制常常只是在事后对这种自发形成的制度的一种认可和规范，其功能主要有

两个：一是给自发的秩序增添法制的保护，增强其社会认可度；二是对少数非规范的行为进行约束。当然，在发达国家也不是没有更多反映立法者意愿而与自发形成的秩序相悖的强制性制度创新，但这种创新的数量极其有限，不会改变自发秩序的主体地位。同时，在创新方式上是审慎的渐进式的，通过边际调整方式的逐步改进得以实现的，这在很大程度上保证了创新的有效性。这种强制性制度创新通常发生在以下两种情况。

一是在重大危机冲击后，表明原生的公司治理存在缺陷，需要通过外力来推进公司制度的改进。如在崇尚经济自由主义的美国，对自发形成的公司制度进行较大的强制性改进，历史上仅有两次：一是 20 世纪 30 年代大危机以后，二是 2002 年公司财务丑闻爆发以后。在更崇尚"社会理性"对自发产生的企业制度进行规范的欧洲大陆国家，这种凭借外力强制对原生的公司制度的改进时间较早，次数也更频繁。例如，1873 年危机之后，德国就通过立法把先前只有少数企业自发实行的监事会制度推广到所有大中型企业，以防范企业在经济繁荣时过度扩张可能触发的危机，以致产生了独特的"二元制"公司治理结构。（沈越，2002）

二是基于特定目标对自发形成的公司治理的改进。由于这种强制性的制度创新不可避免地会与原生的制度发生冲突，审慎地逐步推进是这种改进方式的特点。例如，德国公司治理中的雇员共同决策，从 19 世纪工业化初期欧文式的企业家自发实施雇员参与制，到 1976 年德国《共同决策法》通过，这项制度的形成几乎贯穿德国整个近现代化进程。又如，为建立适用于欧盟所有国家的一种统一的企业制度，仅法律起草工作就花了近 30 年时间，直到 20 世纪初才通过一个可以与现在各国企业制度并存的治理框架，它也只不过为欧洲企业创造了一种可供选择的机会，距真正统一的欧洲企业制度还任重道远。

显然，我国在现代企业制度草创时期，主要依靠强制方式实现制度创新很有必要。在公司治理框架已基本形成后，创新方式也应做相应调整，应更重视诱致性制度创新，给企业各个利益主体留下更大的自由交易空间，增大企业当事人对公司治理形成的影响，以提高法定公司治理与实际公司治理的一致性。

三、公司治理创新中应更重视监督约束机制创新

激励机制与监督约束机制是公司治理机制的核心内容，也是治理机制这个硬币不可分割的两面。在治理机制创新中，应该更关注监督约束机制创新。这是因为：一方面，激励创新往往阻力较小，而监督约束创新往往不受欢迎；另一方面，公司的激励措施往往与看得见、摸得着的显形的办法联系在一起，而监督约束更多表现为隐形的制衡功能。因此，国内外研究公司治理的文献，更重视监督约束机制（郑红亮，1998）。由于激励机制与监督约束机制的这些特点，在公司治理创新中，往往出现激励与监督约束不对称的情况。具体表现为如下两种情况：

一是激励办法超前发展，相应的监督约束机制却相对落后，激励办法成为激励机会主义、败德的动力。这次美国公司丑闻中暴露出的一些问题就与此有关，如股权激励广泛推广而相应的监督约束办法相对滞后，就会使公司主要经营者成为"特殊股东"，激励措施成为双刃剑，它同时也激励作假。通过假账虚增利润来抬高股价，不能说与公司决策者的私利无关。当公司经营出现问题时，握有大量本公司股票并占有更充分信息的经营者的理性行为，可能不是拯救公司而是趁信息尚未公开前抛售股票自保，如安然公司的肯尼斯·莱的作为。针对这种作假行为，2002 年 7 月美国通过的公司改革法案（沈越，2002），主要集中在强化约束，这也反映了监督约束机制形成的滞后。

二是由于监督约束机制形成滞后，阻碍了激励办法乃至整个公司治理的创新。如我国国有和国有控股企业的情况：一方面，由于监督约束机制缺失，不得不采用传统的行政办法制约企业。另一方面，因担心激励失误，对经营者的有效激励措施迟迟不能出台，这实际上是鼓励其获取"灰色"收入和非法收入。

四、公司治理创新从关注"一元制"模式到
关注"二元制"模式

我国公司治理实践中，监督约束机制缺失的具体成因很多，首先与公司治理结构设计有关。我国法定的公司治理结构设计参照了以英美为代表的"一元制"和以德国为代表的"二元制"模式，实际上是一种"混合模式"。这种设计的本意是想借鉴两种模式的优点："一元制"的特点是决策权集中，其优点是决策有效，缺点是内部监督约束缺失；"二元制"的特点是决策权分散，其优点是内部制衡有效，不足是决策相对迟缓。由于这两种模式不兼容，这种混合模式在实践中没有收到预期效果，尤其表现在监事会难以发挥作用。原因主要是：

第一，由股东会任免并向其负责的监事会难以履行监督职能。这种治理结构设计的基本思路是，在公司决策机构（董事会）旁设立一个与之平行的监事会专司监督约束董事会和经理班子（执行机构）职能，它们都由公司权力机构（股东会）任命并对其负责。这种架构中各个组织发挥预期作用要以股东会是公司的实际控制者为前提。但是，在公司治理实践中，股东会越来越蜕化为一个形式上的权力机构，成为少数大股东的表决机器。在我国普遍存在"一股独大"以及股东主要依靠买卖股票获利而不太关注公司运作实际绩效的背景下，股东会更加表现出橡皮图章的作用。这样，监事会实际上成为由董事会任命并向其负责的组织，最多只能履行对下级组织的监督作用，不可能有效监督约束公司实际控制者。

第二，没有决策权的纯粹监督机构难以发挥预期职能。在我国的公司治理中，监事会除了履行实际控制者授权的监督职能外，没有任何决策权。这与真正实行"二元制"公司治理中的监事会名同实不同。在德国公司中，监事会实际上是一个"决策性监督机构"（Entscheidendes Kontrollorgan）（Niedenhoff，1995），除监督职责外，它还有两项重要决策权：一是选择主要

经营管理者的权力，即任免执委会（Vorstand，也译管理董事会）的决策权；二是公司重大决策的审批权，即审议和批准由执委会提出的关于公司重大问题的方案。在"一元制"公司治理中，这两项权力都属于董事会。由于监事会握有这两项重要权力，从而保证了"二元制"能够在公司内部形成两个高层组织分立和制衡的格局。同时，为了保证这种制衡关系，实行"二元制"的国家，通常在法律上做出禁止监事会与执委会成员相互兼职的强制性规定。

在这里需要对"两权分离"的治理架构形成后，公司重大决策的全过程作一分析。在现代企业制度中，完整的决策权可以分解为决策倡议、审批、执行和决策执行的监督4项权能（Fama，1983）。"二元制"的要旨是把这4项权能分解给监事会和执委会：监事会握有决策审批权和决策执行的监督权，把决策倡议权和决策执行权赋予执委会。其具体的决策程序是：执委会向监事会提出重大决策方案，监事会批准方案后再交由执委会实施，在执委会实施决策过程中监事会对执行过程进行监督，见图1。

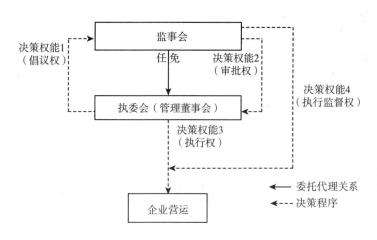

图1 德国公司监事会与执委会分权示意

我国公司治理中监督约束机制的缺失还与公司治理创新中治理结构的英美化发展趋势有关。我国公司中监事会制度失灵时，正赶上英美治理模式借"新经济"浪潮成为强势模式，为解决监督约束缺失问题，我国在上市公司中引入英美的独立董事制度。近年来的实践表明，这仍无法解决我国公司治理中监督约束缺失的问题。

英美高度集权治理模式的监督约束主要来自企业外部，尤其是资本市场和经理人员市场竞争机制的约束。独立董事制度是在外部监督约束力度不够情况下，作为辅助性机制引入英美模式中的，它在多大程度上能够解决监督约束缺失问题，还有待实践检验，这正如 2002 年美国公司丑闻暴露出来的种种问题。特别值得注意的是：第一，独立董事制度并不改变英美模式的基本架构，其监督约束仍然主要来自外部市场竞争。第二，由于主要依靠市场竞争约束的英美模式必须以发达健全的市场为前提，这种严格的外部条件在我国还远不具备。

在我国现有条件下实现监督约束机制创新，走强化内部约束路径更为可行：改变目前公司治理英美化的趋势。其具体做法主要有两点：第一，把目前名存实亡的监事会与董事会合二为一，组建"董监事会"，在公司内部形成高层组织机构之间的制衡关系；第二，为确保这种制衡关系，在人事制度上禁止"董监事会"与经理班子成员相互兼职。在公司治理实现这种调整后，公司治理创新应主要依靠公司当事人自发的诱致性创新，通过其谈判和博弈逐步形成符合我国国情的公司治理。

参考文献

［1］布坎南、詹姆斯·M. 著，吴良健等译：《自由、市场和国家》，北京经济学院出版社 1998 年版。

［2］沈越：《我国推进现代企业制度的理论思考》，《北京师范大学学报》1995年第 2 期。

［3］沈越：《从美国公司会计丑闻看美国公司治理神话的破灭》，《经济学动态》2002 年第 11 期。

［4］沈越：《德国社会市场经济评析》，劳动社会保障出版社 2002 年。

［5］郑红亮：《公司治理结构与中国国有企业改革》，《经济研究》1998 年第10 期。

［6］Fama, E. F. & Jensen, M. C., 1983：Separation of Ownership and Control,

Journal of Law and Economics, July.

[7] Niedenhoff, H-U. , 1995: Mitbestimmung in der Bundesreplik Deutschland. 10. Aufl. Koeln: Deutschlander Instituts-Verlag.

[8] Williamson, O. E. , 1996: Mechanisms of Governance, Oxford University Press.

第四篇 国有经济改革与公司治理创新

不对称的公司治理结构与治理机制

美、德公司治理结构中的领导体制比较 [*]

　　企业高层领导组织是公司治理结构的核心。大体说来，发达国家现代企业制度中的企业高层领导组织可以划分为两种基本形式：一是以英美为代表的"单极式"领导体制，即公司在"董事会"的领导和监督下从事生产经营活动；二是以德国为代表并有许多欧洲大陆国家实行的"双极式"领导体制，即企业在公司"监事会"（Aufsichtsrat）与"执行委员会"（Vorstand，或译为"理事会"）双重领导体制下运行（Bleicher，1987）。在后一种制度安排下，监事会除了监督职能外，还承担任免执委会、审批企业重大决策的职能；执委会除负责企业的日常生产经营活动外，还握有除自身任免外的所有企业重大决策的"倡议权"。目前国内对"单极式"公司领导体制研究较多，而对"双极式"领导体制知之甚少。①

---

　　* 本文原载于《北京师范大学学报》2003 年第 4 期。本文系德国学术交流处（DAAD）资助，作者与德国汉斯－伯克勒尔基金会（HBS）的企业与共同决策论坛（Forum Unternehmen und Mitbesimmung）合作研究项目的阶段性成果。在这里，笔者要感谢两个基金会与论坛同仁对我赴德进行访问研究的支持和帮助。

　　① 按照国内外通行的看法，德国及欧洲公司的特点是"间接融资"方式以及相应的银行对企业的控制。这反映的是德国公司"外部治理"结构特征。莫兰德（1995）、郑红亮（1998）把发达国家的公司治理结构分为"市场导向型"与"网络导向型"两种体制，开始注意到这两种治理结构内部特征。不过，在笔者看来，德国现代企业制度的"内部治理"结构更基本特点应该是监事会与执委会分权的双极领导体制。

一、两种治理结构中董事会与监事会职能比较

在盎格鲁－撒克逊国家中，公司的实际支配权由代表股东利益的董事会掌握。它行使任免经理、决定利润分配和批准重大决策等职能。同时，它也履行对职业经理人员的监督职能，克服其机会主义行为和道德风险，以保证出资人利益。

而在德国及一些欧洲大陆国家的公司双极领导体制下，这些权利部分转移到公司监事会。最初，德国企业监事会的职能主要限于监督，随着公司制度的现代化，德国人赋予它越来越大的权利，这个监督组织现在实际上已嬗变成为公司的最高决策机构。在与之同时，监事会的监督职能并未削弱，德国经济学家因此把它界定为"决策性监督组织"（das entscheidende Kontrollorgan）（Niedenhoff，1995；沈越，1998）。其监督职能主要是约束由专业经理人员组成的执委会的行为；其决策职能包括：从任命和罢免公司执委会、到批准执委会提出的事关公司大局的议案等权力。①

监事会成员由企业货币资本与人力资本两大生产要素的代表组成，即雇主方与雇员方代表共同组成。在监事会的雇主方面，除了有股东会选举出来的代表外，还有作为企业债权人和作为小股东代理人的银行参加；在监事会的雇员方面，主要由企业职工委员会选举出来的代表组成，但还有部门和地区工会派驻的代表参加。

在这种体制下，由于公司的相当一部分支配权由监事会控制，出资人的

---

① 据德国一项关于公司监事会职能的调研报告，在监事会的 19 项任务按重要性程度的排序依次为：任命执委会、罢免执委会、批准投资、消除公司经济危机、批准年度预算、批准公司财务的长期性和战略性计划、克服人事危机、在监事会专门委员会中的合作、监督遵守预算和投资计划、监督执委会短期计划的实施、监督公司的长期产品计划和战略、在正式会议以外对执委会的实际业务决策提出建议、监督执委会长期计划的实施、监督执委会中期计划的实施、促进新业务—新产品—新市场的开发、考核公司的法律结构、考核第二级和第三级领导层的管理水平、考核培养领导层接班人的计划实施情况、建立业务关系（Bleicher，1987）。

权益由监事会中的资方代表保证。在这种公司模式中，即使设有董事会这种组织，它也形同虚设。例如在德国，在有关法律规定和公司实际组织架构中，根本就没有董事会的地位。因此可以理解，在德文中，人们只有在考察英美的公司制度时才需要使用 Verwaltungsrat（董事会）这个词，但人们更习惯直接采用英文 Board of Directors 或 Board System 来指盎格鲁－撒克逊国家的公司董事会。

由于国人不了解德国式与英美式公司领导体制的区别，以为德国公司的高层领导体制中也有英美那样的董事会，进而把德国公司中由职业经理人员组成、并负责企业日常生产经营活动的"执委会"（Vorstand）误译为"董事会"（沈越，1998，1999）。笔者认为不能将这个德国企业领导组织理解为董事会的理由是：首先，在德国为了保证公司的独立法人财产权和专业经理人员独立性，法律明文规定在公司中，"Vorstand 的成员不得是股东"① （Bibliographisches Institut，1979）；其次，执委会由监事会任命，这也与董事会由股东选举并对其负责的原则相悖；再次，执委会成员的任期制也表明这种组织不仅仅是出资人的代表，如在股份有限公司中，执委会成员 5 年一届，最多再连任一届；此外，德国法律还明文规定：在一些部门的公司制企业中，如钢铁和矿山行业中的公司执委会成员必须由雇员代表出任人事经理。所以，无论从这个组织的职能上讲还是从成员构成上看，它都不是通常意义上代表投资者利益、并作为股东会的常设机构的董事会。

德国及一些欧洲大陆国家这种公司治理结构的形成，与这些国家实行广泛的雇员共同决策制度有密切关系。由于雇员分享公司法人财产的支配权，公司的重大事务没有雇员代表的支持很难实施，因此，公司的重大决策必须提交有雇员代表参与的监事会来决策。久而久之，监事会便成为企业实际上的最高决策组织。在欧洲大陆国家中，德国雇员对企业法人财产的支配权最

---

① 只有合作社例外，其理事会领导班子成员必须是出资者，这是由合作社特殊的产权制度决定的。

大，除一些特殊部门有专门规定外，在雇员 2000 人以上的大公司中，出资者与雇员代表按照对等原则，平等地分配公司监事会席位；在雇员人数为 2000 人以下的中型公司中，监事会席位的 1/3 分配给雇员代表。①

所以，在德国以及许多欧洲国家的公司制企业的高层领导组织中，委托代理关系不表现为董事会与经理人员之间的关系，而表现为监事会与职业经理班子之间的关系，同时，监事会又受托于企业货币资本所有者（股东会以及作为债权人和小股东代理人的银行）与人力资本所有者（企业职工委员会和企业外的工会）。随企业制度的现代化，公司组织的职能发生的嬗变，其原始名称与现有职能发生偏离的类似情况，也出现在其他仍实行董事会单极领导体制的国家中，不过，它表现为非股东（包括外派董事和作为职工代表的内部董事）进入董事会，这种制度变迁也使董事会不再仅仅代表出资人权益。

二、两种治理结构中经理人员地位比较

两种体制中经理人员的地位和作用是不同的，德国体制下经理人员的独立性和自主权大于英美体制，以致在公司治理结构的高级领导层中形成了监事会与执委会相互制衡的"双极式"体制（Bleicher，1987；Haas，1982；Ulmer，1979）。

在"单极高层领导体制"下，虽然也存在董事会与经理人员分权的问题，但在许多德国经济学家看来，美国公司的经理人员不过是董事会的"仆从"或"助手"，不可能形成对董事会的强有力的制衡。因为单极高层领导体制下，法律通常并未对公司董事会与经理班子之间的关系做出明确的规定，委

---

① 由于德国公司监事会席位为偶数，为避免因劳资双方意见分歧而延误企业决策，德国 1976 年的共同决策法规定：在监事会投票出现势均力敌时，赋予监事会主席第二票权利，这一制度规定保证了公司决策的有效性。由于德国公司法规定，监事会主席由出资人选派，所以尽管德国企业实行广泛的雇员共同决策，这一制度安排从根本上保证了出资人的权益。在中小型公司中，由于资方代表在监事会中占优势，故无须援引这个规定来解决劳资对立（沈越，1999）。

托人和代理人之间的责权利界定是公司的内部事务，董事会完全可以越过经理班子一竿子插到底。如果出现投资人的大权旁落，经营者实际控制了企业情况，那么这意味着出资人自己的无能，或者是因出资人意识到自己的无能而自愿把公司权利委托给他人，即在代理成本低于自己经营成本的条件下，公司董事会自身的一种理性选择。因此不难理解，在单极领导体制的公司制企业中，控股者可以兼任董事长和总经理两个重要职务。①

在德国公司中，尽管英美公司中董事会的部分职能转移到了监事会手中，但监事会毕竟是一个监督机构，法律明确规定它不能直接支配企业法人财产。按照德国民法和公司法有关规定，监事会与执委会这两个公司高层机构在法律上是完全分离的：它们的成员不能相互兼职；执委会是企业当然的法人代表。在这种制度安排下，监事会不可能大权独揽，即便监事会主席是公司的控股者并有能力经营企业，他也不能任命自己为首席执行官。在这种制度安排下，在德国专业经理人员有比英美等国更大的自主权，企业法人财产成为更游离货币资本的独立产权。例如，在公司的重大决策问题上，除了执委会的任命和罢免外，其他公司重大决策都是由公司执委会提出方案，监事会只有批准、建议修改直至否决权，它不能越过经理班子直接提出重大决策方案。从这种意义上讲，德国公司的执委会也不是企业决策的简单"执行者"，英美公司董事会的一部分职能在这里又界定给了经理人员。② 这使德国成为世界上"经理革命"最彻底的国度。赋予职业经营者更广泛的自由经营空间，这也是德国企业制度具有效率和很强生命力、并为许多欧洲大陆国家借鉴的一个重要原因。

德国公司中经理人员的独立地位不仅仅是一种法律上的规定，其内部治理结构形成的制衡关系也有助于加强执委会在企业法人治理结构中的地位。

---

① "美国几乎 75% 的企业总裁和董事长是由同一个人'双肩挑'"（闻洁，2000）。据何浚（1998）的实证分析，在 1996 年我国的 530 家上市公司中，董事长与总经理由一人兼任的有 253 家，占总数的 47.7%。这表明我国公司制企业的盎格鲁－撒克逊模式倾向。

② 这也是国人把德文的 Vorstand 误译为"董事会"的另一个原因。

这与德国企业中普遍实行的雇员共同决策制度，及其由此在监事会中形成劳资双方抗衡格局有密切关系：首先，共决制使资方对企业的传统控制力被大大削弱；同时，由于监事会中劳资双方都不愿意对方享有更大的企业支配权，把更多的权利赋予专业管理人员组成的执委会便成为这种制度安排下一种必然选择；另外，执委会还可以利用监事会中劳资对立格局来强化自己的独立法人地位。在德国经济学界，尽管历来存在是否应该把企业法人产权界定给雇员，以及是否应该扩大人力资本在企业产权中的份额的争论，但在共同决策的制度安排有助于强化企业法人产权和加强经理人员地位问题上，已成为一种共识（Witte，1981；Fleischmann，1983；Bleicher，1987；安德森，1992），尽管这些经济学家可能不赞成扩大雇员共同决策权利。

虽然德国公司的经理人员享有比英美公司经理更大的自主权，但这并未使对经理人员的监督成为比英美更大的问题，因为在双极领导体制下经理人员受到比单极体制下更强的内部约束。德国公司主要通过以下几种方式来约束执委会：

首先，监事会对执委会的任免权是德国公司治理中制衡经理人员最重要的手段。

其次，监事会对执委会提出的决策方案具有的"否决权"，也对经理的行为形成强有力的约束。尽管在重视协调的德国公司中，监事会通常通过建议来表达自己的意愿，几乎不使用否决权，但这一制度安排实际上在事先已把经理班子的行为约束在监事会可接受的范围内，其约束作用则不应低估。

再次，重视经理人员流动尤其是内部经理人员流动也对德国公司的经理人员形成一定约束。不过，这与英美公司更注重外部经理市场运作来约束经理人员有所不同。（莫兰德，1995；郑红亮，1998）

最后，雇员共同决策的制度安排在强化经理人员的独立地位的同时，也成为制衡经理人员的行为的重要机制。雇员代表进入监事会形成了一种利用内部人（雇员）来约束和监督内部人（经理）的制衡机制。所以，德国公司的职业经理比英美公司经理有更大的自主权，但并未使所谓的"内部人控制"

问题更突出。至少没有材料表明，德国及欧洲经济学家比英美经济学家更重视这个问题。这是因为德国在法律上把企业法人产权更多地界定给了企业内部人，内部人控制早已是一个不称其为问题的问题。如果一定要用"内部人控制"模型来解释德国的现代企业制度的话，那么，"内部人"首先应该是作为生产者的一般雇员，然后才是经营者。

三、两种公司模式优劣势比较

以董事会为核心公司治理实行的实际上是一种"一元化"领导体制，所以"单极高层领导体制"在决策的及时性和有效性上强于德国的"双极高层领导体制"。但是，这种模式对公司的外部条件要求较高，只有在资本市场、产品市场、经理市场充分竞争以及严格的信息披露制度的条件下，出资人才有可能在无损企业法人产权的状况下对经理人员的机会主义行为和道德风险进行有效的监督。也只有具备了这些外部条件，这种模式的优势才可能发挥出来，否则，资本所有者将始终面临过度干预或过度放纵的两难选择之中。所谓的"内部人控制"问题，正是这一矛盾在经济学上的反映。

"双极高层领导体制"在监督问题上比"单极高层领导体制"更有效，更易于形成公司高层组织之间的相互制衡机制。这是因为：一方面，行使监督职能的监事会握有任命和罢免执委会的权利，可以对大权在握的执委会形成强有力的制衡；另一方面，握有任命经理人员的权利的监事会不仅不能直接插手企业的业务活动，而且除执委会的任免以外，监事会没有任何关于企业重大决策的"倡议权"。这不仅从制度上保证了企业法人产权的独立性和职业经理人员的经营自主权，而且形成了代理人反过来制约委托人的内部机制。这种"双向的"内部约束机制正是单极式公司领导体制所缺乏的，虽然英美公司中的董事会也可以通过任免权来约束经理人员，但谁来约束董事会却是一个问题，尤其是当董事会大权独揽，董事长兼任总经理时，监督就只有依赖外部机制了。

德国公司治理结构的另一优势是相当数量的雇员代表进入监事会，一方面，作为真正的"内部人"雇员代表占有较充分的公司"内部信息"，这无疑有助于监事会履行其监督职能。另一方面，雇员代表参与企业重大决策过程，这又有助于公司决策的贯彻实施，降低决策执行成本。当然，德国企业雇员共同决策制度也有其弊病，但对这个问题的探讨已超出了本文的主题。

戴姆勒－克莱斯勒公司首席执行官于尔根·斯勒姆佩对美国和德国企业制度的评价很有代表性。在这个德国公司与美国公司合并前，他在说服克莱斯勒公司领导层接受德国模式时说："我可以断言，德国……虽然一些决策过程比美国需要更多的时间，但如果就管理者与雇员代表之间的一种协调一致来说，它有一个值得信赖的基础。"（Boeger，1998）

总之，在监事会与执委会分权体制中，决策权分散与制衡有效，尤其内部制衡有效；在董事会"一元化"领导体制下，决策权集中与内部制衡不力，主要依靠外部约束机制；实际上是这两种不同的企业模式中同一机制的两个侧面。

四、德国及欧洲模式对我们的启示

我国在用公司制改造国有企业的工作中，在企业高层领导的制度安排上，以借鉴英美模式为主（董事会握有企业支配权），并吸收了德国及欧洲模式的一些做法（设立监事会）。这种制度设计的初衷是想借鉴这两种模式的优点，但却忽视了这两种企业模式的不兼容性和我国的国情。这是我国在国有经济中推进现代企业制度进展迟缓的一个重要原因。

我国在现代企业制度安排上最突出的问题是，在公司内部设立平行的董事会和监事会，这与企业层级组织所要求的责权高度一致的原则相悖。这突出地表现在对经理人员的任免权与监督权分离上。像英美公司那样把任命和罢免经理人员界定给董事会，独立的监事会就很难发挥预期的内部监督职能，以致监事会是否有必要存在也成为问题。无怪乎有人主张撤销监事会，提出通过外派董事进入董事会来履行监督董事长和经理人员的建议。尽管这一建议并不一定可取，但它却真实地反映了在目前制度安排下监事会的尴尬境地。

如果目前制度安排不做调整，监事会在公司治理结构中不外两种前景：它要么蜕变成董事会的一个专门实施监督职能的附属机构，但它却无法解决董事会由谁来监督的问题。在盎格鲁－撒克逊国家，大权在握的董事会主要受充分竞争的市场所形成的外部监督机制约束，而在中国，这些条件远未形成。要么监事会蜕变成为社会派驻企业的组织，尽管人们可以通过立法在企业中建立这样的机构，但法律却不能保证它能有机地融入公司的内部治理结构之中，它对企业的监督实际上仍是一种"社会的外部监督"，不可能发挥内部制衡的作用。①

如果想要监事会切实发挥监督职能，就应像德国那样把任命和罢免经理人员与审批公司重大决策的权限界定给监事会。据此，笔者以为，德国及欧洲式的"双极高层领导体制"更符合我国的实际情况：

第一，我国不具备实行公司单极领导体制的外部条件。对英美模式来说，外部监督机制比内部监督机制更重要；相反，对德国及欧洲模式来说，内部监督机制有更大的约束力。由于外部监督机制对市场的成熟度要求较高（简新华，1998），而我国股市不成熟，经理市场的形成和成熟还有待企业干部制度的重大改革，公司信息披露制度的完善还有待时日，这些都会增大委托人与代理人之间的信息不对称，实行单极式公司领导体制的监督成本将居高不下。

目前，国内经济学界通常寄希望于公司股权多元化，尤其是培植机构投资者进入公司董事会来形成制衡约束机制。尽管这种看法有相当道理，但真正能对国有企业控股者构成约束的机构投资者的形成还有待时日，尤其是在政府希望控制的领域和企业中，需要的时间就更长；更重要的是，在不改变

① 向国有大中型企业委派"稽查特派员"就属于这种制度安排，其有效性值得怀疑。

单极式公司领导体制下，其他股东对控股者的有效监督和约束仍然以充分竞争的外部市场为前提。此外，那种主张取消监事会，通过外派董事来强化监督的建议也不大可取。一方面，外派少数董事进入董事会很难履行既监督董事会又监督经营者双重监督职能；另一方面，由于这种安排本质上仍是一种经过修正的单极式公司领导体制，它对强化企业法人产权和职业经理人员的独立地位将不会有多大作用。

第二，德国模式有利于解决我国国有企业治理结构中要求加强经营者独立地位与强化对其约束、监督的"两难选择"（郑红亮，1998）。他指出，在我国国有经济中推进现代企业制度面临两大难题：一是经营者自主经营问题；二是在经营者自主权扩大的制度安排下如何对其进行有效的监督和约束的问题。

关于监督难题，国外同行在公司治理研究中，近年来更注重委托人如何能够有效地监督和约束代理人的问题。笔者以为，在我国由于国有经济很难将国有资本的责任界定给终极监督者，这使监督和约束问题比发达国家更突出。德国分权式的双极领导体制模式有助于解决这个难题：一方面，其有效的"内部监督机制"可以在市场竞争不太充分、企业制度和法律不健全的背景下对经理人员进行较有效的监督；另一方面，其经理人员对监事会的反向制衡机制，有助于解决单极领导体制下对董事会"内部监督"不力的问题。关于经营者自主经营难题，在双极领导体制下，由于单极领导体制下董事会的一部分权利分配给了经理班子，经理人员比英美体制下有更大的经营自主权；另一部分权利界定给了监事会，它虽然有任免经理人员大权，但又有监事会不能直接干预企业生产经营活动的制度保证，这也有利于强化企业法人地位和加强经营者的自主权。如果具体制度设计科学，监事会在有效地履行监督职能的同时，还有望成为阻隔外来行政干预的防火墙。在这里，把任免经营者的权利与监督责任统一起来，并把经营者的任免权与其他大部分企业重大决策权分离开来，分别界定给监事会与执委会这两个企业高层领导机构，正是德国及许多欧洲大陆国家公司内部治理结构的要旨所在。

第三，在国有经济产权尚不明晰的条件下，双极领导体制有助于在推进现代企业制度过程中逐步廓清产权关系。目前，我国国有经济中的产权不明晰，不仅表现在多个政府经济机构如主管局、国有资产管理和财税部门均对国有资产的增值保值负有责任，而难以找到最终责任人；而且表现为国有债权和所有权界限不清；①还表现为经济权与政治权、行政权之间界限不清。同时，在企业内部也存在党组织、工会、职工与企业经营者权利和责任不清的问题。由于监事会与董事会不同，它不仅仅是货币资本的代表，因而有较大的包容性，可以将历史上形成的各种利益和权力代表吸收进公司监事会参与企业的监督与决策。各种利益代表进入监事会后有了合法地表达自己意愿的渠道，还有可能削弱它们通过行政手段来干预企业的动机。各种利益代表在企业监事会中的合作与谈判，将有助于理顺各方关系和明晰产权。企业产权明晰取决于法律上的制度安排，以及在法律给定的制度环境下当事人之间的谈判的结果（杨瑞龙、周业安，1998）。在这里，企业当事人之间的合作与谈判也许更重要，这是因为谈判形成的产权关系得到其他当事人的认可，因而有可能磨合出更加合理的契约安排。需要指出的是，德国公司完全按照雇主方与雇员方来分配监事会席位的模式也不一定可取，因为现代企业内部关系远不是用劳资关系就能涵盖的。

参考文献

［1］安德森：《企业宪法和参与决定制》，《德意志联邦共和国经济政策及实践》，上海翻译出版公司1992年版。

［2］何浚：《上市公司治理结构的实证分析》，《经济研究》1998年第5期。

［3］简新华：《委托代理风险与国有企业改革》，《经济研究》1998年第9期。

［4］卢昌崇：《公司治理机构及新、老三会关系论》，《经济研究》1994年第11期。

［5］莫恩、赖因哈德：《合作制胜——贝塔斯曼的成功之道》，华夏出版社

---

① 通过"拨改贷"或"债转股"的措施就能很容易地在债权和所有权之间转换，这反映了国有资本产权关系的不明晰。

2000 年版。

［6］沈越：《德国社会市场经济探源》，北京师范大学出版社 1999 年版。

［7］沈越：《德国社会市场经济理论来源新探》，《经济学动态》1998 年第 4 期。

［8］闻洁：《从经理革命到机构投资者觉醒》，《经济研究》2000 年第 11 期。

［9］杨瑞龙、周业安：《交易费用与企业所有权分配合约的选择》，《经济研究》1998 年第 9 期。

［10］郑红亮：《公司治理结构与中国国有企业改革》，《经济研究》1998 年第 10 期。

［11］Bibliographisches Institut, 1979：Meyers Enzyklopädisches Lexikon. 24. Bd. , 2. Aufl. , Mannheim/Wien/Zuerich.

［12］Bleicher, K. , 1987：Der Aufsichtsrat im Wandel. Guetersloh.

［13］Boeger, H. , 1998：Was wir sparen, bekommen die Kunden. Interview mit dem Daimler-Chef Juergen Schrempp. in：Bild am Sonntag vom 10. Mai 1998.

［14］Christmann, A. , 1964：Wirtschaftliche Mitbestimmung im Meinungsstreit. Koeln, Bd. 2.

［15］Fleischmann, G. , 1983：Mitbestimmung und Neue Plitische Oekonomie. in：Jahrbuch fuer Neue Plitische Oekonomie, 2. Bd. , Tuebingen.

［16］Haas, G. , 1982：Aufsichtsrat. in：Management Enzyklopaedie. Muechen.

［17］Moerland, P. W. , 1995：Alternative Disciplinary Mechanisms in Different Corporate Systems. Journal of Economic Behavior and Organization 26.

［18］Niedenhoff, H-U. , 1995：Mitbestimmung in der Bundesreplik Deutschland. 10. Aufl. Koeln：Deutschlander Instituts-Verlag.

［19］Ulmer, P. , 1979：Der Einfluß des Mitbestimmungsgesetzes auf die Struktur von AG und GmbH. Heidelberg/Karlsruhe.

［20］Witte, E. , 1981：Die Unabhaengigkeit des Vorstandes im Einflußsystem der Unternehmung. in：Schmalenbachs Zeitschrift fuer Btriebswirtschaftliche Forschung, Jg, 33. S. 273 – 296.

美国公司治理神话的破灭*

——从美国公司会计丑闻看"一元制"公司治理的缺失

自2001年末美国爆出安然公司会计假账事件以来，接二连三暴露出一系列会计丑闻，像环球通信、世界通信、施乐、默克、奎斯特通信等许多大公司都榜上有名。这使公众对美国大公司的信誉发生了动摇，不仅使造假公司的股票价格大幅下挫，拉动大盘股市价格下跌，而且加速了"新经济"时期涌入美国的资本外流，致使美元汇率连连下跌，给美国刚刚走向复苏的经济以重创。难怪有人认为这次公司的信誉危机对美国经济的冲击丝毫不亚于"9·11"事件。作为曾长期在商海中沉浮的布什总统，深知这些财务假账事件对美国经济和美式市场经济制度的严重后果，连连出来强烈谴责这种作假事件，并采取了一系列实质性措施。美国国会也以过去难以想象的速度，迅速通过了加强公司会计工作监督与加重对造假者处罚的法案。

从表面上看，这一系列的假账事件与美国公司管理者的个人诚信度低，以及公司外部的会计审计制度和相关法律制度不健全有关。但从更深层次看，这种普遍的会计造假还与美国公司治理结构的先天缺失有密切关系。美国这种源于工业革命时期，更多保留原始资本主义特征的公司治理，不再能适应经济信息化和全球化条件下企业的变革。概括说来，触发这次信任危机的美式公司治理的缺陷，至少包括股东至上的公司治理理念、公司决策权高度集

---

* 本文原载于《经济学动态》2002年11期。

中、主要依靠外部监督的约束机制、过度重视股权刺激的激励机制等四个方面。

一、股东至上主义的公司治理理念缺失

现代企业制度法人产权虽然是从企业货币资本产权发展而来的，但在其发展演变的过程中它日益表现出与货币资本偏离的趋势。与之相应，企业产权日益表现出其利益相关者的"共有产权"的性质，尽管在这一产权组合中货币资本及货币资本所有者仍然扮演着最重要的角色。由于各个国家的历史文化和制度路径的差异，与其他国家的公司治理相比较，货币资本及其所有者在美国公司中的地位和作用最为重要，更多地保留了古典资本主义企业"资本雇佣劳动"的特征，其公司治理的基本理念仍然是股东至上主义。据美国《长期计划》杂志1995年发表的一项调查（梁能，2000年）表明，75%以上美国企业经理认为，股东利益是第一位的，而在德国和法国，认为企业是为所有利益集团服务的经理占80%和75%以上，认为股东利益是第一位的分别不足20%和25%；在日本这个比例为98%比2%。这种经理人员的个人意见实际上反映了一定公司治理框架下的制度约束。

当20世纪80年代后期新技术革命的成果应用浮出水面，再加上在80年代经济自由化浪潮中，美国政府放宽了对金融市场和其他一些垄断性产业的限制，这就为企业的技术创新和制度创新创造了条件。在这种大背景下，美国公司治理的股东至上主义理念直接推动了美国公司的扩张，高额的投资回报刺激大量资本进入股市，造成股指在90年代成倍数的节节攀升。90年代后期亚洲金融危机的爆发，更使美国金融市场成为世界上唯一能够提供高回报也似乎没有多大风险的风水宝地，加速了国际资本向美国的涌流。在这一过程中，美国公司以为股东服务作为经营的最高宗旨的价值标准，无疑是维持美国长达10年经济增长的原始推动力。但是，它也无疑是推动美国股市价值、利率和美元汇率虚高的动因。因此，当技术创新和制度创新利润向正常

利润方向回落，公司不能兑现原先给股东承诺的回报，资本开始从企业撤出。首当其冲的是泡沫最大的那些产业，如网络经济。这次美国公司财务假账事件只是新经济的第二轮退潮，它开始波及那些泡沫和实绩参半的企业。由于泡沫消退不可阻挡，股价缩水在所难免。好在这些公司毕竟有值得称道的实绩，与会计师事务所串通或达成默契，用虚高业绩来维持股价，套牢唯利是图的股民，便成为这些公司既理性又实惠的选择，挺过这一艰难时局，或许会迎来柳暗花明。

这种把为股东服务视为公司唯一宗旨，经营者为股民"打工"的理念，也许应算作美国式公司治理的最大缺失。这种唯股东马首是瞻的理念直接干扰了企业按技术、生产规律从事经营的行为，也影响了企业独立法人的确立。在现代大公司服务对象日益社会化、公司资本来源日益社会化、公司资源使用社会化、公司代表利益也多元化的背景下，仅仅或主要为股东服务的理念就显得十分陈旧。

二、公司决策权高度集中的缺失

公司决策权的高度集中是美国"一元制"公司治理的基本特点。美国公司决策权的高度集中主要表现在公司内部组织上的集权、公司主要领导个人集权、近年来大公司盛行的 CEO 制度和独立董事制度对这种集权的强化等几个方面：

1. 董事会的集权

美国公司内部实行董事会的集中统一领导，公司的经营决策大权高度集中于这一个组织手中，没有能够制衡董事会的内部机构。虽然董事会在法律上是股东会的常设机构，但股东会属于企业外部组织，二者之间只存在名义上的隶属关系，股东会很难用手投票的方式制衡董事会。在这种"一元制"领导体制下，公司董事会既是决策机构又是监督机构，尽管在董事会内部设有专门的审计委员会，但这一组织的职责主要是对下属组织和个人进行监督审计，不可能发挥对公司董事会有效的监督约束功能。这种缺乏公司内部组织机构之间的制衡机制，使权力高度集中于董事会，是造成这次美国公司大面积作假的深刻制度根源。

法玛和詹森（Fama and Jensen，1983）把决策过程分为提议、审批、执行和监督4个阶段，并把提议和执行视为决策经营，把审批和监督视为决策控制。在美国"一元制"的公司治理中，"决策经营"和"决策控制"都集中在董事会一个组织手中，而在德国及大部分欧洲国家的公司实行的"二元制"公司治理结构中，"决策经营"和"决策控制"则分属于监事会（aufsichtsrat）和执委会（vorstand）两个公司高层组织。监事会因而也不是单纯的监督机构，也是"决策控制组织"（das entscheidende Kontrollorgan，Niedenhoff，1995）。执委会也不仅仅是一个简单的执行机构，它除了执行决策外，还握有重要决策的"倡议权"，没有它的提议，监事会便无从讨论和批准。所以，公司的任何重大决策没有在这两个组织间取得一致，都无法通过，同时，由于负责公司决策控制的监事会还握有任免执委会的大权，能够有效地制衡执委会的腐败和道德败坏行为。

2. "双肩挑"造成的个人集权

美国公司治理中决策权的集中不仅表现在公司内部的组织设置上，还表现在公司内部的人事安排上。有关材料显示，大约有75%的美国上市公司中实行董事长与总经理一人"双肩挑"（闻洁，2000）。与之不同，在实行"二元制"公司领导体制的国家，不仅在两个公司高层组织间实行了分权制，通常还在法律上做出两个高层组织成员不能相互兼职的硬性规定，这从人事上保证了这两个决策组织之间的分设制度和制衡关系。然而在美国，法律并未对公司董事长是否可以兼任总经理做出明确规定，是否"双肩挑"完全是公司的内部事务。在这种法律背景下，崇尚决策权集中的美国公司通常选择董事长兼任总经理的人事安排。这种个人大权独揽的人事安排惯例，很难在人事制度上避免公司主要经营者的非法行为。

3. 首席执行官制度对个人集权的强化

美国大公司中目前盛行的 CEO 制度进一步加强了个人集权，这种制度也应在一定程度上对这次美国大公司的虚假财务案负责。CEO 与总经理的最大不同之处在于，他仍然握有原来总经理的经营决策大权，但却无须承担原来负责的日常生产经营事务。在这种制度下，仍实行"双肩挑"，兼任董事长的首席执行官便可以把原来负责大量日常工作交给副手或下属，以便集中精力和时间独揽公司大权。这一方面给公司主要领导减了负，另一方面也造成了公司权力向个人集中。难怪美国的一些经济学家在公司会计欺诈事件后，力主从法律上规定禁止一人兼任董事长和首席执行官这两个公司主要领导职务。

4. 独立董事制度对董事会中个人集权的强化

美国公司董事会中独立董事比重过大，也是导致公司决策权过度集中于少数经营者手中的一个重要原因。在美国公司决策权高度集中于董事会，及其这种权力又集中于个人的制度安排下，公司董事会的民主制度本来应是制衡滥用权力的最后一道防线，但由于 20 多年来美国大公司中独立董事所占比重越来越大①，使董事会这一民主决策机构日益蜕变为一个咨询机构。作为主要由各方面专家组成的外部独立董事制度，对于公司在重大问题的科学决策方面可以发挥很大作用，但在防止权力集中和滥用权力上，却难以发挥制衡作用。

这是因为，一方面独立董事不是股东，与公司利益没有直接利害关系，缺乏像作为股东董事那样制衡大股东和经营者的积极性；另一方面，独立董事不是公司内部人，缺乏像执行董事和雇员董事那样制衡公司实际控制者的"内部信息"，尤其是缺乏关于公司主要决策者非法行为的"秘密信息渠道"。因此，在安然公司那样既损害公司广大股东利益，又伤害公司内部雇员利益的事件中，根本看不到独立董事可以发挥作用的地方。推而广之，在这次席

---

① 据科恩——费瑞国际公司 2000 年 5 月发表的研究报告，在《财富》杂志公布的美国公司 1000 强中，董事会的平均规模为 11 人，内部董事 2 人，占 18.2%，外部董事 9 人，占81.8%。（转引自《中国证券报》2001 年 8 月 28 日）

卷美国、震惊世界的公司会计丑闻中，被国内近年来炒作得沸沸扬扬的独立董事制度，几乎没有发挥任何监督约束经营者的作用，以致人们不得不对独立董事在约束经营者非法造假行为问题上是否"懂事"提出质疑。同时，由于外部董事占据了内部董事，独立董事占据了作为股东董事在董事会中的席位，使董事会约束公司决策层，发挥有效的制衡功能大大削弱①。

决策权集中既是美国公司的一个优势，又是其重大缺失。一方面，决策权集中有利于公司面对迅速变化的市场做出及时的反应，可以避免因公司内部掣肘因素过多和决策过程冗长而延误决策。但另一方面，决策权过于集中也难以避免可能出现的决策失误，在涉及公司整体和长远利益与决策机构、决策者利益发生冲突时，如果缺乏有效的监督约束，很难避免德败行为发生。这次发生在美国公司中的会计假账事件，在很大程度上印证了那句"权力与腐败成正比"的名言。

三、主要依靠外部监督的约束机制缺失

在公司的所有权与经营权分离的情况下，如何防止掌握经营大权的公司高层领导违背企业的整体利益和长远利益，就成为公司生存发展的关键。尤其是在公司决策权高度集中于公司的某一组织和某些个人的手中的制度安排下，监督约束机制就显得更加重要。现代公司治理中的监督约束机制可以分为内部和外部监督约束，与欧洲和日本公司主要依靠企业内部监督约束不同，美国企业制度更倚重于外部监督约束。

内部监督约束主要是依靠建立起公司内部组织之间和人员之间的相互制衡关系来达到监督约束绩效，这种监督约束机制的主要优点是，公司内部组织与人员掌握了大量"内部信息"，可以在低监督成本下实现更有效的监督，进而使对公司主要领导的监督制约力度很大；其缺点是，大权在握的经营者

第四篇 国有经济改革与公司治理创新

美国公司治理神话的破灭

---

① 独立董事是外部董事，但外部董事不一定是独立董事。

有可能通过内部交易来构建共同利益体，形成所谓的"内部人控制"问题。

外部监督约束主要是指通过公司外的法律监督和市场监督。这种监督约束主要是一种事后监督，其优点是可以保证决策的及时性和有效性；其缺点则是监督约束力不强，造成这种缺失的原因主要有两方面：一方面，这种事后监督很难在事前和事中实现有效的监督约束；另一方面，这种外部监督约束机制难以获得"充分信息"，监督约束者与被监督约束者之间的信息不对称，在客观上决定了这种监督约束不可能十分有效。无论是法律监督约束，还是股民在市场上"用脚投票"的监督约束机制，或者是投资者更换经营者和企业被兼并风险所形成约束机制，其前提必须是处于公司外部的执法者、股民、企业握有充分的信息，因此，信息披露就成为这种监督约束有效性的前提，公司内部信息的公开程度、真实与虚假程度，直接关系到这种监督约束机制的效率。这次美国企业制度的信誉危机，正好爆发在财务信息披露这一关键的而又薄弱的环节上，公司领导人串通会计师事务所和投资银行及其投资分析师来欺骗社会的行为，绝非偶然。这恰恰反映了美式公司治理的特点和缺失。

理想的公司制衡机制应该是内部和外部并重的监督约束机制，美国公司治理中重外轻内的制衡机制是与其总体治理结构密切相关的。由于美国公司经营中的股东至上主义，公司经营主要服务于股东，授权于公司内部人势必会有损于外部人，防止公司内部人合谋作为公司外部人的投资人，主要依靠外部监督约束，而不是主要依靠内部监督约束，实际上是这种公司治理理念下的一种理性选择。

四、过度重视股权刺激的激励机制缺失

过度重视股权激励方式及其这种激励机制本身的不健全，是美国这次发生大面积的公司腐败行为的一个重要原因。按照公司业绩给公司主要经营者以股票和股票期权激励是20多年来美国公司越来越普遍采用的激励方式，目

前在美国大公司中，公司主要负责人从股票和股票期权中获得的收入已占到了其总收入的80%，甚至90%以上。这种把经营者变成股东的激励制度的创新，对于提高公司经营者的经营积极性，以及提高经营者与股东目标函数的一致性，防范经营者德败行为和机会主义行为，曾发挥了重要作用。

殊不知，这种激励机制是一把"双刃剑"，它同时又可以成为经营者损害股东和公司利益的激励机制。安然公司的主要经营者在公司经营危机完全暴露以前，提前抛售股票无疑是加速公司崩溃的直接诱因。这里，固然有这种激励办法制度不健全和执行制度不严格的问题，它可以通过完善制度和严格制度执行的制度安排来解决。但是，由于公司经营者与公司股东和其他利益相关者之间的利益矛盾和信息不对称问题，却不可能完全用法律和公司章程来解决，因而不可能完全避免经营者的德败风险。因此，近年来被经济自由主义者和媒体炒作得沸沸扬扬的股票分红和股票期权激励机制的副作用，显然是值得认真加以反思的。

五、评析与启示

当然，这次公司会计丑闻事件，对美国公司来说也并非完全是一件坏事。一方面，它有助于挤掉前些年新经济中形成的泡沫，使股市大盘更能反映美国经济的实绩，像安然、世通这样一些企业退出市场，无疑有助于提高美国上市公司的整体素质。随着经济生活中泡沫的破灭，美元汇率的下挫也会使其更能反映美国总体经济的实际。另一方面，如果处理得当，还将有助于美国健全相关的法律制度和市场规则，这也是目前美国政府和议会主要着力之处。最后，这次美国公司的信誉危机，还有可能促使其完善公司治理的缺陷。不过，不应对这方面的改革抱太大希望，因为这涉及美式自由企业制度乃至整个美国资本主义的深层次结构问题，改革将面临强大的阻力。

与美国公司相比，"二元制"公司治理虽然有监督约束强的优势，但却有决策权相对分散的弱点。"一元制"公司治理由于权力过度集中，监督制衡不力，固然要对这次美国大公司财务丑闻负制度性责任，但其决策及时、有效却是其优势。尤其是其为股东创利的治理理念，使其能够在新技术出现应用机遇时，可以在发达的股市上筹集到大量资本，迅速实现技术创新。所以，新经济的繁荣产生于美国，没有出现在实行"二元制"公司治理的国度。这可谓"成也萧何，败也萧何"。其实，任何公司治理模式都是一定历史文化的产物，是特定制度背景下长期体制变迁的结果，难以用简单的价值标准做优劣评判。

我国最初的公司治理结构的设计，借鉴了世界两大公司治理模式的经验，如在《公司法》中，在规定公司董事会集权的同时，也设置了与之平行的监事会。这实际是一种不同于"一元制"也不同于"二元制"的"混合制"公司治理模式。尽管这种最初的制度设计忽视了两种治理模式的不兼容性，导致了监事会形同虚设，但其基本出发点却是正确的，也符合国情。本应在《公司法》的基本思路下，进一步完善这种"混合制"公司治理。可是，在后来新经济背景中形成的美国公司治理神话的鼓噪下，中国公司治理模式的进一步变迁则出现了美国化趋势。这是造成目前中国上市公司欺诈行为盛行的一个重要原因，虽然这与美国公司丑闻有完全不同的经济背景，但权力过度集中于董事会，公司主要领导人双肩挑，公司内部监督约束机制缺失却是共同的。所以，笔者以为，在目前我国公司治理的完善过程中，首先应阻止进一步的美国化趋势，不应因监事会未能发挥预期的作用，而削弱甚至主张取消监事会，并通过委派独立董事来取代监事会的职能。这正是这次美国大公司作假事件给我们的最好启示。

参考文献

［1］ Bleicher, K. 1987: Der Aufsichtsrat im Wandel. Guetersloh.

［2］ Fama, Eugene F. and Jensen, M. C. 1983, Separation of Ownership and Control, *Journal of Law and Economics*, July.

［3］ Niedenhoff, H-U., 1995: Mitbestimmung in der Bundesreplik Deutschland. 10. Aufl. Koeln: Deutschlander Instituts-Verlag.

［4］何浚：《上市公司治理结构的实证分析》，《经济研究》1998 年第 5 期。

［5］梁能：《公司治理结构：中国的实践与美国的经验》，中国人民大学出版社 2000 年版。

［6］刘汉民：《所有制、制度环境与公司治理效率》，《经济研究》2002 年第 6 期。

［7］沈越：《德国社会市场经济理论来源新探》，《经济学动态》1998 年第 4 期。

［8］沈越：《德国公司制企业制度评析——兼论对我国建立现代企业制度的启示》，《福建论坛》2002 年第 2 期。

［9］闻洁：《从经理革命到机构投资者觉醒》，《经济研究》2000 年第 11 期。

第五篇
西方经济学与中国经济学

- 自由主义与干预主义的新综合
- 中国经济学建设与中国实践

自由主义与干预主义的新综合[*]

——新兴新古典综合学派评析

一、引　言

自凯恩斯革命以来，西方主流经济学经历了分裂→综合→再分裂→再综合几个阶段。1936 年《就业、利息和货币通论》的出版，打破了新古典经济学的统治地位，经济思想分裂成经济自由主义和国家干预主义，在学术上表现为新古典经济学和凯恩斯经济学的对立。1948 年萨缪尔森的《经济学》教科书出版，标志着西方经济学的一次大综合，在汉森（Hansen）、萨缪尔森等人的努力下，新古典经济学和凯恩斯主义融合在一起，形成了新古典综合派。这个学派曾经在战后西方经济学界占据了似乎不可动摇的主流地位。20 世纪 70 年代的"滞胀"问题动摇了新古典综合学派的地位。新古典主义的理性预期理论和实际经济周期模型强有力地支持了经济自由主义；80 年代以来的新凯恩斯学派则通过为凯恩斯的宏观理论构建微观基础，希冀恢复凯恩斯主义往日的辉煌。经济思想再次呈现自由主义和干预主义分立局面。世纪之交，西方主流经济学再度出现大融合趋势：即新兴新古典综合学派①的产生。

这个术语最早见于在美国国民经济研究局的宏观经济年会（1997）上提

---

* 本文是笔者与博士生邱晨曦合作的文章，原载于《经济学动态》2005 年第 12 期。

① 以下简称新综合学派、新综合派或新综合。

交的论文《新兴新古典综合学派与货币政策的作用》（*The New Neoclassical Synthesis and the Role of Monetary Policy*）。除论文作者波士顿大学的罗伯特·金（Robert King）和美联储里士满分行的马文·古德弗兰德（Marvin Goodfriend）外，哥伦比亚大学的迈克尔·伍德福德（Michael Woodford）也为学派的创立做出过重要贡献。此外，索洛（Solow）、曼昆（Mankiw）、布兰查德（Blanchard）、麦卡勒姆（McCallum）、瓦什（Walsh）等经济学家是该学派的积极倡导者。一些经济学家虽然没有着力宣传这个新学派，但他们的研究工作却有助于新古典主义和新凯恩斯主义的融合，如阿克洛夫、伯南克和戈里等。

新综合学派将新古典主义的实际经济周期理论与新凯恩斯主义的基本概念融合在一起，包含了垄断竞争、有成本的价格调整以及动态价格设定因素的跨时期一般均衡分析建立宏观经济的动态模型，试图在分裂的微观经济学和宏观经济学之间搭建起新的桥梁。他们不仅吸收了凯恩斯主义的重要概念，而且还体现了凯恩斯的思想中所蕴含的来自剑桥的新古典传统（Woodford，1999）。这不仅体现在他们强调经济变量在短期的效率不足上，而且体现在将工资和价格粘性视为这些效率不足的根源上。该学派承袭了战后凯恩斯主义倡导的经济时间序列模型，以分析和选择经济政策的方法。不仅如此，它还强调在个人决策模型的基础上引入前瞻变量和优化模型结构。同时，该学派还包含了一项独特的货币政策框架——通货膨胀定标（Goodfriend & King，1997）。

本文将在第二部分中比较新综合学派与新古典宏观经济学和新凯恩斯经济学；第三部分介绍新综合学派的基本框架；在第四部分中对新综合学派进行简要评析。

二、新综合学派与新古典宏观经济学和新凯恩斯学派的比较

新综合派是在新凯恩斯经济学的基本假设基础上，重新构建的实际经济周期理论，是该理论在新假设下的扩展和延伸（Zouache，2004）。他们吸收

了当今两大主流宏观经济思想的精华，利用双方的优势建立了一套统一的，普遍接受的宏观经济理论。不过，新综合与这两种思想又存在差异，具体表现在以下几个方面。

1. 理论假设的差异

关于市场环境假设。新古典宏观经济学建立在完全竞争的市场假设基础上。新综合派认为，这与当今的现实不符，许多企业已经不再被动地接受价格，它们有足够的市场力量，在边际成本以上定价。在这里，新综合派承袭了新凯恩斯主义的观点，把自己的理论构建在垄断竞争的假设基础上。

新综合派的假设也与新凯恩斯主义存在差异。新凯恩斯主义假定企业是垄断竞争企业，企业可以选择价格，但不能控制销售量，也不能根据供求情况及时调整价格。新综合派接受了其关于企业不能随时调整价格的假设，尽管他们在解释调价不能随时进行的原因上有所不同，但是新综合学派认为，垄断竞争企业不仅可以调整价格，也可以在价格不变的情况下根据市场供求状况调整产量，后一种情况则不存在于新凯恩斯主义的模型中。

关于市场出清假设。新古典宏观经济学从自由主义原则出发，认为工资和价格具有充分的灵活性，可以随时调整，市场连续出清。新凯恩斯学派则认为，因存在工资—价格粘性，导致市场不能持续出清。在这个问题上，新综合学派继承了新凯恩斯主义传统，认为在垄断竞争的市场条件下，企业虽然可以主动调价，但不能随时实施。企业须充分了解需求信息和成本因素，然后对这些信息评估，向管理层报告；只有当管理层受到实际压力时，企业才会选择调整价格。因而价格和工资存在粘性，市场不能持续出清。

新综合派沿袭了新凯恩斯主义工资—价格粘性观点，但在解释工资—价格粘性的原因上，二者并不一致。新凯恩斯主义在解释工资—价格粘性的根源时分歧很大，众说纷纭，莫衷一是，分歧主要集中在"粘性是名义的，还是实际的"问题上（吴易风，1993）。新综合派没有陷入这种可能引入歧途的讨论，用有成本的调价决策过程揭示工资—价格粘性，并在此基础上解释了经济波动的成因和机理。

　　三个学派也有共同的假设条件。他们都认为经济当事人为了自身利益的最大化而行动，家庭追求效用最大化，企业追求利润最大化。新古典宏观经济学、新综合学派和新凯恩斯学派的某些分支都包括了理性预期的假设。

　　2. 在解释经济波动的根源和机制上的差异

　　第一代新古典宏观经济理论（货币经济周期理论）把货币因素视作波动的根源。如卢卡斯（Lucas，1973）认为，在信息不完全的世界中，只有未被预料到的货币冲击才可能使产出增加。第二代新古典宏观经济理论（RBC 学派）认为来自供给方的实际因素是波动的根源，其中最主要的是劳动生产率。他们改变了经济波动是市场失灵的传统观点，提出波动是经济体对劳动生产率变化的有效反应机制（Kydland & Prescott，1982）。新综合学派继承并发展了这种观点，他们认为垄断竞争企业的调价是影响经济波动的经常因素，稳定调价可以实现波动最小化。

　　新凯恩斯主义将经济波动归结为价格粘性，这使经济休不能迅速恢复到正常状态。在这里，新凯恩斯主义实际上延续了原凯恩斯主义的观点，认为经济增长是一条接近于无波动的直线，经济波动完全是市场失灵所致，因此新凯恩斯经济学依然是非瓦尔拉斯经济学。

　　新综合派以新古典主义的实际经济周期理论为微观基础，在很大程度上接受了瓦尔拉斯经济学，认为经济增长本身就是一条波动的曲线，不是经济围绕趋势波动，而是经济趋势自身的波动。

　　但新综合派认为，来自供给方的生产率的变动不是经济波动的唯一因素，家庭预期的变化和垄断竞争企业的调价行为也是经济偏离均衡的重要因素。在跨时期消费决策过程中，家庭根据其对未来收入的预期调整当期的消费，在现在和未来之间配置资源。这些决策直接影响消费和就业，继而影响产出。在垄断竞争的市场条件下，企业可以在边际成本以上定价。当企业预期未来的通货膨胀使企业必须提高加价时，物价上涨加快，经济波动也会由此产生。

　　这样，新综合派实际上认为，新古典主义强调的实际因素和凯恩斯主义关注的名义因素都对经济增长产生影响，在经济周期理论上实现了综合。

3. 政策主张理念的差异

所有新古典宏观经济学家都是坚定的自由主义者，批评用反周期政策来干预经济。他们认为政府用于干预经济的宏观政策"于事无补而其危害很大，因此政府不过多地卷入经济是最好不过的了。"（迈克尔·卡特、罗德尼·麦道克，1988）经济波动不是市场失灵的结果，而是经济对劳动生产率的有效反应。政府的反周期政策不仅是徒劳，还会使波动变得更剧烈。

早期的新凯恩斯主义者继承了新古典综合学派的观点，主张采取相机抉择的政策措施，差别仅在于政策力度上，主张温和地相机抉择。例如他们认为，没有紧缩政策，通货膨胀会更加严重；没有扩张政策，失业会更加严重。20世纪90年代以后，新凯恩斯主义者渐渐由支持"抉择"政策转向"规则"政策。规则政策中最有影响的是"泰勒规则"，它是中央银行的短期利率工具依经济状态而进行调整的货币政策规则。换言之，政府不是不干预，但干预不能是随机的"抉择"，而应受"规则"约束。

新综合派不相信市场能自行消除经济的短期波动，认为消除短期波动是政府的职责。在如何消除短期波动的方式上，他们接受了新近的新凯恩斯主义者的思路，主张用规则代替抉择。

三、新综合学派的基本理论框架和主要政策主张

1. 新综合学派理论的微观基础

新综合派力图打造一个能被广泛接受的、包含微观经济基础的宏观经济模型。他们首先从家庭和企业的最优化的微观行为分析入手。与新凯恩斯主义和实际经济周期理论不同的是，新综合学派的微观基础是"核实际经济周期模型"（Core Real Business Cycle Model，CRBC模型）。古德弗兰德为构建这个模型做出了最主要的贡献（Goodfriend，2004）。它是建立在垄断竞争基础上的随机动态一般均衡模型，包含以下四个部分：一是代表性家庭在考虑收入预期和实际利率的前提下实现整个生命周期内的消费最大化；二是代表性

家庭的劳动供给受其消费的影响；三是就业和收入由家庭的劳动供给、企业的利润最大化决策和整个经济体的劳动生产率决定；四是实际利率由信贷市场和总供求决定。

（1）家庭行为分析。

家庭消费行为：

每个家庭都面临两个时期的选择问题：现在和未来。家庭拥有生命周期内的收入预测（y_1, y_2），可以进入信贷市场以实际利率 r 从事借贷活动。在给定收入预期和实际利率水平的前提下，家庭的预算约束为：

$$\begin{cases} C_2 = -(1+r)C_1 + (1+r)X \\ X = y_1 + \dfrac{y_2}{1+r} \end{cases} \tag{1}$$

其中，C_1 和 C_2 分别表示当前和未来的消费，X 表示全部收入的现值。

生命周期的效用函数为：

$$U(C_1, C_2) = U(C_1) + \frac{1}{1+\rho} U(C_2) \tag{2}$$

利用（1）式和（2）式得到最大化家庭的效用最优消费计划（C_1, C_2）要满足的条件是：

$$\frac{C_2}{C_1} = \frac{1+r}{1+\rho} \tag{3}$$

家庭劳动供给行为：

代表性家庭不仅要进行消费选择，还要决定如何把时间分配在工作和闲暇上。家庭要考虑由劳动市场提供的，用消费品来表示的实际小时工资 w。新综合学派的家庭劳动供给函数可以表达为：

$$n^s = 1 - \frac{c}{w} \tag{4}$$

以往的消费理论只研究家庭的消费决策，把就业决策放在劳动力市场的需求分析中，割裂了消费决策与就业决策的内在联系。新综合弥补了前人的不足，将消费需求分析与劳动供给分析放在一个框架中研究，为更全面的宏观分析打下了坚实的基础。

（2）企业行为理论。

垄断竞争企业根据预期通货膨胀率改变价格。用公式表达就是：

$$p = INF(\mu_1, E\mu_2) + E\pi \tag{5}$$

其中，$E\pi$ 表示通货膨胀率的期望值。$INF(\mu_1, E\mu_2)$ 表示受通货膨胀影响的当期和预期调价的效果函数。

为了分析简化起见，可以将所有消费品视为一个组合商品。设：

$$C = a \times n \tag{6}$$

其中，C 表示企业生产的产品；n 表示生产技术决定的劳动投入；a 表示小时劳动生产率。

调价公式：

$$\mu = \frac{p}{MC} \tag{7}$$

其中，p 表示产品的价格；MC 表示边际成本。

由（6）式得：$1/a$ 小时工作生产出一个单位产品 C。用 W 表示小时工资，生产一单位产品的边际成本为 w/a，则（7）式变形为：

$$\mu = \frac{a}{W/p} = \frac{a}{w} \tag{8}$$

其中，w 为实际工资。

当最优调价实现时，最优工资为：

$$w^* = a/\mu^* \tag{9}$$

企业的最优用工数为：

$$n^s = 1 - \frac{an}{a/\mu^*} \Rightarrow n^* = \frac{1}{1 + \mu^*} \tag{10}$$

新综合利用调价函数确定垄断竞争企业最优用工数量的方程，重构了垄断竞争的企业理论。在这个新理论中，调价成为影响企业生产决策和雇用劳动力数量的关键因素。

2. 宏观分析：新 IS—LM 模型

新综合学派在建立了微观基础之后，确立了包含前瞻性因素的新 IS—LM 模型。这个模型最早由戈里等（Gali et al. , 1999）建立，后来由金（King, 2000）引入新综合学派理论中。因为它有坚实的微观基础，所以在有些文献中将其称为："优化 IS—LM 模型"，也有人称其为："理性预期的 IS—LM 模型""IS—PC—MR 模型"。与传统 IS—LM 模型一样，新 IS—LM 模型是一个小型宏观经济模型，用来分析货币政策的决策变量。这些变量包括：实际产出的对数值、价格水平的对数值、实际利率、通货膨胀率和名义利率。新IS—LM 模型包括三个核心等式：前瞻的 IS 方程、费雪方程（F）和新菲利普斯曲线（NPC）：

$$IS: \qquad y_t = E_t y_{t+1} - s[r_t - r] + X_{dt} \qquad (11)$$

新综合在新 IS 曲线中引入了前瞻变量，强调预期未来的收入与产出构成当前产出的重要因素，把以往凯恩斯主义静态的 IS 曲线动态化。

$$F: \qquad R_t = r_t + E_t \pi_{t+1} \qquad (12)$$

这是一个引入前瞻的通货膨胀因素的费雪方程式，强调了预期在利率形成中的作用。

$$NPC: \qquad \pi_t = \beta E_t \pi_{t+1} + \varphi(y_t - \bar{y}_t) + X_{\pi t} \qquad (13)$$

这条曲线来自新凯恩斯主义的新菲利普斯曲线。从形式上看，新菲利普斯曲线的代数表达式似乎是卢卡斯总供给函数的变形，但是两者的经济含义却迥然不同。卢卡斯总供给函数反映的是理性预期的实际产出的影响，它强调货币因素（而非实际因素）对产出的作用。新菲利普斯曲线反映的是就业缺口与产出缺口之间的正相关关系。它强调实际因素对产出的作用。卢卡斯用1970年的数据说明这种关系并不存在，而新菲利普斯曲线的支持者认为，除了大危机时期和1970年之外，20世纪其他时期的数据都能够支持菲利普斯曲线。新综合学派将新菲利普斯曲线纳入自己的理论框架中，借鉴实际经济周期理论以证明实际因素对经济波动存在影响，这就为新菲利普斯曲线提供了微观经济理论的基础。该曲线表明通货膨胀预期对现期通货膨胀有显著影响，从而证明了短期就业缺口与产出缺口存在相关性，复活了被认为已经死亡了的菲利普斯曲线，而采用的方法不仅可以追溯到新古典宏观经济学，甚至可以见到弗里德曼的影子。

新模型与希克斯最早建立的模型相比，新IS—LM模型将价格水平视为内生变量，因而它会受到外生冲击和货币政策的影响。这有两层含义：①没有明确的货币规则，模型解不出全部的内生变量。②在货币数量规则下，即使某些商品的价格具有粘性，价格总水平也会在长期或者短期对外生的暂时冲击做出反应。此外，新IS—LM模型的意义还在于：强调预期因素对总需求和总供给都会产生影响。这既不同于新古典主义忽略需求的做法，也不同于以往凯恩斯主义忽视供给的观点。

3. 政策主张——中性货币政策

关于货币中性的问题是凯恩斯主义和自由主义的长期争论的焦点。原凯恩斯主义认为货币非中性；弗里德曼认为货币长期中性，短期可能是非中性的；以卢卡斯为代表的新古典主义经济学家则认为，货币在长期和短期都是中性的；新凯恩斯经济学家在一定程度上接受货币长期中性，短期非中性观点。新综合集各家之大成，他们的货币政策思想不仅借鉴了新自由主义和新凯恩斯主义，还借鉴了瑞典学派，特别是威克塞尔和林达尔的观点。

新综合学派接受了前人关于在长期中货币是中性的观点，但认为在短期中因垄断竞争企业调整工资和价格的过程缓慢，价格存在粘性，货币是非中性的。不过，中央银行可以通过货币政策实现货币在短期中近似中性的状态，使总需求随生产率波动而变化，就业缺口和产出缺口随之消除。新综合把这种旨在实现短期中货币近似中性的政策称为"中性货币政策"或"没有货币的货币政策"（Woodford，2003）。

新综合认为，中性货币政策的主要优点是：①可以通过提高或降低实际利率目标，阻止通货膨胀或通货紧缩；②将就业稳定在自然率的水平上，此时实际产出可达到潜在水平；③有助于降低名义利率和货币使用成本。

实施这种政策的要旨是：货币当局应公开货币政策标准并严格执行，以此提高在公众心中的信誉度；如果中央银行在过去抵制通货膨胀的行动中获得了公众的信任，实现低通货膨胀的中性政策就可以保持其连贯性。为此，新综合派主张实施"通货膨胀定标"（inflation targeting）。中央银行首先向公众宣布一个既能消除产出缺口，又能使公众不形成通货膨胀预期的通货膨胀率的目标值，它通常是一个区间（如1%～3%）。然后，中央银行采用货币政策及时调整实际通货膨胀与目标之间的偏差。[①]这样，就能在不增大通货膨胀压力的前提下，使就业和产出实现最大化。这项政策被视为对新古典主义的"政策无效论"和经济政策的"时间不一致性"的回应。

四、简要评述

早在20世纪80年代后期，就有人提出将新古典宏观经济理论和新凯恩斯主义融为一体，但当时条件并不成熟。布兰查德认为这时讨论"新综合"还为时尚早（Blanchard，1987）。10年后，在美国经济学会年会（1997）召开前，向5位经济学家提出，是否存在一个普遍接受的宏观经济分析基础？要求他们在年会上[②]做出回答。答案居然惊人的一致，他们都给出了肯定的答案。索洛（Solow，1997）和布兰查德（Blanchard，1997）认为，造成实际经济周期理论和新凯恩斯经济学的分歧主要原因是研究视角的不同，前者关注

---

① 从1990年新西兰中央银行开始实施定标制度以来，目前已经有20多个国家的中央银行采取了这种货币政策，效果非常明显。

② 这五位参与者是：Robert Solow, Oliver Blanchard, John Taylor, M. Eichenbaum, Alan Blinder。

由供给决定的长期趋势分析，后者重视总需求引起的短期冲击分析。在这两种理论相互融合的过程中，必然产生一种普遍接受的宏观经济理论，推动经济学科学化。泰勒（Taylor，1997）认为，这两种理论都反对相机抉择的政策，推崇财政政策和货币政策规则，这也为两种理论的融合创造了条件。当年认为谈论新综合为时尚早的布兰查德明确提出：新古典主义和新凯恩斯主义这两个名词不久将被扔进"思想史的垃圾箱"（Blanchard，2000）。进入 21世纪，新综合学派吸引了越来越多的学者的目光。麦卡勒姆（McCallum，2002）和瓦什（Walsh，2002）等学者都在文章中开宗明义：今天的宏观经济学正走向新兴新古典综合学派。此外，有的学者已经在高级货币经济学课堂上讲授新综合学派的理论。

当然，在对待新综合学派的态度上，西方经济学家的看法并不一致，主要有以下 3 种观点。一种是来自新凯恩斯主义者的观点，他们赞成新综合学派的理论，但对新综合学派的提法有所保留。卡林（Carlin，2005）认为，新综合学派仍然是新凯恩斯经济学的一部分：最近 5 年中，"新凯恩斯"而不是"新综合"已经被越来越多的学者接受；凯恩斯经济学主要研究的是由于支出因素导致宏观经济长期持续地偏离均衡的状态，新产生的这种理论符合这种情况。曼昆等（Mankiw et al.，2003）认为：不管是叫新综合还是新凯恩斯经济学，这种研究方法无疑是当今货币政策研究的主流工具。

另一种观点来自新自由主义者，他们虽然没有明确地反对新综合的理论模型，但批评其政策主张，进而怀疑新综合理论的存在价值，例如，萨金特等（Hansen and Sargent，2001）认为：如果考虑到货币传导机制中的不确定性，中央银行采取定标政策就可能是有害的；他认为新综合派并没有充分考虑理性预期的重要性，其政策建议不可取。

此外，还有一种非主流经济学的观点认为：①新综合学派依然没有清晰地描述市场机制；②他们假设一个模型可以适用于所有的国家，不论是发达国家还是发展中国家，这显然是错误的；③新综合学派和旧综合学派一样，没有考虑人类经济活动总体规模的影响，这包括社会、制度和环境等因素

（Harris，2003）。

新综合学派产生以前新凯恩斯经济学的理论非常零乱，没有形成一个公认的宏观模型，哪怕只是在学派内部。并且，其在不完全竞争基础上建立的凯恩斯主义的一般均衡模型始终是静态的，并未完成将凯恩斯主义理论动态化的任务。曼昆（Mankiw，1999）认为，尽管新凯恩斯经济学在构建微观基础方面成绩斐然，但是它并没有为研究经济波动、经济数据和政策研究提供新的视角，只是从各自角度证明凯恩斯原则的合理性。实际经济周期理论恰好可以弥补这些不足。新凯恩斯经济学可以利用引入不完全竞争和工资—价格动态调整的实际经济周期模型，将凯恩斯理论动态化，以全新的视角研究宏观经济。

调和新古典主义与凯恩斯经济学的分歧，走向新综合学派具有很强的理论意义和现实意义。实际经济周期理论成功地运用动态一般均衡方法分析宏观经济波动的主要成因，弥合了经济学中微观与宏观的鸿沟，并为研究经济数据和政策提供全新的视角。但是在解释经济现实的时候，却缺乏足够的说服力。从理论上讲，一是，实际经济周期理论无法解释就业缺口和产出缺口存在高度相关性的原因。二是，该学派过分强调劳动生产率对产出的影响，由 RBC 模型推导出的劳动生产率与产出的关系明显高于实际，显然忽略了其他因素对产出的影响。因此，新古典宏观经济学的实际意义，只有在与新凯恩斯主义经济学融合后，才能显现出来。反过来说，凯恩斯主义只有在新古典主义的约束下，才能使政府干预符合市场规则，虽然新古典主义可能反对这么做。

"新兴新古典综合学派"提出还不到 9 年时间。迄今为止，新综合学派的成果和对经济学发展所产生影响，还不能与旧综合学派相比，但它毕竟提供了一个可持续发展的基础。

参考文献

［1］ Ball，Laurence & Gregory Mankiw & Ricardo Reis，2003："Monetary Policy for

Inattentive Economies", NBER Working Papers 9491.

[2] Blanchard, Oliver, 1987: "Neoclassical Synthesis", in Milgate M. and Newman P. (eds), The New Palgrave, Vol. 3, The MacMillan Press, 1987, 634 – 636.

[3] Blanchard, Oliver, 1997: "Is There a Core of Usable Macroeconomics?", American Economic Review Papers and Proceedings, 87, 2, 244 – 246.

[4] Blanchard, Oliver, 2000: "What Do We Know About Macroeconomics that Fisher and Wicksell Did Not", The Quarterly Journal of Economics, 115, 4, 1375 – 1409.

[5] Clarida, Richard and Jordi Gali and Mark Gertler, 1999: "The Science of Monetary Policy: A New Keynesian Perspective", Journal of Economic Literature, Vol. 37 (4), 1661 – 1707.

[6] Carlin, Wendy and David Soskice, 2005: "Macroeconomics: Imperfections, Institutions and Policies". OUP: Oxford.

[7] Goodfriend M. and R. King, 1997: "The New Neoclassical Synthesis and the Role of Monetary Policy", NBER Macroeconomic Annual, MIT Press, Cambridge, Mass., 231 – 282.

[8] Goodfriend, Martin, 2004: "Monetary Policy in the New Neoclassical Synthesis: A Primer", Federal Reserve Bank of Richmond Economics Quarterly, 21 – 45.

[9] Hansen, Lars & Thomas Sargent, 2001: "Acknowledging Misspecification in Macroeconomic Theory", Review of Economic Dynamics, Volume 4, 519 – 535.

[10] Harris, Jonathan M. and Neva R. Goodwin, 2003: "New Thinking in Macroeconomics: Social, Institutional, and Environmental Perspectives", Northampton, MA: Edward Elgar.

[11] Kydland, Finn & Adward C. Prescott, 1982: "Time to Build and Aggregate Fluctuation", Econometrica 50.

[12] King, Robert, 2000: "The new IS-LM model: language, logic and limits, Economic Quarterly" (Federal Reserve Bank of Richmond, issue Sum), 45 – 103.

[13] Lucas, Robert E., Jr, 1973: "Some International Evidence on Output-Inflation Tradeoff", American Economic Review, 131 – 145.

[14] Mankiw, Gregory, 1999: "interview", in Snowdown B and Vane H. (eds), Conversation with Leading Economics. Interpreting Modern Macroeconomics, Cheltentham, Edward Elgar, 106 – 123.

[15] McCallum, Bennett T., 2002: "Recent Developments in Monetary Policy Analysis: The Roles of Theory and Evidence", Economic Quarterly (Federal Reserve Bank of Richmond, issue Sum), 67 – 96.

[16] Solow, Robert, 1997: "Is There a Core of Usable Macroeconomics?", Ameri-

can Economic Review Papers and Proceedings, 87, 2, 230 – 232.

[17] Taylor, John, 1997: "A Core of Practical Macroeconomics", American Economic Review Papers and Proceedings, 87, 2, 233 – 235.

[18] Walsh, Carl E., 2002: "Teaching Inflation Targeting: An Analysis for Intermediate Macro", The Journal of Economics Education.

[19] Woodford, Michael, 1999: "Revolution and Evolution in Twentieth-Century Macroeconomics", [Presented at a conference, Frontiers of the Mind in the Twenty-First Century, U. S. Library of Congress, Washington, D. C., June 1999.]

[20] Woodford, Michael, 2003: "Interest and Prices: Foundations of a Theory of Monetary Policy", Princeton University Press.

[21] Zouache, Abdallah, 2004: "Towards a 'New Neoclassical synthesis'? An Analysis of the Methodological Convergence between New Keynesian Economics and Real Business Cycle Theory", History of Economic Ideas, ⅩⅡ, 95 – 117.

[22] 迈克尔·卡特、罗德尼·麦道克:《理性预期:八十年代的宏观经济学》,上海译文出版社 1988 年版。

[23] 吴易风:《市场经济与政府干预——评西方经济学新古典学派和新凯恩斯学派的论战》,《中国社会科学》1993 年第 2 期。

中国经济学建设与中国实践[*]

讨论中国经济学的发展和建设问题，首先需要给这门学科的性质和范围做一界定。笔者认为，中国经济学是在马克思主义经济学指导下，研究中国经济问题的一门专门经济学。它不是具有一般普遍意义的经济学，其研究对象既不是马克思主义经济学的生产关系及其与之相适应的生产方式，也不是西方主流经济学的市场经济的一般运行规则，而是社会主义市场经济基本经济制度背景下的中国经济改革与经济发展。由于中国经济目前正处于市场化和工业化的双重转型时期，这在客观上决定了中国经济学还不是一门成熟的学科，同时，这也决定了推进中国经济学建设具有重要理论价值和实践意义。下面就中国的经济实践与中国经济学的建设与发展，谈几点自己的初浅看法。

一、中国市场经济体制形成的路径与中国经济学

中国的市场经济与西方国家的市场经济形成发展的路径不同，根植于西方市场经济的经济学没有给中国提供可资利用的经济理论，这给中国经济学的产生和发展提供了巨大的空间。首先这是因为，西方的市场经济是伴随资本主义制度成长起来的，而中国的市场经济则与社会主义制度结合在一起。

———————

    * 本文原载于《学术月刊》2006 年第 3 期，《新华文摘》2006 年第 13 期作为封面文章全文转载。

关于这方面的论述已经很多，这里不再赘述。这里需要强调的是，西方发达国家尤其是英国和美国的市场经济是一种原生的秩序，其他国家的市场经济则是一种后生的秩序。二者在形成路径上存在重大差异：按照哈耶克（1989）的说法，原生的市场经济是一种"自发形成的秩序"，或者像马克思（1972ₐ，第12页）在《资本论》序言中所说的，它的产生发展表现为一个"自然历史过程"；后生的市场经济则是哈耶克所谓的"人为设置的秩序"。中国的社会主义市场经济模式的后生特点非常典型。

经济秩序的两种不同形成路径决定了经济学的任务的不同：在原生的市场模式中，由于经济秩序主要依靠市场自发力量，不需要政府的积极推动，也无须经济学插手其间，因此经济学的任务局限于"解释世界"。产生于这种背景下的西方主流经济学，更准确地说，应是构成这种经济学硬核的新古典经济学，是这种解释经济学的典型。因为在新古典经济学家看来，市场经济是一种上天赐予的天然制度，根本无须有推动市场秩序形成的理论。因此也可以理解，在这一理论体系中经济制度被视为外生的，是一个无须了解的"黑箱"。在后生的市场经济中，由于历史和文化传统等方面的原因，自发力量未能造就出成熟的市场秩序。这就赋予了经济学更多的任务，除了解释世界以外，还具有马克思（1972ᵦ，第19页）所说的那种"改造世界"的功能。中国的社会主义市场经济体制，正是在中国经济学家总结计划模式的弊病，借鉴发达国家市场经济的经验和原计划经济国家经济转型经验基础上提出来的。

围绕自发形成和人为形成的两种秩序孰优孰劣争论由来已久，撇开这些价值判断不说，中国社会主义市场经济体制的提出与中国经济学的推动有密切关系，却是一个不争的事实。中国经济学至少在两个方面有生长的空间：

第一，作为解释经济学，与自发形成的秩序相适应西方主流经济学没有经济体制形成的理论。这种理论无法解释后生的市场秩序的制度创新过程，及其由此产生的一系列与原生市场秩序不同特点，而这正是中国经济学作为解释经济学所特有的任务。例如，新古典经济学家无法解释，为什么违背新古典原则的渐进式改革比遵从这些原则的激进式转型的效果更佳，而中国经济学家却有独到建树，许多学者如樊纲（1992）、张宇（2001，2003）、盛洪（1994）、张军（1997）等做了大量工作，并在一定程度上获得了国际同行的认可。在经济发展方面，中国经济学家对中国现象的经济学分析成功案例，更是不胜枚举。难怪西方学者不时发出感叹，中国的事情只有中国人自己才能说清楚。这不仅是因为缺乏对中国国情的了解，还在于西方学者在解释非西方现象上的经济学知识匮乏。

第二，作为改造世界的经济学，更是西方经济学尤其是新古典理论的缺项，因为它本身就没有这项功能。如果硬要把它政策化，新古典理论实际上只有英美国家所实行的几条经济自由主义原则，在不具备英美那样的制度环境下实施这些政策，大都以不成功告终。苏联东欧国家的激进式转型和拉美国家的经济自由化改革，就是最突出的例证。按照新古典理论设计的激进式转型，假定转型的设计者和实施者具有完全理性和充分信息，可以事前安排好从计划经济向市场经济过渡的这一巨大系统工程的总体方案和所有细节。但在事实上，人的理性是有限的，掌握的信息也不充分尤其是对未来的信息。"摸着石头过河"这种看似经验主义的说法，其实暗含着理性有限和信息不充分的经济学假设，承认改革实践者不可能在转型的初始阶段就拿出一个无所不包的整体方案，本着错了再试的精神，在渐进式改革中不断积累理性，并不断获得补充信息来完善体制的过渡方案和措施。

二、政府主导的市场经济与中国经济学

在市场经济中的政府作用方面，中国实践也为中国经济学发展提供了丰富的素材。笔者把政府干预经济的职能分为两大类：一是体制政策或制度政策，它通过立法和司法以及行政性规制影响甚至创造经济体制框架而发挥作用。二是过程政策，与体制政策涉及的是制度安排不同，它是通过干预经济活动而发挥作用的，凯恩斯主义的经济政策和东亚国家普遍采取的产业政策

就属于这一范畴。

体制政策又可以分为消极的和积极的两种：对市场经济而言，消极的体制政策是指政府在体制创新方面不发挥主动作用，主要听凭产权主体的自发交易形成秩序。当然，政府也不是无所作为，其职能主要是对自发形成的产权制度和竞争秩序加以维护，通过立法强化其合法性，并把它们置于法制的保护之下。积极的体制政策是指政府主动"入市"干预经济体制的形成过程，改变自发形成的经济秩序，甚至由政府推动创造一种新的体制。大体说来，在盎格鲁－撒克逊自由市场经济模式中，政府在这方面的职能是消极的；而在欧洲大陆国家的市场经济模式中，政府的职能要积极得多，德国的社会市场经济以及欧盟倡导的市场经济的"社会模式"，它们被更多地打上由积极的体制政策留下的痕迹；在政府主导的东亚模式中，政府在这方面的职能更加积极；作为东亚模式后起之秀的中国的社会主义市场经济模式，政府在这方面的职能更为主动、积极，政府甚至发挥了积极的"造市"功能。无论是在市场主体的形成方面，还是在市场体系的建设和市场秩序的完善上，都能清晰地看到政府的积极推动的作用。

过程政策都具有政府积极干预经济的特征，它也可以分为两种：一是需求管理政策，它通过干预需求来影响经济运行过程，具有短期管理的特点，凯恩斯主义的经济政策是其典型形态；二是供给管理政策，它通过形成新的生产能力来影响经济活动，因为新的供给能力不可能在短期形成，这种政策具有长期管理的特征，"二战"后日本率先实施的产业政策是其典型代表，计划经济中政府对经济的干预可以视为这种政策的一种特例。

在西方传统的市场经济中，政府职能仅限于维护私有产权和竞争秩序、维护国内外和平环境等几项消极职能。凯恩斯革命改变了这种状况，它赋予了政府干预经济的积极职能，这种职能具有两个特点：第一，干预仅限于经济过程，不涉及市场经济的基本秩序；第二，干预经济活动主要限于需求方，即通过扩张需求来弥补需求不足，或通过紧缩需求来平衡需求过度。这种管理基本不涉及供给方，需求管理主要是将潜在的生产能力释放出来。而在后发展的东亚国家，政府对经济过程的干预，不仅有需求管理，也涉及供给方面。

对于西方发达国家来说，这种通常只涉及需求管理的政府干预有其合理性。这是因为在工业化国家已经存在的健全市场，供给能力和产业结构的形成主要依靠市场的自发力量。政府只需在边际增量上对需求加以微调，就能缓解市场失灵造成的潜在产出损失，减小市场周期波动的代价。在后发展国家由于制度不完善，市场自发力量调解供求均衡的能力较弱，同时，为缩小与发达国家的差距，更快地实现赶超，政府对经济运行过程的干预不仅有需求管理政策，而且可以实施积极的供给管理。在特定情况下，甚至可能一箭双雕，在扩张需求的同时调节产业结构，增加有效的供给能力。例如，在应对亚洲金融危机冲击时，我国实施的积极财政政策，就收到了这种双重效应，在拉动需求的同时缓解了基础设施落后的矛盾，为21世纪以来经济的持续高速增长打下了基础。

一般说来，后发展国家政府干预经济的空间要大于发达国家，存在一个政府如何更有效地实施干预的问题；随着经济发展水平的提高和市场的完善，又存在政府如何积极地退出市场的问题。限于篇幅，这里不可能进一步探讨这个问题。需要指出的只是，这个问题在西方经济学中并无现成答案，而是中国经济学必须回答的。

三、中国经济学与其他经济学的关系

在中国，马克思主义经济学具有指导地位，中国经济学和其他经济理论都不应背离这一原则。马克思主义经济学既不是停留在19世纪的经济学，也不应固守计划经济的经济理论，而应该是与中国实际紧密联系，与时俱进的经济理论。从这种意义上讲，中国经济学的发展又推动着马克思主义经济学的中国化和现代化，给它注入新的生命力。

中国经济学的建设也离不开吸收西方经济学的养分。这不仅包括西方主流经济学，也包括非主流经济学。即使是新古典经济理论也能在中国经济学的建设中发挥重要作用。在新古典经济学形成发展的一个多世纪中，从瓦尔拉斯到阿罗－德布鲁，从新古典微观经济学再到卢卡斯、基尔兰德和普里斯科特的新古典宏观经济学，其间有无数经济学家为完善这一理论体系做了大量工作。其理论在假设设定的范围内已几近完美，即在抽象的意境下以高度形式化的方式描述了价格机制配置资源的过程。这对我们认识市场运行的规律大有补益，其提供的分析方法也可以为中国经济学的建设所用。不过，在借鉴和应用新古典经济理论时，也应该对它的局限性有充分认识，如制度外生假设、缺乏历史感与结构分析、在描述市场均衡化过程时忽视非均衡状态的分析，以及因过度关注均衡现象而忽略了市场竞争过程的丰富内容等，不应盲目崇拜。作为西方主流经济学硬核的新古典经济学的这些缺陷，凯恩斯主义经济学和非主流经济学恰好可以在一定程度上加以弥补。在许多场合下，对于研究中国经济特定问题的中国经济学来说，制度经济学、发展经济学、演进经济学、新奥地利学派经济学、激进主义经济学这些非主流经济学可能更有借鉴价值。总之，中国经济学应该是一个开放体系，只要有利于中国的经济改革和经济发展，任何理论都可以拿来为我所用。

在中国经济学的建设中，也应处理好经济学的本土化与国际化的关系。中国经济学是一门本土经济学，但也需要国际化。一方面，它需要吸收国际上公认的经济理论和分析方法来丰富自己的理论体系，因为封闭的经济学不会有生命力；另一方面，中国经济学也应该走向国际，不断把研究成果推向世界，为整个经济科学的进步做出贡献。不可否认的是，中国经济学目前在这方面的差距还很大，难怪丁学良认为中国合格的经济学家不足 5 人。对他用西方标准或英美尺度来衡量国内经济学家的做法，尽管我们很难苟同，但他也道出了一个值得我们认真反思的问题：许多中国经济学家不能用国际上经济学通用的术语、范式来表达自己的研究成果，一些颇有成就的学者甚至不能用英文与同行自由交流。

有人认为只存在国际通用的经济学，否认中国经济学的存在价值。对于这种看法，笔者很难赞同。其实，任何经济理论首先都只具有本土价值，随着其科学价值被其他国家的经济学家认可，才具有了国际性质。例如，现在被认为最具有国际性西方主流经济学最初也只是盎格鲁－撒克逊民族的本土经济学。从这种意义上讲，中国经济学至少其中的一些理论和方法有可能上升为国际上公认的经济学原理。

关于经济学的本土性与国际性的争论由来已久，早在德国工业革命初期，在德国经济学与英法经济学之间就产生过类似的争论。以李斯特为代表的历史学派反对英法经济学的一般理论，主张建立反映德国特色的国民经济学体系。其反对者则认为，没有必要也没有可能建立这样一门本土的国民经济学。经过一个多世纪的争论，结果证明这两种极端的看法各自有其合理之处，但又不完全正确。一方面，"国民经济学"的名称虽然保留下来，但是在内容和分析方法上却已被国际化，实际是英美化。以德国大学中的这门课程为例，其讲授的内容与英美通行的经济学原理差不多，德国特色主要体现在案例上。但在另一方面，本土经济学并没有因此而消失，现在德国仍然有一门本土经济学，即社会市场经济理论，或称为经济学的秩序理论与政策。这一理论体系以瓦尔特·欧肯（2009）的两种"理念类型"作为制度分析的出发点，以德国社会市场经济体制、本土经济问题和政策为研究对象，在研究方法上广泛吸收各个流派的精华，尤其注重非主流经济学的分析方法，以弥补已经英美化的国民经济学的不足。德国经济学家处理经济学的本土性与国际性的做法，值得我们参考。

参考文献

［1］樊纲：《改革的渐进之路——对经济改革过程的经济学思考》，中国社会科学出版社1992年版。

［2］哈耶克：《个人主义与经济秩序》，北京经济学院出版社1989年版。

［3］马克思：《资本论》第1卷，人民出版社1972ₐ年版。

［4］马克思：《关于费尔巴哈的提纲》，《马克思恩格斯选集》第1卷，人民出版社1972ᵦ年版。

［5］欧肯：《国民经济学基础》，商务印书馆 2009 年版。

［6］盛洪：《中国的过渡经济学》，上海三联书店、上海人民出版社 1994 年版。

［7］张军：《"双轨制"经济学：中国的经济改革（1978—1992）》，上海三联书店、上海人民出版社 1997 年版。

［8］张宇：《过渡政治经济学导论》，经济科学出版社 2001 年版。

［9］张宇：《过渡经济学的回顾与反思》，《经济学动态》2003 年第 5 期。

后　记

在自选文集完稿之际，我要感谢学院策划和资助这套文集的出版，使我们这些年龄稍长的教授有机会对自己的学术工作做一个小结。另外，我也要感谢培养我的两所高校，成都电讯工程学院（现电子科技大学）和北京师范大学。成都电讯工程学院是我国著名的大学，它是改革开放后我国第一所招收人文社会科学学科本科生的工科院校，开了工科院校学科多元化之先风，我也有幸成为学校最早一批社会科学学科毕业生。在本科阶段的前两年，我们不仅学习政治经济学的本专业课程，学校还开设了大量哲学和历史学科的课程，拓宽了我们的知识面和学术视野，使我受益匪浅。北京师范大学是我硕士、博士阶段的培养学校，也是我后半生供职的学校。学校深厚的人文学科积淀和浓烈的学术氛围，为我的学习和工作提供了良好的学术环境。

我要感谢学术上的两位引路人，我的硕士导师姚森先生和博士导师陶大镛先生。1987 年我来到北京师范大学求学，就拜在姚森老师门下攻读《资本论》专业；陶大镛先生是中国老一辈著名经济学家，他宽阔的视野、渊博的学识、悉心的指导把我引导到了无涯的学海深处，并获益终生。

在这里我还要感谢我的爱人陈维嘉。我与她所学专业相同，30 多年前因共同的追求而走到一起。她是改革开放以后四川大学经济系第一届政治经济学硕士研究生，学成后留校任教。后来她虽然离开了教学科研岗位，但凭借当年打下的马克思主义经济学扎实的理论基础，以及优美流畅的语言文字功底，她一直在我身后默默地帮助我。她是我所有相关领域重要文章的第一个读者，从文章的构思到文字表达，她都尽其所能提出自己的看法和建议，促使我进一步修改和完善论文。

最后我还要感谢国家社科基金和学校科研部门，该文集的出版得到国家哲学社会科学基金"马克思市民经济理论研究"项目（14BJL007）和中央高校基本科研业务费专项资金项目（SKZZY2015024）资助。

作　者

2018 年 4 月于北京海淀学院派

图书在版编目（CIP）数据

市民理论与中国经济／沈越著 . —北京：经济
科学出版社，2019.7
（京师经管文库）
ISBN 978 - 7 - 5218 - 0730 - 1

Ⅰ . ①市… Ⅱ . ①沈… Ⅲ . ①中国经济 – 文集
Ⅳ . ①F12 –53

中国版本图书馆 CIP 数据核字（2019）第 154412 号

责任编辑：齐伟娜 赵 岩
责任校对：靳玉环
责任印制：李 鹏

市民理论与中国经济
沈 越 著
经济科学出版社出版、发行 新华书店经销
社址：北京市海淀区阜成路甲 28 号 邮编：100142
总编部电话：010 – 88191217 发行部电话：010 – 88191522
网址：www. esp. com. cn
电子邮件：esp@ esp. com. cn
天猫网店：经济科学出版社旗舰店
网址：http：//jjkxcbs. tmall. com
固安华明印业有限公司印装
710 × 1092 16 开 24.25 印张 340000 字
2019 年 8 月第 1 版 2019 年 8 月第 1 次印刷
ISBN 978 - 7 - 5218 - 0730 - 1 定价：78.00 元
（图书出现印装问题，本社负责调换。电话：010 – 88191510）
（版权所有 侵权必究 打击盗版 举报热线：010 – 88191661
QQ：2242791300 营销中心电话：010 – 88191537
电子邮箱：dbts@ esp. com. cn）